中華古籍保護計劃

ZHONG HUA GU JI BAO HU JI HUA CHENG GUO

·成 果·

（漢）毛亨 傳 （漢）鄭玄 箋

（唐）陸德明 釋文

宋本毛詩詁訓傳

第一册

國家圖書館出版社

圖書在版編目(CIP)數據

宋本毛詩詁訓傳：全三册／（漢）毛亨傳；（漢）鄭玄箋；（唐）陸德明釋文.-- 北京：國家圖書館出版社，2017.5(2024.9 重印)

（國學基本典籍叢刊）

ISBN 978－7－5013－6011－6

Ⅰ.①宋… Ⅱ.①毛… ②鄭… ③陸… Ⅲ.①《詩經》－注釋 Ⅳ.①I222.2

中國版本圖書館 CIP 數據核字(2017)第 021707 號

書　　名　宋本毛詩詁訓傳(全三册)

著　　者　(漢)毛亨 傳　(漢)鄭玄 箋　(唐)陸德明 釋文

責任編輯　苗文葉

封面設計　徐新狀

出版發行　國家圖書館出版社(北京市西城區文津街7號　100034)

(原書目文獻出版社　北京圖書館出版社)

010－66114536　63802249　nlcpress@nlc.cn(郵購)

網　　址　http://www.nlcpress.com

印　　裝　河北三河弘翰印務有限公司

版次印次　2017 年 5 月第 1 版　2024 年 9 月第 3 次印刷

開　　本　880×1230　1/32

印　　張　21

書　　號　ISBN 978－7－5013－6011－6

定　　價　60.00 圓

《國學基本典籍叢刊》編委會

《國學基本典籍叢刊》前言

國家圖書館出版社(原名書目文獻出版社 北京圖書館出版社)成立三十多年來,出版了大量的中國傳統文化典籍。由於這些典籍的出版往往采用叢書的方式或綫裝形式,供公共圖書館和大學圖書館典藏使用,普通讀者因價格較高、部頭較大,不易購買使用。爲弘揚優秀傳統文化,滿足廣大普通讀者的需求,現將經、史、子、集各部的常用典籍,選擇善本,分輯陸續出版單行本。每書之前均加簡要説明,必要者加編目録和索引,總名《國學基本典籍叢刊》。歡迎讀者提出寶貴意見和建議,以使這項工作逐步完善。

國家圖書館出版社

二〇一六年四月

出版説明

《詩經》本名《詩》，又稱《詩三百》，是中國現存最古的一部詩歌總集，收録了西周初年至春秋中葉的詩歌三百零五篇，另有六篇有目無辭。『詩三百篇』最初都是可以配樂演唱的樂歌，因樂調分類而得名《風》《雅》《頌》，並以此爲序編排。其中《風》是帶有地方色彩的樂調，共一百六十篇；《雅》分《大雅》和《小雅》，指周王朝直接統治地區的樂調，有别於各地的土風，《小雅》實爲七十四篇，另有六篇有目無辭，《大雅》三十一篇；《頌》分《周頌》《魯頌》和《商頌》，是宗廟祭祀之樂，共四十篇。

至漢代，傳習《詩經》的有魯、齊、韓、毛四家，魯、齊、韓三家傳的是『今文經』，在西漢被立爲官學，極爲興盛；毛詩傳『古文經』，至東漢時盛行，並在後世傳授最廣，影響很大。關於爲《詩》作傳的是大毛公毛亨還是小毛公毛萇，自漢代以來説法不一。《漢書·儒林傳》：『毛公，趙人也，治《詩》，爲河間獻王博士。』可見小毛公毛萇曾治《詩》。東漢鄭玄《詩譜》云：『魯人大毛公爲《詁訓傳》於其家，河間獻王得而獻之，以小毛公爲博士。』三國時期吳人陸璣《毛詩草木鳥獸蟲魚疏》：『荀卿授魯國毛亨，亨作《詁訓傳》以授趙國毛萇。時人謂亨爲大毛公，萇爲小毛公。』這兩處則直接説大毛公毛亨爲《詩》作詁訓傳，因此大毛公説應該更爲可信。

東漢時，毛詩盛行，諸多經學家如衛宏、鄭衆、賈逵、馬融、鄭玄均治《毛詩》，尤其鄭玄爲之作《箋》。《毛詩》以解釋字義爲主，在闡釋句義上主要傾向於『以史證詩』，將詩與政教倫理結合起來，一定程度上使許多詩歌遭到了曲解。鄭玄作的《箋》主要是發明毛義，並對《毛詩》作補充，但也兼採『今文』三家之説，又參以己見，因此對有些詩的解釋就和《毛詩》不同了。

此後三國、兩晉、南北朝都有許多學者來闡發毛詩和鄭義，但大都失傳了，至唐代孔穎達進一步疏解《毛傳》《鄭箋》而作《毛詩正義》四十卷，對《詩經》正文、《毛傳》和《鄭箋》均加補注，所補充的內容包括對《毛傳》和《鄭箋》的解釋、字句訓詁、名物考證、徵引資料等，它是彙集唐以前各家關於毛詩學説的一部注疏，保存了《毛傳》中的注釋字義及古代的訓詁，使《毛詩》在經學研究領域的地位不斷提高，也便於後人讀懂《詩經》。唐代陸德明博採漢魏六朝諸家訓詁資料，注釋儒家群經及《老子》《莊子》，成《經典釋文》。約從南宋起，《經典釋文》中的各部分被分别輯入各部經傳的注疏中，今本《毛詩正義》中輯有陸德明的《音義》，他給經文、傳文、箋文中的字注音，也兼注字義。後收入彙刻的《十三經注疏》中。

《毛詩詁訓傳》是現存最早的、完整的《詩經》注本。此次影印所據底本爲國家圖書館藏宋刻巾箱本，二十卷，每半葉十行，行十七字，注文小字雙行二十二字，白口，左右雙邊或四周雙邊。《鐵琴銅劍樓善本書目》著録：『此南宋巾箱本，分卷與唐石經同。第一卷首行題「毛詩卷第一」；次、三行題「唐國子監博士兼太子中允贈齊州刺史吴縣開國男陸德明釋文附」；四行題「周南關雎詁訓傳第一」；以下題「毛詩國風」，以下題「鄭氏箋」。第二卷以後無「唐國子」云云二行，餘悉同前。』『傳、箋下即接釋文，不加識別。惟所音經、注字，皆作陰文。於文多所删改，與原書及注疏本不同。宋諱匡、殷、桓、覯、慎字有闕筆，而敦字不闕，孝宗以後刻本也。是本勝處往往與唐石經及宋小字本、相臺本合。』此書鈐『汪士鐘印』『閬源真賞』『鐵琴銅劍樓』『祁陽陳澄中藏書記』等印記，可證此本先後爲汪士鐘藝芸書舍、瞿氏鐵琴銅劍樓、祁陽陳澄中荀齋所收藏，彌足珍貴。

國家圖書館出版社

二〇一七年五月

總目録

第一册

第二册

第三册

第一册目録

據國家圖書館藏宋刻巾箱本影印
原書版框高十四點三厘米寬十點
三厘米

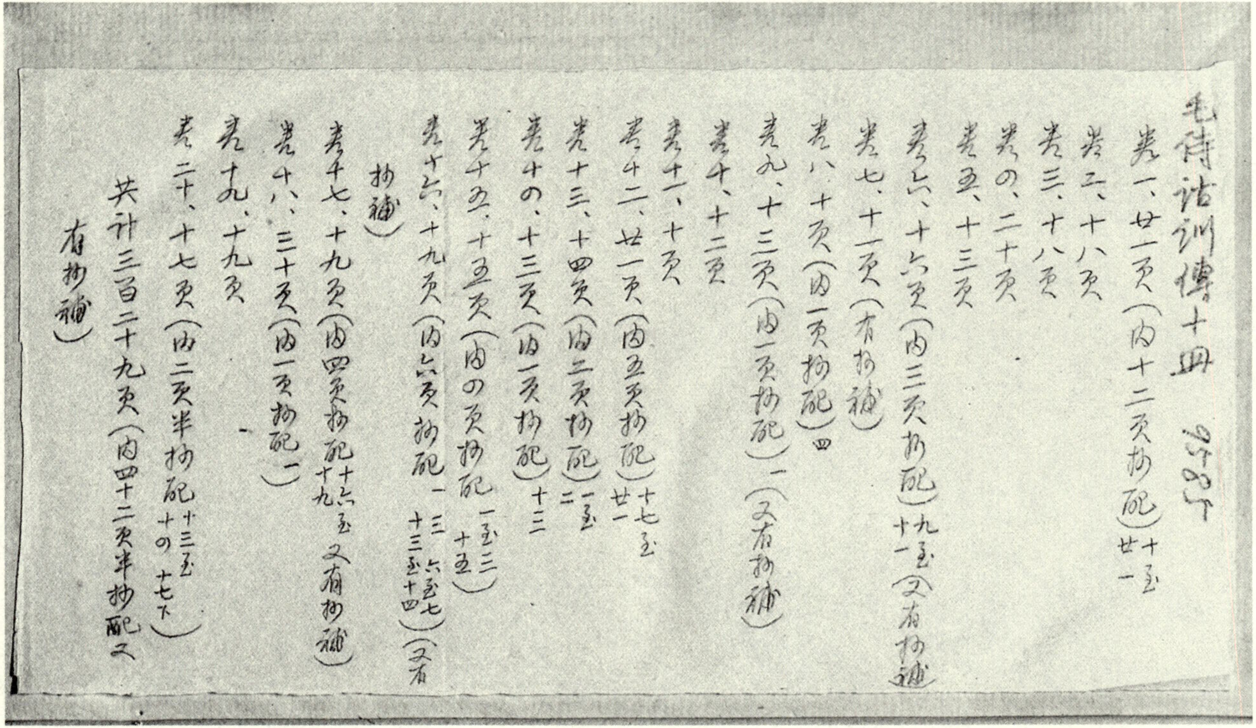

毛詩詁訓傳十四冊 9585

卷一、廿一頁(內十二頁抄配)十至廿一

卷二、十八頁

卷三、十八頁

卷四、二十頁

卷五、十三頁

卷六、十六頁(內三頁抄配)九至十一(又有抄補)

卷七、十一頁(有抄補)

卷八、十頁(內一頁抄配)四

卷九、十三頁(內一頁抄配)一(又有抄補)

卷十、十二頁

卷十一、十頁

卷十二、廿一頁(內五頁抄配)十七至廿一

卷十三、十四頁(內二頁抄配)一至二

卷十四、十三頁(內一頁抄配)十三

卷十五、十五頁(內四頁抄配一至三 十五)

卷十六、十九頁(內六頁抄配一 三 六至七 十三至十四)(又有抄補)

卷十七、十九頁(內四頁抄配十六至十九 又有抄補)

卷十八、三十頁(內一頁抄配一)

卷十九、十九頁

卷二十、十七頁(內二頁半抄配十三至十四 十七下)

共計三百二十九頁(內四十二頁半抄配又有抄補)

毛詩卷第一

唐國子博士兼太子中允贈齊州刺史

吳縣開國男陸 德明 釋文附

周南關雎詁訓傳第一

周者代名其地在禹貢雍州之域岐山之陽於漢屬扶風美陽縣南者言周之德化自岐陽而先被南方故序云化自北而南也漢廣序又云文王之道被於南國是也　雎　七胥反依字且邊隹且字餘反旁或作鳥　詁　舊本多作故今或作詁音古又音故　傳　直戀反案詁故皆是古義所以兩行然前儒多作詁解而章句有故言郭景純注爾雅則作釋詁樊孫等爾雅本皆為釋故今宜隨本不煩改字

毛詩國風

詩是此書之名毛者傳詩人姓既有齊魯韓三家故題姓以別之或云小毛公加毛詩二字又云河閒獻王所加故大題在下案馬融盧植鄭玄注三禮並大題在下班固漢書傳

壽三國志題亦然國者總謂十五國風風者諸
侯之詩從關雎至騶虞二十五篇謂之正風

鄭氏箋 本作牋同薦年反字林云箋表也識也案鄭六藝論云注詩宗毛爲主毛義若隱略則更表明如有不同即下己意使可識別也然此題非毛公馬鄭王肅等題相傳云是雷次宗題承用既久未敢爲異又案周續之與雷次宗同受慧遠法師詩義而續之釋題已如此又恐非雷之題也疑未敢明之

關雎后妃之德也風之始也所以風天下而正夫婦也故用之鄉人焉用之邦國焉風風也教也風以動之教以化之詩者志之所之也在心爲志發言爲詩情動於中而形於言言之不足故嗟歎之嗟歎之不足故永歌之

永歌之不足不知手之舞之足之蹈之也情

發於聲聲成文謂之音 發猶見也聲謂宫商角徵羽也聲成文者宫商

上下相應○關雎舊解云三百一十一篇詩並是作者自

爲名后妃芳非反爾雅云妃媲也對也左傳云嘉耦曰妃

禮記云天子之妃曰后之德也舊說云起此至用之邦國

焉名關雎序謂之小序自風風也訖末名爲大序沈重云

案鄭詩譜意大序是子夏作小序是子夏毛公合作卜商

意有不盡毛更足成之或云小序是東海衛敬仲所作今

謂此序止是關雎序揔論詩之綱領無大小之異解見詩

義序並是鄭注所以無箋云者以無所疑亂故也風之始

也此風謂十五國風風是諸侯政教也下云所以風天下

論語云君子之德風並是此義所以風如字徐福鳳反今

不用風風也並如字徐上如字下福鳳反崔靈恩集注本

下即作諷字劉氏云動物曰風託音曰諷崔云用風感物

則謂之諷沈云上風是國風即詩之六義也下風即是風

伯鼓動之風君上風教能鼓動萬物如風之偃草也今從

沈說風以動之如字沈福鳳反云謂自下刺上感動之名

變風也今不同嗟迹斜反咨嗟也歎本亦作嘆傷贊反歎

息也蹈徒到反動足履地也見賢遍反徵陟里反上時掌反應應對之應下注同治世之音

絕句治直吏反安以樂絕句樂音洛其政和○一讀安字上屬以樂其政和為一

句下放此亂世之音怨以怒其政乖亡國之音哀

以思其民困故正得失動天地感鬼神莫近

於詩先王以是經夫婦成孝敬厚人倫美教

化移風俗故詩有六義焉一曰風二曰賦三

曰比四曰興五曰雅六曰頌上以風化下下

以風刺上主文而譎諫言之者無罪聞之者

足以戒故曰風風化風刺皆謂譬喻不斥言也主文主與樂之宮商相應也譎諫詠歌依

違不直諫思息吏反正得失周云正齊人之得失也本又作政謂政教也兩通近如字沈音附近之近厚音后本或

作序非【比】必履反【興】虛應反沈許甑反下以風福鳳反注風刺同【刺】七賜反本又作莿【譎】古穴反詐也故曰風福鳳反又如字

至于王道衰禮義廢政教失國異政家殊俗而變風變雅作矣國史明乎得失之迹傷人倫之廢哀刑政之苛吟詠情性以風其上達於事變而懷其舊俗者也故變風發乎情止乎禮義發乎情民之性也止乎禮義先王之澤也是以一國之事繫一人之本謂之風言天下之事形四方之風謂之雅雅者正也言王政之所由廢興也政有小大故有小雅焉有大雅焉頌者美盛德之形容以其成

功告於神明者也是謂四始詩之至也始者王道興衰之所由【苛】本亦作荷音何苛虐也【吟】疑今反動聲曰吟【風其】上福鳳反【告】古毒反然則關雎麟趾之化王者之風故繫之周公南言化自北而南也鵲巢騶虞之德諸侯之風也先王之所以教故繫之召公自從也從北而南謂其化從岐周被江漢之域也先王所大王王季【麟】呂辛反【趾】音止【騶】本亦作騶側留反【召】本亦作邵同上照反後召南召公皆同【岐】其宜反山名也或音祇【被】皮寄反【大】音泰周南召南正始之道王化之基是以關雎樂得淑女以配君子憂在進賢不淫其色哀窈窕思賢才而無傷善之心焉是關雎之義也哀蓋字之誤也當為衷衷謂中心恕之無傷善之心謂好逑也【淑】常六反善也哀前儒並

如字論語云哀而不傷是也鄭氏改作衷竹隆反窈烏了反窕徒了反王肅云善心曰窈善容曰窕恕音庶本又作念好呼報反逑音求

關關雎鳩在河之洲

興也關關和聲也雎鳩王雎也鳥摯而有別水中可居者曰洲后妃說樂君子之德無不和諧又不淫其色慎固幽深若雎鳩之有別焉然後可以風化天下夫婦有別則父子親父子親則君臣敬君臣敬則朝廷正朝廷正則王化成箋云摯之言至也謂王雎之鳥雌雄情意至然而有別雎七胥反鳩九尤反洲音州興虛應反沈許甑反案興是譬諭之名意有不盡故題曰興他皆放此摯本亦作鷙音至別彼竭反下同說音悅樂音洛諧戶皆反朝直遙反廷徒佞反

窈窕淑女君子好逑

窈窕幽閒也淑善逑匹也言后妃有關雎之德是幽閒貞專之善女宜為君子之好匹箋云怨耦曰仇言后妃之德和諧則幽閒處深宮貞專之善女能為君子和好衆妾之怨者言皆化后妃之德不嫉妬謂三夫人以下好毛如字鄭呼報反兔罝詩放此逑本亦作仇音求閒音閑下同耦五口反為于偽反嫉音疾徐音自後皆同妬丁

路反以色曰妬 參差荇菜左右流之 荇接余也流求也后妃有關雎之德

乃能共荇菜備庶物以事宗廟也箋云左右助也言后妃將共荇菜之葅必有助而求之者言三夫人九嬪以下皆

樂后妃之事 參初金反 差初宜反又初佳反 荇衡猛反本亦作莕沆有並反 左右王申毛如字鄭左音佐右音佑接

余本或作荼莕非余音餘 共音恭本或作供下共荇菜並同 葅阻魚反字又作菹 嬪鼻申反內官名 樂音洛又音岳

窈窕淑女寤寐求之 寤覺寐寢也箋云言后妃覺寐則常求此賢女欲與之共

已職也 寤五路反 寐莫利反 覺音教 求之不得寤寐思服 服思之也箋云服事

也求賢女而不得覺寐則思己職事當誰與共之乎 悠哉悠哉輾轉反側 悠思

也箋云思之哉思之哉言已誠思之臥而不周曰輾 側音由 輾本亦作展哲善反呂沈從車展鄭云不周曰輾左本

或作卧而不周者剩二字也 參差荇菜左右采之 箋云言后妃既得荇菜必

有助而采之者 窈窕淑女琴瑟友之 宜以琴瑟友樂之箋云同志為友言賢女

之助后妃共荇菜其情意乃與琴瑟之志同共荇菜之時樂必作參差荇菜左右

芼之芼擇也箋云后妃既得荇菜必有助而擇之者芼毛報反窈窕淑女鍾

鼓樂之德盛者宜有鍾鼓之樂箋云琴瑟在堂鍾鼓在庭言共荇菜之時上下之樂皆作盛其礼也樂音洛又音岳或云協韻宜五教反

關雎五章章四句故言三章一章四

句二章章八句五章是鄭所分故言以下是毛公本意後放此

葛覃后妃之本也后妃在父母家則志在於

女功之事躬儉節用服澣濯之衣尊敬師傅

則可以歸安父母化天下以婦道也躬儉節用由於師傅之教而後言尊敬師傅者欲見其性亦自然可以歸安父母言嫁而得意猶不忘孝覃本亦作蕈徒南反澣本又作

浣戶管反【灌】直角反【傳】夫附反【見】賢遍反**葛之覃兮施于中谷維葉**

萋萋興也覃延也葛所以爲絺綌女功之事煩辱者施移也中谷谷中也萋萋茂盛貌箋云葛者婦人之所有事也此因葛之性以興焉興者葛延蔓于谷中喻女在父母之家形體浸浸日長大也葉萋萋然喻其容色美盛【施】毛以豉反鄭如字下同【萋】切系奚反【蔓】音萬【浸】子鴆反【長】丁丈反**黃鳥于飛集于**

灌木其鳴喈喈黃鳥摶黍也灌木叢木也喈喈和聲之遠聞也箋云葛延蔓之時則摶黍飛鳴亦因以興焉飛集叢木興女有嫁于君子之道和聲之遠聞與女有才美之稱達於遠方【灌】古亂反【喈】音皆【摶】徒端反【叢】才公反俗作藂一本作最作外反【聞】音問又如字下同【稱】尺證反**葛之覃兮施**

于中谷維葉莫莫莫莫成就之貌箋云成就者其可采用之時【莫】美博反**是**

刈是濩爲絺爲綌服之無斁濩煑之也精曰絺麄曰綌斁厭也古者王后織玄紞公侯夫人紘綖卿之內子大帶大夫命婦成祭服士妻朝服庶士以下各衣其夫箋云服整也女在

父母之家未知將所適故習之以絺綌煩辱之士乃能整治之無厭倦是其性貞專刈本亦作艾魚廢反韓詩云刈取也濩胡郭反韓詩云濩瀹也音羊灼反絺恥知反綌去逆反斁本又作斁音亦厭於豔反本亦作猒紞都覽反紞織五采如絛狀用縣瑱也紘獲耕反纓之無緌者從下仰屬於冠綖音延冕上覆也朝直遥反下同庶士謂庶人在官者本或作庶衣於既反

言告師氏言告言歸

言我也師女師也古者女師教以婦德婦言婦容婦功祖廟未毀教于公宮三月祖廟既毀教于宗室婦人謂嫁曰歸箋云我告師氏者我見教告于女師也教告我以適人之道重言我者尊重師教也公宮宗室於族人皆為貴○謂嫁曰歸本亦無曰字此依公羊傳文重直用反

薄汙我私薄澣我衣

汙煩也私燕服也婦人有副褘盛飾以朝事舅姑接見于宗廟進見于君子其餘則私也箋云煩煩撋之用功深澣謂濯之耳衣謂褘衣以下至褖衣汙音烏副如字婦人首飾之上褘音輝王后六服一曰褘衣見賢遍反下見於君子同撋諸詮之音而專反何胤沈重皆而紙反阮孝緒字略云煩撋猶捼莏也捼奴禾反莏素禾反褖吐亂反六服之最下者

害澣害

否歸寧父母 害何也私服宜澣公服宜否寧安也父母在則有時歸寧耳箋云我之衣服今者何所當見澣乎何所當否乎言常自絜清以士君子害戶葛反下同否方九反清如字沈音淨

葛覃三章章六句

卷耳后妃之志也又當輔佐君子求賢審官知臣下之勤勞內有進賢之志而無險詖私謁之心朝夕思念至於憂勤也 謁請也卷眷勉反廣雅云臬耳也郭云亦曰胡臬江南呼常臬草木疏云幽州人謂之爵耳詖彼寄反妄加人以罪也崔云險詖不正也

采采卷耳不盈頃筐 憂者之興也采采事采之也卷耳苓耳也頃筐畚屬易盈之器也箋云器之易盈而不盈者志在輔佐君子憂思深也頃音傾筐起狂反韓詩云頃筐歌筐也苓音零畚音本何休云草器也說文同易以豉反下同思息吏反下憂思同 嗟我懷人寘彼周行 懷思

寘置行列也思君子官賢人置周之列位箋云周之列位
謂朝廷臣也 寘之豉反 行户康反注下同 朝直遥反

陟彼崔嵬我馬虺隤 陟升也崔嵬土山之戴石者虺
隤病也箋云我我使臣也臣以
兵役之事行出離其列位身勤勞於山險而馬又病君子
宜知其然 崔徂回反 嵬五回反毛此注及下釋砠与尒雅
同 虺呼回反徐呼懷反說文作瘣 隤徒回反徐徒壞反孫
炎云馬退不能升之病也說文作穨 使色吏反下同 離力
智反

我姑酌彼金罍維以不永懷 姑且也人君黃
金罍罍永長也箋
云我我君也臣出使功成而反君且當設饗燕之礼與之
飲酒以勞之我則以是不復長憂思也言且者君賞功臣
或多於此 姑如字說文作夃音同云秦以市買多得爲夃
罍盧回反酒罇也韓詩云天子以玉飾諸侯大夫皆以黃
金飾士以梓礼記云夏曰山罍其形似壺容一
斛刻而畫之爲雲雷之形 勞力到反 復扶富反

陟彼高崗我馬玄黃我姑酌彼兕觥維以不永傷 山
脊
曰岡玄馬病則黃兕觥角爵也傷思也箋云此章爲意不
盡申殷勤也觥罰爵也饗燕所以有之者礼自立司正之

後旅醻必有醉而失礼者罰之亦所以爲樂 岡古康反 兕字又作光徐履反爾雅云兕似牛 觥古橫反字又作觵韓
詩云容五升禮圖云容七升 爲于僞反 殽
勤並如字俗本下並加心非也 樂音洛
陟彼砠矣
我馬瘏矣我僕痡矣云何吁矣 石山戴土曰砠 瘏病也痡亦病
也吁憂也箋云此章言臣旣勤勞於外僕馬皆病而今云
何乎其亦憂矣深閔之辭 砠本亦作岨同七餘反 瘏音塗
本又作屠非 痡音敷又普烏反本又作鋪同
吁香于反痡病也一本作痛亦病也者非

卷耳四章章四句

樛木后妃逮下也言能逮下而無嫉妬之心
焉 后妃能和諧衆妾不嫉妬其容貌恒以善言逮下而
安之 樛居虬反字林九稠反馬融韓詩本並作朻音
同字林巳周反說文以朻爲木高 逮徒戴反又徒
帝反之心焉崔集註本此序有鄭注檢衆本並無
南有
樛木葛藟纍之 興也南南土也木下曲曰樛南土之
葛藟茂盛箋云木枝以下垂之故故

葛也藟也得纍而蔓之而上下俱盛興者喻后妃能以惠下逮衆妾使得其次序則衆妾上附事之而礼義亦俱盛南土謂荆楊之域 藟本亦作櫐力軌反似葛之草也草木疏云一名巨荒似燕薁亦連蔓葉似艾白色其子赤可食 櫐力追反本又作虆 上時掌反

樂只君子福履綏之 履祿綏安也箋云妃妾以礼義相与和又能以礼樂樂其君子使爲福祿所安 只之氏反猶是也 綏音雖 樂樂上音岳下音洛

南有樛木葛藟荒之樂只君子福履將之 荒奄將大箋云此章申殷勤之意將猶扶助也

南有樛木葛藟縈之樂只君子福履成之 縈旋也成就也 縈本又作蔕烏營反說文作藥

樛木三章章四句

螽斯后妃子孫衆多也言若螽斯不妬忌則子孫衆多也 忌有所諱惡於人 螽音終 斯尔雅作蜤螽音同 惡烏路反

螽斯羽

詵詵兮螽斯蚣蝑也詵詵衆多也箋云凡物有陰陽情慾者无不妬忌維蚣蝑不耳各得受氣而生子故能詵詵然衆多后妃之德能如是則宜然詵所巾反說文作辡音同蚣粟容反字林作蚣先凶反郭璞先工反許慎思兮反蝑粟居反許慎呂忱並先呂反郭璞才与反案一名斯螽七月詩云斯螽動股是也揚雄許慎皆云舂黍草木疏云幽州謂之舂箕舂箕蝗類也長而青長股股鳴者也郭璞注方言云江東呼爲蚝蜢蚝竹白反蜢音猛慾音欲諸詮之音諭耳本或作然字宜爾子孫振振兮振振仁厚也箋云后妃之德寬容不嫉妬則宜女之子孫使其無不仁厚振音真女音汝螽斯羽薨薨兮宜爾子孫繩繩兮薨薨衆多也繩繩戒慎也薨呼弘反螽斯羽揖揖兮宜爾子孫蟄蟄兮揖揖會聚也蟄蟄和集也揖子入側立二反蟄天十反徐又直立反

螽斯三章章四句

桃夭后妃之所致也不妬忌則男女以正昏

姻以時國無鰥民也老無妻曰鰥【夭】於驕反說文作祅云木少盛貌【鰥】本亦鱞古頑反老無妻曰鰥桃之夭夭灼灼其華興也桃有華之盛者夭夭其少壯也灼灼華之盛也箋云興者喻時婦人皆得以年盛時行也【少】詩照反之子于歸宜其室家之子嫁子也于往也宜以有室家無踰時者箋云宜者謂男女年時俱當【當】丁浪反桃之夭夭有蕡其實蕡實貌非但有華色又有婦德【蕡】浮雲反之子于歸宜其家室家室猶室家也桃之夭夭其葉蓁蓁蓁蓁至盛貌有色有德形體至盛也【蓁】側巾反之子于歸宜其家人一家之人盡以爲宜箋云家人猶室家也【盡】津忍反或如字他皆放此

桃夭三章章四句

兎罝后妃之化也關雎之化行則莫不好德

賢人衆多也兎本又作菟他故反罝子斜反說文子余反好呼報反肅肅兎

罝椓之丁丁肅肅敬也兎罝兎罟也丁丁椓杙声也箋云罝兎之人鄙賤之事猶能恭敬則

是賢者衆多也椓陟角反丁陟耕反罟音古罔也杙本又作弋羊職反鄭羊北反爾雅云樴謂之杙李巡云橛也樴

音特橛其月反赳赳武夫公侯干城赳赳武貌干扞也箋云干也城也皆

以禦難也此罝兎之人賢者也有武力可任為將帥之德諸侯可任以國守扞城其民折衝禦難於未然赳居黝反

爾雅云勇也干如字爾雅云干扞也孫炎注云干楯所以自蔽扞也舊音戶旦反沈音幹禦魚呂反難乃旦反下同

任音壬將子匠反帥色類反沈所愧反任而鴆反後不音者放此守手又反折之設反衝昌容反肅肅

兎罝施于中逵逵九達之道施于如字逵求龜反杜預注春秋云塗方九軌赳

赳武夫公侯好仇箋云怨耦曰仇此罝兎之人敵国有來侵伐者可使和好之亦言賢

也肅肅兎罝施于中林中林林中施如字沈以豉反赳赳武

夫公侯腹心可以制斷公侯之腹心箋云此兔罝之人於行攻伐可用爲策謀之臣使之慮事亦言賢也

兔罝三章章四句

芣苢后妃之美也和平則婦人樂有子矣箋云天下和政教平也〔芣苢〕音浮苢本亦作苡音以

采采芣苢薄言采之采采非一辭也芣苢馬舄馬舄車前也宜懷妊焉薄辭也采取也箋云薄言我薄也采采芣苢薄言有之有藏之也〔有〕羽軌切采采芣苢薄言掇之〔掇〕都奪反拾也一音知劣反采采芣苢薄言捋之〔捋〕力活反取也

采采芣苢薄言袺之〔袺〕音結執衽也采采芣苢薄言襭之〔襭〕戶結反扱衽也一本作襭同

芣苢三章章四句

漢廣德廣所及也文王之道被于南國美化行乎江漢之域無思犯禮求而不可得也箋云紂時淫風徧于天下維江漢之域先受文王之教化【漢】水名也尚書云嶓冢導漾水東流爲漢【被】皮義反【域】音聿

南有喬木不可休息漢有游女不可求思興也南方之木美喬上竦也思辭也漢上游女無求思者箋云不可者本有可道也木以高其枝葉之故故人不得就而止息也興者喻賢女雖出游流水之上人無欲求犯礼者亦由貞潔使之然【喬】本亦作橋渠驕反徐又紀橋反

漢之廣矣不可泳思江之永矣不可方思潛行爲泳永長方泭也箋云漢也江也其欲渡之者必有潛行乘泭之道今以廣長之故故不可也又喻女之貞潔犯禮而往將不至也【泳】音詠潛行曰泳【泭】芳于反本亦作游又作桴或作柎並同

翹翹錯薪言刈其楚翹翹薪貌錯雜也箋云楚雜薪之中尤翹翹者我欲刈取之以喻衆女皆貞潔我又欲取其尤高潔者【翹】

祁遥反沈其尭反薪貌挈一本無挈字之子于歸言秣其馬秣養也六尺以上曰馬箋云之子是子也謙不敢斥其適己於是子之嫁我願秣其馬致礼餼示有意焉秣莫葛反養也說文云食馬穀也漢之廣矣不可泳思江之永矣不可方思翹翹錯薪言刈其蔞蔞草中之翹翹然蔞力俱反馬云蔞蒿也郭云似艾音力侯反之子于歸言秣其駒五尺以上曰駒漢之廣矣不可泳思江之永矣不可方思

漢廣三章章八句

汝墳道化行也文王之化行乎汝墳之國婦人能閔其君子猶勉之以正也箋云言此婦人被文王之化厚事其君子墳符云反閔密謹反傷念也一本有婦人二字遵彼汝墳伐其條枚遵循也汝水名

也墳大防也枝曰條幹曰枚箋云伐薪於汝水之側非婦人之事以言已之君子賢者而處勤勞之職亦非其事【枚】妹回反幹也

未見君子惄如調饑 惄饑意也調朝也箋云惄思也未見君子之時如朝饑之思食【惄】本又作惄乃歷反

遵彼汝墳伐其條肄 肄餘也斬而復生曰肄【肄】以自反

既見君子不我遐棄 既已遐遠也箋云已見君子君子反也于已反得見之知其不遠棄我而死亡於思則愈故下章而勉之【思】如字

魴魚赬尾王室如燬 赬赤也魚勞則尾赤燬火也箋云君子仕於亂世其顏色瘦病如魚勞則尾赤所以然者畏王室之酷烈是時紂存【魴】符方反魚名【赬】敕貞反【燬】音毀齊人謂火曰燬

雖則如燬父母孔邇 孔甚邇近也箋云辟此勤勞之處或時得罪父母甚近當念之以免於害不能為疏遠者計也【疏】亦作疏

汝墳三章章四句

麟之趾關雎之應也關雎之化行則天下無

犯非禮雖衰世之公子皆信厚如麟趾之時也箋云關雎之時以麟爲應後世雖衰猶存關雎之化者君之宗族猶尚振振然有似麟應之時無以過也[麟]吕辛反瑞獸也

麟之趾振振公子興也趾足也麟信而應礼以足至者也振振信厚也箋云興者喻今公子亦信厚與礼相應有似於麟[振]音眞信厚也[應]音英

于嗟麟兮于嗟歎辭也

麟之定振振公姓定題也公姓公同姓[定]都佞反[題]徒兮反

于嗟麟兮

麟之角振振公族麟角所以表其德也公族公同祖也箋云麟角之末有肉示有武而不用[示]一本示作象

于嗟麟兮

麟之趾三章章三句

周南之國十一篇三十六章百五十九句

召南鵲巢詁訓傳第二

召亦地名也在岐山之陽扶風雍縣南有召亭案周召皆周之舊土文王受命後以賜二公爲菜地二南之風皆文王未受命之詩也周南十一篇是先王之所以教聖人之深迹故繫之公旦召南十四篇是先王之教化文王所行之淺迹故繫之君奭

毛詩國風　鄭氏箋

鵲巢夫人之德也國君積行累功以致爵位夫人起家而居有之德如鳲鳩乃可以配焉箋云起家而居有之謂嫁於諸侯也夫人有均壹之德如鳲鳩然而後可配國君【鵲】七畧反字林作䧿【鳲】音司

維鵲有巢維鳩居之興也鳩鳲鳩秸鞠也鳲鳩不自爲巢居鵲之成巢箋云鵲之作巢冬至架之至春乃成猶國君積行累功故以興焉興者鳲鳩因鵲成巢而居有之而有均壹之德猶國君夫人來嫁居君子之室德亦然室燕寢也【秸】古八反【鞠】音菊

之子于歸百兩御之百兩百乘

也諸侯之子嫁於諸侯送御皆百乘箋云之子是子也御迎也是如鳲鳩之子其往嫁也家人送之良人迎之車皆百乘象有百官之盛〔御〕五嫁反維鵲有巢維鳩方之方有之也之子于歸百兩將之〔將〕如字送也沈七羊反維鵲有巢維鳩盈之盈滿也箋云滿者言衆媵姪娣之多〔媵〕音孕〔姪〕待結反〔娣〕徒帝反之子于歸百兩成之能成百兩之禮也箋云是子有鳲鳩之德宜配國君故以百兩之禮送迎成之

鵲巢三章章四句

采蘩夫人不失職也夫人可以奉祭祀則不失職矣箋云奉祭祀者采蘩之事也不失職者夙夜在公也于以采蘩于沼于沚蘩皤蒿也于於沼池沚渚也公侯夫人執蘩菜以助祭神饗德與信不求備焉沼沚谿澗之草猶可以薦王后則荇菜也箋云于以猶言往以也執蘩菜者以豆薦蘩菹〔蘩〕音煩〔沼〕之紹反池也〔沚〕音止〔皤〕薄波反

白也蒿好羔反谿苦兮反澗也于以用之公侯之事之事祭事也箋云言夫人於君祭祀而薦此豆也于以采蘩于澗之中山夾水曰澗澗古晏反夾古洽反于以用之公侯之宮宮廟也被之僮僮夙夜在公被首飾也僮僮竦敬也夙早也箋云公事也早夜在事謂視濯溉饎爨之事禮記主婦髲鬄被皮寄反僮音同濯直角反溉古愛反饎昌志反髲皮寄反鬄亦作髢被之祁祁薄言還歸祁祁舒遲也去事有儀也箋云言我也祭事畢夫人釋祭服而去髲鬄也其威儀祁祁然而安舒無罷倦之失我還歸者自廟反其燕寢祁巨私反罷音皮

采蘩三章章四句

草蟲大夫妻能以禮自防也蟲直忠反本或作虫非也虫音許鬼反

喓喓草蟲趯趯阜螽興也喓喓聲也草蟲常羊也趯趯躍也阜螽蠜也卿大

夫之妻待禮而行隨從君子箋云草蟲鳴阜螽躍而從之異種同類猶男女嘉時以禮相求呼喓於遥反趯託立反阜音父螽音中躍音藥跳也蠜音煩種章勇反

未見君子憂心忡忡忡忡猶衝衝也婦人雖適人有歸宗之義箋云未見君子者謂在塗時也在塗而憂憂不當君子無以寧父母故心衝衝然是其不自絕於其族之情忡敕中反

亦既見止亦既覯止我心則降覯古豆反遇也止辭也降下也箋云既見謂已同牢而食也既覯謂已昏也始者憂於不當今君子待已以禮庶自此可以寧父母故心下也易曰男女覯精萬物化生降戶江反

陟彼南山言采其蕨南山周南山也蕨鼈也箋云言我也我采者在塗而見采鼈采者得其所欲猶已今之行者欲得禮以自喻也蕨居月反鼈卑滅反本又作鱉○

未見君子憂心惙惙惙惙憂也惙張劣反

亦既見止亦既覯止我心則說說服也說音悅

陟彼南山言采其薇薇菜也薇音微草也亦可食

未見君子我心傷悲嫁女之家不息火三日相思離也箋云維父母思已故已

亦傷悲【離】力智反

亦既見止亦既覯止我心則夷 夷平也

草蟲三章章七句

采蘋大夫妻能循法度也能循法度則可以承先祖共祭祀矣 箋云女子十年不出姆教婉娩聽從執麻枲治絲繭織紝組紃學女事以共衣服觀於祭祀納酒漿籩豆葅醢禮相助奠十有五而笄二十而嫁此言能循法度者今既嫁為大夫妻能循其為女之時所學所觀之事以為法度【蘋】符申反【共】音恭本或作供注同【姆】莫豆反女師也鄭云姆者婦人五十無子出不復嫁以婦道教人若今時乳母也【婉】怨遠反【娩】音晚【枲】絲似反【繭】古顯反【紝】女金反【組】音祖綫也【紃】音旬絛也【漿】子詳反【醢】音海【相】息亮反【笄】音雞

于以采蘋南澗之濱于以采藻于彼行潦 蘋大蓱也濱厓也藻聚藻也行潦流潦也箋云古者婦人先嫁三月祖廟未毀教于公宮祖廟既毀教于宗室教以婦德婦言婦容婦功教成之祭牲用魚芼用蘋藻所以成婦順

也此祭女所出祖也法度莫大於四教是又祭以成之故舉以言焉蘋之言賓也藻之言澡也婦人之行尚柔順自潔清故取名以

爲戒【濱】音賓【藻】音早水菜也【潦】音老【蘋】音平【芼】莫報反

于以盛之維筐及筥于以湘之維錡及釜

方曰筐圓曰筥湘亨也錡釜屬有足曰錡無足曰釜箋云亨蘋藻者於魚湆之中是鉶羹之芼【盛】音成【筐】音匡【筥】居呂反【湘】息良反【錡】其綺反【釜】符甫反【亨】本又作烹煮也【湆】去急反汁也【鉶】音形鄭云三足兩耳有蓋和羹之器【羹】音庚

于以奠之宗室牖下

奠置也宗室大宗之廟也大夫士祭於宗廟奠於牖下箋云牖下戶牖閒之前祭不於室中者凡昏事於女禮設几筵於戶外此其義也與宗子主此祭維君使有司爲之【牖】音酉【下】如字叶韻則音戶後皆放此【與】音余

誰其尸之有齊季女

尸主齊敬季少也蘋藻薄物也澗潦至質也筐筥錡釜陋器也少女微主也古之將嫁女者必先禮之於宗室牲用魚芼之以蘋藻箋云主設羹者季女則非禮也女將行父禮之而俟迎者蓋母薦之無祭事也祭事主婦設羹教成之祭更使季女者成其婦禮也季女不主魚魚俎實男子設之其粢盛蓋以黍稷【齊】本亦作齋同【少】詩照反【迎】宜敬反【俎】

側所反

采蘋三章章句

甘棠美召伯也召伯之教明於南國 箋云召伯姬姓名奭食采于召作上公為二伯後封於燕此美其為伯之功故言伯云 召時照反 奭音釋 燕烏賢反國名在周礼幽州之域今涿郡薊縣是也

蔽芾甘棠勿翦勿伐召伯所茇 蔽芾小貌甘棠杜也翦去伐擊也箋云茇草舍也召伯聽男女之訟不重煩勞百姓止舍小棠之下而聽斷焉國人被其德說其化思其人敬其樹 蔽必袂反 芾非貴反 翦子踐反韓詩作剗初簡反 茇蒲曷反又扶蓋反

蔽芾甘棠勿翦勿敗召伯所憩 憩息也 敗必邁反又如字 憩起例反

蔽芾甘棠勿翦勿拜召伯所說 說舍也箋云拜之言拔也 說本或作稅又作脫同始銳反 拔蒲八反

甘棠三章章三句

行露召伯聽訟也衰世之俗微貞信之教興彊暴之男不能侵陵貞女也箋云衰亂之俗微貞信之教興興者此殷之末世周之盛德當文王與紂之時

厭浥行露豈不夙夜謂行多露興也厭浥濕意也行道也豈不言有是也箋云夙早也厭浥然濕道中始有露謂二月中嫁取時也言我豈不知當早夜成昏禮與謂道中之露大多故不行耳今彊暴之男以此多露之時禮不足而強來不度時之可否故云然周禮仲春之月令會男女之無夫家者行事必以昏昕厭于葉反浥本又作挹同於及反與音餘大音泰多吐賀反强其丈反度待洛反否方九反會力政反昕許斤反

誰謂雀無角何以穿我屋誰謂女無家何以速我獄不思物變而推其類雀之穿屋似有角者速召獄埆也箋云女女彊暴之男變異也人皆謂雀之穿屋似有角彊暴之男召我而獄似有室家之道於我也物有似而不

同雀之穿屋不以角乃以咮今彊暴之男召我而獄不以室家之道於我乃以侵陵物與事有似而非者士師所當審也【穿】本亦作穿音川【女】音汝下皆同【獄】音玉【埆】音角又户角反盧植云相質觳爭訟者也崔云埆者埆正之義一云獄名【咮】本亦作噣郭張救反何都豆反鳥口也

雖速我獄室家不足昏礼財帛不過五兩箋云幣可備也室家不足謂媒妁之言不和六禮之來強委之【紡】側基反依字糸旁才後人遂以才爲也因作純字【兩】音諒【媒】音梅謀也【妁】時酌反又音酌妁酌也

誰謂鼠無牙何以穿我墉誰謂女無家何以速我訟墉墻也視墻之穿推其類可謂鼠有牙【墉】音容【訟】如字徐取韻音才容反

雖速我訟亦不女從不從終不棄禮而隨此彊暴之男

行露三章一章三句二章章六句

羔羊鵲巢之功致也召南之國化文王之政

在位皆節儉正直德如羔羊也箋云鵲巢之君積行累功以致羔羊之化在位卿大競相切化皆如此羔羊之人羔音高行下孟反○羔羊之皮素絲五紽小曰羔大曰羊素白也紽數也古者素絲以英裘不失其制大夫羔裘以居紽徒何反數所具反後不音者同英沈音映又如字退食自公委蛇委蛇公公門也委蛇行可從迹也箋云退食謂減膳也自從也從於公謂正直順于事也委蛇委曲自得之貌節儉而順心志定故可自得也委於危反蛇本又作虵同音移行下孟反崔如字迹又作跡羔羊之革素絲五緎革猶皮也緎縫也緎音域又于域反委蛇委蛇自公退食箋云自公退食猶退食自公羔羊之縫素絲五總縫言縫殺之大小得其制總數也縫符龍反又音符用反總子公反殺所界反徐所例反委蛇委蛇退食自公

羔羊三章章四句

殷其靁勸以義也召南之大夫遠行從政不遑寧處其室家能閔其勤勞勸以義也箋云召南大夫召伯之屬遠行謂使出邦畿亦作雷力回反遑音黃暇也使如字復符福反殷音隱下同靁殷其靁在南山之陽殷雷聲也山南曰陽靁出地奮震驚百里山出雲雨以潤天下箋云靁以喻號令於南山之陽又喻其在外也召南大夫以王命施號令於四方猶靁殷殷然發聲於山之陽也何斯違斯莫敢或遑何此君子也斯此違去遑暇也箋云何乎此君子適居此復去此轉行遠從事於王所命之方無敢或閒暇時閔其勤勞閒音閑振振君子歸哉歸哉振振信厚也箋云大夫信厚之君子爲君使功未成歸哉歸哉勸以爲臣之義未得歸也振音真殷其靁在南山之側亦在其陰與左右也何斯違斯莫敢遑息息止也振振君子歸哉歸哉殷其靁在南山之下或在其下箋云下謂山足何斯違斯莫或遑處

處尺煮反居也 振振君子歸哉歸哉

殷其靁三章章六句

摽有梅男女及時也召南之國被文王之化男女得以及時也 摽婢小反徐符表反

摽有梅其實七兮 興也摽落也盛極則隋落者梅也尚在樹者七箋云興者梅實尚餘七未落喻始衰也謂女二十春盛而不嫁至夏則衰 隋追果反又徒火反

求我庶士迨其吉兮 吉善也箋云我我當嫁者庶衆迨及也求女之當嫁者之衆士宜及其善時善時謂年二十雖夏未大衰 迨音待

摽有梅其實三兮 在者三也箋云此夏鄉晚梅之隋落差多在者餘三耳 鄉本亦作嚮許亮反又作向

求我庶士迨其今兮 今急辭也

摽有梅頃筐塈之 塈取也箋云頃筐取之謂夏已晚頃筐取之於地 頃音傾 塈許器反

求我庶士迨其謂之 不待備禮也三十之男二十之女禮未備則不待禮會而行之

者所以蕃育人民也箋云謂勤也女年二十而無嫁端則有勤
望之憂不待禮會而行之者謂明年仲春不待以禮會之也時
時禮雖不備相奔不禁 蕃音煩 禁居鴆反

摽有梅三章章四句

小星惠及下也夫人無妒忌之行惠及賤妾
進御於君知其命有貴賤能盡其心矣 箋云以色曰妒以行曰忌命謂禮命貴賤 行下孟反 盡津忍反 嘒彼小星三五在東 嘒微貌小星衆無名者三心五噣四時更見箋云衆無名之星隨心噣在天猶諸妾隨夫人以次序進御於君也心在東方三月時也噣在東方正月時也如是終歲列宿更見 嘒呼惠反 噣張救反 更音庚 見賢遍反 宿音秀 肅肅宵征夙夜
在公寔命不同 肅肅疾貌宵夜征行寔是也命不得同於列位也箋云夙早也謂諸妾肅肅然夜行或早或夜在於君所以次序進御者是其禮命之數不同也凡妾御於君不當夕 寔音實 嘒彼小

星維參與昴 參伐也昴留也箋云此言衆無名之星亦隨伐留在天 參 所林反 昴 音卯徐又音茅 留 如字又音栁

肅肅宵征抱衾與裯寔命不猶 衾被也裯禪被也猶若也箋云裯牀帳也諸妾夜行抱衾與牀帳待進御之次序不若亦言尊卑異也 衾 起金反 裯 直留反 帳 音漲張仗反

小星二章章五句

江有汜美媵也勤而無怨嫡能悔過也文王之時江沱之間有嫡不以其媵備數媵遇勞而無怨嫡亦自悔也 箋云勤者以已宜媵而不得心望之 汜 音祀水名 媵 音孕 嫡 都狄反正夫人也下同 沱 徒何反

江有汜 興也決復入爲汜箋云興者喻江水大汜水小然得竝流似嫡媵宜俱行 之子歸不我以不我以其後也悔 嫡能自悔也箋云之子是子也是子謂嫡也婦人謂嫁曰歸以猶與也 江有渚 渚小洲也水枝成渚箋云江水流而渚留是嫡

與已異心使已獨留不行 渚諸呂反 枝如字又音祇 之子歸不我與不我與其後也處處止也箋云嫡悔過自止 江有沱沱江之別者箋云岷山道江東別爲沱 岷本又作崏 武巾反山名在蜀 道徒報反 之子歸不我過不我過其嘯也歌嘯蹙口而出聲嫡有所思而爲之既覺自悔而歌歌者言其悔過以自解說也 過音戈 嘯蕭叫反 蹙子六反 解革買反 說始拙反又音悅

江有汜三章章五句

野有死麕惡無禮也天下大亂彊暴相陵遂成淫風被文王之化雖當亂世猶惡無禮也箋云無禮者爲不由媒妁鴈幣不至劫脅以成昏謂紂之世 麕本亦作麏又作麇俱倫反爾雅云郊外曰野麕獸名也草木疏云麕麞也青州人謂之麕 惡烏路反下同 被皮寄反 劫居業反 脅許業反

野有死麕白茅包

之郊外曰野包裹也凶荒則殺禮猶有以將之野有死麕羣田之獲而分其肉白茅取潔清也箋云亂世之民貧而彊暴之男多行無禮故貞女之情欲令人以白茅裹束野中田者所分麕肉為禮而來 裹音果 殺所戒反 清如字沈音淨 令音苓 有女懷春吉士誘之懷思也春不暇待秋也誘道也箋云有貞女思仲春以禮與男會吉士使媒人道成之疾時無禮而言然 誘音酉 林有樸樕野有死鹿白茅純束樸樕小木也野有死鹿廣物也純束猶包之也箋云樸樕之中及野有死鹿皆可以白茅包裹束以為禮廣可用之物非獨麕也純讀如屯 樸蒲木反 樕音速 純徒尊反 屯徒本反沈徒尊反聚也 有女如玉德如玉也箋云如玉者取其堅而潔白 玉音欲 舒而脫脫兮舒徐也脫脫舒遲也箋云貞女欲吉士以禮來脫脫然舒也又疾時無禮彊暴之男劫脅 脫勑外反 無感我帨兮感動也帨佩巾也箋云奔走失節動其佩巾 感如字又胡坎反 帨始銳反沈始悅反 無使尨也吠尨狗也非禮相陵則狗吠 尨美邦反 吠符廢反

野有死麕三章二章章四句一章三

句

何彼襛矣美王姬也雖則王姬亦下嫁於諸侯車服不繫其夫下王后一等猶執婦道以成肅雝之德也箋云下王后一等謂車乘厭翟勒面繢總服則褕翟襛如容反姬音基王姬武王女姬周姓也車音居厭於葉反翟庭立反繢户妹反總作孔反何彼襛矣唐棣之華興也襛猶戎戎也唐棣移也箋云何乎彼戎戎者乃移之華興者喻王姬顏色之美盛棣徒帝反華如字移音移一音是兮反曷不肅雝王姬之車肅敬雝和箋云曷何之往也何不敬和乎王姬往乘車也言其嫁時始乘車則已敬和車協韻尺奢反何彼襛矣華如桃李平王之孫齊侯之子平正也武王女文王孫適齊侯之子箋云華如桃李者興王姬與齊侯之子顏色俱盛正王者德能正天下之士其釣維何維絲伊緡齊侯之子平王

之孫伊維緡綸也箋云釣者以此有求於彼何以爲之乎以絲之爲綸則是善釣也以言王姬與齊侯之子以善道相求釣音弔緡亡貧反綸音倫繩也

何彼襛矣三章章四句

騶虞鵲巢之應也鵲巢之化行人倫旣正朝廷旣治天下純被文王之化則庶類蕃殖蒐田以時仁如騶虞則王道成也應者應德自遠而至騶側留反尾長於身不履生草尚書大傳云尾倍於身應應對之應注皆同朝直遥反治直吏反被皮寄反蕃音煩多也蒐所留反春獵爲蒐田獵也杜預云蒐索擇取不孕者也穀梁傳云四時之田春曰田夏曰苗秋曰蒐冬曰狩

彼茁者葭茁出也葭蘆也箋云記蘆始出者著春田之早晚茁則劣側刷二反葭音加蘆音盧著張慮反後不音者皆放此

壹發五豝豕牝曰豝虞人翼五豝以待公之發箋云君射一發而翼五豝者禽獸之命必戰之者仁心

之至發如字徐音廢豝百加反牝頻忍反徐扶死反射食亦反于嗟乎騶虞騶虞義獸也白虎黑文不食生物有至信之德則應之箋云于嗟者美之也彼茁者蓬蓬草名也蓬蒲東反壹發五豵一歲曰豵箋云豕生三曰豵豵子公反徐又在容反字又作豵同于嗟乎騶虞

騶虞二章章三句

召南之國十四篇四十章百七十七句

毛詩卷第一

毛詩卷第二

邶柏舟詁訓傳第三

鄭云邶鄘衛者殷紂畿内地名屬古冀州自紂城而北曰邶南曰鄘東曰衛衛在汲郡朝歌縣時康叔正封于衛其末子孫稍并兼彼二國混其地而名之作者各有所傷從其本國而異之故有邶鄘衛之詩王肅同從此訖豳七月十三國並變風也【邶】蒲對反本又作鄁字林方代反【柏】音伯字又作栢

毛詩國風　鄭氏箋

柏舟言仁而不遇也衛頃公之時仁人不遇小人在側不遇者君不受己之志也君近小人則賢者見侵害○柏木名以爲舟也【頃】音傾【近】附近之近

汎彼柏舟亦汎其流興也汎汎流皃柏木所以宜爲舟也亦汎汎其流不以濟渡也箋云舟載渡物者今不同而與衆物汎汎然俱流水中興者喻仁人之不見用而與羣小人並列亦猶是

也汎敷劒反汎流皃本或作汎汎流皃者此從王肅注加耿耿不寐如有隱憂耿耿猶儆儆也隱痛也箋云仁人既不遇憂在見侵害耿古幸反儆音景微我無酒以敖以遊非我無酒可以敖遊忘憂也敖本亦作遨五羔反我心匪鑒不可以茹鑒所以察形也茹度也箋云鑒之察形但知方圓白黑不能度其真僞我心非如是鑒我於衆人之善惡外內心度知之鑒甲暫反鏡也茹如預反徐如庶反度待洛反下同亦有兄弟不可以據據依也箋云兄弟至親當相據依言亦有不相據依以爲是者希耳責之以兄弟之道謂同姓之臣也薄言往愬逢彼之怒彼彼兄弟愬蘇路反愬協韻乃路反我心匪石不可轉也我心匪席不可卷也石雖堅尚可轉席雖平尚可卷箋云言己心志堅平過於石席卷眷勉反注同威儀棣棣不可選也君子望之儼然可畏禮容俯仰各有威儀耳棣棣富而閑習也物有其容不可數也箋云稱己威儀如此者言己德備而不遇所以慍也

逮本或作逮同徒帝反又音代選雪兗反儀魚撿反本或作儼音同數色主反憂心悄悄慍于羣小慍怒也悄悄憂皃箋云群小衆小人在君側者悄七小反慍憂運反覯閔既多受侮不少閔病也覯古豆反侮音武徐又音茂靜言思之寤擗有摽靜安也擗拊心也摽拊心皃箋云言我也擗本又作擘避亦反摽符小反拊音撫日居月諸胡迭而微箋云日君象也月臣象也微謂虧傷也君道當常明如日而月有虧盈今君失道而任小人大臣專恣則日如月然迭待結反韓詩作戜音同云戜常也心之憂矣如匪澣衣如衣之不澣矣箋云衣之不澣則憒辱無照察澣戶管反憒古對反靜言思之不能奮飛不能如鳥奮翼而飛去箋云臣不遇於君猶不忍去厚之至也

柏舟五章章六句

緑衣衛莊姜傷己也妾上僭夫人失位而作

是詩也緑當爲禒故作禒轉作緑字之誤也莊姜莊公夫人齊女姓姜氏妾上僭者謂公子州吁之母

母嬖而州吁驕○緑毛如字緑東方之間色也鄭改作禒

吐乱反篇内各同〔上〕時掌反注同〔僭〕㦒念反〔吁〕況于反〔嬖〕

補計反謚法云賤而得愛曰嬖嬖卑也媟也○緑兮衣兮緑衣黄裏興也緑間

色黄正色箋云禒兮衣兮者言禒衣自有礼制也諸侯夫

人祭服之下鞠衣爲上展衣次之禒衣次之次之者衆妾

亦以貴賤之等服之鞠衣黄展衣白禒衣黒皆以素紗爲

裏今禒衣反以黄爲裏非其礼制也故以喻妾上僭〔裏〕音

里〔間〕間厠之間〔鞠〕居六反言如菊花之色也又去六反言

如麴塵之色王后之服四曰鞠衣色黄也〔展〕知彦反字亦

作襢音同王后之服五曰襢衣毛氏馬融皆云色赤鄭云色白〔紗〕音沙心之憂矣曷維

其已憂雖欲自止何時能止也緑兮衣兮緑衣黄裳上曰衣下曰裳箋云

婦人之服不殊衣裳上下同色今衣黒而

裳黄喻乱嫡妾之礼〔嫡〕本亦作適同丁歷反心之憂矣曷

維其亡箋云亡之言忘也緑兮絲兮女所治兮緑末也絲本也箋云

女女妾上僭者先染絲後制衣衣女之所治爲也而女反乱之亦喻乱嫡妾之禮責以本末之行禮大夫以上衣織故本於絲也○〔女〕崔云毛如字鄭音汝〔行〕下孟反下同〔上〕時掌反〔衣〕於既反〔織〕音志

我思古人俾無訧兮 俾使訧過也箋云古人謂制禮者我思此人定尊卑使人無過差之行心善之也〔俾〕甲爾反〔訧〕音尤本或作尤〔差〕初賣反又初佳反

絺兮綌兮淒其以風 淒寒風也箋云絺綌所以當暑今以待寒喻其失所也〔淒〕七西反

我思古人實獲我心 古之君子實得我之心也箋云古之聖人制禮者使夫婦有道妻妾貴賤各有次序

綠衣四章章四句

燕燕衛莊姜送歸妾也 莊姜無子陳女戴嬀生子名完莊姜以爲己子莊公薨完立而州吁殺之戴嬀於是大歸莊姜遠送之于野作詩見己志〔燕〕於見反〔嬀〕居危反〔戴〕謚也〔完〕字又作皃俗音丸卽衛桓公也〔殺〕如字又申志反〔見〕賢遍反○

燕燕于飛差池其羽 燕燕鳦也

燕之于飛必差池其羽箋云差池其羽謂張舒其尾翼興戴媯將歸顧視其衣服差楚佳反又楚宜反池如字鳦音乙本又作乙郭烏拔反**之子于歸遠送于野**之子去者也歸歸宗也遠送過禮于於也郊外曰野箋云婦人之禮送迎不出門今我送是子乃至于野者舒己憤盡己情野如字協韻羊汝反沈云協句宜音時預反後放此憤符粉反**瞻望弗及泣涕如雨**瞻視也涕他礼反徐又音弟

燕燕于飛頡之頏之飛在上曰頡飛而下曰頏箋云頡頏興戴媯將歸出入前却頡戶結反頏戶郎反上時掌反篇內放此**之子于歸遠于將之**將行也箋云將亦送也**瞻望弗及佇立以泣**佇立久立也佇直呂反

燕燕于飛上下其音飛而上曰上音飛而下曰下音箋云上下其音興戴媯將歸言語感激聲有小大也激經歷反**之子于歸遠送于南**陳在衛南南如字沈云協句宜乃林反今謂古人韻緩不煩改字**瞻望弗及實勞我心**實是也實亦作寔

仲氏任只其心塞淵仲戴嬀字也任大塞瘞淵深也箋云任者以恩相親信也周禮六行孝友睦姻任恤〔任〕入林反毛云大也沈云鄭而鴆反〔塞〕於例反崔集注本作實〔行〕下孟反下篇同終溫且惠淑慎其身惠順也箋云溫謂顏色和也淑善也先君之思以勖寡人勖勉也箋云戴嬀思先君莊公之故故將歸猶勸勉寡人以礼義寡人莊姜自謂也〔勖〕凶玉反徐又况目反

燕燕四章章六句

日月衛莊姜傷己也遭州吁之難傷己不見荅於先君以至困窮之詩也○舊本皆爾俗本或作以至困窮而作是詩也誤〔難〕乃旦反

○日居月諸照臨下土日乎月乎照臨之也箋云日月喻國君與夫人也當同德齊意以治國者常道也乃如之人兮逝不古處逝逮

吉故也箋云之人是人也謂莊公也其所以接及我者不以故處甚違其初時（處）昌慮反又昌呂反 胡能
有定寧不我顧 胡何定止也箋云寧猶曾也君之行如是何能有所定乎曾不顧念我之
言是其所以不能定完也○顧本又作頋如字徐音古此亦協韻也後放此 日居月諸下
土是冒 冒覆也箋云冒覆猶照臨也 乃如之人兮逝不相好
不及我以相好箋云其所以接及我者不以相好之恩情甚於已薄也（好）呼報反注同王崔申毛如字 胡
能有定寧不我報 盡婦道而不得報 日居月諸出自
東方 日始月盛皆出東方箋云自從也言夫人當盛之時與君同位 乃如之人兮
德音無良 音聲良善也箋云無善恩意之聲語於我也（語）魚據反 胡能有
定俾也可忘 箋云俾使也君之行如此何能有所定使是無良可忘也 日居月
諸東方自出父兮母兮畜我不卒 箋云畜養卒終也父兮母

兮者言巳尊之如父又親之胡能有定報我不述述循也如毋乃反養遇我不終也箋云不循不循禮也述本亦作術

日月四章章六句

終風衛莊姜傷已也遭州吁之暴見侮慢而不能正也正猶止也○終風終日○終風且暴顧我則笑興也終日風爲終風暴疾也笑侮之也箋云既竟日風矣而又暴疾興者喻州吁之爲不善如終風之無休止而其間又有甚惡其在莊姜之旁視莊姜則反笑之是無敬心之甚謔浪笑敖言戲謔不敬謔許約反浪力葬反韓詩云起也笑本又作咲俗字也悉妙反傲五報反中心是悼箋云悼者傷其如是然而巳不能得而止之終風且霾霾雨土也霾亡皆反徐又莫戒反雨于付反惠然肯來言時有順心也箋云肯可也有順心然後可以來至我旁不欲見其戲謔

〔來〕如字古協思韻多音黎他皆放此莫往莫來悠悠我思人無子道以來

事已亦不得以母道往加之箋云我思其如是心悠悠然〔思〕如字終風且曀不日

有曀陰而風曰曀箋云有又也既竟日風且復曀不見日矣而又曀者喻州吁闇乱甚也〔曀〕於計反〔復〕扶

富反寤言不寐願言則嚏嚏跲也箋云言我願思也嚏讀當爲不敢嚏咳之嚏

我其憂悼而不能寐女思我心如是我則嚏也今俗人嚏云人道我此古之遺語也〔嚏〕本又作疐又作㚏舊竹利反

又丁四反又猪吏反或竹季反劫也鄭作嚏音都麗反〔劫〕居業反本又作跲音同又渠業反孫毓同崔云毛訓疐爲

故今俗人云欠欠㰦㰦是也不作劫字人體倦則伸志倦則㰦案音丘據反玉篇云㰦欠張口也〔咳〕開愛反〔女〕音汝

下同後可以意求之疑者更出曀曀其陰如常陰曀曀然虺虺其靁懸若

震靁之聲虺虺然〔虺〕虚鬼反寤言不寐願言則懷懷傷也箋云懷安也

女思我心如是我則安也

終風四章章四句

擊鼓怨州吁也衛州吁用兵暴亂使公孫文仲將而平陳與宋國人怨其勇而無禮也將者將兵以伐鄭也平成也將伐鄭先告陳與宋以成其伐事春秋傳曰宋殤公之即位也公子馮出奔鄭鄭人欲納之及衛州吁立將修先君之怨於鄭而求寵於諸侯以和其民使告於宋曰君若伐鄭以除君害君為主敝邑以賦與陳蔡從則衛國之願也宋人許之於是陳蔡方睦於衛故宋公陳侯蔡人衛人伐鄭是也伐鄭在魯隱四年將子亮反注將者同殤音傷馮本亦作憑同皮冰反從才用反下同

○擊鼓其鏜踊躍用兵鏜然擊鼓聲也使衆皆踊躍用兵也箋云此用兵謂治兵時鏜吐當反

土國城漕我獨南行漕衛邑也箋云此言衆民皆勞苦也或役土功於國或修理漕城而我獨見使從軍南行伐鄭是尤勞苦之甚漕音曹

從孫子仲平陳與宋孫子仲謂公孫文仲也平陳與

宋箋云子仲字也平陳於宋謂使告宋曰君爲主敝邑以賦與陳蔡從不我以歸憂心

有忡憂心忡忡然箋云以猶與也與我南行不與我歸期兵凶事懼不得歸豫憂之【忡】勑中反爰

居爰處爰喪其馬有不還者有亡其馬者箋云爰於也不還謂死也傷也病也今

於何居乎於何處乎於何喪其馬乎【喪】息浪反注同于以求之于林之下山木

曰林箋云于於也求不還者及亡其馬者當於山林之下軍行必依山林求其故處近得之【處】昌慮反【近】附近之近

死生契闊與子成說契闊勤苦也說數也箋云從軍之士與其伍約死也生也

相與處勤苦之中我與子成相說愛之恩志在相存救也【契】本亦作挈同苦結反【闊】苦活反契闊韓詩云約束也【說】

音悅【數】色主反執子之手與子偕老偕俱也箋云執其手與之約誓示信

也言俱老者庶幾俱免於難【偕】音皆【約】如字又於妙反下同【難】乃旦反于嗟闊兮不我

活兮不與我生活也箋云州吁阻兵安忍阻兵無衆安忍無親衆叛親離軍士棄其約離散相遠故吁嗟

歎之闊兮女不與我相救活傷之遠于万反于嗟洵兮不我信兮洵遠信極

也箋云歎其棄約不與我相親信亦傷之洵呼縣反本或亦作詢誤也詢音荀韓詩作夐夐亦遠也信毛音申案信即

古伸字也鄭如字

擊鼓五章章四句

凱風美孝子也衛之淫風流行雖有七子之

母猶不能安其室故美七子能盡其孝道以

慰其母心而成其志爾不安其室欲去嫁成其志者成言孝子自責之意凱

開在反凱風自南吹彼棘心興也南風謂之凱風樂夏之長養棘難長養者

箋云興者以凱風喻寬仁之母棘猶七子也棘居力反樂音洛或音岳長丁丈反下皆同棘心夭夭

母氏劬勞夭夭盛貌劬勞病苦也箋云夭夭以喻十子少長母養之病苦也夭於驕反劬其俱反少

詩照反凱風自南吹彼棘薪棘薪其成就者母氏聖善

我無令人聖叡也箋云叡作聖令善也母乃有叡知之善德我七子無善人能報之者故母不安我室欲去嫁也叡悅歲反下同知音智本亦作智爰有寒泉在浚之下浚衛邑也在浚之下言有益於浚箋云爰曰也曰有寒泉者在浚之下浸潤之使浚之民逸樂以興七子不能如也浚音峻浸子鴆反樂音洛有子七人母氏勞苦睍睆黃鳥載好其

音睍睆好貌箋云睍睆以興顏色說也好其音者興其辭令順也以言七子不能如也睍胡顯反睆華板反說音悅下篇注同有子七人莫慰母心慰安也

凱風四章章四句

雄雉刺衛宣公也淫亂不恤國事軍旅數起大夫久役男女怨曠國人患之而作是詩淫亂

者荒放於妻妾烝於夷姜之等國人久處軍役之事故男多曠女多怨也男曠而苦其事女怨而望其君子○雄爾雅云飛曰雌雄刺俗作刺同七賜反詩内多此○音更不重出【恤】本亦作卹【數】色角反【烝】之升反**雄雉**

于飛泄泄其羽興也雄雉見雌雉飛而鼓其翼泄泄然箋云興者喻宣公整其衣服而起

奮訊其形皃志在婦人而已不恤國之政事【泄】移世反【訊】音迅又音峻字又作迅同**我之懷矣**

自詒伊阻詒遺伊維阻難也箋云懷安也伊當作緊緊猶是也君之行女是我安其朝而不去今從軍

旅久役不得歸此自遺以是患難【詒】本亦作貽以之反【遺】維季反【沆】羊類反【難】乃旦反下同【緊】烏兮反【行】下孟反下

同【朝】直遥反**雄雉于飛下上其音**箋云下上其音興宣公小大其聲怡悅婦

人【上】時掌反**展矣君子實勞我心**展誠也箋云誠矣君子斯於君子也君之

行如是實使我心勞矣君若不然則我無軍役之事**瞻彼日月悠悠我思**瞻視

也箋云視日月之行迭往迭來今君子獨久行役而不來使我心悠悠然思之女怨之辭【女】如字下同**道**

之云遠曷云能來 箋云曷何也何時能來望之也 百爾君子不

知德行 箋云爾女也女衆君子我不知人之德行何如者可謂爲德行而君或有所留女怨故問此焉

行下孟反下注皆同 不忮不求何用不臧 忮害臧善也箋云我君子之行不疾害不求備於一人其行何用爲不善而君獨遠使之在外不得來歸亦女怨之辭 忮之豉反字書云很也韋昭音洎 臧子郎反

雄雉四章章四句

匏有苦葉刺衛宣公也公與夫人並爲淫亂

夫人謂夷姜 匏薄交反 ○匏有苦葉濟有深涉 興也匏謂之瓠瓠葉苦不可食也濟渡也由膝以上爲涉箋云瓠葉苦而渡處深謂八月之時陰陽交會始可以爲昏禮納采問名 瓠戶故反 上時掌反下皆同 厲昌慮反 深則厲淺則揭 以衣涉水爲厲謂由帶以上也揭褰衣也遭時制宜如遇水深則厲淺則揭矣男女之際安可以無禮義將無以自濟也箋云既以深淺記時因以水深淺喻男女

之才性賢與不肖及長幼也各順其人之宜為之求妃耦
[厲]力滯反韓詩云至心曰厲說文作砅云履石渡水也音
力知反又音例[揭]苦例反[長]張丈反
[焉]于偽反[妃]音配本亦作配下同
有瀰濟盈有鷕
雉鳴
瀰深水也盈滿也深水人之所難也鷕雌雉声也
衛夫人有淫泆之志授人以色假人以辭不顧礼
義之難至使宣公有淫昏之行箋云有瀰濟盈謂過於厲
喻犯礼深也[瀰]弥爾反[鷕]以小反[沈]耀皎反或一音戶了
反字林于水反說文以水反[難]
乃旦反下同[泆]音逸[行]下孟反
濟盈不濡軌雉鳴求
其牡
濡漬也由輈以上為軌違禮義不由其道猶雉鳴
而求其牡矣飛曰雌雄走曰牝牡箋云渡深水者
必濡其軌言不濡者喻夫人犯禮而不自知雉鳴反求其
牡喻夫人所求非所求[濡]而朱反[軌]舊龜美反謂車轊頭
也依傳意宜音犯案說文云軌車轍也從車九声龜美反
軓車軾前也從車凡声音犯車轊頭所謂軹也相亂故具
論之[牡]茂后反[輈]
竹留反車轅也
雝雝鳴鴈旭日始旦
雝雝鴈声
和也納采
用鴈旭日始出謂大昕之時箋云鴈者隨陽而處似婦人
從夫故昏禮用焉自納采至請期用昕親迎用昏[旭]許玉

反徐又許衮反說文讀若好字林呼老反昕許巾反請音情又七井反下同迎魚敬反士如歸妻迨冰未泮迨及泮散也箋云歸妻使之來歸於已謂請期也冰未散正月中以前也二月可以昬矣迨音待泮普半反招招舟子人涉卬否招招號召之皃舟子舟人主濟渡者卬我也箋云舟人之子號召當渡者猶媒人之會男女无夫家者使爲妃匹人皆從之而渡我獨否招照遙反王逸云以手曰招以言曰召韓詩云招招聲也卬五郎反本或作仰音同號戶羔反人涉卬否卬須我友人皆涉我友未至我獨待之而不涉以言室家之道非得所適貞女不行非得禮義昬姻不成

匏有苦葉四章章四句

谷風刺夫婦失道也衛人化其上淫於新昬而棄其舊室夫婦離絶國俗傷敗焉新昬者新所與爲昬禮谷古木反

○習習谷風以陰以雨興也習習和舒貌東風謂之谷

風陰陽和而谷風至夫婦和而室家成室家成而繼嗣生

黽勉同心不宜有怒

言黽勉者思與君子同心也箋云所以黽勉者以爲見譴怒者非夫婦之宜【黽】本亦作僶莫尹反黽勉猶勉勉也【譴】棄戰反

采葑采菲無以下體

葑須也菲芴也下體根莖也箋云此二菜者蔓菁與葍之類也皆上下可食然而其根有美時有惡時采之者不可以根惡時并棄其葉喻夫婦以禮義合顔色相親亦不可以顔色衰棄其相與之禮【葑】孚容反徐音豐須也字書作蘴孚容反草木疏云蕪菁也郭璞云今菘菜也案江南有菘江北有蔓菁相似而異【菘】音嵩【菲】妃鬼反【芴】音勿尒雅云菲芴又云菲息菜郭以菲芴爲土瓜解息菜云似蕪菁華紫赤色可食【莖】何耕反【蔓】音万本又作蕪音无【菁】音精又子零反【葍】音福本又作蕾音富尒雅蕾葍郭云大葉白華根如指色白可食【并】俾政反又如字

德音莫違及爾同死

箋云莫無及與也夫婦之言無相違者則可與女長相與處至死顔色斯須之有

行道遲遲中心有違

遲遲舒行皃違離也箋云違徘徊也行於道路之人至將離別尚舒行其心徘徊然喻君子於

己不能如也【違】如字韓詩云違很也

不遠伊邇薄送我畿

畿門内也箋云邇近也言君子與己决别不能遠維近介送我裁於門内無恩之甚【畿】音祈【决】本或作訣【裁】於門内一本作裁至於門又一本作裁至於門内

誰謂荼苦其甘如薺

荼苦菜也箋云荼誠苦矣而君子於已之苦毒又甚於荼比方之荼其甘如薺【荼】音徒【薺】齊禮反菜也

宴爾新昏如兄如弟

宴安也【宴】本又作燕徐於顯反又烟見反

涇以渭濁湜湜其沚

涇渭相入而清濁異箋云小渚曰沚涇水以有渭故見渭濁湜湜持正貌喻君子得新昏故謂已惡也已之持正守初如沚然不動揺此絶去所經見取以自喻焉【涇】音經濁水也【渭】音謂清水也【湜】音殖說文云水清見底【沚】音止舊本故見渭濁一本渭作謂後人改耳【揺】餘招反又餘照反

宴爾新昏不我屑以

屑絜也箋云以用也言君子不復絜用我當室家【屑】素節反【復】扶富反

毋逝我梁毋發我笱

逝之也梁魚梁笱所以捕魚也箋云毋者喻禁新昏女毋之我家取我爲室家之道【笱】古口反韓詩

云發乱也補音步我躬不閱遑恤我後閱容也箋云躬身遑暇恤憂也我身尚不

能自容何暇憂我後所生子孫也閱音悅就其深矣方之舟之就其淺

矣泳之游之舟船也箋云方泭也潛行為泳言深淺者喻君子之家事無難易吾皆為之泳音詠

泭音孚易夷豉反下同何有何亡黽勉求之有謂富也亡謂貧也箋云君子

何所有乎何所亡乎吾其黽勉勤力為求之有求多亡求有為于偽反凡民有喪匍匐

救之箋云匍匐言盡力也凡於民有凶禍之事鄰里尚盡力往救之況我於君子家之事難易乎固當黽

勉以疏喻親也匍音蒲又音符匐蒲北反又一音服不我能慉反以我為讎

慉養也箋云慉驕也君子不能以恩驕樂我反憎惡我慉許六反毛興也鄭驕也王肅養也說文起也樂音洛惡烏

路反下皆同既阻我德賈用不售阻難也箋云既難却我隱蔽我之善我修婦道

而事之覬其察已猶見疏外如賣物之不售賈音古市也售市救反難乃旦反下難却同又如字覬音冀昔

育恐育鞫及爾顛覆育長鞫窮也箋云昔育育稚也及與也昔幼稚之時恐至
長老窮匱故與女顛覆盡力於衆事難易無所辟鞫本亦
作詾居六反覆芳服反注同長張丈反下皆同稚本亦作
穉直吏反匱求位反乏也辟音避本亦作避既生既育比予于毒箋云生謂
財業也育謂長老也于於也既有財業矣又既長老矣其視我如毒螫言惡之已甚也螫失石反何呼落反我
有旨蓄亦以御冬旨美御禦也箋云蓄聚美菜者以禦冬月乏無時也蓄本亦作
畜勑六反御魚據反下同徐魚舉反一本下句即作禦字宴爾新昏以我御窮
箋云君子亦但以我禦窮苦之時至於富貴則棄我如旨蓄有洸有潰既詒我
肄洸洸武也潰潰怒也肄勞也箋云詒遺也君子洸洸然潰潰然無溫潤之色而盡遺我以勞苦之事欲窮
困我洸音光潰户對反韓詩云潰潰不善之皃詒音怡肄以世反徐以自反爾雅作勩以世反遺唯季反下同不
念昔者伊余來墍墍息也箋云君子忘舊不念往昔年稚我始來之時安息我墍許器反

谷風六章章八句

式微黎侯寓于衛其臣勸以歸也寓寄也黎侯爲狄人所逐棄其國而寄於衛衛處之以二邑因安之可以歸而不歸故其臣勸之[黎]力兮反國名杜預云在上黨壺關縣[寓]音遇[乎]又作乎

○式微式微胡不歸式用也箋云式微式微者微乎微者也君何不歸乎禁君留止於此之辭式發声也微君之故胡爲乎中露微無也中露衛邑也箋云我若無君何爲處此乎臣又極諫之辭

式微式微胡不歸微君之躬胡爲乎泥中泥中衛邑也

式微二章章四句

旄丘責衛伯也狄人迫逐黎侯黎侯寓于衛衛不能脩方伯連率之職黎之臣子以責於

衛也衛康叔之封爵稱侯今曰伯者時爲州伯也周之制使伯佐牧春秋傳曰五侯九伯侯爲牧也旄音毛丘或作古北字前後下曰旄丘字林作堥亡周反又音毛山部又有堥字亦云堥丘也亡付反又又音旄所類反禮記云十國以爲連連有率牧州牧之牧◯旄丘之葛兮何誕之節兮興也前高後下曰旄丘諸侯以國相連屬憂患相及如葛之蔓莚相連及也誕闊也箋云土氣緩則葛生闊節興者喻此時衛伯不恤其職故其臣於君事亦疏廢也莚以戰反又音延叔兮伯兮何多日也日月以逝而不我憂箋云叔伯字也呼衛之諸臣叔與伯與女期迎我君而復之可來而不來女日數何其多也先叔後伯臣之命不以齒何其處也必有與也言與仁義也箋云我君何以處於此乎必以衛有仁義之道故也責衛今不行仁義何其久也必有以也必以有功德箋云我君何以久留於此乎必以衛有功德故也又責衛今不務功德也狐裘蒙戎匪車不東大夫狐蒼裘蒙戎以言亂也不東言不來東也箋云刺衛諸臣形貌蒙戎

然但爲昏亂之行女非有戎車乎何不來東迎我君而復之黎国在衛西今所寓在衛東 蒙如字徐武江反 戎如字徐而容反蒙戎亂貌案徐此音是依左傳讀作尨茸字 行下孟反下同

叔兮伯兮靡所與同 無救患恤同也箋云衛之諸臣行如是不與諸伯之臣同言其非之特甚

瑣兮尾兮流離之子 瑣尾少好之貌流離鳥也少好長醜始而愉樂終以微弱箋云衛之諸臣初有小善終無成功以流離也 瑣依字作璅素果反 流音留本又作鶹 離如字流離鳥名爾雅云鳥少美而長醜爲鶹鷅草木疏云梟也關西謂之流離大則食其母 少詩照反下同 長張丈反 愉以朱反 樂音洛

叔兮伯兮褎如充耳 褎盛服也充耳盛飾也大夫褎然有尊盛之服而不能稱也箋云充耳塞耳也言衛之諸臣顔色褎褎然如見塞耳無聞知也人之耳聾恒多笑而已 褎本亦作裦由救反又在秀反 稱尺證反 聾魯工反

旄丘四章章四句

簡兮刺不用賢也衛之賢者仕於伶官皆可

以承事王者也 泠官樂官也泠氏世掌樂官而善焉故後世多號樂官爲泠官 簡居限反字從竹或作蕳是草名非也

簡兮簡兮方將萬舞 泠音零字從水字亦作伶 簡大也方四方也將行也以干羽爲萬舞用之宗廟山川故言於四方箋云簡擇將且也擇兮擇兮者爲且祭祀當萬舞也萬舞干舞者也 爲于僞反

日之方中在前上處 教國子弟以日中爲期箋云在前上處者在前列上頭也周禮大胥掌學士之版以待致諸子春入學舍采合舞 胥思徐反 版音板 舍音釋下篇舍較同 采音菜

碩人俁俁公庭萬舞 碩人大德也俁俁容貌大也萬舞非但在四方親在宗廟公庭 俁疑矩反韓詩作扈扈云美貌

有力如虎執轡如組 組織組也武力比於虎可以御亂御衆有文章言能治衆動於近成於遠也箋云碩人有御亂御衆之德可任爲王臣 轡悲位反 組音祖 任音壬

左手執籥右手秉翟 籥六孔翟翟羽也箋云碩人多才多藝又能籥舞言文武道備 籥餘若反 以竹爲之長三尺執之以舞毛云六孔鄭注禮云三孔郭璞

同云形似笛而小廣雅云七孔【翟】亭歷反 赫如渥赭公言錫爵 赫赤貌渥厚漬
也祭有畀煇胞翟閽寺者惠下之道見惠不過一散箋云
碩人容色赫然如厚傅丹君徒賜其一爵而已不知其賢
而進用之散受五升【赫】虛格反【渥】於角反【赭】音者丹也【畀】
必寐反與也【煇】字亦作韗暉喧願反劉昌宗音運甲吏之賤
者【胞】步交反肉吏之賤者翟樂吏之賤者【閽】
音昏守門之賤者【散】素但反酒爵也【傳】音付 山有榛隰
有苓 榛木名下濕曰隰苓大苦箋云榛也苓也生各得
其所以言碩人處非其位【榛】本亦作蓁同側巾反
子可食【苓】音零本草云苷草也 云誰之思西方美人 箋云我誰思乎思周室之
賢者以其宜薦碩人與在王位【與】音預或如字 彼美人兮西方之人兮 乃宜
在王室箋云彼美人謂碩人也

簡兮三章章六句

泉水衛女思歸也嫁於諸侯父母終思歸寧

而不得故作是詩以自見也以自見者見己志也國君夫人父母在則歸寧没則使大夫寧於兄弟衛女之思歸雖非禮思之至也見賢遍反注同思之至也一本思作恩毖彼泉水亦流于淇興也泉水始出毖然流也淇水名也箋云泉水流而入淇猶婦人出嫁於異国毖悲位反韓詩作祕說文作䀤云直視也淇音其有懷于衛靡日不思箋云懷至靡非無也以言我有所至念於衛無一日不思也所至念者謂諸姬諸姑伯姊孌彼諸姬聊與之謀孌好貌諸姬同姓之女聊願也箋云聊且略之辭諸姬者未嫁之女我且欲略與之謀婦人之禮觀其志意親親之恩也孌力轉反出宿于泲飲餞于禰泲地名祖而舍軷飲酒於其側曰餞重始有事於道也禰地名箋云泲禰者所嫁国適衛之道所經故思宿餞泲子禮反餞音賤徐又在箭反禰乃禮反韓詩作坭音同軷蒲末反道祭也女子有行遠父母兄弟箋云行道也婦人有出嫁之道遠於親親故禮緣人情使得歸寧遠于万反注同問我諸姑遂

及伯姊父之姊妹稱姑先生曰姊箋云寧則又問姑及姊親其類也先姑後姊尊姑也出宿
于干飲餞于言干言所適國郊也箋云干言猶㳈禰未聞遠近同異載脂載
舝還車言邁脂舝其車以還我行也箋云言還車者嫁時乘來今思乘以歸舝胡瞎反車軸
頭金也還音旋此字例同音吏不重出遄臻于衛不瑕有害遄疾臻至瑕遠也箋
云瑕猶過也害何也我還車疾至於衛而反於行無過差有何不可而止我遄市專反速也瑕音遐害毛如字鄭音
曷行下孟反差初𨽻反又初佳反卷末注同我思肥泉茲之永歎所出同所歸異
爲肥泉箋云茲此也自衛而來所渡水故思此而長歎肥字或作肥音同思須與漕我心
悠悠須漕衛邑也箋云自衛而來所經邑故又思之漕音曹駕言出遊以寫
我憂寫除也箋云旣不得歸寧且欲乘車出遊以除我憂

泉水四章章六句

北門刺仕不得志也言衛之忠臣不得其志

爾不得其志者君不知己志而遇困苦出自北門憂心殷殷興也北門背明鄉陰箋云自從也興者喻已仕於闇君猶行而出此門心爲之憂殷殷然[殷]本又作慇同於巾反沈於文反又音隱爾雅云憂也[背]蒲對反[鄉]本又作嚮同許亮反[爲]于僞反終窶且貧莫知我艱窶者无禮也貧者困於財箋云艱難也君於已祿薄終不足以爲禮又近困於財無知已以此爲艱難者言君旣然矣諸臣亦如之[窶]其矩反無禮也爾雅云貧也案謂貧無可爲禮已焉哉天實爲之謂之何哉箋云謂勤也詩人事君無二志故自使歸之於天我勤身以事君何哉忠之至王事適我政事一埤益我適之埤厚也箋云國有王命役使之事不以之彼必來之我有賦稅之事則減彼一而以益我言君政偏已兼其苦[埤]避支反[偏]音篇我入自外室人交徧讁我讁責也箋云我從外而入在室之人更迭徧來責我使已去也言室人亦不知已志也[徧]古遍

字注及下同凡遍字從彳偏字從人後皆放此〔適〕直革反玉篇都知革反〔更〕音庚〔迭〕待結反已焉哉天

實爲之謂之何哉王事敦我政事一埤遺我

敦厚遺加也箋云敦猶投擿〔敦〕毛如字韓詩云敦迫鄭都回反〔遺〕唯季反〔擿〕呈繹反與擲同本或作擿非我

入自外室人交徧摧我摧沮也箋云摧音刺譏之言〔摧〕徂回反本或作催音同韓

詩作誰音千隹反子隹二反就也〔沮〕在呂反何音阻已焉哉天實爲之謂之何哉

北門三章章七句

北風刺虐也衛國並爲威虐百姓不親莫不

相攜持而去焉〔攜〕穴圭反北風其涼雨雪其雱與也

北風寒涼之風雱盛皃箋云寒涼之風病害万物興者喻君政教酷暴使民散亂〔涼〕音良〔雨〕于付反又如字下同〔雱〕

普康反〔酷〕苦毒反惠而好我攜手同行惠愛行道也箋云性仁愛而又

好我者與我相攜持同道而去疾時政也【好】呼報反下及注同【行】音衡道也　其虛其邪既亟只且虛虛也亟急也箋云邪讀如徐言今在位之人其故威儀虛徐寬仁者今皆以爲急刻之行矣所以當去以此也【邪】音餘又音徐爾雅作徐下同【亟】紀力反下同【只】音紙【且】子餘反虛虛也一本作虛徐也【行】下孟反

北風其喈雨雪其霏喈疾貌霏甚貌【喈】音皆【霏】芳非反　惠而好我攜手同歸歸有德也　其虛其邪既亟只且

莫赤匪狐莫黑匪烏狐赤烏黑莫能別也箋云赤則狐也黑則烏也猶今君臣相承爲惡如一【別】彼列反　惠而好我攜手同車攜手就車　其虛其邪既亟只且

北風三章章六句

靜女刺時也衛君無道夫人無德以君及夫人無道德故陳靜女遺我以彤管之法德如是可以易之爲人君之配【遺】唯季反下同

靜女其姝俟我

於城隅靜貞靜也女德貞靜而有法度乃可說也姝美色也俟待也城隅以言高而不可踰箋云女德貞靜然後可畜美色然後可安又能服從待禮而動自防如城隅故可愛也姝赤朱反說文作姝云好也說音悅

愛而不見搔首踟躕言志往而行止箋云志往謂踟躕行止謂愛之而不往見搔蘇刀反踟直知反躕直誅反

靜女其孌貽我彤管既有靜德又有美色又能遺我以古人之法可以配人君也古者后夫人必有女史彤管之法史不記過其罪殺之后妃群妾以禮御於君所女史書其日月授之以環以進退之生子月辰則以金環退之當御者以銀環進之著于左手既御著于右手事無大小記以成法箋云彤管筆赤管也貽本又作詒音怡下同下句協韻亦音以志反彤徒冬反著知略反又直略反下同

彤管有煒說懌女美煒赤皃彤管以赤心正人也箋云說懌當作說釋赤管煒煒然女史以之說釋妃妾之德美之煒于鬼反說本又作悅毛王說音悅鄭說音始悅反懌音亦鄭作釋始亦反

自牧歸荑洵美且異牧田官也荑茅之始生也本之於荑取其有始有終

箋云洵信也茅絜白之物也自牧田歸荑其信美而異者可以共祭祀猶貞女在窈窕之處媒氏達之可以配人君　牧州牧之牧徐音目　荑徒兮反　洵本作詢音荀　共音恭　窈烏了反　窕徒了反　處昌慮反　匪女之爲美美人之貽　匪爲其徒說美色而已美其人能遺我法則箋云遺我者遺我以賢妃也　爲于僞反注同或如字

靜女三章章四句

新臺刺衛宣公也納伋之妻作新臺于河上而要之國人惡之而作是詩也　伋宣公之世子○馬云修舊曰新爾雅云四方而高曰臺孔安國云土高曰臺　伋音急　要於遥反　惡烏路反　新臺有泚河水瀰瀰　泚鮮明貌瀰瀰盛皃水所以絜汙穢反于河上而爲淫昏之行　泚音此徐又七禮反說文作玼云新色鮮也　瀰莫爾反徐又莫啓反說文云水滿也　汙音烏　行下孟反　燕婉之求籧篨不鮮　燕安婉順也籧篨不能俯者箋云鮮善也伋之妻齊女來嫁於衛其心本求燕婉之人謂伋也反得籧篨

不善謂宣公也籧篨口柔常觀人顏色而為之辭故不能俯也【燕】於典反又於見反【婉】于晚反徐於管反【籧】音渠【篨】音諸【鮮】斯踐反鄭善也王少也依鄭文音仙

新臺有洒河水浼浼洒高峻也浼浼平地也【洒】七罪反韓詩作漼音同云鮮見【浼】每罪反韓詩作浘浘音尾云盛皃

燕婉之求籧篨不殄殄絕也箋云殄當作腆腆善也【殄】毛徒典反鄭改作腆吐典反

魚網之設鴻則離之言所得非所求也箋云設魚網者宜得魚鴻乃鳥也反離焉猶齊女以禮來求世子而得宣公

燕婉之求得此戚施戚施不能仰者箋云戚施面柔下人以色故不能仰也【戚】千歷反【下】遐嫁反

新臺三章章四句

二子乘舟思伋壽也衛宣公之二子爭相為死國人傷而思之作是詩也【為】于偽反

二子乘舟汎

汎汎其景 二子伋壽也宣公爲伋取於齊女而美公奪之生壽及朔朔與其母愬伋於公公令伋之齊使賊先待於隘而殺之壽知之以告伋使去之伋曰君命也不可以逃壽竊其節而先往賊殺之伋至曰君命殺我壽有何罪賊又殺之國人傷其涉危遂往如乘舟而無所薄汎汎然迅疾而不礙也 汎芳劒反 景如字或音影 愬蘇路反 令力征反 隘於賣反 駛疾本或無駛字一本作迅疾 駛所吏反 願言思子中心養養 願每也養養然憂不知所定箋云願念也念我思此二子心爲之憂養養然

二子乘舟汎汎其逝 逝往也 願言思子不瑕有害 言二子之不遠害箋云瑕猶過也我念思此二子之事於行無過差有何不可而不去也 害毛如字鄭音曷 遠于萬反

二子乘舟二章章四句

邶國十九篇七十一章三百六十三句

毛詩卷第二

毛詩卷第三

鄘柏舟詁訓傳第四　鄘音容鄭云紂都以南曰鄘王城以西曰鄘也　毛詩國風　鄭氏箋

柏舟共姜自誓也衛世子共伯蚤死其妻守義父母欲奪而嫁之誓而弗許故作是詩以絶之　共伯僖侯之世子共音恭下同姜居羊反共姜共伯之妻也婦人從夫謚姜姓也蚤音早僖許其反史記作釐曹大家音僖

汎彼柏舟在彼中河　興也中河河中箋云舟在河中猶婦人之在夫家是其常處汎芳劒反處昌慮反

髧彼兩髦實維我儀　髧兩髦之貌髦者髮至眉子事父母之飾儀匹也箋云兩髦之人謂共伯也實是我之匹故我不嫁也禮世子之昧爽而朝亦櫛纚笄總拂髦冠緌纓髧本又作优徒坎反髦音毛說文作髳音同禮子生三月翦髮爲鬌長大作髦以象之鬌丁

果反昧莫背反朝直遥反櫛側乙反纚色蟹反又色綺反總子孔反緌汝誰反之死矢靡它矢誓靡無之至也至已之死信無它心它音他毋也天只不諒人只諒信也毋也天也尚不信我天謂父也只音紙諒本亦作亮力尚反汎彼柏舟在彼河側髧彼兩髦實維我特特匹也特如字韓詩作直云相當值也之死矢靡慝慝邪也慝他得反邪似嗟反毋也天只不諒人只

柏舟二章章七句

牆有茨衛人刺其上也公子頑通乎君母國人疾之而不可道也宣公卒惠公幼其庶子頑烝於惠公之母生子五人齊子戴公文公宋桓夫人許穆夫人牆在良反茨徐資反頑五鰥反宣公庶子昭伯名也烝之升反載馳序注同

牆有茨不可埽也興也牆所以防非常茨蒺藜也欲埽去之反傷牆也箋云國君以禮防制

一國今其宮內有淫昏之行者猶牆之生蒺藜【蒺】音疾【藜】音黎【去】丘呂反下同【行】下孟反中冓之言

不可道也中冓內冓也箋云內冓之言謂宮中所冓成頑與夫人淫昏之語【冓】本又作構古侯反韓

詩云中冓中夜謂淫僻之言也所可道也言之醜也於君醜也牆有

茨不可襄也襄除也中冓之言不可詳也詳審也【詳】

如字韓詩作揚揚猶道也所可詳也言之長也長惡長也牆有茨

不可束也束而去之中冓之言不可讀也讀抽也箋云抽猶出也

所可讀也言之辱也辱辱君也

牆有茨三章章六句

君子偕老刺衛夫人也夫人淫亂失事君子

之道故陳人君之德服飾之盛宜與君子偕

老也夫人宣公夫人惠公之毋也人君小君也或者小字誤作人耳偕音皆君子偕老
副笄六珈能與君子俱老乃宜居尊位服盛服也副者后夫人之首飾編髮爲之笄衡笄珈笄飾之
最盛者所以別尊卑箋云珈之言加也副旣笄而加飾如今步揺上飾古之制所有未聞副芳富反珈音加編蒲典
反或必仙反別彼列反揺餘昭反委委佗佗如山如河委委者行可委曲從迹也
佗佗者德平易也山無不容河無不潤委委於危反注同佗佗待河反注同韓詩云德之美貌行下孟反舊如字委
曲如字易以豉反象服是宜象服尊者所以爲飾箋云象服者謂褕翟闕翟也人君之象服
則舜所云予欲觀古人之象日月星辰之屬褕音遥字又作褕翟本亦作狄王后第二服曰褕狄觀古亂反又音官
子之不淑云如之何有子若是可謂不善乎箋云子乃服飾如是而爲不善之
行於禮當如之何深疾之行下孟反下同玼兮玼兮其之翟也玼鮮盛皃褕翟闕翟
羽飾衣也箋云侯伯夫人之服自褕翟而下如王后焉玼音此又且禮反鮮盛貌説文云新色鮮也字林云鮮也音

同玉篇且礼反鮮明皃沈云毛及呂忱並作玭解王肅云
顏色衣服鮮明皃本或作瑳此是後文瑳兮王肅注好美
衣服絜白之皃若与此同不容重出今撿王肅本後
不釋不如沈所言也然舊本皆前作玭後作瑳字鮮音仙**鬒**
髮如雲不屑髢也鬒黑髮也如雲言美長也屑絜也
箋云髢髲也不絜者不用髲為善
鬒真忍反說文云髮稠也服虔注左傳云
髮美為鬒屑蘇節反髢徒帝反髲皮寄反**玉之瑱也象**
之揥也瑱塞耳也揥所以擿髮也瑱吐殿反揥勑帝反
他狄反本亦作擿音同本又作擿又作謫並
非擿音丁革反擿直戟反**揚且之皙也**揚眉上廣皙白皙且七也反
反徐子餘反下同皙星歷
反**胡然而天也胡然而帝也**尊之如天審諦如帝箋
云胡何也帝五帝也何
由然女見尊敬如天帝乎非由衣服之盛顏色之莊與**瑳**
反為淫昏之行諦音帝莊如字又作壯側亮反與音餘
兮瑳兮其之展也蒙彼縐絺是紲袢也礼有展
衣者以
丹縠為衣蒙覆也絺之靡者為縐是當暑袢延之服也箋
云后妃六服之次展衣宜白縐絺絺之蹙蹙者展衣夏則

褻衣縐絺以礼見於君及賔客之盛服也展衣字誤礼記作襢衣【瑳】七我反説文云玉色鮮白【展】陟戰反注展衣皆同沈張輦反【縐】側救反【絺】勑之反【紲】息列反【袢】符袁反【縠】戸木反【延】以戰反又如字【蹙】子六反【衣】於既反著也下褻衣同則褻如字舊音吏【見】賢遍反見於君子一本無子字【襢】陟戰反子之清揚揚且之顔也清視清明也揚廣揚而顔角豐滿展如之人兮邦之媛也展誠也美女爲媛箋云媛者邦人所依倚以爲媛助也疾宣姜有此盛服而以淫昏乱国故云然【媛】于眷反韓詩作援援取也【倚】於綺反

君子偕老三章一章七句一章九句一章八句

桑中刺奔也衛之公室淫亂男女相奔至于世族在位相竊妻妾期於幽遠政散民流而不可止衛之公室淫乱謂宣惠之世男女相奔不待媒氏以礼會之也世族在位取妾氏弋氏庸氏者

也竊盜也幽遠謂桑中之野竊千節反弋羊職反 爰采唐矣沫之鄉矣 爰於也唐蒙菜名沫衛邑箋云於何采唐必沫之鄉猶言欲為淫乱者必之衛之都惡衛為淫乱之主沫音妹惡烏路反

云誰之思美孟姜矣 姜姓也言世族在位有是惡行箋云淫乱之人誰思乎乃思美孟姜孟姜列国之長女而思与淫乱疾世族在位有是惡行長丁丈反行下孟反 期我乎桑中要我乎上宮送我乎淇之上矣 桑中上宮所期之地淇水名也箋云此思孟姜之愛厚己也与我期於桑中而要見我於上宮其送我則於淇水之上要於遥反注下同淇音其淇衛水

爰采麥矣沫之北矣云誰之思美孟弋矣 弋姓也 期我乎桑中要我乎上宮送我乎淇之上矣

爰采葑矣沫之東矣 箋云葑蔓菁孚容反菁音精又子形反 云誰之思美孟庸矣 庸姓也 期我乎桑中

要我乎上宫送我乎淇之上矣

桑中三章章七句

鶉之奔奔刺衛宣姜也衛人以爲宣姜鶉鵲之不若也 刺宣姜者刺其與公子頑爲淫亂行不如禽鳥 【鶉】音純鶉鶉鳥 【鵲】音鳥南反 【行】下孟反下同

鶉之奔奔鵲之彊彊 鶉則奔奔鵲則彊彊然箋云奔奔彊彊言其居有常匹飛則相隨之貌刺宣姜與頑非匹耦 【彊】音姜韓詩云奔奔彊彊乘匹之貌 人之無良我以爲兄 良善也兄謂君之兄箋云人之行無一善者我君反以爲兄君謂惠公

鶉之奔奔人之無良我以爲君 君國小君箋云小君謂宣姜 鵲之彊彊

鶉之奔奔二章章四句

定之方中美衛文公也衛爲狄所滅東徙渡

河野處漕邑齊桓公攘戎狄而封之文公徙居楚丘始建城市而營宮室得其時制百姓說之國家殷富焉 春秋閔公二年冬狄人入衛衛懿公及狄人戰于熒澤而敗宋桓公迎衛之遺民渡河立戴公以廬於漕戴公立一年而卒魯僖公二年齊桓公城楚丘而封衛於是文公立而建國焉也衛為狄所滅一本作狄人本或作衛懿公為狄所滅【定】丁佞反下同定星名尔雅云營室謂之定孫炎云定正也【漕】音曹【攘】如羊反【說】音悅【熒】迴丁反【廬】力居反

定之方中作于楚宮 定營宮室也方中昬正四方楚宮楚丘之宮仲梁子曰初立楚宮也箋云楚宮謂宗廟也定星昬中而正於是可以營制宮室故謂之營室定昬中而正謂小雪時其躰与東辟連正四方【辟】音壁

揆之以日作于楚室 揆度也度日出日入以知東西南視定北準極以正南北室猶宮也箋云楚室居室也君子將營宮室宗廟為先廐庫為次居室為後【揆】葵癸反【度】待洛反下同【視】字又作眡音同【廐】居又反

樹之榛栗

椅桐梓漆爰伐琴瑟 椅梓屬箋云爰曰也樹此六木於宮者曰其長大可伐以爲琴瑟言豫備也榛側巾反椅於宜反草木疏云梓實桐皮曰椅也梓音子漆音七長丁丈反 升彼虛矣以望楚矣望楚與堂景山與京 虛漕虛也楚丘有堂邑者景山大山京高丘也箋云自河以東夾於濟水文公將徙登漕之虛以望楚丘觀其旁邑及其丘山審其高下所依倚乃後建国焉慎之至也虛起居反本或作墟夾居洽反濟節礼反倚於綺反 降觀于桑 地勢宜蠶可以居民 卜云其吉終然允臧 龜曰卜允信臧善也建国必卜之故建邦能命龜田能施命作器能銘使能造命升高能賦師旅能誓山川能說喪紀能誄祭祀能語君子能此九者可謂有德音可以爲大夫也使所吏反說如字鄭志問曰山川能說何謂也荅曰兩讀或言說說者說其形勢也或曰述述者述其故事也述讀如遂事不諫之遂誄本又作讄又作儡皆力水反說文云讄禱也累功德以求福也誄謚也爲大夫一本作爲卿大夫 靈雨既零命彼倌人星言夙駕說于

桑田零落也倌人主駕者箋云靈善也星雨止星見夙早也文公於雨下命主駕者雨止爲我晨早駕欲往爲辝說於桑田教民稼穡務農急也【倌】音官徐古患反說文云小臣也韓詩云星晴也【說】王始銳反舍也鄭如字辝說【見】賢遍反【爲】我于僞反匪直也人非徒庸君秉心塞淵秉操也箋云塞充實也淵深也【操】七刀反騋牝三千馬七尺曰騋騋馬与牝馬也箋云国馬之制天子十有二閑馬六種三千四百五十六四邦国六閑馬四種千二百九十六四衛之先君蒹邶鄘而有之而馬數過礼制今文公滅而復興徙而能富馬有三千雖非礼制国人美之【騋】音來【牝】頻忍反徐扶死反【上】時掌反【種】章勇反下同過礼制一本无制字【復】扶富反

定之方中三章章七句

蝃蝀止奔也衛文公能以道化其民淫奔之恥國人不齒也不齒者不与相長稚【蝃】丁計反【蝀】都動反尔雅作螮蝀音同【長】張丈反

蝃蝀在東莫之敢指蝃蝀虹也夫婦過禮則虹氣盛君子見戒而懼諱之莫之敢指箋云虹天氣之戒尚无敢指者況淫奔之女誰敢視之【虹】音紅一音絳女子有行遠父母兄弟箋云行道也婦人生而有適人之道何憂於不嫁而爲淫奔之過乎惡之甚【遠】于万反下同【惡】烏路反下惡之皆同

朝隮于西崇朝其雨隮升崇終也從旦至食時爲終朝箋云朝有升氣於西方終其朝則雨氣應自然以言婦人生而有適人之道亦性自然【隮】子西反徐又子細反鄭注周禮云隮虹【應】應對之應女子有行遠兄弟父母

乃如之人也懷昏姻也乃如是淫奔之人也箋云懷思也乃如是之人思昏姻之事乎言其淫奔之過惡之大無信也不知命也不待命也箋云淫奔之女大无貞絜之信又不知昏姻當待父母之命惡之也【太】音泰注同

蝃蝀三章章四句

相鼠刺無禮也衛文公能正其羣臣而刺在位承先君之化無禮儀也【相】息亮反篇内同

相鼠有皮人而無儀相視也无礼儀者雖居尊位猶爲闇昧之行箋云儀威儀也視鼠有皮雖処高顯之処偷食苟得不知廉耻亦与人无威儀者同【行】下孟反【処】昌慮反人而無儀不死何爲箋云人以有威儀爲貴今反无之傷化敗俗不如其死无所害也

相鼠有齒人而無止止所止息箋云止容止孝經曰容止可觀○韓詩止節无礼節也人而無止不死何俟俟待也

相鼠有體人而無禮人而無禮胡不遄死躰支躰也遄速也【遄】市專反

相鼠三章章四句

干旄美好善也衛文公臣子多好善賢者樂

告以善道也賢者時処士也旄音毛好呼報反篇内同孑孑干旄在浚之郊孑孑干旄貌注旄於干首大夫之旟也浚衛邑古者邑有大功出其官邑郊外曰野箋云周礼孤卿建旟大夫建物首皆注旄馬時有建此旄來至浚之郊卿大夫好善也孑居埶反又居列反浚蘇俊反旟之然反通帛為旟素絲紕之良馬四之紕所以織組也總紕於此成文於彼頭以素絲紕組之法御四馬也箋云素絲者以為縷以縫紕旌旗之旒縿或以維持之浚郊之賢者既識御大夫建旄而來又識其乘善馬四之者見之數也紕毛符至反鄭毗移反組音祖旒音留縿所銜反何沈相沾反彼姝者孑何以畀之姝順貌畀予也箋云時賢者既說此御大夫有忠順之德又欲以善道之心誠愛厚之至姝赤朱反畀必寐反注文同說音悅孑孑干旟在浚之都鳥隼曰旟下邑曰都箋云周礼州里建旟謂州長之屬旟音餘隼荀尹反長張丈反素絲組之良馬五之總以素絲而成組也驂馬五轡箋云以素絲縷縫組於旌旗以為之飾五之者亦為五見之也總子孔反驂七南反

彼姝者子何以予之孑孑干旄在浚之城析羽爲旌城都城也[析]星歷反素絲祝之良馬六之祝織也四馬六轡箋云祝當作屬屬著也六之者亦謂六見之也[祝]毛之六反鄭作屬之蜀反[著]直畧反沈知畧反彼姝者子何以告之

干旄三章章六句

載馳許穆夫人作也閔其宗國顚覆自傷不能救也衛懿公爲狄人所滅國人分散露於漕邑許穆夫人閔衛之亡傷許之小力不能救思歸唁其兄又義不得故賦是詩也滅者懿公死也君死於位曰滅露於漕邑者謂戴公也懿公死国人分散宋桓公迎衛之遺民渡河処之於漕邑而立戴公焉戴公

与許穆夫人俱公子頑烝於宣姜所生也男子先生曰兄　閔一本作愍　密謹反　唁音彦

載馳載驅歸唁衛侯　載辭也弔失国曰唁箋云載之言則也衛侯戴公也　驅字亦作駈如字協韻亦音丘

驅馬悠悠言至于漕　悠悠遠貌漕衛東邑箋云夫人願御者驅馬悠悠乎我欲至於漕

大夫跋涉我心則憂　草行曰跋水行曰涉箋云跋涉者衛大夫來告難於許時　跋蒲末反韓詩云不由蹊遂而涉曰跋涉　難乃旦反

既不我嘉不能旋反　不能旋反我思也箋云既尽嘉言也言許人尽不善我欲歸唁兄

視爾不臧我思不遠　不能遠衛也箋云尒女女許人也臧善也視女不施善道救衛　臧子郎反　遠于方反注同協句如字

既不我嘉不能旋濟　濟止也

視爾不臧我思不閟　閟閉也　閟悲位反徐又方冀反

陟彼阿丘言采其蝱　偏高曰阿丘蝱貝母也升至偏高之丘采其蝱者將以療疾箋云升丘采貝母猶婦人之適異国欲得力助安宗國也　蝱音盲藥草也　療力

照反女子善懷亦各有行行道也箋云善猶多也懷思也女子之多思者有道

猶升丘采蝱也許人尤之衆穉且狂尤過也是乃衆幼穉且狂進取一槩之義

箋云許人許大夫也過之者過夫人之欲歸唁其兄尤本亦作訧音同穉本又作稚直吏反槩古愛反我

行其野芃芃其麥願行衛之野麥芃芃然方盛長箋云麥芃芃者言未收刈民將

困也芃薄紅反徐符雄反長張丈反控于大邦誰因誰極控引極至也箋

云今衛侯之欲求援引之力助於大国之諸侯亦誰因乎因誰至乎閔之故欲歸問之控苦貢反引夷忍反又夷刃

反援于眷反又音袁沇于万反大夫君子無我有尤箋云君子国中賢者无我

有尤无過我也百爾所思不如我所之不如我所思之篤厚也箋云尒

女女衆大夫君子也

載馳五章一章六句二章章四句

一章六句一章八句

鄘國十篇三十章百七十六句

衛淇奧詁訓傳第五

鄭王俱云紂都之東也 毛詩國風 鄭氏箋

淇奧美武公之德也有文章又能聽其規諫以禮自防故能入相于周美而作是詩也 淇音其 奧於六反一音烏報反淇水名草木疏云奧亦水名 相息亮反

瞻彼淇奧綠竹猗猗 興也奧隈也綠王芻也竹萹竹也猗猗美盛貌武公質美德盛有康叔之餘烈○綠竹並如字爾雅綠作菉音同韓詩竹作䓩都毒反云䓩萹筑也石經同 猗於宜反 隈烏迴反孫炎云水曲中也 芻初俱反郭璞云今呼白腳莎 莎蘇禾反一云即菉蓐草也 蓐音辱 萹本亦作扁匹善反又音篇郭匹殄反一音布典反 竹音如字又敕六反

韓詩作筑音同郭云似小藜赤莖節好生道旁可食又殺
蟲草木疏云有草似竹高五六尺淇水側人謂之菉竹也
餘列或无餘字 有匪君子如切如磋如琢如磨 匪文章貌治骨
曰切象曰磋玉曰琢石曰磨道其學而成也聽其規諫以
自修如玉石之見琢磨 匪本又作斐同芳尾反下同韓詩
作邲美貌也 磋七何反 琢陟角反 磨本又作摩莫何反 瑟兮僴兮赫兮咺兮
瑟矜莊貌僴寬大也赫有明德赫赫然咺威儀容止宣著
也 僴遐板反韓詩云美貌說文云武貌 赫呼白反 咺況晚
反韓詩作宣宣顯也 有匪君子終不可諼兮 諼忘也 諼況元反又況遠反
瞻彼淇奧綠竹青青 青青茂盛貌 青子丁反 有匪君子
充耳琇瑩會弁如星 充耳謂之瑱琇瑩美石也天子玉瑱諸侯以石弁皮弁所
以會髮箋云會謂弁之縫中飾之以玉皪皪而處狀似星
也天子之朝服皮弁以日視朝 琇音秀沈又音誘說文作
琇云石之次玉者弋久反 瑩音榮徐又音營又音瑩磨之
瑩 會古外反注同鄭注周礼則如字說文作䯤 弁皮變反

瑱天見反縫符用反樂本又作濼音歷又音洛朝直遥反下及下篇同瑟兮僩兮赫兮，

咺兮有匪君子終不可諼兮瞻彼淇奥綠竹

如簀簀積也簀音責有匪君子如金如錫如圭如璧

金錫鍊而精圭璧性有質箋云圭璧亦琢磨四者亦道其學而成也寬兮綽兮猗重

較兮寬能容衆綽緩也重較卿士之車箋云綽兮謂仁於施舍綽昌若反猗於綺反依也重直恭反注同

較古岳反車兩旁上出軾者施如字又詩豉反又式氏反善戲謔兮不為虐兮

寛緩弘大雖則戲謔不為虐矣箋云君子之德有張有弛故不常矜莊而時戲謔謔香畧反弛本亦作施式氏反

淇奥三章章九句

考槃剌莊公也不能繼先公之業使賢者退

而窮處槃薄寒反窮猶終也考槃在澗碩人之寬考成槃樂

𣎆山夾水曰澗箋云碩大也有窮處成樂在於此澗者形貌大人而寬然有虛乏之色澗古晏反韓詩作干云墝埆之處也樂音洛下同夾古洽反獨寐寤言永矢弗諼箋云寤覺永長矢誓諼忘也在澗獨寐覺而獨言長自誓以不忘君之惡志在窮處故云然覺交孝反又如字考槃在阿碩人之薖曲陵曰阿薖寬大貌箋云薖飢意薖苦禾反韓詩作過過美貌獨寐寤歌永矢弗過箋云弗過者不復入君之朝也過古禾反注同崔古卧反復扶又反下同考槃在陸碩人之軸軸進也箋云軸病也軸毛音迪鄭直六反獨寐寤宿永矢弗告無所告語也箋云不復告君以善道語魚據反

考槃三章章四句

碩人閔莊姜也莊公惑於嬖妾使驕上僭莊姜賢而不荅終以無子國人閔而憂之嬖補惠反

〔工〕時掌反〔僭〕作念反 碩人其頎衣錦褧衣 頎長貌錦文衣也夫人德盛而尊嫁則錦衣加褧襜箋云碩大也言莊姜儀表長麗佼好頎頎然褧禪也國君夫人翟衣而嫁今衣錦者在塗之所服也尚之以禪衣爲其文之大著〔頎〕其機反〔衣〕於既反注夫人衣翟今衣錦同〔褧〕苦迥反徐又孔穎反說文作檾枲屬也〔襜〕昌占反〔佼〕本又作姣古卯反下同〔禪〕音丹〔爲〕于僞反〔大〕音泰下太子同舊音敕賀反 齊侯之子

衛侯之妻東宮之妹邢侯之姨譚公維私 東宮齊大子也女子後生曰妹妻之姊妹曰姨姊妹之夫曰私箋云陳此者言莊姜容貌既美兄弟皆正大〔邢〕音形姬姓國〔譚〕徒南反國名

手如柔荑 如荑之新生〔荑〕徒奚反 膚如凝脂 如脂之凝 領如蝤蠐 領頸也蝤蠐蝎蟲也〔蝤〕似脩反徐音曹〔蠐〕本又作蠀又作䶒同音齊沈又音茨爾雅云蟦蠐螬蝤蠐蝎郭云蠐螬在糞土中蝎在木中蝎桑蠹是也〔蟦〕肥分反〔蠹〕音妒〔蝎〕音曷或音葛 齒如瓠犀 瓠犀瓠瓣〔瓠〕戶故反〔犀〕音西〔瓣〕補遍反又蒲莧沈又蒲閑反 螓首蛾眉 螓首

顙廣而方箋云螓謂蜻蜻也螓音秦蛾我波反顙蘇黨反蜻郭徐子盈反沈又慈性反方頭有文王肅云如蟬而小

巧笑倩兮倩好口輔倩本亦作蒨七薦反韓詩云蒼白色美目盼兮盼白黑分箋云此章說莊姜容皃之美所宜親幸盼敷莧反余又敷諫反韓詩云黑色也字林云美目也匹間反又匹莧反

碩人敖敖說于農郊敖敖長皃農郊近郊箋云敖敖猶頎頎也說當作襚禮春秋之襚襚讀皆宜同衣服曰襚今俗語然此言莊姜始來更正衣服于衛近郊敖五刀反說本或作稅毛始銳反說舍也鄭作襚音遂

四牡有驕朱幩鑣鑣翟茀以朝驕壯皃幩飾也人君以朱纏鑣扇汗且以爲飾鑣鑣盛皃翟翟車也夫人以翟羽飾車茀蔽也箋云此又言莊姜自近郊既正衣服乘是車馬以入君之朝皆用嫡夫人之正禮今而不荅驕起橋反幩孚云反又符云反鑣表驕反馬銜外鐵也一名扇汗又曰排沬爾雅云鑣謂之钀钀魚列反沬音末茀音弗朝直遥反注皆同嫡丁歷反本亦作適

大夫宿退無使君勞大夫未退君聽朝於路寢夫人聽內事於正寢大夫退然後罷箋云莊姜始來時衛

諸大夫朝夕者皆早退無使君之勞倦者以君夫人新爲妃耦宜親親之故也○韓詩退罷也案禮記云朝廷曰退

妃音配

河水洋洋北流活活施罛濊濊鱣鮪發發洋洋盛大也活活流也罛魚罟濊濊施之水中鱣鯉也鮪鮥也發發盛皃葭蘆菼薍也揭揭長也孽孽盛飾庶庶士齊大夫送女者朅武壯貌箋

葭菼揭揭庶姜孽孽庶士有朅云庶姜謂姪娣此章言齊地廣饒士女佼好禮儀之備而君何爲不荅夫人洋音羊徐又音祥活活古闊反又如字罛音孤濊濊呼活反馬云大魚網目大豁豁也韓詩云流皃說文云礙流也鱣陟連反大魚口在頷下長二三丈江南呼黃魚與鯉全異鮪于軌反似鱣大者名王鮪小者曰叔鮪沈云江淮間曰叔伊洛曰鮪海濱曰鮥發發補末反馬云魚著罔尾發發然韓詩作鱍葭音加菼他覽反玉篇通敢反揭居謁反徐居竭反孽魚竭反徐五謁反韓詩作钀牛遏反長皃朅欺列反徐起謁反韓詩作桀云健也罟音古鮥音洛薍五患反江東呼之烏蓝蓝音丘

碩人四章章七句

氓刺時也宣公之時禮義消亡淫風大行男女無別遂相奔誘華落色衰復相棄背或乃困而自悔喪其妃耦故序其事以風焉美反正刺淫泆也[氓]莫耕反韓詩云美貌[別]彼列反[華]戶花反或音花[復]扶又反[背]音佩[喪]息浪反[妃]音配[風]福鳳反[泆]音逸

氓之蚩蚩抱布貿絲氓民也蚩蚩敦厚之貌布幣也箋云幣者所以貿買物也季春始蠶孟夏賣絲[蚩]尺之反[貿]莫豆反匪來貿絲來即我謀箋云匪非即就也此民非來買絲但來就我欲與我謀為室家也送子涉淇至于頓丘丘一成為頓丘箋云子者男子之通稱言民誘己己乃送之涉淇水至此頓丘定室家之謀且為會期[頓]都寸反[稱]尺證反匪我愆期子無良媒愆過也箋云良善也非我以欲過子之期子無善媒來告期時[愆]起虔反字又作諐將子無怒秋以為期

將頎也箋云將請也民欲爲近期故語之曰請子無怒秋以與子爲期〔將〕七羊反〔語〕魚據反 乘彼垝

垣以望復關 垝毀也復關君子之近也箋云前既與民以秋爲期期至文民毀垣鄉其所近而望之猶有廣恥之心故因復關以託號民云此時始秋也〔垝〕俱毀反〔垣〕音袁〔近〕附近之近〔鄉〕許亮反本又作嚮

不見復關泣涕漣漣 言其有一心乎君子故能自悔箋云用心專者怨必深〔漣〕漣泣見音連

既見復關載笑載言 箋云則笑則言喜之甚 爾卜

爾筮體無咎言 龜曰卜蓍曰筮體兆卦之體箋云爾女也復關既見此婦人告之曰我卜女筮女宜爲室家矣兆卦之繇無凶咎之辭言其皆吉又誘定之〔筮〕市制反〔體〕如字韓詩作履履幸也〔咎〕其九反〔蓍〕音尸〔繇〕直又反 以爾車來以我賄遷 賄財遷徙也箋云女女復關也信其卜筮皆吉故答之曰徑以女車來迎我我以所有財賄徙就女也〔賄〕呼罪反〔徑〕經定反 桑之未落其

葉沃若于嗟鳩兮無食桑葚于嗟女兮無與

士耽 桑女功之所起沃若猶沃沃然鳩鶻鳩也食桑葚過則醉而傷其性耽樂也女與士耽則傷禮義箋云桑之未落謂其時仲秋也於是時國之賢者刺此婦人見誘故于嗟而戒之鳩以非時食葚猶女子嫁不以禮耽非禮之樂 沃如字徐於縛反 葚本又作椹音甚桑實也 耽都南反 鶻音骨 樂音洛下同 士之耽兮猶可說也女之耽兮不可說也 箋云說解也士有百行可以功過相除至於婦人無外事維以貞信爲節 行下孟反 桑之落矣其黃而隕自我徂爾三歲食貧淇水湯湯漸車帷裳 隕隋也湯湯水盛貌帷裳婦人之車也箋云桑之落矣謂其時季秋也復關以此時車來迎已徂往也我自是往之女家女家之穀食已三歲貧矣言此者明已之悔不以女今貧故也帷裳童容也我乃度深水至漸車童容猶冒此難而往又明已專心於女 隕韻謹反 湯音傷 漸子廉反注同漬也 女濕也 帷礼悲反 隋字又作墮唐果反 冒音墨 難乃旦反也不爽士貳其行 爽差也箋云我心於女故無差貳而復關之行有二意 行下孟反下

同士也罔極二三其德極中也三歲爲婦靡室

勞矣箋云靡無也無居室之勞言不以婦事見困苦有舅姑曰婦夙興夜寐靡

有朝矣箋云無有朝者常早起夜卧非一朝然言已亦不解惰解音懈言既遂矣

至于暴矣箋云言我也遂猶久也我既久矣謂三歲之後見遇浸薄乃至見酷暴暴于鵰反

兄弟不知咥其笑矣咥咥然笑箋云兄弟在家不知我之見酷暴若其知之則

咥咥然笑我咥許意反又音熈一音許四反說文云大笑也虛記反又大結反靜言思之躬

自悼矣悼傷也箋云靜安躬身也我安思君子之遇己無終則身自哀傷及爾偕老

老使我怨箋云及與也我欲與女俱至於老老乎女反薄我使我怨也淇則有

岸隰則有泮泮坡也箋云泮讀爲畔畔崖也言淇與隰皆有厓岸以自拱持今君子放恣心

意曾無所拘制泮音判坡本作陂北皮反澤陂詩傳云障也呂忱北髮反陂阪也亦所以爲隰之限域也本或作破

字求詳觀王述意似作破

拱俱勇反本又作共音同 總角之宴言笑晏晏 信誓旦旦 總角結髮也晏晏和柔也信誓旦旦然箋云我爲童女未笄結髮晏晏之時女與我言笑晏晏然而和柔我其以信相誓旦旦耳言其懇惻款誠 **宴**如字本或作丱者非旦旦說文作悬悬 **懇**起很反 **惻**本亦作則楚力反 不思其反 箋云反復也今老而使我怨曾不復念其前言 反是不思 亦已焉哉 箋云已焉哉謂此不可奈何死生自決之辭

氓六章章十句

竹竿衛女思歸也適異國而不見荅思而能以禮者也 籊籊竹竿以釣于淇 興也籊籊長而殺也釣以得魚如婦人待禮以成爲室家 **籊**他歷反 **釣**音弔 **殺**色界反 豈不爾思遠莫致之 箋云我豈不思與君子爲室家乎君子踈遠已已無由致此道 **遠**如字又于萬反注同 泉源在左

淇水在右泉源小水之源淇水大水也箋云小水有流入大水之道猶婦人有嫁於君子之禮今水相與爲左右而已亦以喻已不見荅女子有行遠兄弟父母箋云行道也女子有道當嫁耳不以不荅而遠婦禮遠于萬反

淇水在右泉源在左巧笑之瑳佩玉之儺瑳巧笑貌儺行有節度箋云已雖不見荅猶不惡君子美其容貌與禮儀也瑳七可反沈又七何反儺乃可反惡烏路反

淇水滺滺檜楫松舟滺滺流貌檜栢葉松身楫所以櫂舟舟楫相配得水而行男女相配得禮而備箋云此傷已今不得夫婦之禮滺本亦作浟音由檜古活反又古會反木名楫本又作檝子葉反徐音集方言云楫謂之橈或謂之櫂釋名云楫捷也撥水舟行疾也橈音饒櫂直教反駕言出遊以寫我憂出遊思鄉衞之道箋云適異國而不見荅其除此憂維有歸耳鄉許亮反

竹竿四章章四句

芄蘭刺惠公也驕而無禮大夫刺之惠公以幼童即位自謂有才能而驕慢於大臣但習威儀不知爲政之禮芄音丸本亦作丸

芄蘭之支興也芄蘭草也君子之德當柔潤温良箋云芄蘭柔弱恒蔓延於地有所依緣則起興者喻幼稚之君任用大臣乃能成其政蔓音萬舊無延字

童子佩觿觿所以解結成人之佩也人君治成人之事雖童子猶佩觿早成其德佩蒲對反依字從人或作玉傍者非觿許規反

雖則佩觿能不我知不自謂無知以驕慢人也箋云此幼稚之君雖佩觿與其才能實不如我衆臣之所知爲也惠公自謂有才能而驕慢所以見刺與音餘亦佩韘與同

容兮遂兮垂帶悸兮容儀可觀佩玉遂遂然垂其紳帶悸悸然有節度箋云容容刀也遂瑞也言惠公佩容刀與瑞及垂紳帶三尺則悸悸然行止有節度然其德不稱服悸其季反韓詩作萃垂皃紳音身稱尺證反

芄蘭之葉箋云葉猶支也

童子佩韘韘玦能射御則佩韘箋云韘之言沓所以彄沓手指韘失涉反玦本又作決音同沓徒荅反彄苦侯

反雖則佩韘能不我甲甲狎也箋云此君雖佩韘與其才能實不如我衆臣之所狎習【甲】如字爾雅同徐胡甲反韓詩作狎【狎】户甲反容兮遂兮垂帶悸兮

芄蘭二章章六句

河廣宋襄公母歸于衛思而不止故作是詩也宋桓公夫人衛文公之妹生襄公而出襄公即位夫人思宋義不可往故作詩以自止誰謂河廣一葦杭之杭渡也箋云誰謂河水廣與一葦加之則可以渡之喻狹也今我之不渡直自不往耳非爲其廣【葦】葦鬼反【杭】户郎反【與】音餘下遠與同【狹】音洽【爲】于僞反誰謂宋遠跂予望之箋云予我也誰謂宋國遠與我跂足則可以望見之亦喻近也今我之不往直以義不往耳非爲其遠【跂】丘豉反誰謂河廣曾不容刀箋云不容刀亦喻狹小船曰刀【刀】如字字書作舠説文作艒並音刀誰謂宋遠曾不崇朝箋云崇終也行不終朝亦喻近

河廣二章章四句

伯兮刺時也言君子行役為王前驅過時而不反焉衛宣公之時蔡人衛人陳人從王伐鄭伯也為王前驅久故家人思之為于偽反又如字注下為王並同從王伐鄭讀者或連下伯也為句者非

伯兮朅兮邦之桀兮伯州伯也朅武貌桀特立也箋云伯君子字也桀英桀言賢也朅丘列反桀其列反伯也執殳為王前驅殳長丈二而无刃箋云兵車六等軫也戈也人也殳也車戟也酋矛也皆以四尺為差殳市朱反長如字又直亮反軫本亦作軫之忍反酋在由反矛音謀

自伯之東首如飛蓬婦人夫不在无容飾豈無膏沐誰適為容適主也適都歷反注同為于偽反或如字

其雨其雨杲杲出日杲杲然日復出矣箋云人言其雨其雨而杲杲然日復出猶我言伯且來伯且來復不來杲古老反出如字沈推類反復扶又反下同願言思伯

甘心首疾甘厭也箋云願念也我念思伯心不能已如人心嗜欲所貪口味不能絕也我憂思以生首疾厭於豔反下同嗜市志反思息嗣反焉得諼草言樹之背諼草令人忘憂背北堂也箋云憂以生疾恐將危身欲忘之焉於虔反諼本又作萱況袁反說文作藼云令人忘憂草也或作蘐背音佩沈如字令力呈反忘亡向反又如字願言思伯使我心痗痗病也痗音每又音悔

伯兮四章章四句

有狐刺時也衛之男女失時喪其妃耦焉古者國有凶荒則殺禮而多昏會男女之無夫家者所以育人民也育生長也狐音胡喪息浪反下注同妃音配下注同殺所戒反又所例反所以育人民也本或作蕃育者非長張丈反

有狐綏綏在彼淇梁興也綏綏匹行貌石絕水曰梁綏音雖心之憂矣之子無裳之子無室家者在下

曰裳所以配衣也箋云之子是子也時婦人喪其妃耦寡而憂是子无裳无爲作裳者欲与爲室家【無爲】于偽反

有狐綏綏在彼淇厲 厲深可厲之旁【厲】力滯反 心之憂矣之子無帶 帶所以申束衣 有狐綏綏在彼淇側心之憂矣之子無服 言无室家若人无衣服

有狐三章章四句

木瓜美齊桓公也衛國有狄人之敗出處于漕齊桓公救而封之遺之車馬器服焉衛人思之欲厚報之而作是詩也【瓜】古花反【遺】雅季反注同 投我以木瓜報之以瓊琚 木瓜楙木也可食之木瓊玉之美者琚佩玉名【瓊】求營反說文云赤玉也【琚】音居徐又音渠【楙】音茂字亦作茂尔雅云楙木瓜也 匪報也求以爲

好也（箋云匪非也我非敢以瓊琚爲報木瓜之惠欲令齊長以爲歡好結己國之恩也○一本作結己國以爲恩也）投我以木桃報之以瓊瑤（瑤音遥）（瓊瑤美玉）匪報也求以爲好也投我以木李報之以瓊玖（瓊玖玉名）（玖音久字書云石黑色）匪報也求以爲好也（孔子曰吾於木瓜見苞苴之禮行箋云以果實相遺者必苞苴之尚書曰厥苞橘柚）（苴子餘反 橘均栗反 柚餘救反）

木瓜三章章四句

衛國十篇三十四章二百三句

毛詩卷第三

毛詩卷第四

王黍離詁訓傳第六

王國者周室東都王城畿内之地在豫州今之洛陽是也幽王滅平王東遷政遂微弱詩不能復雅下列稱風以王當國猶春秋稱王人

毛詩國風　鄭氏箋

黍離閔宗周也周大夫行役至于宗周過故宗廟宫室盡爲禾黍閔周室之顛覆彷徨不忍去而作是詩也宗周鎬京也謂之西周周王城也謂之東周幽王之亂而宗周滅平王東遷政遂微弱下列於諸侯其詩不能復雅而同於國風焉離如字說文作穲過古卧反又古禾反覆芳服反彷蒲皇反徨音皇鎬胡老反復扶又反而同於國風焉崔集注本此下更有猶尊之故稱王也今詩本皆無

彼黍離離彼稷之苗彼彼宗廟宫室箋云宗廟宫室毀壞而其地盡爲禾黍我以黍離離時至

稷則尚苗行邁靡靡中心搖搖邁行也靡靡猶遲遲也搖搖憂無所愬箋云行

道也道行猶行道也搖音遥愬蘇路反知我者謂我心憂箋云知我者知我之情

不知我者謂我何求箋云謂我何求怪我久留不去悠悠蒼天

此何人哉悠悠遠意蒼天以體言之尊而君之則稱昊天元氣廣大則稱昊天仁覆閔下則稱旻天

自上降監則稱上天據遠視之蒼蒼然則稱蒼天箋云遠乎蒼天仰愬欲其察己言也此亡國之君何等人哉疾之

甚蒼本亦作倉采郎反爾雅云春為蒼天莊子云天之蒼蒼其正色邪昊胡老反夏為昊天字書從日夰聲夰音工

老反旻密巾反閔也秋為旻天彼黍離離彼稷之穗穗秀也詩人自黍離離見

稷之穗故歷道其所更見穗音遂更音庚行邁靡靡中心如醉醉於憂也知

我者謂我心憂不知我者謂我何求悠悠蒼

天此何人哉彼黍離離彼稷之實自黍離離見稷之實行

邁靡靡中心如噎噎憂不能息也噎於結反知我者謂我心憂不知我者謂我何求悠悠蒼天此何人哉

黍離三章章十句

君子于役刺平王也君子行役無期度大夫思其危難以風焉難乃旦反下注同風福鳳反君子于役不知其期曷至哉箋云曷何也君子往行役我不知其反期何時當來至哉思之甚雞棲于塒日之夕矣羊牛下來鑿牆而棲曰塒箋云雞之將棲日則夕矣牛羊從下牧地而來言畜產出入尚使有期節至於行役者乃反不也棲音西塒如字本亦作持音同爾雅同玉篇持理反鑿在洛反畜許又反君子于役如之何勿思箋云行役多危難我誠思之君子于役不日不月曷其有佸佸會也箋云行役反無日

月何時而有來會期佸户括反說文口活反韓詩至也雞棲于桀日之夕矣羊牛下括雞棲于杙爲桀括至也括古活反杙本亦作弋羊職反或音羊特反君子于役苟無飢渴箋云苟且也且得無飢渴憂其飢渴也

君子于役二章章八句

君子陽陽閔周也君子遭亂相招爲祿仕全身遠害而已祿仕者苟得祿而已不求道行遠于万反

君子陽陽左執簧右招我由房陽陽無所用其心也簧笙也由用也國君有房中之樂箋云由從也君子祿仕在樂官左手持笙右手招我欲使我從之於房中俱在樂官也我者君子之友自謂也時在位有官職也簧音皇其樂只且箋云君子遭亂道不行其且樂此而已樂音洛注樂和樂及下章同且子徐反又作七也反君子陶陶左執翿右招我由敖陶陶和樂貌翿纛也翳羽也

箋云陶陶猶陽陽也翳舞者所持謂羽舞也君子左手持羽右手招我欲使我從之於燕舞之位亦俱在樂官也【陶】音遥【翿】徒刀反【敖】五刀反遊也【翿】徒報反沈徒老反本作翿【翳】於計反【燕】本又作宴於見反 其樂只且

君子陽陽二章章四句

揚之水刺平王也不撫其民而遠屯戍于母家周人怨思焉 怨平王恩澤不行於民而久令屯戍不得歸思其鄉里之處者言周人者時諸侯亦有使人戍焉平王母家申國在陳鄭之南迫近彊楚王室微弱而數見侵伐王是以戍之【揚】如字激揚也或作楊木之字非【屯】徒門反【戍】東遇反守也韓詩云舍【思】如字沈息嗣反【令】力呈反【近】附近之近或如字【數】音朔

揚之水不流束薪 興也揚激揚也箋云激揚之水至湍迅而不能流移束薪興者喻平王政教煩急而恩澤之令不行于下民【薪】音新【激】經歷反【湍】吐端反【迅】音信又蘇俊反 彼其之子不與我戍申 戍守也申姜姓之國平王之舅之子是子也彼其是子獨處鄉里不與我

來守申是思之言也其或作記或作已讀聲相似【其】音記詩內皆放此或作已亦同 懷哉懷哉曷月予還歸哉 箋云懷安也思鄉里處者故曰今亦安不哉安不哉何月我得還歸見之哉思之甚

揚之水不流束楚 楚木也 彼其之子不與我戍甫 甫諸姜也 懷哉懷哉曷月予還歸哉

揚之水不流束蒲 蒲草也箋云蒲蒲柳○孫毓云蒲草之聲不與戍許相協箋義為長今則二蒲之音日未詳其異耳 彼其之子不與我戍許 許諸姜也 懷哉懷哉曷月予還歸哉

揚之水三章章六句

中谷有蓷閔周也夫婦日以衰薄凶年饑饉室家相棄爾 【蓷】吐雷反爾雅云鵻也韓詩云茺蔚也廣雅又名益母【饑】本或作飢居疑反穀

不熟[鏙]音覲蔬不熟 中谷有蓷暵其乾矣 興也蓷鵻也暵菸貌陸草生於谷中傷於水箋云興者喻人居平安之世猶鵻之生於陸自然也遇衰亂凶年猶鵻之生谷中得水則病將死[暵]呼但反徐音漢菸貌也說文云水濡而乾也字作𤅩又作灘皆他安反[鵻]音隹爾雅又作萑音同[菸]於據反何音於歇

文云鬱也廣雅云臰也 有女仳離嘅其嘆矣 仳別也箋云有女遇凶年而見棄與其君子別離嘅然而嘆傷己見棄其恩薄[仳]匹指反徐扶鄙反又敷姊反字林父几扶罪二反[嘅]口愛反[嘆]本又作歎吐丹反協韻也 嘅其嘆矣遇人之艱難矣 艱亦難也箋云所以嘅然而嘆者自傷遇君子之窮厄

中谷有蓷暵其脩矣有女仳離條其歗矣 條條然歗也○籀文歗字本又作嘯 條其歗矣遇人之不淑矣 箋云淑善也君子於己不善也

中谷有蓷暵其濕矣 鵻遇水則濕箋云鵻之傷於水始則濕中而脩久而乾有似君子於己之恩徒用凶年深淺爲厚薄○徒空也如字

沈云徒當作從有女仳離啜其泣矣啜泣皃[啜]張劣反啜其泣矣

何嗟及矣箋云及與也泣者傷其君子棄已嗟乎將復何與爲室家乎此其有餘厚於君子也[復]扶又反

中谷有蓷三章章六句

兔爰閔周也桓王失信諸侯背叛構怨連禍

王師傷敗君子不樂其生焉不樂其生者寐不欲覺之謂也[背]音佩[樂]

沈音岳又音洛注同古孝反又如字下同[覺]有兔爰爰雉離于羅興也爰爰

緩意鳥網爲羅言爲政有緩有急用心之不均箋云有緩者有所聽縱也有急者有所躁蹙也[躁]本作操七刀反亦

作懆沈七感反今作躁與定本異[與]箋義合[蹙]子六反亦作戚七歷反我生之初尚無

爲尚無成人爲也箋云尚庶幾也言我幼稚之時庶幾於無所爲謂軍役之事也我生之後

逢此百罹尚寐無吪罹憂吪動也箋云我長大之後乃遇此軍役之多憂今但

庶幾於寐不欲見動無所樂生之甚罹本又作離力支反吪本亦作訛五戈反長張丈反大代賀反有兎

爰爰雉離于罦罦覆車也罦音孚郭云今之翻車大罔也覆芳服反車赤奢反我

生之初尚無造造爲也我生之後逢此百憂尚

寐無覺有兎爰爰雉離于罿罿罬也罿昌鍾反韓詩云施羅於車

上曰罿字林上凶反罬張劣反郭徐姜雪姜穴二反爾雅云罬謂之罦我生之初尚無

庸庸用也箋云庸勞也我生之後逢此百凶尚寐無聰

聰聞也箋云百凶者王構怨連禍之凶

兎爰三章章七句

葛藟王族刺平王也周室道衰棄其九族焉

九族若據己上至高祖下及玄孫之親藟力軌反藟似葛廣雅云藟藤也案詩譜是平王詩皇甫士安以爲桓王詩

崔集注李亦作栢王緜緜葛藟在河之滸與也緜緜長不絕之貌水厓曰滸箋云葛也藟也生於河之厓得其潤澤以長大而不絕興者喻王之同姓得王之恩施以生長其子孫【滸】呼五反【長】張丈反下同【厓】本亦作涯魚佳反【施】始豉反下同終遠兄弟謂他人父兄弟之道已相遠矣箋云兄弟猶言族親也王寡於恩施今已遠棄族親矣是我謂他人爲己父族人尚親親之辭【遠】于萬反又如字注下皆同謂他人父亦莫我顧箋云謂他人爲己父無恩於我亦無顧眷我之意緜緜葛藟在河之涘涘厓也【涘】音俟終遠兄弟謂他人母王又無母恩○王又一本作王后謂他人母亦莫我有箋云有識有也緜緜葛藟在河之漘漘水隒也【漘】順春反爾雅云夷上洒下水漘旁從水郭云涯上平坦而下水深爲漘不發声也【隒】魚檢反何音檢爾雅云重甗隒郭云形似累兩重甑上大下小李巡云隒阪也詩本又作水旁兼者字書音呂恬理染二反廣雅云溓清也與此義乖終遠兄弟謂他人

昆（昆兄也）謂他人昆亦莫我聞（箋云不與我相聞命也）

葛藟三章章六句

采葛懼讒也（桓王之時政事不明臣無大小使者出則爲讒人所毁故懼之 使所吏反下並同）

彼采葛兮一日不見如三月兮（興也葛所以爲絺綌也事雖小一日不見於君憂懼於讒矣箋云興者以采葛喻臣以小事使出）彼采蕭兮一日不見如三秋兮（蕭所以共祭祀箋云彼采蕭者喻臣以大事使出 共音恭）彼采艾兮一日不見如三歲兮（艾所以療疾箋云彼采艾者喻臣以急事使出 艾五蓋反）

采葛三章章三句

大車刺周大夫也禮義陵遲男女淫奔故陳

古以刺今大夫不能聽男女之訟焉大車檻

檻毳衣如菼 大車大夫之車檻檻車行聲也毳衣大夫之服菼騅也蘆之初生者也天子大夫四命其出封五命如子男之服乘其大車檻檻然服毳冕以決訟箋云菼亂也古者天子大夫服毳冕以巡行邦國而決男女之訟則是子男入為大夫者毳衣之屬衣繢而裳繡皆有五色焉其青者如鵻 檻胡覽反 毳尺鋭反 菼吐敢反 亂五患反 騅本亦作萑音隹 蘆力吳反 行下孟反 繢胡妹反 豈不爾思畏子不

敢 畏子大夫之政終不敢箋云此二句者古之欲淫奔者之辭我豈不思與女以為無禮與畏子大夫來聽訟將罪我故不敢也子者稱所尊敬之辭 與音餘 大車哼哼毳衣如璊 哼哼重遲之皃璊赬也 哼他敦反徐又徒孫反 璊音門說文作玧云以毳為罽也解此璊云玉赬色也禾之赤苗謂之虋璊玉色如之 赬勑貞反赤也 豈不爾思畏子不奔穀則異室死則

同穴謂予不信有如皦日 穀生皦日也生在於室則外內異死則神合同

爲一也箋云穴謂塜壙中也此章言古之大夫聽訟之政非但不敢淫奔乃使夫婦之禮有別今之大夫不能然反謂我言不信我言之信如白日也刺其闇於古礼

皦本又作皎古了反 壙苦晃反 別彼列反

大車三章章四句

丘中有麻思賢也莊王不明賢人放逐國人思之而作是詩也思之者思其來已得見之

丘中有麻彼留子嗟留大夫氏子嗟字也丘中墝埆之處盡有麻麥草木乃彼子嗟之所治箋云子嗟放逐於朝去治卑賤之職而有功所在則治理所以爲賢 墝本亦作墽苦交反 埆苦角反又音學本或作遠此從孫義而誤耳 處昌慮反 朝直遥反 治直吏反

彼留子嗟將其來施施施施難進之意箋云施施舒行伺間獨來見己之貌 將王申毛如字鄭七良反下同 施如字 伺音司 間音閑又如字

丘中有麥彼留子國子國子嗟父箋云言子国使丘中有麥著其世賢

彼留子國將

其來食子國復來我乃得食箋云言其將來食庶其親己己得厚得之 食如字一云鄭音嗣 復扶又反

丘中有李彼留之子箋云丘中而有李又留氏之子所治 彼留之子

貽我佩玖玖石次玉者言能遺我美寶箋云留氏之子於思者則朋友之子庶其敬己而遺己也 貽音怡 玖音久説文紀又反一云石之次玉黑色者 遺唯季反下同

丘中有麻三章章四句

王國十篇二十八章百六十二句

鄭緇衣詁訓傳第七

鄭者國名周宣王母弟桓公友所封也其地詩譜云宗周圻内咸林之地今京兆鄭縣是其都也漢書地理志云京兆鄭縣周宣王弟鄭桓公邑是也至桓公之子武公滑突隨平王東遷遂竣虢鄶而居之即史伯所云十邑之地右洛左濟前華後河食溱洧焉今河南新鄭是也在滎陽宛陵縣西南

毛詩國風　　鄭氏箋

緇衣美武公也父子並爲周司徒善於其職國人宜之故美其德以明有國善善之功焉父謂武公父桓公也司徒之職掌十二教善善者治之有功也鄭國之人皆謂桓公武公居司徒之官正得其宜（緇）側基反

緇衣之宜兮敝予又改爲兮緇黑色卿士聽朝之正服也改更也有德君子宜世居卿士之位焉箋云緇衣者居私朝之服也天子之朝服皮弁服也（敝）本又作弊符世反（朝）直遥反下同適子之館兮還予授子之粲兮適之館舍粲餐也諸侯入爲天子卿士受采祿箋云卿士所之之館在天子之宮如今之諸廬也自館還在采地之都我則設餐以授之愛之欲飲食之也（館）古亂反（粲）七旦反飧食也（飧）蘇尊反（廬）力於反（飲）於鴆反（食）音嗣

好兮敝予又改造兮好猶宜也箋云造爲也適子之館兮

還予授子之粲兮緇衣之蓆兮敝予又改作

兮蓆大也箋云作爲也蓆音席韓詩云儲也說文云廣多　適子之館兮還

予授子之粲兮

緇衣三章章四句

將仲子刺莊公也不勝其母以害其弟弟叔

失道而公弗制祭仲諫而公弗聽小不忍以

致大亂焉莊公之母謂武姜生莊公及弟叔段段好勇而無禮公不早爲之所而使驕慢將七羊反下及注同勝音升祭側界反後放此聽吐丁反好呼報反　將仲子兮無踰我

里無折我樹杞將請也仲子祭仲也踰越里居也二十五家爲里杞木名也折言傷害也箋云祭仲驟諫莊公不能用其言故言請固拒之無踰我里喻言無干我親戚也無折我樹杞喻言無傷害我兄弟

也仲初諫曰君將與之臣請事之君若不與臣請除之【捈】之舌反下同【杞】音起【騤】仕救反服虔云數也 豈敢愛之畏我父母 箋云段將為害我豈敢愛之而不誅與以父母之故故不為也【段將】將字如字【與】音餘 仲可懷也父母之言亦可畏也 箋云懷私曰懷言仲子之言可私懷也我迫於父母有言不得從也 將仲子兮無踰我牆無折我樹桑 牆垣也桑木之衆也【垣】音袁 豈敢愛之畏我諸兄 諸兄公族 仲可懷也諸兄之言亦可畏也將仲子兮無踰我園無折我樹檀 園所以樹木檀彊忍之木【檀】徒丹反【彊】其良反一音居良反【忍】本亦作刃同而慎反依字韋旁作刃今此假借也沈云糸旁作刃為是案糸旁刃音女巾反離騷云紉秋蘭以為佩是也 豈敢愛之畏人之多言仲可懷也人之多言亦可畏也

將仲子三章章八句

叔于田刺莊公也叔處于京繕甲治兵以出于田國人說而歸之繕之言善也甲鎧也繕市戰反說音悅鎧苦愛反

叔于田巷無居人叔大叔段也田取禽也巷里塗也箋云叔往田國人注心于叔似如無人處巷字又作衖胡絳反大音泰後大叔皆放此豈無居人不如叔也洵美且仁箋云洵信也言叔信美好而又仁洵息遵反

叔于狩巷無飲酒冬獵曰狩箋云飲酒謂燕飲也狩手又反獵力輒反豈無飲酒不如叔也洵美且好

叔適野巷無服馬箋云適之也郊外曰野服馬猶乘馬也豈無服馬不如叔也洵美且武箋云武有武節

叔于田三章章五句

大叔于田刺莊公也叔多才而好勇不義而

得衆也○本作而勇好衍字

大叔于田乗乗馬叔之從公田也○本作叔于田云作大叔于田者誤上如字下繩證反後句例爾乗乗

執轡如組兩驂如舞驂之與服和諧中節箋云如組者如織組之爲也在旁曰驂組音祖中竹仲反

叔在藪火烈具舉藪澤禽之府也烈列具俱也箋云列人持火俱舉言衆同心藪素后反韓詩云禽獸居之曰藪

襢裼暴虎獻于公所襢裼肉袒也暴虎空手以搏之箋云獻于公所進於君也襢本又作袒音但裼素歷反搏音博

將叔無狃戒其傷女狃習也箋云狃復也請叔無復者愛也將七羊反無本亦作毋音無狃女九反復符又反下同

叔于田乗乗黄四馬皆黄

兩服上襄兩驂鴈行箋云兩服中央夾轅者襄駕也上駕者言爲衆馬之最良也鴈行者言与中服相次序襄並如字行戶郎反注同夾古洽反上

叔在藪火烈具

揚揚揚光也叔善射忌又良御忌忌辭也箋云良亦善也忌讀如彼已之子之已【忌】注作已同音記辭也下皆同抑磬控忌抑縱送忌騁馬曰磬止馬曰控發矢曰縱從禽曰送【磬】苦定反【控】口貢反【騁】勑領反

叔于田乘乘鴇驪白雜毛曰鴇【鴇】音保【驪】力支反兩服齊首馬首齊也兩驂如手進止如御者之手箋云如人左右手之相佐助也

叔在藪火烈具阜阜盛也叔馬慢忌叔發罕忌慢遲罕希也箋云田事且畢則其馬行遲發矢希【慢】本又作嫚莫晏反抑釋掤忌抑鬯弓忌掤所以覆矢鬯弓弢弓箋云射者蓋矢弢弓言田事畢【掤】音冰馬云櫝丸蓋也杜預云櫝丸箭筩【鬯】敕亮反【弢】吐刀反

大叔于田三章章十句

清人刺文公也高克好利而不顧其君文公

惡而欲遠之不能使高克將兵而禦狄于竟陳其師旅翱翔河上久而不召衆散而歸高克奔陳公子素惡高克進之不以禮文公退之不以道危國亡師之本故作是詩也好利不顧其君注心於利也禦狄于竟時狄侵衛○克一本作尅【好】呼報反下同【惡】烏路反下同【遠】于万反【將】子匠反【禦】魚呂反注同【翱】五羔反

清人在彭駟介旁旁清邑也彭衛之河上鄭之郊也介甲也箋云清者高克所帥衆之邑也駟四馬也【介】音界【旁】補彭反王云彊也駟四馬也一本作駟介四馬也

二矛重英河上乎翱翔重英矛有英飾也箋云二矛酋矛夷矛也各有畫飾【矛】莫侯反方言云矛吳揚江淮南楚五湖之間謂之鍦音蛇或謂之鋋音蟬或謂之鏦鏦音錯江反其柄謂之矜矜郭音巨巾反【重】直龍反注下同【英】如字沈於耕反【酋】在由反

清人在消駟介麃麃清河上地

也麃麃武貌 麃表驕反 二矛重喬河上乎逍遙 重喬累荷也箋云喬矛矜近上及室題所以縣毛羽也 喬毛音橋鄭居橋反雉名韓詩作鷮 逍本又作消 遙本又作搖 荷舊音何累荷謂刻矛頭為荷葉相重累也沈胡可反謂兩矛之飾相負荷也 矜字又作矝同巨巾反沈又居陵反 近附近之近 題音帝題頭也室劍削名也方言云劍削自河而北燕趙之間謂之室此言室謂矛頭受刃處也 削音笑 縣音玄 清人在軸駟介陶陶 軸河上地也陶陶驅馳之貌 軸音逐 陶徒報反 左旋右抽中軍作好 左旋講兵右抽抽矢以射居軍中為容好箋云左右人謂御者右車右也中軍謂將也高克之為將久不得歸日使其御者習旋車車右抽刃自居中央為軍之容好而已兵車之法將居鼓下故御者在左 抽勑由反說文作搯他牢反云抽刃以習擊刺也 好呼報反注同 將子亮反下同

清人三章章四句

羔裘刺朝也言古之君子以風其朝焉 言猶道也

鄭自莊公而賢者陵遲朝無忠正之臣故刺之 羔裘如
【裘】字或作求【朝】直遥反下及注同【風】福鳳反
濡洵直且侯 如濡潤澤也洵均侯君也箋云緇衣羔裘
諸侯之朝服也言古朝廷之臣皆忠直且
君也君者言正其衣冠尊其瞻視儼然人望而 彼其之
畏之【濡】音儒【洵】徐音荀又音旬侯韓詩美也
子舍命不渝 渝變也箋云舍猶處也之子是子也是
子處命不變謂守死善道見危授命之
等【舍】音赦王云受也沈書者反【渝】以朱反 羔裘豹飾孔武有力 豹飾緣以豹皮也孔
甚也【緣】悅絹反 彼其之子邦之司直 司主也 羔裘晏兮三
英粲兮 晏鮮盛貌三英三德也箋云三德剛克柔克克正直也粲粲衆意【晏】於諫反【粲】采旦反 彼
其之子邦之彥兮 彥士之美稱【稱】尺證反
羔裘三章章四句

遵大路思君子也莊公失道君子去之國人

思望焉遵大路兮摻執子之袪兮遵循路道摻擥袪袂也箋云思望君子於道中見之則欲擥持其袂而留之【摻】所覽反徐所斬反【袪】起居反又起據反【擥】音覽【袂】面世反無我惡兮不寁故也寁速也箋云子無惡我擥持子之袂我乃以莊公不速於先君之道使我然【惡】烏路反注同【寁】市坎反故也一本作故兮後好也亦爾遵大路兮摻執子之手兮箋云言執手者思望之甚無我魗兮不寁好也魗棄也箋云魗亦惡也好猶善也子無惡我我乃以莊公不速於善道使我然【魗】本亦作㪍又作𣪘市由反毛棄也鄭惡也或云鄭音為醜【好】如字或呼報反

遵大路二章章四句

女曰雞鳴刺不說德也陳古義以刺今不說德而好色也德謂士大夫賓客有德者【說】音悅【好】呼報反女曰雞鳴士

曰昧旦箋云此夫婦相警覺以夙興言不留色也昧音妹警音景子興視夜明

星有爛言小星已不見也箋云明星尚爛爛然蚤於別色時爛力旦反見賢遍反又如字蚤音早別彼

列反將翱將翔弋鳧與鴈閒於政事則翱翔習射箋云弋繳射也言無事則往

弋射鳧鴈以待賓客為燕具弋羊職反鳧音符閒音閑繳音灼亦作繳

宜之宜肴也箋云言我也子謂賓客也所弋之鳧鴈我以為加豆之實與君子共肴也肴音爻本亦作殽

宜言飲酒與子偕老箋云宜乎我燕樂賓客而飲酒與之俱至老親愛之言也偕音

皆樂音洛下同琴瑟在御莫不靜好君子無故不徹琴瑟賓主和樂無不

安好知子之來之雜佩以贈之雜佩者珩璜琚瑀衝牙之類箋云贈

送也我若知子之必來我則豫儲雜佩去則以送子也與異國賓客燕時雖無此物猶言之以致其厚意其若有之

固將行之士大夫以君命出使主國之臣必以燕禮樂之助君之歡珩音衡佩上玉也璜音黃半璧曰璜琚音居佩

玉名【瑀】音禹石次玉也【衝】昌容反狀如牙【琚】直居反【使】所吏反　知子之順之雜佩以

問之　問遺也箋云順謂與巳和順【遺】尹季反　知子之好之雜佩以

報之　箋云好謂與巳同好【好】呼報反注同

女曰鷄鳴三章章六句

有女同車刺忽也鄭人刺忽之不昏于齊大子忽嘗有功于齊齊侯請妻之齊女賢而不取卒以無大國之助至於見逐故國人刺之　忽鄭莊公世子祭仲逐之而立突【大】音泰【妻】七計反以女適人曰妻【取】如字又促句反下注同

有女同車顏如舜華　親迎同車也舜木槿也箋云鄭人刺忽不取齊女親迎與之同車故稱同車之礼齊女之美【車】讀與何彼襛矣詩同【舜】尸順反【華】讀亦與召南同下篇放此【迎】魚敬反下同【槿】音謹　將翱

將翔佩玉瓊琚佩有琚瑀所以納閒彼美孟姜洵美且

都孟姜齊長女都閑也箋云洵信也言孟姜信美好又閑習婦禮【洵】恤旬反有女同行顏

如舜英行行道也英猶華也箋云女始乘車壻御輪三周御者代壻【壻】音細字書作聟將翺

將翔佩玉將將將將鳴玉而後行【將】將七羊反王佩声彼美孟姜

德音不忘箋云不忘者後世傳道其德也【傳】直專反

有女同車二章章六句

山有扶蘇刺忽也所美非美然言忽所美之人實非美人【蘇】如

字徐又音蹂山有扶蘇隰有荷華興也扶蘇扶胥小木也荷華扶渠也其華菡萏

言高下大小各得其宜也箋云興者扶胥之木生于山喻忽置不正之人于上位也荷華生于隰喻忽置有美德者

于下位此言其用臣顛倒失其所也【胥】音踈又相如反【菡】本又作䓘又作莟戶感反【萏】本又作䕅又作歛度感反菡萏荷華

也未發曰菡萏已發曰芙蓉顛本亦作傎都田反倒都老反不見子都乃見狂且子都世之美好者也狂狂人也且辭也箋云人之好美色不往覩子都乃反往覩狂醜之人以興忽好善不任用賢者反任用小人其意同狂求匡反且子餘反注同好呼報反下同覩都杜反本亦作睹山有橋松隰有游龍松木也龍紅草也箋云游龍猶放縱也橋松在山上喻忽無恩澤於大臣也紅草放縱枝葉放於隰中喻忽聽恣小臣此又言養臣顛倒失其所也○橋本亦作喬毛作橋其驕反王云高也鄭作槁苦老反枯槁也不見子充乃見狡童子充良人也狡童昭公也箋云人之好忠良之人不往覩子充乃反往覩狡童狡童有貌而無實狡古卯反

山有扶蘇二章章四句

蘀兮刺忽也君弱臣強不倡而和也不倡而和君臣各失其禮不相倡和蘀他落反倡昌亮反本又作唱注下同和胡臥反注下同蘀兮蘀兮風

其吹女與也蘀槁也人臣待君唱而後和箋云槁謂木葉也木葉槁待風乃落興者風喻號令也喻君有政教臣乃行之言此者刺今不然【槁】苦老反叔兮伯兮倡予和女叔伯言群臣長幼也君唱臣和也箋云叔伯羣臣相謂也群臣無其君而行自以彊弱相服女倡矣我則將和之言此者刺其自專也叔伯兄弟之稱【長】張丈反【稱】尺證反蘀兮蘀兮風其漂女漂猶吹也【漂】匹遥反本亦作飄叔兮伯兮倡予要女要成也【要】於遥反注同

蘀兮二章章四句

狡童刺忽也不能與賢人圖事權臣擅命也權臣擅命祭仲專也【擅】善戰反彼狡童兮不與我言兮昭公有壯狡之志箋云不與我言者賢者欲與忽圖國之政事而忽不能受之故云然維子之故使我不能餐兮憂懼不遑餐也【餐】七丹反彼狡童兮不與我食兮

下與賢人共食祿維子之故使我不能息兮憂不能息也

狡童二章章四句

褰裳思見正也狂童恣行國人思大國之正己也狂童恣行謂突與忽爭國更出更入而無大國正之褰起虔反本或作騫非說文云褰絝也恣資利反行下孟反注下同更音庚

子惠思我褰裳涉溱惠愛也溱水名也箋云子者斥大國之正卿子若愛而思我我國有突篡國之事而可征而正之我則揭衣渡溱水往告難也溱側巾反篡初患反揭欺例反又起列反難乃旦反子不我思豈無他人箋云言他人者先鄉齊晉宋衛後之荊楚鄉香亮反本亦作向狂童之狂也且狂行童昏所化也箋云狂童之人日爲狂行故使我言此也且子餘反下同

子惠思我褰裳涉洧洧水名也洧于軌反子不我思豈無他士士事也箋云他士猶他人也大國之卿當天子之上士狂

童之狂也且

褰裳二章章五句

丰刺亂也昏姻之道缺陽倡而陰不和男行而女不隨昏姻之道謂嫁取之禮丰芳凶反面貌豐滿也方言作姘缺丘悦反倡昌亮反和胡臥反

子之丰兮俟我乎巷兮丰豐滿也巷門外也箋云子謂親迎者我我將嫁者有親迎我者面貌丰丰然豐滿善人也出門而待我於巷中迎魚敬反下親迎同

悔予不送兮時有違而不至者箋云悔乎我不送是子而去也時不送則爲異人之色後不得耦而思之爲于僞反

子之昌兮俟我乎堂兮昌盛壯貌箋云堂當爲棖棖門梱上木近邊者○堂毛如字鄭改作棖直庚反梱本亦作閫若本反近附近之近

悔予不將兮將行也箋云將亦送也

衣錦褧衣裳錦褧裳衣錦褧裳嫁者之服箋云褧禪也蓋以禪縠爲之中衣裳用錦

而上加禪縠爲裳其文之大著也庶人之妻嫁服也士妻
紂衣纁袡○衣如字或一音於既反下章放此 褧 苦迥反
下如字 禪 音丹 縠 戶木反 爲 其于僞反 大 音泰舊勑賀反
紂 側基反本或作純又作緇並同 纁 許云反 袡 如鹽反

叔兮伯兮駕予與行 叔伯迎己者箋云言此者以前之悔今則叔也伯也來迎己者從之志又易也 易 以豉反 裳錦褧裳衣錦褧衣叔兮伯兮駕予與歸

丰四章二章章三句二章章四句

東門之墠刺亂也男女有不待禮而相奔者也 墠 音善字亦作壇此序舊無注而崔集注本有鄭注云時亂故不得待禮而行

東門之墠茹藘在阪 東門城東門也墠除地町町者茹藘茅蒐也男女之際近而易則如東門之墠遠而難則如茹藘在阪箋云城東門之外有墠墠邊有阪茅蒐生焉茅蒐之爲難淺矣易越而出此女欲奔男之辭 茹 音如 藘

力於反茹藘茅蒐蒨草也後篇同【阪】音反反又符板反【町】吐
鼎反又徒冷反【茅】皃交反又音妹【蒐】所留反【難】乃旦反【易】
以豉反下同 其室則邇其人甚遠 迩近也得礼則近不得礼則遠箋云其室則近
謂所欲奔男之家望其來迎巳而不來則爲遠 東門之栗有踐家室 栗行上栗也踐
淺也箋云栗而在淺家室之内言易切取栗人所啗食而甘嗜故女以自喻也○行上並如字行道也左傳云斬行
栗【啗】徒覽反本又作啖亦作噉並同【嗜】常志反 豈不爾思子不我即 即就也箋
云我豈不思望女乎女不就迎我而俱去耳

東門之墠二章章四句

風雨思君子也亂世則思君子不改其度焉

風雨淒淒雞鳴喈喈 興也風且雨淒淒然雞猶守時而鳴喈喈然箋云興者喻君子
雖居乱世不變改其節度【淒】七西反【喈】音皆 既見君子云胡不夷 胡何夷説也箋

云思而見之云何而心不說【說】音悅下同風雨瀟瀟雞鳴膠膠瀟瀟暴疾也膠膠猶喈喈也【瀟】音蕭【膠】音交既見君子云胡不瘳瘳愈也【瘳】勑留反風雨如晦雞鳴不已晦昏也箋云已止也雞不爲如晦而止不鳴【爲】于僞反既見君子云胡不喜

風雨三章章四句

子衿刺學校廢也亂世則學校不脩焉鄭國謂學爲校言可以校正道藝云【衿】音今領也亦作襟徐音琴世乱本或以世字在下者誤【校】胡孝反注及下同鄭國謂學爲校左傳云鄭人遊於鄉校是也公孫弘云夏曰校沈音教【校】音教青青子衿悠悠我心青衿青領也學子之所服箋云學子而俱在學校之中已留彼去故隨而思之耳礼父母在衣純以青【青】如字學子以青爲衣領緣衿也或作青音非【純】章允反又之閏反縱我不往子寧不嗣

音嗣習也古者教以詩樂誦之歌之弦之舞之箋云嗣續也女曾不傳聲問我以恩責其忘已嗣如字韓詩作詒詒寄也曾不寄問也傳直專反青青子佩悠悠我思佩佩玉也士佩瓀珉而青組綬瓀本又作碝如兗反珉亡巾反組音祖綬音受縱我不往子寧不來不來者言不一來也挑兮達兮在城闕兮挑達往來相見貌乘城而見闕箋云國乱人廢學業但好登高見於城闕以候望爲樂挑他羔反又勅彫反說文作叏達他末反說文云達不相遇也好呼報反樂音洛一日不見如三月兮言礼樂不可一日而廢箋云君子之學以文會友以友輔仁獨學而無友則孤陋而寡聞故思之甚

子衿三章章四句

揚之水閔無臣也君子閔忽之無忠臣良士終以死亡而作是詩也揚之水不流束楚揚激

揚也激揚之水可謂不能流漂束楚乎箋云激揚之水喻忽政教乱促不流束楚言其政不行於臣下【漂】四妙反

終鮮兄弟維予與女 箋云鮮寡也忽兄弟爭國親戚相疑後竟寡於兄弟之恩獨我与女有耳作此詩者同姓臣也【鮮】息浅反注下同 無信人之言人實廷女 廷誑也【廷】求往反徐又居望反【誑】九況反

揚之水不流束薪終鮮兄弟

維予二人 二人同心也箋云二人者我身與女忽 無信人之言人實不信

揚之水二章章六句

出其東門閔亂也公子五爭兵革不息男女相棄民人思保其室家焉 公子五爭者突再也忽子亹子儀各一也○爭爭鬪之爭【亹】亡匪反又音尾亹公子

出其東門有女如雲 如雲衆多也箋云有女謂

諸見棄者也如雲者如雲從風東西南北心無有定**雖則如雲匪我思存**思不存乎相救急箋云匪非也此如雲者皆非我思所存也【思】如字注及下皆同毛如字鄭息嗣反**縞衣綦巾聊樂我員**縞衣白色男服也綦巾蒼艾色女服也願室家得相樂箋云縞衣綦巾所爲作者之妻服也時亦棄之迫兵革之難不能相畜心不忍絶故言且留樂我員此思保其室家窮困不得有其妻而以衣巾言之恩不忍斥之綦綦文也【縞】古老反又古報反【綦】巨基反【樂】音洛注竝同一音岳或云箋留樂又音岳【員】音云本亦作云韓詩作魂【魂】神也【爲】于僞反【難】乃旦反**出其闉闍有女如荼**闉曲城也闍城臺也荼英荼也言皆喪服也箋云闍讀當如彼都人士之都謂國外曲城之中市里也荼茅秀物之輕者飛行無常【闉】音因【闍】鄭音都城臺也孫炎云積土如水渚所以望氣祥也徐止奢反又音蛇【荼】音徒【秀】本或作莠音同劉昌宗周礼作莠音酉**雖則如荼匪我思且**箋云匪我思且猶非我思存也【且】音祖舊子徐反**縞衣茹藘聊可與娛**茹藘茅蒐之染女服也娛樂也箋云茅蒐染巾

也聊可與娛且可留與我爲樂心欲留之言也 娛本亦作虞

出其東門二章章六句

野有蔓草思遇時也君之澤不下流民窮於蔓草男女失時思不期而會焉 不期而會謂不相與期而自俱會 蔓音万

野有蔓草零露漙兮 興也野四郊之外蔓延也漙漙然盛多也箋云零落也蔓草而有露謂仲春之時草始生霜爲露也周禮仲春之月令會男女之無夫家者 漙本亦作團徒端反

有美一人清揚婉兮邂逅相遇適我願兮 清揚眉目之閒婉然美也邂逅不期而會適其時願 婉於阮反 邂戶解反 逅胡豆反

野有蔓草零露瀼瀼 瀼瀼盛皃 瀼如羊反徐又乃剛反

有美一人婉如清揚邂逅相遇與子皆臧 臧善也

野有蔓草二章章六句

溱洧刺亂也兵革不息男女相棄淫風大行莫之能救焉救猶止也亂者士與女合會溱洧之上溱側巾反洧于軌反鄭國之二水名說文溱作潧云潧水出鄭溱水出桂陽也

溱與洧方渙渙兮溱洧鄭兩水名渙渙春水盛也箋云仲春之時冰以釋水則渙渙然渙呼亂反韓詩作洹洹音丸說文作汍汍音父弓反士與女方秉蕑兮蕑蘭也男女相棄各無匹偶感春氣並出託采芬香之草而爲淫泆之行蕑古顏反蕑香也字從艸韓詩云蓮也若作竹下是簡策之字耳泆音逸行下孟反女曰觀乎士曰既且箋云女曰觀乎欲與士觀於寬閒之處既已也士曰已觀矣來從之也且音徂往也徐子餘反下章放此閒音閑處昌慮反且往觀乎洧之外洵訏且樂訏大也箋云洵信也女情急故勸男使往觀於洧之外言其土地信寬大又樂也於是男則往也洵息旬反韓詩作恂訏况于

反韓詩作𤣥音洛注下同維士與女伊其相謔贈之以勺藥勺藥香草箋云伊因也士与女往觀因相與戲謔行夫婦之事其别則送女以勺藥結恩情也勺時灼反勺藥韓詩云離草也言將離别贈此草也

溱與洧瀏其清矣瀏深貌瀏音留說文流清也力九反士與女殷其盈矣殷衆也女曰觀乎士曰既且且往觀乎洧之外洵訏且樂維士與女伊其相謔贈之以勺藥箋云將大也

溱洧二章章十二句

鄭國二十一篇五十三章二百八十三句

毛詩卷第四

毛詩卷第五

齊雞鳴詁訓傳第八

齊者太師呂望所封之國也其地少昊爽鳩氏之墟在禹貢青州岱山嶺之陰濰淄之野都營丘之側禮記云太公封於營丘是也

毛詩國風　鄭氏箋

雞鳴思賢妃也哀公荒淫怠慢故陳賢妃貞女夙夜警戒相成之道焉 妃芳菲反 慢武諫反 警居領反本又作敬音同

雞既鳴矣朝既盈矣 雞鳴而夫人作朝盈而君作箋云雞鳴朝盈夫人也君也可以起之常禮 朝直遥反注下皆同 匪雞則鳴蒼蠅之聲 蒼蠅之声有似遠雞之鳴箋云夫人以蝇声爲雞鳴則起早於常禮敬也 蠅餘仍反 東方明矣朝既昌矣 東方明則夫人纚笄而朝朝已昌盛則君聽朝箋云東方明朝既昌亦夫人也君也可以朝之常禮君日

出而視明纚色蟹反何霜綺反匪東方則明月出之光見月出之光以爲東方明箋去夫人以月光爲東方明則朝亦敬也蟲飛薨薨甘與子同夢古之夫人配其君子亦不忘其敬箋去蟲飛薨薨東方且明之時我猶樂與子卧而同夢言親愛之無已薨呼弘反配本亦作妃音配樂音岳又五教反會且歸矣無庶予子憎會會於朝卿大夫朝會於君朝聽政夕歸治其家事無庶予子憎無見惡於夫人箋去庶衆也蟲飛薨薨所以當起者卿大夫朝者且罷歸故也無使衆臣以我故憎惡於子戒之也且七野反沈子餘反卿大夫朝會此朝如字音張遥反惡烏路反下同夫人夫音符或依字讀者非

雞鳴三章章四句

還刺荒也哀公好田獵從禽獸而無厭國人化之遂成風俗習於田獵謂之賢閑於馳逐

謂之好焉荒謂政事廢乱還音旋便捷貌韓詩作嫙嫙好貌好呼報反厭於豔反又於占反本或作

饜音同止也好焉好蒿縞反子之還兮遭我乎峱之間兮還便

捷之貌峱山名箋云子也我也皆士大夫也俱出田獵而相遭也峱乃刀反說文云峱山在齊崔集注本作嶩便捷

本亦作便旋並驅從兩肩兮揖我謂我儇兮從逐也獸

三歲曰肩儇利也箋云並併也子也我也併驅而逐二獸子則揖耦我謂我儇譽之也譽之者以報前言還也驅本

亦作駈曲具反注下同肩如字說文云三歲豕肩相及者本亦作豜又音牽揖一入反儇許全反韓詩作婘婘音權

好貌併步頂反下文同譽音餘下同子之茂兮遭我乎峱之道兮箋云譽之言好者以

茂美也並驅從兩牡兮揖我謂我好兮昌盛也箋

報前言茂也牡茂后反一子之昌兮遭我乎峱之陽兮

云昌佼反貌佼古卯反本又作姣並驅從兩狼兮揖我謂我臧

兮狠獸名臧善也

還三章章四句

著刺時也時不親迎也時不親迎故陳親迎之禮以刺之〔著〕直居反又直據反又音佇詩内協句宜音直據反〔迎〕魚敬反注同俟我於著乎而充耳以素乎而俟待也門屏之間曰著素象瑱箋云我嫁者自謂也待我於著謂從君子而出至於著君子揖之時也我視君子則以素爲充耳謂所以縣瑱者或名爲紞織之人君五色臣則三色而已此言素者目所先見而云〔瑱〕吐遍反〔縣〕音玄下同〔紞〕都覽反尚之以瓊華乎而瓊華美石士之服也箋云尚猶飾也飾之以瓊華者謂縣紞之末所謂瑱也人君以玉爲之瓊華石色似瓊也俟我於庭乎而充耳以青乎而青青玉箋云待我於庭謂揖我於庭時青紞之青尚之以瓊瑩乎而瓊瑩石似玉卿大夫之服也箋云石色似瓊似瑩也〔瑩〕音縈又音營俟我

於堂乎而充耳以黄乎而（黄黄玉箋云黄纊之黄）尚之以瓊英乎而（瓊英美石似玉者人君之服也箋云瓊英猶瓊華也）

著三章章三句

東方之日刺衰也君臣失道男女淫奔不能以禮化也（〔衰〕色追反本或作刺襄公非也南山已下始是襄公之詩）東方之日兮彼姝者子在我室兮（興也日出東方人君明盛無不照察也姝者初昏之貌箋云言東方之日者愬之乎耳有姝姝美好之子來在我室欲與我爲室家我無如之何也日在東方其明未融興者喻君不明〔姝〕赤朱反）在我室兮履我即兮（履禮也箋云即就也在我室者以禮來我則就之與之去也言今者之子不以禮來也）東方之月兮彼姝者子在我闥兮（月盛於東方君明於上若日也臣察於下若月也闥門内也箋云月以興臣月在東方亦

言不明[闥]他達反韓詩云門屏之間曰闥在我闥兮履我發兮發行也箋云以禮來則我行而與之去

東方之日二章章五句

東方未明刺無節也朝廷興居無節號令不時挈壺氏不能掌其職焉號令猶召呼也挈壺氏掌漏刻者[朝]直遥反注皆同[挈]苦結反又音結[壺]音胡

東方未明顛倒衣裳上曰衣下曰裳箋云挈壺氏失漏刻之節東方未明而以爲明故群臣促遽顛倒衣裳群臣之朝別色始入[倒]都老反[遽]其遽反[別]彼列反顛之倒之自公召之箋云自從也群臣顛倒衣裳而朝人又從君所來而召之

漏刻失節君又早興東方未晞顛倒裳衣晞明之始升[晞]音希倒之顛之自公令之令告也[令]力證反折柳樊圃狂夫瞿瞿柳柔

脃之木樊藩也圃菜園也折柳以爲藩園無益於禁矣瞿瞿無守之皃古者有挈壺氏以水火分日夜以告時於朝箋云柳木之不可以爲藩猶是狂夫不任挈壺氏之事折之舌反注同圃音布又音補瞿俱具反脃七歲反藩方元反本又作蕃

不能辰夜不夙則莫 辰時夙早莫晚也箋云此言不任其事者恒失節數也任音壬下同莫音暮

東方未明三章章四句

南山刺襄公也鳥獸之行淫乎其妹大夫遇是惡作詩而去之 襄公之妹魯桓公夫人文姜也襄公素與淫通及嫁公讁之公與夫人如齊夫人愬之襄公襄公使公子彭生乘公而搤殺之夫人久留於齊莊公即位後乃來猶復會齊侯于禚于祝丘又如齊師齊大夫見襄公行惡如是作詩以刺之又非魯桓公不能禁制夫人而去之讁直革反責也又張革反彭生乘繩證反一本作彭生乘公乘則依字讀搤於革反說文云捉也公羊傳云拉公幹而殺之沈又烏詬反拉郎

荅反復扶又反下皆同蕕音灼地名行下孟反下之行皆同南山崔崔雄狐綏綏興也南山齊南山也崔崔高大也國君尊嚴如南山崔崔然雄狐相隨綏綏然無別失陰陽之匹箋云雄狐行求匹耦於南山之上形貌綏綏然興者喻襄公居人君之尊而爲淫泆之行其威儀可恥惡如狐崔子雖反又音佳別彼反泆音逸下同惡烏路反又如字魯道有蕩齊子由歸蕩平易也齊子文姜也箋云婦人謂嫁曰歸言文姜旣以禮從此道嫁于魯侯也蕩徒黨反徐勑黨反易以豉反旣曰歸止曷又懷止懷思也箋云懷來也言文姜旣曰嫁于魯侯矣何復來爲乎非其來也葛屨五兩冠緌雙止葛屨服之賤者冠緌服之尊者箋云葛屨五兩喻文姜與姪娣及傳姆同處冠緌喻襄公也五人爲奇而襄公往從而雙之冠屨不宜同處猶襄公文姜不宜爲夫婦之道屨九具反兩王肅如字沈音亮緌如誰反傳音付姆音茂處昌慮反下同奇居宜反魯道有蕩齊子庸止庸用也旣曰庸止曷又從止箋去此言文姜旣用此道嫁於

魯侯襄公何復送而從之爲淫泆之行

蓺麻如之何衡從其畝 蓺樹也衡獵之從獵之種之然後得麻箋云樹麻者必先耕治其田然後樹之以言人君取妻必先議於父母 蓺 魚世反本或作藝技藝字耳 衡 音橫注同亦作橫字又一音如字衡即訓爲橫韓詩云東西耕曰橫 從 足容反注同韓詩作由云南北耕曰由

取妻如之何必告父母 必告父母廟箋云取妻之禮議於生者卜於死者此之謂告 取 七喻反注下皆同

既曰告止曷又鞫止 鞫窮也箋云鞫盈也魯侯女既告父母而取何復盈從令至于齊乎又非魯桓 鞫 居六反 令 力呈反下同

析薪如之何匪斧不克 克能也箋云此言析薪必待斧乃能也 析 星歷反

取妻如之何匪媒不得 箋云此言取妻必待媒乃得也

既曰得止曷又極止 極至也箋云女既以媒得之矣何不禁制而恣極其邪意令至齊乎又非魯桓 邪 似嗟反

南山四章章六句

甫田大夫刺襄公也無禮義而求大功不脩德而求諸侯志大心勞所以求者非其道也

無田甫田維莠驕驕興也甫太也大田過度而無人功終不能獲箋云興者喻人君欲立功致治必勤身脩德積小以成高大　無田音佃下同　莠羊九反　驕直吏反無思遠人勞心忉忉忉忉憂勞也箋云言無德而求諸侯徒勞其心忉忉耳　忉音刀

無田甫田維莠桀桀桀桀猶驕驕也　桀居竭反徐又居謁反無思遠人勞心怛怛怛怛猶忉忉也　怛旦末反

婉兮孌兮總角丱兮未幾見兮突而弁兮婉孌少好貌總角聚兩髦也丱幼稚也弁冠也箋云人君內善其身外脩其德居無幾何可以立功猶是婉孌之童子少自脩飾丱然而稚見之無幾何突耳如冠為成人也　婉於阮反　孌力轉反　總本又作揔子孔反　丱古患反　幾居豈反注同見兮一本作見之　突吐活反注同方言云凡卒相見謂之突吐訥反　弁皮眷反

髦音毛 少詩照反

甫田三章章四句

盧令刺荒也襄公好田獵畢弋而不脩民事百姓苦之故陳古以風焉畢噣也弋繳射也 令音零下同 好呼報反 風福鳳反 噣直角反本亦作濁畢星名何音犢 繳音灼

盧令令其人美且仁盧田犬令令纓環聲言人君能有美德盡其仁愛百姓欣而奉之愛而樂之順時遊田與百姓共其樂同其獲故百姓聞而說之其聲令令然 纓於盈反 說音悅又於政反 樂音洛下同

盧重環重環子母環也 重直龍反下同其人美且鬈鬈好貌箋云鬈讀當為權權勇壯也 鬈音權說文云髮好皃

盧重鋂鋂一環貫二也 鋂音梅其人美且偲偲才也箋云才多才也 偲七才反說文云強也

盧令三章章二句

敝笱刺文姜也齊人惡魯桓公微弱不能防閑文姜使至淫亂爲二國患焉【敝】婢世反徐扶滅反本又作弊敗也【笱】古口反取魚器也【惡】烏路反

敝笱在梁其魚魴鰥興也鰥大魚箋云鰥魚子也魴也鰥也魚之易制者然而敝敗之笱不能制興者喻魯桓微弱不能防閑文姜終其初時之婉順【魴】音房【鰥】毛古頑反鄭古魂反【易】以豉反

齊子歸止其從如雲如雲言盛也箋云其從姪娣之屬言文姜初嫁于魯桓之時其從者之心意如雲然雲之行順風耳後知魯桓微弱文姜遂淫恣從者亦隨之爲惡【從】才用反注下皆同

敝笱在梁其魚魴鱮魴鱮大魚箋云鱮似魴而弱鱗【鱮】才呂反廣雅云鰱也音連

齊子歸止其從如雨如雨言多也箋云如雨言無常天下之則下天不下則止以言姪娣之善惡亦文妻所使止

敝笱在梁其魚唯唯唯唯出入不制箋云唯唯行相隨順之貌【唯】維癸反沈養水反韓詩作遺遺言不能制也

齊子歸

止其從如水 水喻衆也箋云水之性可停可行亦言姪娣之善惡在文姜也

敝笱三章章四句

載驅齊人刺襄公也無禮義故盛其車服疾驅於通道大都與文姜淫播其惡於萬民焉 故猶端也【驅】欺具反又如字下皆同本亦作駈【播】波佐反

載驅薄薄簟茀朱鞹 薄薄疾驅聲也簟方文席也車之蔽曰茀諸侯之路車有朱革之質而羽飾箋云此車襄公乃乘焉而來與文姜會也【薄】音各反徐扶各反【茀】音弗【鞹】苦郭反

魯道有蕩齊子發夕 發夕自夕發至旦箋云襄公既無禮義乃疾驅其乘車以入魯竟魯之道路平易文姜發夕由之往會焉曾無慙恥之色○發夕韓詩云發旦也【乘】繩證反或音繩【竟】音境本亦作境【易】夷豉反下樂易同

四驪濟濟垂轡濔濔 四驪言物色盛也濟濟美貌垂轡轡之垂者濔濔衆也箋云此又刺襄公乘是四驪而來

徒爲淫亂之行驪力馳反濟子禮反注同瀰本亦作彌同乃禮反注同徒爲一本作從兩通行下孟反魯

道有蕩齊子豈弟言文姜於是樂易然箋云此豈弟猶言發夕也豈讀當爲闓弟古文尚書以弟爲圛圛明也豈開改反樂也弟如字或音待易反樂音洛闓音開圛音亦汶水湯湯

行人彭彭湯湯大貌彭彭多貌箋云汶水之上蓋有都焉襄公與文姜時所會汶音問湯失章反彭必旁反魯道有蕩齊子翱翔翱翔猶彷徉也彷音旁徉音羊汶水

滔滔行人儦儦滔滔流貌儦儦衆貌滔吐刀反儦表驕反説文云行貌魯道

有蕩齊子遊敖

載驅四章章四句

猗嗟刺魯莊公也齊人傷魯莊公有威儀技

藝然而不能以禮防閑其母失子之道人以

爲齊侯之子焉【猗】於宜反字或作歆【技】其綺反猗嗟昌兮頎而

長兮猗嗟歎辭昌盛也頎長貌箋云昌佼好貌【頎】音祈【佼】古卯反本又作姣抑若揚兮

抑美色揚廣揚【抑】於力反美目揚兮好目揚眉巧趨蹌兮射則臧

兮蹌巧趨貌箋云臧善也【趨】本又作趨七須反又七遇反【蹌】七羊反猗嗟名兮美

目清兮目上爲名目下爲清儀既成兮終日射侯不出

正兮展我甥兮二尺曰正外孫曰甥箋云成猶備也正所以射於侯中者天子五正諸侯

三正大夫二正士二正外皆居其侯中參分之一焉展誠也姊妹之子曰甥容貌技藝如此誠我齊之甥言誠者拒

時人言齊侯之子【射】食亦反注所射每射同【正】音征注同畫五采曰正【參】七南反又音三猗嗟孌兮

孌壯好貌清揚婉兮婉好眉目也舞則選兮射則貫兮

選齊貫中也箋云選者謂於倫等最上貫習也【選】雪戀反【貫】毛古亂反鄭古患反【中】張仲反四矢反

兮以禦亂兮 四矢乘矢箋云反復也禮射三而止每射四矢皆得其故處此之謂復射必四矢音象其能禦四方之亂 反如字韓詩作變變易 禦魚呂反 乘繩證反 處昌慮反

猗嗟三章章六句

齊國十一篇三十四章百四十三句

魏葛屨詁訓傳第九

案魏世家及左氏傳云姬姓國也詩譜云周以封同姓其地虞舜夏禹所都之域也在古冀州雷首之北析城之西南枕河曲北涉汾水

毛詩國風　鄭氏箋

葛屨刺褊也魏地陿隘其民機巧趨利其君儉嗇褊急而無德以將之 儉嗇而無德是其所以見侵削 屨俱具反 褊必淺反 陿音洽本或作狹依字應作陜 隘於懈反 嗇音色 巧如字徐苦孝反 趨七須反徐七榆反

糾糾葛

屨可以履霜糾糾猶繚繚也夏葛屨冬皮屨葛屨非所以履霜箋云葛屨賤皮屨貴魏俗至冬猶謂葛屨可以履霜利其賤也糾吉黝反沈居酉反繚音了沈音遼摻摻女手可以縫裳摻摻猶纖纖也婦人三月廟見然後執婦功箋云女手者未三月未成爲婦裳男子之下服賤又未可使縫魏俗使未三月婦縫裳者利其事也摻所銜反又所咸反徐又息廉反說文作攕山廉反云好手貌纖息廉反見賢遍反要之襋之好人服之要褸也襋領也好人好女手之人箋云服整也褸也領也在上好人尚可使整治之謂屬著之要於遙反襋紀力反屬音燭著直略反好人提提宛然左辟佩其象揥提提安諦也宛辟貌婦至門夫揖而入不敢當尊宛然而左辟象揥所以爲飾箋云婦新至愼於威儀如是使之非禮提徒兮反宛於阮反辟音避注同一音婢亦反揥勅帝反諦音帝維是褊心是以爲刺箋云魏俗所以然者是君心褊急無德教使之耳我是以刺也

葛屨二章一章六句一章五句

汾沮洳刺儉也其君儉以能勤刺不得禮也〔汾〕扶云反〔沮〕子預反〔洳〕如預反彼汾沮洳言采其莫汾水也沮洳其漸洳者莫菜也箋云言我也於彼汾水漸洳之中我采其莫以為菜是儉以能勤〔莫〕音暮〔漸〕如字又接廉反彼其之子美無度箋云之子是子也是子之德美無有度言不可尺寸美無度殊異乎公路路車也箋云是子之德美信無度矣雖然其采莫之事則非公路之禮也公路主君之軞車庶子為之晉趙盾為軞車之族是也〔軞〕本亦作旄音毛〔盾〕徒本反彼汾一方言采其桑箋云采桑親蠶事也彼其之子美如英萬人為英美如英殊異乎公行公行從公之行也箋云從公之行者主君兵車之行列〔行〕戶郎反注同彼汾一曲言采其藚藚水舄也〔藚〕音續水舄也一名牛脣說文音其或反彼其之

子美如玉美如玉殊異乎公族公族公屬箋云公族主君同姓昭穆也昭紹遥反説文作佋

汾沮洳三章章六句

園有桃刺時也大夫憂其君國小而迫而儉以嗇不能用其民而無德教日以侵削故作是詩也

園有桃其實之殽興也園有桃其實之食國有民得其力箋云魏君薄公税省国用不取於民食園桃而已不施德教民無以戰其侵削之由由是也殽本又作肴音交省色領反心之憂矣我歌且謠曲合樂曰歌徒歌曰謠箋云我心憂君之行如此故歌謠以寫我憂矣謠音遥行下孟反下文行國同不知我者謂我士也驕箋云士事也不知我所爲歌謠之意者反謂我於君事驕逸故爲于僞反下所爲皆同彼人是哉子

曰何其夫人謂我欲何爲乎箋云彼人謂君也曰於也不知我所爲憂者既非責我又曰君儉而嗇所行是其道哉子於此憂之何乎[其]音基下章同[夫]音符何爲如字心之憂矣其誰知之箋云如是則衆臣無知我憂所爲也其誰知之蓋亦勿思箋云無知我憂所爲者則宜無復思念之以自止也衆不信我或時謂我謗君使我得罪也[復]扶又反[謗]博浪反毀也

園有棘其實之食棘棗也[棘]紀力反從兩朿俗作棘棘同心之憂矣聊以行國箋云聊且畧之辭也聊出行於國中觀民事以爲憂不知我者謂我士也罔極極中也箋云見我聊出行於國中謂我於君事無中正彼人是哉子曰何其心之憂矣其誰知之其誰知之蓋亦勿思

園有桃二章章十二句

陟岵孝子行役思念父母也國迫而數侵削役乎大國父母兄弟離散而作是詩也役乎大国者爲大国所徵發岵音户此傳及觧此共爾雅不同王肅依爾雅国迫而數侵削本或作国小而迫數見侵削者誤數音朔

陟彼岵兮瞻望父兮山無草木曰岵箋云孝子行役思其父之戒乃登彼岵山以遥瞻望其父所在之處處昌慮反父曰嗟予子行役夙夜無已箋云予子夙早夜莫也無已無懈倦莫音暮懈音介上慎旃哉猶來無止旃之猶可也父尚義箋云止者謂在軍事作部列時旃之然反

陟彼屺兮瞻望母兮山有草木曰屺箋云此又思母之戒而登屺山而望之屺音起母曰嗟予季行役夙夜無寐母尚恩也季少子也無寐無耆寐也少詩照反耆常志反上慎旃哉猶來無棄

陟彼岡兮瞻望兄兮兄曰嗟予弟行役夙夜

必偕偕俱也上慎旃哉猶來無死兄尚親也

陟岵三章章六句

十畝之間刺時也言其國削小民無所居焉

〔畝〕莫后反古作晦俗作畝皆同十畝之間兮桑者閑閑兮閑閑然男女無別往來之貌箋云古者一夫百畝今十畝之間往來者閑閑然削小之甚〔閑〕本亦作閒音閑〔別〕彼列反行與子還兮或行來者或來還者〔還〕本亦作旋十畝之外兮桑者泄泄兮泄泄多人之貌〔泄〕以世反行與子逝兮箋云逝逮也〔逮〕徒賚反又徒帝反

十畝之間二章章三句

伐檀刺貪也在位貪鄙無功而受祿君子不得進仕爾〔檀〕待丹反坎坎伐檀兮寘之河之干兮

河水清且漣猗坎坎伐檀聲寘置也干厓也風行水成文曰漣伐檀以俟世用若俟河水

清且漣箋云是謂君子之人不得進仕也坎苦感反寘之豉反漣力纒反猗於宜反亦作漪不稼不

穡胡取禾三百廛兮不狩不獵胡瞻爾庭有

縣貆兮種之曰稼斂之曰穡一夫之居曰廛貆獸名箋云是謂在位貪鄙無功而受祿也冬獵曰狩宵

田曰獵胡何也貉子曰貆廛本亦作墠又作壥直連反古者一夫田百畝別受都邑五畝之地居之故孟子云五畝

之宅是也縣音玄下皆同貆本亦作貆音桓徐郭音暄宵音消夜也貉户各反依字作貈彼君子兮

不素餐兮素空也箋云彼君子者斥伐檀之人仕有功乃肯受祿餐七丹反說文作餐云或從

水字林云吞食也沈音孫坎坎伐輻兮寘之河之側兮河水

清且直猗輻檀輻也側猶厓也直直波也輻音福不稼不穡胡取禾

三百億兮不狩不獵胡瞻爾庭有縣特兮萬萬

曰億獸三歲曰特箋云十萬曰億億三百禾秉之數彼君子兮不素食兮坎

坎伐輪兮寘之河之漘兮河水清且淪猗檀可

以爲輪漘厓也小風水成文轉如輪也漘順倫反淪音倫韓詩云順流而風曰淪淪文貌不稼不穡

胡取禾三百囷兮不狩不獵胡瞻爾庭有縣

鶉兮圓者爲囷鶉鳥也囷丘倫反鶉音純彼君子兮不素飧兮孰食

曰飧箋云飧讀如魚飧之飧飧素門反字林云水澆飯也

伐檀三章章九句

碩鼠刺重歛也國人刺其君重歛蠶食於民

不修其政貪而畏人若大鼠也碩音石歛吕驗反下同碩

鼠碩鼠無食我黍三歲貫女莫我肯顧貫事也箋

云碩大也大鼠大鼠者斥其君也女無復食我黍疾其稅歛之多也我事女三歲矣曾無教令恩德來顧眷我又疾其不修政也古者三年大比民或於是徙〔貫〕古亂反徐音官〔復〕扶又反〔稅〕始銳反〔比〕毗志反逝將去女適彼樂土箋云逝往也往矣將去女與之訣別之辭樂土有德之國〔樂〕音洛下注同〔土〕如字他古反沈徒古反〔訣〕古穴反樂土樂土爰得我所箋云爰曰也碩鼠碩鼠無食我麥三歲貫女莫我肯德箋云不肯施德於我逝將去女適彼樂國樂國樂國爰得我直直得其直道箋云直猶正也碩鼠碩鼠無食我苗苗嘉穀也三歲貫女莫我肯勞箋云不肯勞來我〔勞〕如字又力報反〔來〕本亦作倈同力代反逝將去女適彼樂郊箋云郭外曰郊樂郊樂郊誰之永號號呼也箋云之往也永歌也樂郊之地誰獨當往而歌號者言皆喜説無憂苦〔永〕本亦作詠同音詠

號户毛反注同呼火故反說音悅

碩鼠三章章八句

魏國七篇十八章百二十八句

毛詩卷第五

毛詩卷第六

唐蟋蟀詁訓傳第十

唐者周成王之母弟叔虞所封也其地帝堯夏禹所都之墟漢曰太原郡在古冀州大行恒山之西太原大岳之野其南有晉水叔虞之子燮父因改爲晉矦至六世孫僖矦名司徒習堯儉約遺化而不能以礼節之今詩今其風俗故云唐也

毛詩國風　　鄭氏箋

蟋蟀刺晉僖公也儉不中禮故作是詩以閔之欲其及時以禮自虞樂也此晉也而謂之唐本其風俗憂深思遠儉而用禮乃有堯之遺風焉憂深思遠謂宛其死矣百歲之後之類也（蟋）音悉（蟀）所律反說文蟀作䗜（僖）許其反史記作釐矦（中）丁仲反（樂）音洛下皆同（思）息嗣反注同

蟋蟀在堂歲聿其莫今我

不樂日月其除蟋蟀蛬也九月在堂聿遂除去也箋云我我僖公也蛬在堂歲時之候是時農功畢君可以自樂矣今不自樂日月且過去不復暇爲之謂十二月當復命農計耦耕事○聿允橘反莫音暮除直慮反注同蛬俱勇反沈又九共反趨織也一名蜻蛚復扶又反無已大康職思其居已甚康樂職主也箋云君雖當自樂亦無甚大樂欲其用禮爲節也又當主思於所居之事謂國中政令○大音泰徐敕佐反下同居義如字協韻音據好樂無荒良士瞿瞿荒大也瞿瞿然顧禮義也箋云荒廢亂也良善也君之好樂不當至於廢亂政事當如善士瞿瞿然顧禮義也○好呼報反下同瞿俱具反

蟋蟀在堂歲聿其逝今我不樂日月其邁邁行也無已大康職思其外外禮樂之外箋云外至四竟○礼樂之外此一樂字音岳好樂無荒良士蹶蹶蹶蹶動而敏於事○蹶俱衛反

蟋蟀在堂役車其休箋云庶人乘役車役車休農功畢無事也今我不樂日

月其慆慆過也【慆】吐刀反無已太康職思其憂憂可憂也箋云憂者謂鄰國侵伐之憂好樂無荒良士休休休休樂道之心【休】許求反

蟋蟀三章章八句

山有樞刺晉昭公也不能修道以正其國有財不能用有鐘鼓不能以自樂有朝廷不能洒埽政荒民散將以危亡四鄰謀取其國家而不知國人作詩以刺之也【樞】本或作蓲烏侯反荎也昭公左傳及史記作昭侯【樂】音洛下及注同【朝】直遥反【廷】徒佞反【洒】所懈反沈所寄反下同【埽】蘇報反本又作掃下同

山有樞隰有榆興也樞荎也國君有財貨而不能用如山隰不能自用其財【榆】以朱反【荎】田節反沈又直梨反子有衣裳弗曳弗婁子有車馬弗馳弗

驅婁亦曳也曳以世反婁力俱反馬云牽也宛其死矣他人是愉宛死貌愉樂也

箋云愉讀曰偷偷取也宛於阮反本亦作苑愉毛以朱反鄭作偷他侯反山有栲隰有杻

栲山樗杻檍也栲音考杻女久反樗勑書反又他胡反檍於力反子有廷內弗洒弗

埽子有鐘鼓弗鼓弗考洒灑也考擊也廷音庭又徒佞反鼓如字本或作擊

非灑色蟹反又所綺反宛其死矣他人是保保安也箋云保居也山有

漆隰有栗子有酒食何不日鼓瑟君子無故琴瑟不離於側

漆音七木名離力智反且以喜樂且以永日永引也宛其死

矣他人入室

山有樞三章章八句

揚之水刺晉昭公也昭公分國以封沃沃盛

彊昭公微弱國人將叛而歸沃焉封沃者封叔父桓叔于沃

也沃曲沃晉之邑也沃烏毒反揚之水白石鑿鑿興也鑿鑿然鮮明貌箋云激揚之水

波流湍疾洗去垢濁使白石鑿鑿然興者喻桓叔盛強除民所惡民得以有礼義也鑿子洛反激經歷反湍吐端反

洗蘇禮反又蘇典反去羌呂反垢古口反惡烏路反又如字素衣朱襮從子于沃

襮領也諸侯繡黼丹朱中衣沃曲沃箋云繡當爲綃綃黼丹朱中衣中衣以綃黼爲領丹朱爲純国人欲進此服去

從桓叔襮音博字林方沃反繡音秀衆家申毛並依字下文同鄭改爲宵黼音甫宵音消本亦作綃純章允反又章真

順反既見君子云何不樂箋云君子謂桓叔樂音洛揚之水白石

皓皓皓皓絜白也皓古老反素衣朱繡從子于鵠繡黼也鵠曲沃邑也

鵠戶毒反既見君子云何其憂言無憂也揚之水白石

粼粼粼粼清澈也粼利新反本又作磷同澈直列反或作徹誤我聞有命不

敢以告人聞曲沃有善政命不敢以告人箋云不敢以告人而去者畏昭公謂已動民心

揚之水三章二章章六句一章四句

椒聊刺晉昭公也君子見沃之盛彊能脩其政知其蕃衍盛大子孫將有晉國焉椒木名聊亂也蕃音煩衍延善反

椒聊之實蕃衍盈升興也椒聊椒也箋云椒之性芬香而少實今一捄之實蕃衍滿升非其常也興者喻桓叔晉君之支別耳今其子孫衆多將日以盛也捄音求又其蒴反何音掬沈居高反彼其之子碩大無朋朋比也箋云之子是子也謂桓叔也碩謂壯貌佼好也大謂德美廣博也無朋平均不朋黨申毛必履反謂無比例也一音必二反鄭云不朋黨則王肅孫毓申毛作比至反佼古卯反椒聊且遠條且條長也箋云椒之氣日益遠長似桓叔之德彌廣博且子餘反下同

椒聊之實蕃衍盈匊兩手曰匊匊本又作掬九六反彼

其之子碩大且篤篤厚也椒聊且遠條且言聲之遠聞也

椒聊二章章六句

綢繆刺晉亂也國亂則昏姻不得其時焉不得其時謂不及仲春之月綢直留反繆亡侯反綢繆束薪三星在天興也綢繆猶纏綿也三星參也在天謂始見東方也男女待禮而成若薪芻待人事而後束也三星在天可以嫁取矣箋云三星謂心星也心有尊卑夫婦父子之象又爲二月之合宿故嫁取者以爲候焉昏而火星不見嫁取之時也今我束薪於野乃見其在天則三月之末四月之中見於東方矣故云不得其時參所金反見賢遍反下不見見於東同芻楚俱反說文云芻刈草也象苞束草之形宿音秀今夕何夕見此良人良人美室也箋云今夕何夕者言此夕何月之夕乎而女以見良人言非其時子兮子兮如此良人何子兮者嗟茲也箋云子兮子兮者斥嫁取者子取後陰陽交會之月當如此良人何後户豆反綢繆

東芻三星在隅隅東南隅也箋云心星在隅謂四月之末五月之中今夕何夕見此邂逅邂逅解説之貌邂本亦作解戶懈反一音戶佳反逅亦作覯同胡豆反一音戶溝反邂覯解説也韓詩云邂覯不固之貌觧音蟹説音悦子兮子兮如此邂逅何

綢繆束楚三星在户參星正月中直户也箋云心星在户謂五月之末六月之中直音值又如字今夕何夕見此粲者三女爲粲大夫一妻二妾粲采旦反字林作妿子兮子兮如此粲者何

綢繆三章章六句

杕杜刺時也君不能親其宗族骨肉離散獨居而無兄弟將爲沃所并爾杕徒細反本或作夷狄字非也下篇同并必政反

有杕之杜其葉湑湑興也杕特生皃杜赤棠也湑湑枝葉

不相比也湑私敘反比毗志反獨行踽踽豈無他人不如我同

父踽踽無所親也箋云他人謂異姓也言昭公遠其宗族獨行於国中踽踽然此豈無異姓之臣乎顧恩不如同姓親親也踽俱禹反遠于万反嗟行之人胡不比焉箋云君所與行之人謂異姓卿大夫也比輔也此人女何不輔君爲政令人無兄弟胡不佽焉佽助也箋云異姓卿大夫女見君無兄弟之親親者何不相推佽而助之佽七利反有杕之杜其葉

菁菁菁菁葉盛也箋云菁菁希少之貌菁本又作青同子零反獨行睘睘豈

無他人不如我同姓睘睘無所依也同姓同祖也睘本亦作煢又作㷀求營反嗟

行之人胡不比焉人無兄弟胡不佽焉

杕杜二章章九句

羔裘刺時也晉人刺其在位不恤其民也恤憂

也【恤】本亦作卹荀律反 羔裘豹袪自我人居居 袪袂也本末不同在位與民異心自用也居居懷惡不相親比之貌箋云羔裘豹袪在位卿大夫之服也其役使我之民人其意居居然有悖惡之心不恤我之困苦【袪】起居反又丘據反【居】如字又音據【比】毗志反【悖】補對反 豈無他人維子之故 箋云此民卿大夫采邑之民也故云豈無他人可歸往者乎我不去者乃念子故舊之人 羔裘豹褎自我人究究 褎猶袪也究究猶居居也【褎】徐救反本又作褏同【究】九又反爾雅云居居究究惡也 豈無他人維子之好 箋云我不去而歸往他人者乃念子而愛好之也民之厚如此亦唐之遺風【好】呼報反注同

羔裘二章章四句

鴇羽刺時也昭公之後大亂五世君子下從征役不得養其父母而作是詩也 大亂五世者昭公孝侯鄂

侯哀侯小子侯【鴇】音保鴇似鴈而大無後指【鄂】五各反【政】音征篇內注同【養】羊亮反 肅肅鴇羽

集于苞栩 興也肅肅鴇羽聲也集止苞稹栩杼也鴇之性不樹止箋云興者喻君子當居安平之處今下從征役其爲危苦如鴇之德止然稹者根相迫迮梱致也【苞】補交反稹也【栩】况禹反杼木也【稹】本又作稹之忍反何之人反沈音田又音振廣雅云概也【杼】食如反徐治與反【處】昌慮反【迮】側百反【梱】口本反【致】直置反下同 王

事靡盬不能蓺稷黍父母何怙 盬不攻致也怙恃也箋云蓺樹也我迫王事無不攻致故盡力焉既則罷倦不能播種五穀今我父母將何怙乎【盬】音古【蓺】魚世反【怙】音戶【罷】音皮

悠悠蒼天曷其有所 箋云曷何也何時我得其所哉 肅肅鴇翼

集于苞棘王事靡盬不能蓺黍稷父母何食

悠悠蒼天曷其有極 箋云極已也 肅肅鴇行集于

苞桑 行翮也【行】户郎反注同【翮】户華反爾雅云羽本謂之翮 王事靡盬不能

蓺稻粱父母何嘗悠悠蒼天曷其有常

鴇羽三章章七句

無衣美晉武公也武公始并晉國其大夫爲之請命乎天子之使而作是詩也天子之使是時使來者并甲政反下注同爲于僞反使所使反注同

豈曰無衣七兮侯伯之禮七命冕服七章箋云我豈無是七章之衣乎晉舊有之非新命之服不如子之衣安且吉兮諸侯不命於天子則不成爲君箋云武公初并晉國心未自安故以得命服爲安

豈曰無衣六兮天子之卿六命車旗衣服以六爲節箋云變七言六者謙也不敢必當侯伯得受六命之服列於天子之卿猶愈乎不愈羊主反不如子之衣安且燠兮燠煖也燠本作奥於六反煖奴緩反

無衣二章章三句

有杕之杜刺晉武公也武公寡特兼其宗族而不求賢以自輔焉有杕之杜生于道左興也道左之陽人所宜休息也箋云道左道東也日之熱恒在日中之後道東之杜人所宜休息也今人不休息者以其特生陰寡也興者喻武公初兼其宗族不求賢者與之在位君子不歸似乎特生之杜然○宗族本亦作宗矣陰於鴆反又如字本亦作蔭同彼君子兮噬肯適我噬逮也箋云肯可適之也彼君子之人至於此國皆可來之我君所君子之人義之與比其不來者君不求之噬市世反韓詩作逝逝及也比毗志反中心好之曷飲食之箋云曷何也言中心誠好之何但飲食之當盡礼極歡以待之好呼報反下同飲於鴆反下文同食音嗣下同有杕之杜生于道周周曲也○周韓詩作右也彼君子兮噬肯來遊遊觀也觀古亂反中心好之曷飲食之

有杕之杜二章章六句

葛生刺晉獻公也好攻戰則國人多喪矣喪棄亡也夫從征役棄亡不反則其妻居家而怨思好呼報反攻音貢又如字喪息浪反注同又如字思息嗣反或如字

葛生蒙楚蘞蔓于野興也葛生延而蒙楚蘞生蔓於野喻婦人外成於他家蘞音廉又力恬反又力儉反徐又力劒反草木疏云似栝樓葉盛而細子正黑如燕薁不可食予美亡此誰與獨處箋云予我亡無也言我所美之人無於此謂其君子也吾誰與居乎獨處家耳從軍未還未知死生其今無於此

葛生蒙棘蘞蔓于域域塋域也予美亡此誰與獨息息止也

角枕粲兮錦衾爛兮齊則角枕錦衾禮夫不在斂枕篋衾席韣而藏之箋云夫雖不在而不失其祭也攝主主婦猶自齊而行事齊側皆反本亦作齋下同篋口牒反韣本亦作韥又作櫝徒木反予美亡此誰與獨旦箋云旦明

也我君子無於此吾誰與齊乎獨自絜明**夏之日冬之夜**言長也箋云思者於晝夜之長時尤甚故極言之以盡情**百歲之後歸于其居**箋云居墳墓也言此者婦人專壹義之至情之盡墳符云反**冬之夜夏之日百歲之後歸于其室**室猶居也箋云室猶塚壙壙音曠

葛生五章章四句

采苓刺晉獻公也獻公好聽讒焉苓力丁反卯甘草葉似地黃好呼報反**采苓采苓首陽之巔**興也苓大苦也首陽山名也采苓細事也首陽幽辟也細事喻小行也幽辟喻無徵也箋云采苓采苓者言采苓之人衆多非一也皆云采此苓於首陽山之上首陽山之上信有苓矣然而今之采者未必於此山然而人必信之興者喻事有似而非辟匹亦反下同行下孟反**人之為言苟亦無信舍旃舍旃苟亦無**

然苟誠也箋云苟且也爲言謂爲人爲善言以稱薦之欲使見進用也旃之言焉也舍之焉舍之焉謂謗訕人欲使見貶退也此二者且無信受之且無荅然【爲】于僞反或如字下文皆同本或作僞字非【舍】音捨下同【旃】之然反【識】所諫反人之爲言胡得焉箋云人以此言來不信受之不荅然之從後察之或時見罪何所得

采苦采苦首陽之下苦苦菜也人之爲言苟亦無與舍旃舍旃苟亦無然無與勿用也人之爲言胡得焉

采葑采葑首陽之東葑菜名也【葑】孚容反人之爲言苟亦無從舍旃舍旃苟亦無然人之爲言胡得焉

采苓三章章八句

唐國十二篇三十三章二百三句

秦車鄰詁訓傳第十一

秦者隴西谷名也在雍州鳥鼠山之東北昔皋陶之子伯翳佐禹治水有功舜命作虞賜姓曰嬴其末孫非子爲周孝王養馬於汧渭之間封爲附庸邑于秦谷及非子之曾孫秦仲周宣王又命爲大夫仲之孫襄公討西戎救周周室東遷以岐豐之地賜之始列爲諸侯春秋時稱秦伯崔云秦在虞夏商爲諸侯至周爲附庸之國

毛詩國風　　鄭氏箋

車鄰美秦仲也秦仲始大有車馬禮樂侍御之好焉【鄰】本亦作隣又作轔栗人反【秦仲始大】絕句或連下句非有車鄰鄰有馬白顛鄰鄰衆車聲也白顛的顙也【顛】都田反【的】丁歷反未見君子寺人之令寺人內小臣也箋云欲見國君者必先令寺人使傳告之時秦仲又始有此臣【寺】如字又音侍本或作侍字寺人奄人內小臣也【令】力呈反注同又力政反沈力丁反韓詩作伶云使伶【傳】直專反阪有漆隰有栗興也

陂者曰阪下濕曰隰箋云興者喻秦仲之君臣所有各得其宜阪音反又扶板反陂彼寄反既見君子並坐鼓瑟又見其禮樂焉箋云既見既見秦仲也並坐鼓瑟君臣以間暇燕飲相安樂也閒音閑樂音洛下文並同今者不樂逝者其耋耋老也八十曰耋箋云今者不於此君之朝自樂謂仕焉而去仕他國其徒自使老言將後寵祿也耋田節反一音天節反朝直遙反後胡豆反又如字

阪有桑隰有楊既見君子並坐鼓簧簧笙也簧音黃今者不樂逝者其亡亡喪棄也

車鄰三章一章四句二章章六句

駟鐵美襄公也始命有田狩之事園囿之樂焉箋云始命命為諸侯也秦始附庸也駟鐵田結反又吐結反始命絕句囿音又駟鐵孔阜六轡在手鐵驪阜大也箋云四馬六轡六轡在手言馬之良也阜音符有反公之媚子

從公于狩能以道媚于上下者冬獵曰狩箋云媚於上下謂使君臣和合也此人從公往狩言襄公親賢也【媚】眉冀反 奉時辰牡辰牡孔碩時是辰時也冬獻狼夏獻麋春秋獻鹿豕羣獸箋云奉是時牡者謂虞人也時牡甚肥大言禽獸得其所也【辰】音純如字【麋】亡悲反 公曰左之舍拔則獲拔矢末也箋云左之者從禽之左射之也拔括也舍拔則獲言公善射【舍】音捨【拔】蒲末反【射】食亦反【括】苦活反【善】然去聲【射】音社 遊于北園四馬既閑閑習也箋云公所以田則克獲者乃遊于北園之時時則已習其四種之馬【北】音不【閑】與閒同【種】章勇反上聲 輶車鸞鑣載獫歇驕輶輕也獫歇驕田犬也長喙曰獫短喙曰歇驕箋云輕車驅逆之車也置鸞於鑣異於乘車也載始也始田犬者謂達其搏噬始成之也此皆遊於北園時所為也【輶】由九反音由【鸞】羅端反【鑣】彼驕反【獫】力儉反說文音力見反【歇】本又作猲許謁反說文音火遏反【驕】本又作獢同許喬反【輕】遣政反又如字下同【驅】丘遇反或丘于反【乘】仁正反【搏】音博

舊音付

駟鐵三章章四句

小戎美襄公也備其兵甲以討西戎西戎方
彊而征伐不休國人則矜其車甲婦人能閔
其君子焉 箋云矜夸大也國人夸大其車甲之盛有樂之意也婦人閔其君子恩義之至也作者叙
内外之志所以美君政教之功〔小戎〕兵車也鄭玄羣臣兵車
故曰小戎王玄駕兩馬者〔矜〕居澄反〔夸〕苦花反〔樂〕音岳又音洛

小戎俴收五楘梁輈 俴淺收軫也五五束也楘歷録也
梁輈輈上勾衡也一輈五束束有
歷録箋云此羣臣之兵車故曰小戎〔輈〕陟留反
〔俴〕錢淺反〔收〕如字〔楘〕音木本又作鞪〔軫〕之忍反
游環脅驅叶去陰
靷鋈續 游環靷環也游在背上所以禦出也脅驅慎駕具所
以止入也陰揜軌也靷所以引也鋈白金也續續靷也
箋云游環在背上無常處貫驂之外轡以禁其出脅驅者著服馬
之外脅以止驂之入揜軌在軾前垂輈上鋈續白金飾續靷之
環〔驅〕本亦作駈起俱反〔靳〕居覲反〔靷〕之忍反〔鋈〕音沃舊音惡〔續〕
義如字徐辭屢反〔禦〕魚呂反〔慎〕或作順義亦兩通〔揜〕于檢反〔常〕

昌慮反服直畧反又丁畧反軾音式本亦作式飾音失文茵暢轂駕我騏馵文茵虎皮

也暢轂長轂也騏騏文也左足白曰馵箋云此上六句者國人所矜茵音因文茵以虎皮爲茵茵車席也暢勑亮反轂音谷

騏音其馵之樹反言念君子溫其如玉箋云言我也念君子之性溫然如玉玉有

五德在其板屋亂我心曲西戎板屋箋云心曲心之委曲也憂則心亂也此上四句

者婦人所用閔其君子四牡孔阜六轡在手騏騮是中騧

驪是驂黄馬黑喙曰騧箋云赤身黑鬣曰騮中中服也驂兩騑也騮音留騧古花反鬣本又作鬛力輒反騑

芳非反龍盾之合鋈以觼軜龍盾畫龍其盾也合合而載之軜驂內轡也箋云鋈

以觼軜軜之觼以白金爲飾也軜繫於軾前盾順允反徐又音允觼古穴反軜音納內也言念君子溫

其在邑在敵邑也方何爲期胡然我念之箋云方今以何時爲還期

乎何以然了不來言望之也俴駟孔羣厹矛鋈錞蒙伐有苑俴駟

四介馬也孔甚也厹三隅矛也錞鐏也蒙討羽也伐中干也苑文貌箋云俴淺也謂以薄金爲介之札介甲也甚羣者言和調也蒙厖也討雜也畫雜羽之文於伐故曰厖伐【駟】音肆俴駟韓詩云駟馬不著甲曰俴駟【厹】音求三隅矛也【錞】徒對反舊徒猥反一音敦說文云矛戟下銅鐏【蒙】如字本或作駹音同鄭玄厖也【介】音界【鐏】徂寸反又子遜反【札】側八反【厖】莫江反

虎韔鏤膺交韔二弓竹閉緄縢

虎虎皮也韔弓室也膺馬帶也交韔交二弓於韔中也閉紲緄繩縢約也箋云鏤膺有刻金飾也【韔】勑亮反下同本亦作暢【鏤】魯豆反【膺】於澄反【閉】悲位反本一作䪐鄭注周禮云弓檠曰䪐弛則縛於弓裏備損傷也以竹爲之䪐音悲位反徐邊患反一音必結反【緄】古本反【縢】直登反【紲】息列反

言念君子載寢載興厭厭良人秩秩德音

厭厭安靜也秩秩有知也箋云此旣閔其君子寢起之勞又思其性與德也【載】音再載寢載興言思之深而起居不寧也【寢】音青上聲【興】如字【厭】於豔反又音燕【良】音良【秩】陳乙反音直【知】去聲本亦作智【音】一陵切【起】如字【勞】音潦

小戎三章章十句

蒹葭刺襄公也未能用周禮將無以固其國焉秦處周之舊土其人被周之德教日久矣今襄公新爲諸侯未習周之禮法故國人未服焉〔蒹〕古恬反〔葭〕音加〔被〕皮寄反

蒹葭蒼蒼白露爲霜興也蒹薕葭蘆也蒼蒼盛也白露凝戾爲霜然後歲事成國家待禮然後興箋云蒹葭在衆草之中蒼蒼然彊盛至白露凝戾爲霜則成而黃興者喻衆民之不從襄公政令者得周禮以教之則服〔蒹〕音廉

所謂伊人在水一方伊維也一方難至矣箋云伊當作繄繄猶是也所謂是知周禮之賢人乃在大水之一邊假喻以言遠〔繄〕於奚反

遡洄從之道阻且長逆流而上曰遡洄逆禮則莫能以至也箋云此言不以敬順往求之則不能得見〔遡〕蘇路反〔洄〕音迴〔上〕時掌反

遡游從之宛在水中央順流而涉曰遡游順禮求濟道來迎之箋云宛坐見貌以敬順求之則近耳易得見也〔宛〕紆阮反本亦作苑〔易〕以豉反

蒹

葭淒淒白露未晞 淒淒猶蒼蒼也晞乾也箋云未晞未為霜 淒本亦作萋七奚反 晞音希 所謂伊人在水之湄 湄水隒也 湄音眉 隒魚檢反又音檢 遡洄從之道阻且躋 躋升也箋云升者言其難至如升阪 躋本又作隮子西反 遡游從之宛在水中坻 坻小者也 坻直戶反 蒹葭采采白露未已 采采猶淒淒也未已猶未止也 所謂伊人在水之涘 涘厓也 涘音俟 遡洄從之道阻且右 右出其右也箋云右者言其迂迴也 迂音于 遡游從之宛在水中沚 小渚曰沚 沚音止

蒹葭三章章八句

終南戒襄公也能取周地始為諸侯受顯服大夫美之故作是詩以戒勸之 終南何有有

條有梅興也終南周之名山中南也條稻梅柟也宜以戒不宜也箋云問何有者意以爲名山高大宜
有茂木也興者喻人君有盛德乃宜有顯服猶山之木有大小也此之謂戒勸條本又作條音同稻吐刀反山楸也
柟如塩反沈云孫炎稱荆州曰柟楊州曰梅重實楊州人不聞名柟君子至止錦衣狐
裘錦衣采色也狐裘朝廷之服也箋云至止者受命服於天子而來也諸侯狐裘錦衣以裼之朝直遥反裼
星歷反顏如渥丹其君也哉箋云渥厚漬也顏色如厚漬之丹言赤而澤也
其君也哉儀貌尊嚴也渥於角反丹如字韓詩作沰音各反沰赭也淳之純反又如字本亦作厚字漬辭四反終
南何有有紀有堂紀基也堂畢道平如堂也箋云畢也堂也亦高大之山所宜有也畢
終南山之道名邊如堂之牆然紀如字本亦作屺沇音起君子至止黻衣繡裳
黑與青謂之黻五色備謂之繡黻音弗佩玉將將壽考不忘將七羊反

終南二章章六句

黄鳥哀三良也國人刺穆公以人從死而作

是詩也三良三善臣也謂奄息仲行鍼虎也從死自殺以從死（行）户郎反下皆同（鍼）其廉反徐又音針

交交黄鳥止于棘興也交交小貌黄鳥以時往來得其所人以壽命終亦得其所箋云黄鳥止于棘以求安已也此棘若不安則移興者喻臣之事君亦然今穆公使臣從死刺其不得黄鳥止于棘之本意（壽）音受又如字

誰從穆公子車奄息子車氏奄息名箋云言誰從穆公者傷之

維此奄息百夫之特乃特百夫之德箋云百夫之中最雄俊也

臨其穴惴惴其慄惴惴懼也箋云穴謂冢壙中也秦人哀傷此奄息之死臨視其壙皆爲之悼慄（惴）之瑞反（慄）音栗（壙）苦晃反

彼蒼者天殲我良人殲盡良善也箋云言彼蒼者天愬之（殲）子廉反徐又息廉反（愬）蘇路反

如可贖兮人百其身箋云如此奄息之死可以他人贖之者人皆百其身謂一身百死猶爲之惜善人之甚（贖）食燭反又音樹

交交

黄鳥止于桑誰從穆公子車仲行箋云仲行字也維此仲行百夫之防防比也箋云防猶當也言此一人當百夫防徐云毛音方臨其穴惴惴其慄彼蒼者天殲我良人如可贖兮人百其身交交黄鳥止于楚誰從穆公子車鍼虎維此鍼虎百夫之禦禦當也禦魚呂反注同臨其穴惴惴其慄彼蒼者天殲我良人如可贖兮人百其身

黄鳥三章章十二句

晨風刺康公也忘穆公之業始棄其賢臣焉

鴥彼晨風鬱彼北林興也鴥疾飛貌晨風鸇也鬱積也北林林名也先君招賢

人賢人往之駛疾如晨風之飛入北林箋云先君謂穆公鴥說文作鴪尹橘反字林于叔反鸇字又作鸇之然反草木疏云似鷂青色說文止仙反字林巳仙反駛所吏反

未見君子憂心欽欽思望之心中欽欽然箋云言穆公始未見賢者之時思望而憂之

如何如何忘我實多今則忘之矣箋云此以穆公之意責康公如何如何乎女忘我之事實多

山有苞櫟隰有六駮櫟木也駮如馬倨牙食虎豹箋云山之櫟隰之駮皆其所宜有也以言賢者亦国家所宜有櫟盧狄反駮邦角反獸名草木疏云駮馬木名梓楡也倨音據

未見君子憂心靡樂

如何如何忘我實多

山有苞棣隰有樹檖棣唐棣也檖赤羅也樂音洛棣音悌檖音遂或作遂

未見君子憂心如醉

如何如何忘我實多

晨風三章章六句

無衣刺用兵也秦人刺其君好攻戰亟用兵而不與民同欲焉〔好〕呼報反下注同〔攻〕古弄反〔亟〕欺冀反

豈曰無衣與子同袍 興也袍襺也上與百姓同欲則百姓樂致其死箋云此責康公之言也君豈嘗曰女無衣我與女共袍乎言不與民同欲〔袍〕抱毛反〔襺〕古顯反本亦作繭 王于興師脩我戈矛與子同仇 戈長六尺六寸矛長二丈天下有道則禮樂征伐自天子出仇匹也箋云于於也怨耦曰仇君不與我同欲而於王興師則云脩我戈矛與子同仇往伐之刺其好攻戰〔仇〕音求〔長〕直亮反又如字下同

豈曰無衣與子同澤 澤潤澤也箋云澤褻衣近汙垢〔澤〕如字說文作襗云袴也〔褻〕仙列反〔近〕附近之近〔汙〕音烏又汙穢之汙〔垢〕古口反 王于興師修我矛戟與子偕作 作起也箋云戟車戟常也

豈曰無衣與子同裳王于興師修我甲兵與子偕行 行往也

無衣三章章五句

渭陽康公念母也康公之母晉獻公之女文公遭麗姬之難未反而秦姬卒穆公納文公康公時爲太子贈送文公于渭之陽念母之不見也我見舅氏如母存焉及其即位而作是詩也渭陽音謂水名水北曰陽麗本作驪同力馳反難乃旦反大音泰

我送舅氏曰至渭陽母之昆弟曰舅箋云渭水名也秦是時都雍至渭陽者蓋東行送舅氏於咸陽之地雍於用反縣名今屬扶風何以贈之路車乘黃贈送也乘黃四馬也乘繩證反注同

我送舅氏悠悠我思何以贈之瓊瑰玉佩瓊瑰石次玉思息嗣反瑰古回反

渭陽二章章四句

權輿刺康公也忘先君之舊臣與賢者有始而無終也輿音餘於我乎夏屋渠渠夏大也箋云屋具也渠渠猶勤勤也言君始於我厚設禮食大具以食我其意勤勤然夏胡雅反屋如字渠其居反食音嗣注篇内同今也每食無餘箋云此言君今遇我薄其食我纔足耳于嗟乎不承權輿承繼也權輿始也於我乎每食四簋四簋黍稷稻粱簋音軌内方外圓曰簋以盛黍稷外方内圓曰簠盛用貯稻粱皆容一斗二升今也每食不飽于嗟乎不承權輿

權輿二章章五句

秦國十篇二十七章百八十一句

毛詩卷第六

毛詩卷第七

陳宛丘詁訓傳第十二

陳者胡公媯滿之所封也其先虞舜之胄有虞遏父者為周陶正武王賴其器用與其神明之後故妻以元女其子滿乃封於陳以備三恪其地交羲之墟在古豫州之界宛丘之側

毛詩國風　鄭氏箋

宛丘刺幽公也淫荒昏亂游蕩無度焉宛怨阮反爾雅云宛中宛丘郭云中央隆高也宛音如字

子之湯兮宛丘之上兮子大夫也湯蕩也四方高中央下曰宛丘箋云子者斥幽公游蕩無所不為湯他郎反舊他浪反洵有情兮而無望兮洵信也箋云此君信有淫荒之情其威儀無可觀望而則傚洵音荀傚户教反

坎其擊鼓宛丘之下坎坎擊鼓聲坎苦感反無冬無夏值

其鷺羽值持也鷺鷺鳥之羽可以為翳箋云翳舞者所持以指麾值直置反鷺音路白鳥也一名舂鉏翳於計反麾毀危反字又作撝

坎其擊缶宛丘之道盎謂之缶方有反盎本亦作瓫烏浪反

無冬無夏值其鷺翿翿翳也翿音導又音陶

宛丘三章章四句

東門之枌疾亂也幽公淫荒風化之所行男女棄其舊業亟會於道路歌舞於市井爾枌符云反亟欺冀反

東門之枌宛丘之栩枌白楡也栩杼也國之交會男女之所聚子仲之子婆娑其下子仲陳大夫氏婆娑舞也箋云之子男子也栩况甫反杼常汝反說文丈與反婆步波反娑素何反說文作𡣍音同

穀旦于差南方之原穀善也原大夫氏箋云旦明于曰差擇也朝日善明曰相擇矣以南方原氏之女可以為上處旦鄭音旦本亦作且

王七也反苟且也徐子餘反【差】鄭初佳反王音嗟韓詩作嗟徐七何反沉云毛意不作嗟案毛無改字宜從鄭讀曰音越下曰往矣同

不績其麻市也婆娑　箋云績麻者婦人之事也疾其今不爲

穀旦于逝越以鬷邁　逝往鬷數邁行也箋云越於鬷揔也朝旦善明曰往矣謂之所會處也於是以揔行欲男女合行【鬷】子公反毛鄭揔也【厲】呂慮反

視爾如荍貽我握椒　荍芘芣也椒芬香也箋云男女交會而相說曰我視女之顏色美如芘芣之華然女乃遺我一握之椒交情好也此本淫亂之所由【荍】祁饒反郭云荆葵也【芘】音毗又芳耳反【芣】音浮又芳九反【說】音悅【遺】唯季反【好】呼報反

東門之枌三章章四句

衡門誘僖公也愿而無立志故作是詩以誘掖其君也　誘進也掖扶持也【衡】如字沉云此古文横字【誘】音酉【愿】音願謹也【掖】音亦

衡門

之下可以棲遟衡門橫木爲門言淺陋也棲遟遊息也箋云賢者不以衡門之淺陋則不遊息於其下以喻人君不可以國小則不興治致政化棲音西治直吏反泌之洋洋可以樂飢泌泉水也洋洋廣大也樂飢可樂道忘飢箋云飢者不足於食也泌水之流洋洋然飢者見之可飲以𤻲飢以喻人君愨愿任用賢臣則政教成亦猶是也泌悲位反洋音羊樂本又作𤻲毛音洛鄭力召反沈云舊皆作樂字晚詩本有作疒下樂以形声言之殊非其義𤻲字當從疒下尞案說文云𤻲治也𤻲或𤻲字也則毛本止作樂鄭本作𤻲注放此愨苦角反豈其食魚必河之魴豈其取妻必齊之姜箋云此言何必河之魴然後可食取其口美而已何必大国之女然後可妻亦取貞順而已以喻君任臣何必聖人亦取忠孝而已齊姜姓魴音房取音娶下文同豈其食魚必河之鯉豈其取妻必宋之子箋云宋子姓

衡門三章章四句

東門之池刺時也疾其君之淫昏而思賢女

以配君子也○池孔安國云停水曰池 東門之池可以漚麻

興也池城池也漚柔也箋云於池中柔麻使可緝績作衣服興者喻賢女能柔順君子成其德教〔漚〕烏豆反〔緝〕七立反西州人謂績爲緝 彼美淑姬可以晤歌 晤遇也箋云晤猶對也言淑姬賢女君子宜與對歌相切化也〔淑〕音叔本亦作俶善也〔晤〕五故反 東門之池可以漚紵彼美淑姬可與晤語東門之池可以漚菅彼美淑姬可與晤言 言道也〔紵〕直呂反字又作苧〔菅〕古顏反茅已漚爲菅

東門之池三章章四句

東門之楊刺時也昏姻失時男女多違親迎女猶有不至者也〔迎〕魚敬反下注同 東門之楊其葉牂

牂興也牂牂然盛貌言男女失時不逮秋冬箋云楊葉牂牂三月中也興者喻時晩也失仲春之月[牂]子桑反

昏以爲期明星煌煌期而不至也箋云親迎之禮以昏時女留他色不肯時行乃至大星煌煌然[煌]音皇

東門之楊其葉肺肺肺肺猶牂牂也[肺]普貝反又蒲貝反

昏以爲期明星晢晢晢晢猶煌煌也[晢]之世

東門之楊二章章四句

墓門刺陳佗也陳佗無良師傅以至於不義惡加於萬民焉不義者謂弑君而自立[佗]本亦作佗司徒多反五父也史記以爲厲公[弑]音試本又作殺同

墓門有棘斧以斯之興也墓門墓道之門斯析也幽閒希行用生此棘薪維斧可以開析之箋云興者喻陳佗由不覩賢師良傅之訓道至陷於誅絕之罪[斯]所宜反又如字又音㭊鄭注尚書云斯析也爾雅云斯侈離也孫炎云斯析之離讀者如字[析]星曆反[閒]音閑[覩]都魯反又作睹

夫

也不良國人知之夫傅相也箋云良善也陳佗之師傅不善群臣皆知之言其罪惡著也【相】息亮反

知而不已誰昔然矣昔久也箋云已猶去也誰昔昔也國人皆知其有罪惡而不誅退終致禍難自古昔之時常然【去】羌呂反【難】乃旦反

墓門有梅有鴞萃止梅柟也鴞惡聲之鳥也萃集也箋云梅之樹善惡自耳徒以鴞集其上而鳴人則惡之樹因惡矣以喻陳佗之性本未必惡師傅惡而陳佗從之而惡【鴞】户驕反【萃】徂醉反【柟】冉鹽反【惡】烏路反

夫也不良歌以訊之訊告也箋云歌謂作此詩也既作又使工歌之是謂之告【訊】本又作誶音信徐息悴反韓詩訊諫也

訊予不顧顛倒思予箋云予我也歌以告之女不顧念我言至於敬滅顛倒之急乃思我之言言其晚也

墓門二章章六句

防有鵲巢憂讒賊也宣公多信讒君子憂懼

焉防有鵲巢卭有旨苕 興也防邑也卭丘也苕草也箋云防之有鵲巢卭之有美苕處勢自然興者喻宣公信多言之人故致此讒人 卭 其恭反 苕 徒凋反 誰侜予美心焉忉忉 侜張誑也箋云誰誰讒人也女衆讒人誰侜張誑欺我所美之人乎使我心忉忉然所美謂宣公 侜 陟留反說文云有廱蔽也美韓詩作娓音尾娓美也 忉 都勞反 誑 九況反 中唐有甓卭有旨鷊 中中庭也唐堂塗也甓令適也鷊綬草也 甓 蒲歷反 鷊 五歷反 令 音零字書作瓴 適 都歷反字書作甋 綬 音受 誰侜予美心焉惕惕 惕惕猶忉忉也 惕 吐歷反

防有鵲巢二章章四句

月出刺好色也在位不好德而說美色焉 好 呼報反序同 說 音悅澤陂詩同 月出皎兮 興也皎月光也箋云興者喻婦人有美色之白皙 皎 古了反又作皦 皙 星歷反 佼人僚兮舒窈糾兮 僚好貌舒遲也窈糾舒之

姿也佼字又作姣古卯反好也方言云自關而東河濟之間凡好謂之姣僚本亦作嫽音同音了窈烏了反又于表反糾其趙反又其小反一音其了反說文音巳小反又居酉反勞心悄兮悄憂也箋云思而不見則憂悄七小反月出皓兮佼人懰兮舒懮受兮勞心慅兮皓胡老反懰本又作劉同力久反好皃埤蒼作嬼嬼妖也懮於久反舒皃慅七老反憂也月出照兮佼人燎兮舒夭紹兮勞心慘兮燎力召反又力弔反夭於表反慘七感反憂也

月出三章章四句

株林刺靈公也淫乎夏姬驅馳而往朝夕不休息焉夏姬陳大夫妻夏徵舒之母鄭女也徵舒字子南夫字御叔株陟朱反夏户雅反注下同御魚呂反又如字胡爲乎株林從夏南株林夏氏邑也夏南夏徵舒也箋云陳人責靈

公君何爲之株林從夏氏子南之母爲淫泆之行泆音逸行下孟反匪適株林從夏南

箋云匪非也言我非之株林從夏氏子南之母爲淫泆之行自之他耳觝拒之辭觝都礼反駕我乘

馬說于株野乘我乘駒朝食于株大夫乘駒箋云我国人我

君也君親乘君乘馬乘君乘駒変易車乘以至株林或說舍焉或朝食焉又責之也馬六尺以下曰駒乘繩證反下

乘騎注君乘馬君乘騎車乘並同說音稅舍也注同驕音駒沈云或作駒字是後人改之皇皇者華篇内同

株林二章章四句

澤陂刺時也言靈公君臣淫於其國男女相

說憂思感傷焉君臣淫於国謂与孔寧儀行父也感傷謂涕泗滂沱陂彼皮反思息嗣反

父音甫涕他弟反泗音四滂普光反沱徒河反下文同彼澤之陂有蒲與荷興也

陂澤障也荷芙蕖也箋云蒲柔滑之物芙蕖之莖曰荷生而佼大興者蒲以喻所說男之性荷以喻所說女之容體

也正以陂中二物興者喻淫風由同姓生 荷音河 障章亮反 夫音符本亦作芙下同 渠其居反本亦作蕖 莖幸耕反

佼古卯反 有美一人傷如之何 傷无礼也箋云傷思也我思此美人當如之何而得見之 寤寐無爲涕泗滂沱 自目曰涕自鼻曰泗箋云寤覺也 覺音教 彼澤之陂有蒲與蕳 蕳蘭也箋云蕳當作蓮蓮芙蕖實也蓮以喻女之言信 蕳毛古顏反鄭改作蓮練田反 有美一人碩大且卷 卷好貌 卷本又作婘同其負反 寤寐無爲中心悁悁 悁悁猶悒悒也 悁烏玄反 彼澤之陂有蒲菡萏 菡萏荷華也箋云華以喻女之顏色 菡本又作莟又作欿户感反 萏本又作歁大感反 有美一人碩大且儼 儼矜莊貌 儼本又作曮魚檢反 寤寐無爲輾轉伏枕 ○ 輾張輦反本又作展

澤陂三章章六句

陳國十篇二十六章百二十四句

檜羔裘詁訓傳第十三

【檜】本又作鄶古外反檜者高辛氏之火正祝融之後妘姓之國也其封域在古豫州外方之北熒波之南居溱洧之閒祝融之故墟是子男之國後爲鄭武所并焉王去周武王封之於濟洛河潁之閒爲檜子

毛詩國風　　鄭氏箋

羔裘大夫以道去其君也國小而迫君不用道好絜其衣服逍遙遊燕而不能自強於政治故作是詩也以道去其君者三諫不從待放於郊得玦乃去【好】呼報反下注同【治】直吏反下注同【玦】古穴反

羔裘逍遙狐裘以朝羔裘以遊燕狐裘以適朝箋云諸侯之朝服緇衣羔裘大蜡而息民則有黄衣狐裘今以朝服燕祭服朝是其好絜衣服也先言燕後言朝見君之志不能自強於政治【朝】直遥反注同下篇注亦同【蜡】仕詐反【見】賢遍反

豈不爾思勞心忉

忉國無政令使我心勞箋云尔女也三諫不從待放而去思君如是心切切然 忉音刀 羔裘翱翔

狐裘在堂 堂公堂也箋云翱翔猶逍遥也 豈不爾思我心憂傷

羔裘如膏日出有曜 日出照曜然後見其如膏 膏古報反 曜羊昭反 豈不

爾思中心是悼 悼動也箋云悼猶哀傷也

羔裘三章章四句

素冠刺不能三年也 喪礼子爲父父卒爲母皆三年時人恩薄礼廢不能行也

爲于僞反下同 庶見素冠兮棘人欒欒兮 庶幸也素冠練冠也棘急也欒欒瘠貌箋云喪礼既祥祭而縞冠素紕時人皆解緩无三年之恩於其父母而廢其喪礼故覬幸一見素冠急於哀慼之人形貌欒欒然瘠瘦也 欒力端反 瘠情昔反 縞古老反 紕婢移反 解佳賣反 覬音冀 瘦本亦作腴所救反 勞

心慱慱兮 慱慱憂勞也箋云勞心者憂不得見 慱徒端反 庶見素衣兮 素冠

故素衣也箋云除成喪者其祭也朝服縞冠朝服緇衣素裳然則此言素衣者謂素裳也我心傷悲兮聊與子同歸兮願見有禮之人與之同歸箋云聊猶且也且与子同歸欲之其家觀其居處庶見素韠兮箋云祥祭朝服素韠者韠從裳色韠音畢我心蘊結兮聊與子如一兮子夏三年之喪畢見於夫子援琴而絃衎衎而樂作而曰先王制礼不敢不及夫子曰君子也閔子騫三年之喪畢見於夫子援琴而絃切切而哀作而曰先王制礼不敢過也夫子曰君子也子路曰敢問何謂也夫子曰子夏哀已盡能引而致之於礼故曰君子也閔子騫哀未盡能自割以礼故曰君子也夫三年之喪賢者之所輕不肖者之所勉箋云聊與子如一且欲與之居處觀其行也蘊紆粉反夏戶雅反下同見賢遍反下同援音袁下同衎苦旦反樂音洛夫音符行下孟反

素冠三章章三句

隰有萇楚疾恣也國人疾其君之淫恣而思

無情慾者也恣謂狡狭淫戲不以礼也萇丈羊反本草云一名羊腸一名羊桃恣姿利反狡古卯反狭古快反本亦作獪古外反

隰有萇楚猗儺其枝興也萇楚銚弋也猗儺柔順也箋云銚弋之性始生正直及其長大則其枝猗儺而柔順不妄尋蔓草木興者喻人少而端慤則長大无情慾猗於可反儺乃可反銚音遥長張丈反下同蔓音萬少詩照反下同

夭之沃沃樂子之無知夭少也沃沃壯佼也箋云知匹也疾君之恣故於人年少沃沃之時樂其无妃匹之意夭於驕反沃烏毒反樂音洛注下皆同妃音配

隰有萇楚猗儺其華夭之沃沃樂子之無家箋云无家謂无夫婦室家之道

隰有萇楚猗儺其實夭之沃沃樂子之無室

隰有萇楚三章章四句

匪風思周道也國小政亂憂及禍難而思周

道焉[難]乃旦反 匪風發兮匪車偈兮 發發飄風非有道之風偈偈疾驅非有道之車[偈]起竭反[驅]丘遇反又如字 顧瞻周道中心怛兮 怛傷也下國之乱周道滅也箋云周道周之政令也迴首曰顧[怛]都達反㥄怛也 匪風飄兮匪車嘌兮 迴風爲飄嘌嘌無節度也[飄]符遥反又必遥反[嘌]夲又作票匹遥反 顧瞻周道中心弔兮 弔傷也 誰能亨魚溉之釜鬵 溉滌也鬵釜屬亨魚煩則碎治民煩則散知亨魚則知治民矣箋云誰能者言人偶能割亨者[亨]普庚反注同煑也[溉]本又作摡古愛反[釜]符甫反[鬵]音尋又音岑說文云大釜也一曰鼎大上小下若甑曰鬵鬵音才今反[滌]徒歷反 誰將西歸懷之好音 周道在乎西懷歸也箋云誰將者亦言人偶能輔周道治民者也檜在周之東故言西歸有能西仕於周者我則懷之以好音謂周之舊政令

匪風三章章四句

襘國四篇十二章四十五句

曹蜉蝣詁訓傳第十四

曹者武王之弟叔振鐸所封之国也爵為伯其封域在兖州陶丘之北荷澤之野今濟陰定陶是也

毛詩國風　鄭氏箋

蜉蝣刺奢也昭公國小而迫無法以自守好奢而任小人將無所依焉【蜉】音浮【蝣】音由昭公国小而迫一本作国小而迫案鄭譜云昭公好奢而任小人曹之變風始作此詩箋公喻昭公之朝是蜉蝣為昭公詩也譜又云蜉蝣至下泉四篇共公時作今詩本此序多無昭公字崔集注本有未詳其正也

蜉蝣之羽衣裳楚楚興也蜉蝣渠畧也朝生夕死猶有羽翼以自修飾楚楚鮮明貌箋云興者喻昭公之朝其群臣皆小人也徒整飾其衣裳不知國之將迫脅君臣死亡無日如渠略然●楚楚如字說文作䵞䵞云會五采鮮色也【渠】本或作蟝

音同其居反注同【略】本或作蟳音同沈云二字並不旋虫是也【朝】直遥反下皆同一讀下朝夕字張遥反 心之

憂矣於我歸處 箋云歸依歸君當於何依歸乎言有危亡之難將無所就往【難】乃旦反

蜉蝣之翼采采衣服 采采衆多也 心之憂矣於我歸

息 息止也 蜉蝣掘閱麻衣如雪 掘閱容閱也如雪言鮮絜箋云掘閱掘地解閱謂其始生時也以解閱於君臣朝夕變易衣服也麻衣深衣諸侯之朝服朝夕則深衣也【掘】求勿反【閱】音悦【解】音蟹下同 心之憂矣於我歸說 箋云說猶舍息也【說】音稅協韻如字

蜉蝣三章章四句

候人刺近小人也共公遠君子而好近小人

焉 ○候人官名【近】附近之近下同【共】音恭下篇同【遠】于萬反下注同【好】呼報反 彼候人兮

何戈與祋 候人道路送賓客者何揭祋殳也言賢者之官不過候人箋云是謂遠君子也【何】何可反

又音何【祋】都外反又都律反【揭】音竭又其謁反【殳】市朱反 彼其之子三百赤芾 彼彼曹朝也芾韠也一命縕芾黝珩再命赤芾黝珩三命赤芾葱珩大夫以上赤芾乘軒箋云之子是子也佩赤芾者三百人【其】音記下皆同【芾】音弗祭服謂之芾沈又甫味反【朝】直遥反下在朝同【縕】音温何烏本反赤黄之色【黝】於糾反黒色【珩】音衡【上】時掌反

維鵜在梁不濡其翼 鵜洿澤鳥也梁水中之梁鵜在梁可謂不濡其翼乎箋云鵜在梁當濡其翼而不濡者非其常也以喻小人在朝亦非其常【鵜】徒低反亦曰淘河【洿】音烏音火故反

彼其之子不稱其服 箋云不稱者言德薄而服尊【稱】尺證反注同

維鵜在梁不濡其咮 咮喙也【咮】陟救反徐又都豆反【喙】虚穢反又尺稅反又陟角反鳥口也

彼其之子不遂其媾 媾厚也箋云遂猶久也不久其厚言終將薄於君也【媾】古豆反

薈兮蔚兮南山朝隮 薈蔚雲興貌南山也隮升雲也箋云薈蔚之小雲朝升於南山不能為大雨以喻小人雖見任於君終不能成其德教【薈】烏會反【蔚】

於貴反隮子兮反婉兮孌兮季女斯飢婉少貌孌好貌季人之少子也

女民之弱者箋云天無大雨則歲不熟而幼弱者飢猶國之無政令則下民困病婉於阮反孌力轉反少詩照反下同

候人四章章四句

鳲鳩刺不壹也在位無君子用心之不壹也

鳲音尸本亦作尸鳲鳩在桑其子七兮興也鳲鳩秸鞠也鳲鳩之養其

子朝從上下莫從下上平均如一箋云興者喻人君之德當均一於下也以刺今在位之人不如鳲鳩秸居八反又

音吉鞠居六反莫音暮上時掌反淑人君子其儀一兮箋云淑善儀義也善

人君子其執義當如一也其儀一兮心如結兮言執義一則用心固鳲鳩

在桑其子在梅飛在梅也淑人君子其帶伊絲其

帶伊絲其弁伊騏騏騏文也弁皮弁也箋云其帶伊絲謂大帶也大帶用素絲有雜色

飾焉騏當作璂以玉爲之言此帶弁者刺不稱其服【弁】皮彥反【綦】音其騏綦文也說文作璂云弁飾也往往置玉也或亦作璪璂音其【稱】尺證反

鳲鳩在桑其子在棘淑人君子其儀不忒忒疑也【忒】他得反其儀不忒正是四國正長也箋云執義不疑則可爲四國之長言任爲侯伯【長】張丈反下同【任】音壬

鳲鳩在桑其子在榛淑人君子正是國人正是國人胡不萬年箋云正長也能長人則人欲其壽考【榛】側巾反木名也又仕巾反字林云木叢生也字林榛木之字從辛木云似梓實如小栗音壯巾反

鳲鳩四章章六句

下泉思治也曹人疾共公侵刻下民不得其所憂而思明王賢伯也【治】直吏反【刻】音克

洌彼下泉浸彼苞稂洌寒也下泉泉下流也苞本也稂童粱非溉草得水而病也箋云興者喻共公之施政教

徒困病其民稂當作涼涼草蕭蓍之屬【冽】音列【浸】本又作寖子鴆反【稂】音郎徐又音良毛童梁也鄭作涼音良【溉】古愛反【蓍】音尸

愾我寤嘆念彼周京箋云愾嘆息之意寤覺也念周京者思其先王之明者也【愾】苦愛反說文云大息也音火旣反【覺】音教

洌彼下泉浸彼苞蕭蕭蒿也【蒿】好刀反

愾我寤嘆念彼京周

洌彼下泉浸彼苞蓍蓍草也

愾我寤嘆念彼京師

芃芃黍苗陰雨膏之芃芃美貌【芃】薄工反又薄雄反【膏】古報反

四國有王郇伯勞之郇伯郇侯也諸侯有事二伯述職箋云有王謂朝聘於天子也郇侯文王之子爲州伯有治諸侯之功【郇】音荀【勞】力報反【朝】直遙反

下泉四章章四句

曹國四篇十五章六十八句

七卷終

（漢）毛亨 傳 （漢）鄭玄 箋
（唐）陸德明 釋文

宋本毛詩詁訓傳

第三册

國家圖書館出版社

第三册目録

毛詩卷第十六

文王之什詁訓傳第二十三

自此以下至卷阿十八篇是文王武王成王周公之正大雅據盛隆之時而推序天命上述祖考之美皆國之大事故為正大雅焉文王至靈臺八篇是文王之大雅下武文王有聲二篇是武王之大雅

毛詩大雅　鄭氏箋

文王文王受命作周也 箋云受命受天命而王天下制立周邦〔王〕于況反

文王在上於昭于天 在上在民上也於歎辭昭見也箋云文王初為西伯有功於民其德著見於天故天命之以為王使君天下也崩諡曰文〔於〕音烏注及下於緝并注皆同〔見〕賢遍反下著見同〔著〕珍慮反〔諡〕音示慎也悉也生存之行終始悉錄之以為諡也○

周雖舊邦其命維新 乃新在文王也箋云大王聿來胥宇而國於周王迹起矣而未有天命至文王而受命言新者美之

也【大】音泰後大王皆同有周不顯帝命不時有周周也不顯顯也顯光也不時時也時是也箋云周之德不光明乎光明矣天命之不是乎又是矣【光】音晃文王陟降在帝左右言文王升接天下接人也箋云在察也文王能觀知天意順其所爲從而行之【陟】音涉升也【右】羽救反亹亹文王令聞不已陳錫哉周侯文王孫子文王孫子本支百世亹亹勉也哉載侯維也本本宗也支支子也箋云令善哉始侯君也勉勉乎不倦文王之勤用明德也其善聲聞日見稱歌無止時也乃由能敷恩惠之施以受命造始周國故天下君之其子孫適爲天子庶爲諸侯皆百世【亹】音尾【問】本作聞注同【哉】如字鄭始也左傳作載本又作載同【敷】音孚【施】始豉反【適】音的字或作嫡凡周之士不顯亦世不世顯德乎也者世祿也箋云凡周之士謂其臣有光明之德者亦得世世在位重其功也世之不顯厥猶翼翼思皇多士生此王國王國克生維周之楨箋猶

謀思願也周之臣既世世光明其爲君之謀事忠敬翼翼然又願天多生賢人於此邦此邦能生之則是我周家幹事之臣楨音貞爲于僞反下天爲此同

濟濟多士文王以寧濟濟多威儀也濟子禮反後濟皆同

穆穆文王於緝熙敬止假哉天命有商孫子穆穆美也緝熙光明也假固也箋云穆穆乎文王有天子之容於美乎又能敬其光明之德堅固哉天爲比命之使臣有殷之子孫緝七入反熙許其反假古雅反

商之孫子其麗不億上帝既命侯于周服麗數也盛德不可爲衆也箋云于於也商之孫子其數不徒億多言之也至天已命文王之後乃爲君於周之九服之中言衆之不如德也麗力計反沈又力知反

侯服于周天命靡常則見天命之無常也箋云無常者善則就之惡則去之

殷士膚敏祼將于京厥作祼將常服黼冔殷士殷侯也膚美敏疾也祼灌鬯也周人尚臭將行京大也黼白與黑也冔殷冠也夏后氏曰收周曰冔箋云殷之臣壯

美而敏來助祭其助祭自服殷之服明文王以德不以彊
【祼】古乱反【黼】音甫【冔】况甫反字林作冔又火于反【鬯】勑亮
反【夏】户雅反 王之藎臣無念爾祖 藎進也無念念也箋云今王之進用臣當念女
祖爲之法王斥成王【藎】才刃反法一本作爲之法度 無念爾祖聿脩厥德永
言配命自求多福 聿述永長言我也我長配天命而行爾庶国亦當自求多福箋云長
猶常也王既述脩祖德常言當配天命而行則福禄自來【聿】手必反 殷之未喪師克配
上帝 帝乙已上也箋云師衆也殷自紂父之前未喪天下之時皆能配天而行故不忘也【喪】息浪反注同
已上本作以上【上】時掌反【紂】直久反 宜鑒于殷駿命不易 駿大也箋云宜以殷王賢
愚爲鏡天之大命不可改易【駿】音峻又音俊【易】毛以豉反不易言其難也鄭音亦下文及後不易維王同 命
之不易無遏爾躬宣昭義問有虞殷自天 遏止
義善虞度也箋云宣徧有又也天之大命已不可改易矣
當使子孫長行之无終女身則止徧明以礼義問老成人

又度殷所以順天之事而施行之【遏】於葛反或作謁音同韓詩遏病也【義】毛音儀鄭如字【度】待洛反下同【徧】音遍下同

上天之載無聲無臭儀刑文王萬邦作孚 載事刑法孚信也箋云天之道難知也耳不聞聲音鼻不聞香臭儀法文王之事則天下咸信而順之也【孚】音浮

文王七章章八句

大明文王有明德故天復命武王也 箋云二聖相承其明德日以廣大故云曰大明【復】扶又反

明明在下赫赫在上 明明察也文王之德明明於下故赫赫然著見於天箋云明明者文王武王施明德于天下其徵應炤晳見於天謂三辰效驗【赫】呼伯反恐也【應】應對之應【炤】章遙反本或作灼【晳】之設反【見】賢遍反

天難忱斯不易維王天位殷適使不挾四方 忱信也紂居天位而殷之正適也挾達也箋云天之意難信矣不可改易者天子也今紂居天位而又殷之正適以其爲惡乃棄絕之使教令不行於四方四方共叛之是天命無

常維德是予耳言此者厚美周也忱市林反適音的注同挾子燮反達也一作子協反摯仲氏任自彼殷商來嫁于周曰嬪于京乃及王季維德之行摯國任姓之中女也嬪婦京大也王季大王之子文王之父也箋云京周國之地小別名也及與也摯國中女曰大任從殷周之畿內嫁爲婦於周之京配王季而與之共行仁義之德同志意也摯音至任音壬注同下大任皆放此嬪毗申反中丁仲反下同大音泰後大任大姒大姜皆同音大任有身生此文王大任中任也身重也箋云重謂懷孕也重直勇反又直龍反廣雅云身重有娠也下同懷音淮孕以證反維此文王小心翼翼昭事上帝聿懷多福厥德不回以受方國回違也箋云小心翼翼恭慎皃昭明聿述懷思也方國四方來附者此言文王之有德亦由父母也天監在下有命既集叶祖合反文王初載天作之合在洽之陽在渭之涘集就也載識合配也洽水名在今同州郃陽夏陽縣洽

水也渭水也涘厓也箋云天監視善惡於下其命將有所
依就則豫福助之於文王生適有所識則爲之生配於氣

勢之處使必有賢才謂生大姒洽户夾反一音庚合反案
馮翊有郃陽縣應劭曰在郃水之陽郃户荅反渭音謂涘

音士妃音配字亦作配下皆同爲
下僞反下天爲亦爲同處昌慮同

文王嘉止大邦有

子

嘉美也箋云文王聞大姒之賢則美
之曰大邦有子女可以爲妃乃求昏

大邦有子俔

天之妹

俔磬也箋云既使問名還則卜之又知大姒之
賢尊之如天有女弟俔牽遍反徐又下顯反說

文云譬喻也韓
詩作磬磬譬也

文定厥祥

言大姒之有文德也祥善
也箋云問名之後卜而得

吉則文王以禮定其
吉祥謂使納幣也

親迎于渭

言賢聖之配也箋云賢
女配聖人得其宜故備

禮也迎
魚敬反

造舟爲梁不顯其光

言受命之宜王基乃始
於是也天子造舟諸侯

維舟大夫方舟士特舟造舟然後可以顯其光輝箋云迎
大姒而更爲梁者欲其昭著示後世敬昏禮也不明乎其

禮之有光輝美之也天子造舟周制也殷時未有等制造
七報反又七道反方言云浮梁也廣雅作艁音同說文艁

古造字一音才尋反 渾音暉 有命自天命此文王于周于京

纘女維莘長子維行 纘繼也莘大姒國也長子長女也能行大任之德焉箋云于天為將命文王君天下於周京之地故亦為作合使繼大任之女事於莘國莘國之長女大姒則配文王維德之行

纘子管反 莘所巾反 長張丈反注同 篤生武王保右命爾燮伐大商 篤厚右助燮和也箋云天降氣于大姒厚生聖子武王安而助之又遂命之爾使協和伐殷之事協和伐殷之事謂合位三五也 右音佑字亦作佑注同 燮蘇接反 協户頰反

殷商之旅其會如林矢于牧野維予侯興 旅衆也如林言衆而不為用也矢陳興起也言天下之望周也箋云殷盛合其兵衆陳於商郊之牧野而天乃予諸侯有德者當起為天子言天去紂周師勝也 會古外反 [illegible]匆牧之牧徐音目在朝歌南七十里是周武王與紂戰於牧野之地 予毛羊畫反鄭羊呂反 爲于偽反又如字 陳如字又直刃反

上帝臨女無貳爾心 言無敢懷貳心也箋云臨視也女女武王

也天護視女伐紂必克无有貳心

牧野洋洋檀車煌煌駟騵彭彭

洋洋廣也煌煌明也駵馬白腹曰騵言上周下殷也箋云言其戰地寬廣明不用權詐也兵車鮮明馬又彊則暇且整 洋音羊 檀徒丹反 煌音皇 騵音元 駵音留

維師尚父時維鷹揚

涼彼武王

師大師也尚父可尚可父鷹揚如鷹之飛揚也涼左也箋云尚父呂望也尊稱焉鷹鷙鳥也佐武王者爲之上將 涼本亦作諒同力尚反 韓詩作亮云相也 大音泰 鷙之利反 將子匠反

肆伐

大商會朝清明

肆疾也會甲也不崇朝而天下清明箋云肆故今也會合也以天期已至兵甲之彊師率之武故今伐殷合兵以清明書牧誓曰時甲子昧爽武王朝至于商郊牧野乃誓 肆音四 帥所類反 亦作率 牧音木本亦作坶 昧音妹

大明八章四章章六句四章章八句

緜文王之興本由大王也

緜彌延反本由一本无由字大王也序舊无注

本或有注者非 緜緜瓜瓞民之初生自土沮漆 興也緜緜不絶
貌瓜紹也瓞瓝也民周民也自用土居也沮水漆水也箋
云瓜之本實繼先歳之瓜必小狀似瓝故謂之瓞緜緜然
若將無長大時興者喻后稷乃帝嚳之冑對於邰其後云
劉失職遷于豳居沮漆之地歷世亦緜緜然至大王而德
益盛得其民心而生王業故本周之興云于沮漆也 瓜古
花反 瓞 田節反韓詩瓞小瓜也 沮 七余反 漆 音七 瓝 蒲剥
反 長 張丈反 嚳 苦毒反高辛氏也 冑 直又
反 邰 他來反 王 業于況反又如字後王業同 古公亶父
陶復陶穴未有家室 古公豳公也古言久也亶父字或殷以名言質也古公處豳狄
人侵之事之以皮幣不得免焉事之以犬馬不得免焉事
之以珠玉不得免焉乃屬其耆老而告之曰狄人之所欲
吾土地吾聞之君子不以其所養人而害人二三子何患
無君去之踰梁山邑乎岐山之下豳人曰仁人之君不可
失也從之如歸市陶其土而復之陶其壤而穴之室內曰
家未有寢廟亦未敢有家室箋云古公據文王本其祖也
諸侯之臣稱君曰公復者復於土上鑿地曰穴皆如陶然
本其在豳時也傳自古公處豳而下爲二章發 亶 都但反

父音甫本亦作甫陶音桃復音福注同累土於地上也說文作覆翟音狄蜀音燭岐其宜反壞而丈反鑿在洛反爲于僞反

古公亶父來朝走馬率西水滸至于岐下爰及姜女聿來胥宇率循也滸水涯也姜女大姜也胥相宇居也箋云來朝走馬言其辟惡早且疾也循西水厓沮漆水側也爰于及與聿自也於是與其妃大姜自來相可居者著大姜之賢知也朝直遥反滸呼五反辟音避後放此相息亮反居音倶大音泰賢如字知音智

周原膴膴堇荼如飴爰始爰謀爰契我龜周原沮漆之間也膴膴美也堇菜也荼苦菜也契開也箋云廣平曰原周之原地在岐山之南膴膴然肥美其所生菜雖有性苦者甘如飴也此地將可居故於是始與豳人之從已者謀謀從又於是契灼其龜而卜之卜之則又從矣膴音武韓詩同堇音謹案廣雅云堇藋也今三輔之言猶然藋音徒弔反荼音徒飴音移契苦計反本又作挈一音苦結反卜音北灼音勺

曰止曰時築室于茲箋云時是茲此也卜從則曰可止居於是可作室家於此定民心也築之六反

廼慰廼止廼左廼

右迺疆迺理迺宣迺畝自西徂東周爰執事慰安爰於也箋云時耕曰宣徂往也民心定乃安隱其居乃左右而處之乃疆理其經界乃時耕其田畝於是從西方而往東之人皆於周執事　出力也豳與周原不能爲西東據至時從水滸言也疆居良反宣如字王云徧也

乃召司空乃召司徒俾其室家俾使也司空司徒卿官也司空掌營國邑司徒掌徒役之事故召之使立室家之位處俾音卑處昌慮反

其繩則直縮版以載作廟翼翼言不失繩直也乘謂之縮君子將營宮室宗廟爲先廐庫爲次居室爲後箋云繩者營其廣輪方制之正也既正則以索縮其築版上下相承而起廟成則嚴顯翼翼然乘聲之誤當爲繩也繩如字本或作乘案經作繩傳作乘箋云傳破之乘字後人遂誤改經文縮色六反廐音救廣光浪反索桑落反當如字

捄之陾陾度之薨薨築之登登削屢馮馮捄虆也陾陾衆也度居也言百姓之勸勉也登登用力也削牆鍛屢之聲馮馮然箋云捄捊也度猶投也築牆者捊聚壤土盛之以虆而投諸版中

捄音俱呂沈同藁也徐又音鳩陾耳升反又如之反衆也説文云築墻聲也音而度待洛反注同鄭投也韓詩云填也薨呼弘反沈呼萌反爾雅云薨薨衆也王云亟疾也屢力注反又力朱反注同馮扶氷反注同藟力追反沈力戈反字或作樏或作藟音同劉熈云盛土籠也桴薄侯反爾雅云聚也説文云引取土

百堵皆興鼛鼓弗勝

皆俱也鼛大鼓也長一丈二尺或鼛或鼓言勸事樂功也箋云五版爲堵興起也百堵同時起鼛鼓不能止之使休息也凡大鼓之側有小鼓謂之應鼙朔鼙周礼曰以鼛鼓鼓役事　鍛丁亂反土音吐如字盛音成掇音頭諸音豬衆也堵丁古反鼛音羔勝音升應應對之應鼙薄迷反

迺立皋門皋門有伉迺立應門應門將將

王之郭門曰皋門伉高皃王之正門曰應門將將嚴正也美大王作郭門以致皋門作正門以致應門焉箋云諸侯之宮外門曰皋門朝門曰應門内有路門天子之宮加以庫雉　皋音羔伉本又作亢苦浪反韓詩作閌云盛皃將七羊反音鏘注同

迺立冢土戎醜攸行

冢大戎大醜衆也冢土大社也起大事動衆大必先有事乎社而後出謂之宜美大王之社遂爲大社也箋云大社者出大衆將所告而行也

春秋傳曰蜃宜社之肉【蜃】市軫反【大】音泰下大社同肆不殄厥愠亦不隕厥問肆故今也愠恚隕墜也兊成蹊也箋云小聘曰問柞櫟也棫白桵也文王見太王立冢土有用大衆之義故不絶去其恚惡惡人之心亦不廢其聘問鄰國之礼今以柞棫生柯葉之時使大夫將師旅出聘問其行道士衆兊然不有征伐之意【殄】田典反【愠】紆問反【隕】韻謹反【柞】子洛反【櫟】音歷【棫】音域後同三蒼云棫即柞也字林于目反【拔】蒲貝反又蒲蓋反下同【兊】吐外反又徒外反【恚】一遂反【墜】直類反【蹊】音兮【桵】如誰反

柞棫拔矣行道兊矣

後同【絶去】羌呂反【恚惡】烏路反【惡人】惡如字【兊】通外反本亦作脫【征】如字

混夷駾矣維其喙矣

駾突喙困也箋云混夷夷狄國也見文王之使者將士衆過巳國則惶怖驚走奔突入此柞棫之中而逃甚困劇也是之謂一年伐混夷成道興國其志一也【混】音昆【夷】音夷【狄】如字○又云大王始至此岐山之時林木深阻人物鮮少至於其後生齒漸繁歸附日衆則木拔道通混夷畏之而奔突竄伏維其喙息而已言德盛而混夷自服也蓋巳爲文王之時矣【駾】徒對反【喙】許穢反困也徐又音尺鋭反【困】昆去聲【使】所吏反【巳】音幾上聲自巳之巳【惶】一音皇

〔沸〕音故反虞芮質厥成文王蹶厥生質成也成平也蹶動也虞芮之
君相與爭田久而不平乃相謂曰西伯仁人也盍往質焉乃相與朝周入其境則耕者讓畔行者讓路入其邑男女
異路班白不提挈入其朝士讓為大夫大夫讓為卿二國之君感而相謂曰我等小人不可以履君子之庭乃相讓
以其所爭田為閒田而退天下聞之而歸者四十餘國箋云虞芮之質平而文王動其緜緜民初生之道謂廣其德
而王業大〔虞芮〕如銳反二國名〔蹶〕俱衛反〔盍〕胡臘反〔竟〕音景〔挈〕苦結反〔閒〕音閑予曰有疏附
予曰有先後予曰有奔奏予曰有禦侮率下親上
曰疏附相道前後曰先後喻德宣譽曰奔奏武臣折衝曰禦侮箋云予我也詩人自我也文王之德所以至然者我
念曰此亦由有疏附先後奔奏禦侮之臣力也疏附使疏者親也奔奏使人歸趨之〔先〕蘇薦反注同〔後〕胡豆反注先
後同〔奔〕音奔本亦作本注同〔奏〕如字本又作走音同注同〔禦〕魚呂反本又作御音同〔侮〕亡甫反〔相〕息亮反〔道〕音導本
亦作道下〔折〕之設反〔衝〕昌容反

緜九章章六句

棫樸文王能官人也【棫】雨逼反【樸】音卜沈又符卜反芃芃棫樸

薪之槱之興也芃芃木盛貌棫白桵也樸枹木也槱積也山木茂盛萬民得而薪之賢人衆多國家

得用蕃興箋云白桵相樸屬而生者枝條芃芃然豫斫以為薪至祭皇天上帝及三辰則聚積以燎之【芃】薄紅反【槱】

音酉字亦作楢弋九反云積木燒也【枹】必茅反【蕃】音煩【屬】之欲反【斫】一本作斬【燎】力召反濟濟辟王

左右趣之趣趨也箋云辟君也君王謂文王也文王辟祭祀其容濟濟然敬左右之諸臣皆促疾於

事謂相助積薪【辟】音璧注及下同【趣】七喻反趨也濟濟辟王左右奉璋半圭

曰璋箋云璋璋瓚也祭祀之禮王祼以圭璋諸臣助之亞祼以璋瓚【璋】音章【瓚】在但反干或作贊【祼】古亂反奉

璋峨峨髦士攸宜峨峨盛壯也髦俊也箋云士卿士也奉璋之儀峨峨然故今俊士之

所宜【峨】本又作俄五哥反【髦】音毛淠彼涇舟烝徒楫之淠舟行貌楫櫂也箋

云烝衆也淠淠然涇水中之舟順流而行者乃衆徒船人
以楫櫂之故也興衆臣之賢者行君政令淠匹世反洗孚
計反涇音經烝之承反楫音接櫂也徐音集方言云楫謂
之橈或謂之櫂郭注云楫橈頭索也所以縣櫂謂之楫說
文云楫舟棹也釋名云在旁撥水曰櫂又謂楫櫂直教反周王于邁六師及之
天子六軍箋云于往邁行及與也周王往行謂出兵征伐
也二千五百人為師今王興師行者殷末之制未有周禮
周禮五師為軍軍萬二千五百人倬彼雲漢為章于天倬大也雲漢天河也
箋云雲漢之在天其為文章譬猶天子為法度於天下倬陟角反周王壽考遐不
作人遐遠也遠不為人也箋云周王文王也文王是時九十餘矣故云壽考不作人者其政變化紂之惡
俗近如新作人也追琢其章金玉其相追雕也金曰雕玉曰琢相質也箋云周礼
追師掌追衡笄則追亦治玉也相視也猶觀視也追琢玉使成文章喻文王為政先以心研精合於禮義然後施之
萬民視而觀之其好而樂之如觀金玉然言其政可樂也追對迴反鄭云亦治玉也注同琢陟角反注同雕都挑反

精如字一云鄭音息亮反研倪延反好呼報反樂音洛下同勉勉我王綱紀四方箋云我王謂文王也以罔罟喻爲政張之爲綱理之爲紀罟音古

棫樸五章章四句

旱麓受祖也周之先祖世修后稷公劉之業大王王季申以百福干祿焉

瞻彼旱麓榛楛濟濟旱山名也麓山足也濟濟衆多也箋云旱山之足林木茂盛者得山雲雨之潤澤也喻周邦之民獨豐樂者被其君德教旱戶旦反榛側巾反字林云木叢又仕人反楛音戶草木疏云楛木莖似荊而赤其葉如蓍上黨人篾以爲筥箱又屈以爲釵也樂音洛下注同被皮僞反豈弟君子干祿豈弟干求也言陰陽和山藪殖故君子得以干祿樂易箋云君子謂大王王季以有樂易之德施於民故其求祿亦得樂易豈本亦作凱苦亥反弟本亦作悌徒礼反一音待豈樂也弟易也後豈弟皆同易以豉反下同瞻彼

瑟彼玉瓚黄流在中 王瓚圭瓚也黄金所以飾流鬯也九命然後錫以秬鬯圭瓚箋云瑟𢾝絜鮮貌黄流秬鬯也圭瓚之狀以圭爲柄黄金爲勺青金爲外朱中央矣殷王帝乙之時王季爲西伯以功德受此賜 瑟所乙反字又作璱 秬音巨黑黍也 鬯勑亮反以黑黍米擣鬱金草取汁而煑之和釀其酒其氣芬香調暢故謂之秬鬯 勺上灼反字或作杓 豈弟君子福禄攸降 箋云攸所降下也 降如字下也又户江反注同 鳶飛戾天魚躍于淵 言上下察也箋云鳶鴟之類鳥之貪惡者也飛而至天喻惡人遠去不爲民害也魚跳躍于淵中喻民喜得所 鳶悅宣反 鴟尺尸反 豈弟君子遐不作人 箋云遐遠也言大王王季之德近於變化使如新作人 清酒既載騂牡既備 言年豐畜碩也箋云既載謂已在尊中也祭祀之事先爲清酒其次擇牲故舉二者 騂息營反字林火營反 畜香又反 以享以祀以介景福 言祀所以得福也箋云介助景大也 享許丈反徐許亮反 介音界後同 瑟彼柞棫民所燎矣 瑟衆

貌箋云柞棫之所以茂盛者乃人㸑燎除其旁草養治之使无害也　燎　力召反又力弔反說文作尞云柴祭天也又云燎放火也字林同　尞　力召反　燎　力小反　㸑　許氣反芟草燒之曰㸑何沈虛刈反

豈弟君子神所勞矣　箋云勞勞來猶言佑助　來　力代反本亦作倈同　佑　音又

莫莫葛藟施于條枚　莫莫施貌箋云葛也藟也延蔓於木之枝本而茂盛喻子孫依緣先人之功而起　藟　力軌反字又作虆絫同　施　以豉反注同　枚　亡回反　蔓　音万

豈弟君子求福不回　箋云不回者不違先祖之道

旱麓六章章四句

思齊文王所以聖也　言非但天性德有所由成　齊　側皆反本亦作齋

思齊大任文王之母思媚周姜京室之婦　齊莊媚愛也周姜大姜也京室王室也箋云京周地名也常思莊敬者大任也乃爲文王之母又常思愛大姜之配大王之礼故能爲京

室之婦言其德行純備故生聖子也大姜言周大任言京
見其謙恭自卑小也【媚】美記反後同洗音冐【行】下孟反【見】
賢遍反 大姒嗣徽音則百斯男 大姒文王之妃也大姒十子衆妾則宜百
子也箋云徽美也嗣大任之美音謂續行其善教令【徽】許韋反 惠于宗公神罔時怨
神罔時恫 宗公宗神也恫痛也箋云惠順也宗公大臣也文王爲政咨於大臣順而行之故能當於
神明神明无是怨恚其所行者无是痛傷其將无有凶禍【恫】音通【凶】音凶本又作䜼 刑于寡妻至
于兄弟以御于家邦 刑法也寡妻適妻也御迎也箋云寡妻寡有之妻言賢也御治
也文王以禮法接待其妻至于宗族以此又能爲政治于家邦也書曰乃寡兄勗又曰越乃御事【刑】韓詩云刑正也
【御】毛牙嫁反鄭魚據反【適】丁歷反【勗】許玉反下同 雝雝在宮肅肅在廟 雝雝
和也肅肅敬也箋云宮謂辟雝宮也群臣助文王養老則尚和助祭於廟則尚敬言得禮之宜也【辟】必亦反下同【雝】
於容反 不顯亦臨無射亦保 以顯臨之保安无厭也箋云臨視也保猶居也

文王之在辟雝也有賢才之質而不明者亦得觀於禮於六藝無射才者亦得居於位言養善使之積小致高大〔射〕毛音亦厭也鄭食夜反射藝保安無厭也於豔反下同一本作保安也射厭也非矣

肆戎疾不殄烈假不瑕 肆故今也戎大也故今大疾害人者不絕之而自絕也烈業假大也箋云厲假皆病也瑕已也文王於辟廱德如此故大疾害人者不絕之而自絕為厲假之行者不已之而自已言化之深也〔烈〕毛如字鄭作厲力世反又音賴病也〔假〕古雅反〔瑕〕毛音遐遠也鄭古雅反

不聞亦式不諫亦入 言性與天合也箋云式用也文王之祀於宗廟有仁義之行而不聞達者亦用之助祭有孝悌之行而不能諫爭者亦得入言其使人器之不求備也〔行〕下孟反下皆同〔悌〕音弟本亦作弟〔爭〕爭鬬之爭

肆成人有德小子有造 造為也箋云成人謂大夫士也小子其弟子也文王在於宗廟德如此故大夫士皆有德子弟皆有所造成

古之人無斁譽髦斯士 古之人無厭於有名譽之俊士箋云古之人謂聖王明君也口無擇言身無擇行以化其臣下故令此士皆有名譽於天下成其俊乂之美也〔斁〕

毛音亦鄭作擇髦俊也一本此下更有古之人无斁於有譽之俊士也此王肅語【令】力成反【乂】音刈

思齊四章章六句故言五章二章

章六句三章章四句

皇矣美周也天監代殷莫若周周世世修德

莫若文王監視也天視四方可以代殷主天下者維有周爾世世修行道德維有文王盛爾 ○皇矣一本无矣字天監代殷莫若周絶句周世世修德一讀莫若周世絶句周世修德為一句一本无下一世字義並通崔集注莫若周也世世修德【王】天下往況反下追王當王同

皇矣上帝臨下有赫監觀四方求民之莫皇大莫定也箋云臨視也大矣天之視天下赫然甚明以殷紂之暴亂乃監察天下之衆國求民之定謂所歸就也

維此二國其政不獲維彼四國爰究爰度二国殷夏也彼彼有道也四国四方也究謀度居也箋云二國謂今

殷紂及崇侯也正長獲得也四國謂密也阮也徂也共也度亦謀也殷崇之君其行暴亂不得於天心密阮徂共之君於是又助之謀言同於惡也。政如字政政教也鄭作正 焉九又反 度待洛反篇內皆同 夏户雅反下文長夏并注同 長張丈反篇內皆同 共音恭下同 行下孟反

上帝耆之憎其式廓乃眷西顧此維與宅耆惡也廓大也憎其用大位行大政顧顧西土也宅居也箋云耆老也天須暇此二國養之至老猶不變改憎其所用爲惡者浸大也乃眷然運視西顧見文王之德而與之居言天意常在文王所 耆巨夷反 廓苦霍反又如字本又作郭 眷本又作睠又作𥍉並音眷同 暇户嫁反本又作暇 浸子鴆反

作之屏之其菑其翳脩之平之其灌其栵啓之辟之其檉其椐攘之剔之其檿其柘木立死曰菑自斃爲翳灌聚生也栵栭也檉河柳也椐樻也檿山桑也箋云天既顧文王四方之民則大歸往之岐周之地險隘多樹木乃競刊除而自居處言樂就有德之甚 屏必領反除也 菑本又作甾側吏反又音緇韓詩云反草也 翳於計反

爾雅云木自斃神蔽者翳郭云相覆蔽韓詩作殪云因也因
高填下也神音申灌古亂反栵音例又音列栭也辟婢亦反
沈必亦反檉勑貞反椐羌居反字林紀庶反又音舉攘如羊
反剔他歷反字或作鬄又作揚同檿烏簟反柘章夜反甓婢
世反本或作蔽必世反栭音而舍人注爾雅云江淮之間呼
小栗爲栭栗櫝去愧反又去軌反何音匱草木疏云節中腫
以扶老即今靈壽是也今人以爲馬
鞭及杖隘於懈反刋苦干反除如字 **帝遷明德串夷載**
路 徒就文王之德也串習夷常路大也箋云串夷即昆夷西
戎國名也路應也天意去殷之惡就周之德文王則侵伐
混夷以應之串古患反鄭云串夷混夷也一本
作患或云鄭音患混音昆應應對之應下應和同 **天立厥配**
受命既固 配媲也箋云天既顧文王又爲之生賢妃謂大
姒也其受命之道已堅固也配本亦作妃音同
注同媲普惠反配也郭璞音譬字林匹地 **帝省其山柞棫**
反爲于僞反下爲生明君爲之立後同
斯拔松栢斯兌 兌易直也箋云省善也天既顧文王
乃和其國之風雨使其山樹木茂盛
言非徒養其民人而已省昔耕反拔音
蒲貝反兌徒外反易以豉反下施易同 **帝作邦作對自**

大伯王季對配也從大伯之見王季也箋云作爲也天爲邦謂興周國也作配謂爲生明君也是乃自大伯王季時則然矣大伯讓於王季而文王起【大伯】音泰注大伯同維此王季因心則友則友其兄則篤其慶載錫之光因親也善兄弟曰友慶善光大也箋云篤厚載始也王季之心親親而又善於宗族又善於兄大伯乃厚明其功美始使之顯著也大伯以讓爲功美王季乃能厚明之使傳世稱之光亦其德也【著】珍慮反【功】如字【傳】直占反受祿無喪平聲奄有四方喪亡奄大也箋云王季以有因心則友之德故世世受福至於覆有天下也維此王季帝度其心貊其德音其德克明克明克類克長克君心能制義曰度貊靜也箋云德正應和曰貊照臨四方曰明類善也勤施無私曰類教誨不倦曰長賞慶刑威曰君【貊】本又作貉武伯反左傳作莫音同韓詩同云莫定也【克】如字王此大邦克順克比慈和徧服曰順擇善而從曰比箋云王君也王季稱王追王也【王】如字徐于況反【徧】音遍注同

比于文王其德靡悔經天緯地曰文箋云靡無也王季之德比于文王無有所悔也必比於文王盛德以聖人爲匹【比】必里反【悔】虎猥反既受帝祉施于孫子帝天也祉福也施猶易也延也【祉】音恥【施】以豉反注同帝謂文王無然畔援無然歆羨誕先登于岸無是畔道無是援取無是貪羨岸高位也箋云畔援猶跋扈也誕大登成岸訟也天語文王曰女無如是跋扈者妄出兵也無如是貪羨者侵人土地也欲廣大德美當先平獄訟正曲直也【援】毛音袁又于願反鄭胡喚反韓詩云畔援武強也【歆】許金反【羨】錢面反【誕】但旦反【拔】蒲末反下同字或作跋【扈】音户密人不恭敢距大邦侵阮徂共國有密須氏侵阮遂往侵共箋云阮也徂也共也三國犯周而文王伐之密須之人乃敢距其義兵違正道是不直也【阮】魚宛反【共】音公國名注同王赫斯怒爰整其旅以按徂旅以篤于周祜以對于天下旅師按止也旅地名也對遂也箋云赫怒意斯盡也五百人爲旅對答也

文王赫然與其羣臣盡怒曰整其軍旅而出以却止徂國之兵衆以厚周當王之福以答天下鄉周之望〔赫〕虎格反〔斯〕如字此也鄭音四〔按〕安旦反本又作遏安葛反此二字俱訓止也〔祜〕音户〔鄉〕本又作嚮許亮反下同

依其在京侵自阮疆陟我高岡無矢我陵我阿無飲我泉我泉我池京大阜也矢陳也箋云京周地名陟登也矢猶當也大陵曰阿文王但發其依居京地之衆以往侵阮國之疆登其山脊而望阮之兵兵無敢當其陵及阿者又無敢飲食於其泉及池水者小出兵而令驚怖如此此以德攻不以衆也陵泉重言者美之也每言我者據後得而有之而言〔疆〕居良反注同〔脊〕井亦反〔令〕力成反〔阿〕音烏〔怖〕音布恐也〔攻〕音恭如字〔重〕直用反〔言〕於焉反〔美〕如字〔每〕音美〔有〕如字

度其鮮原居岐之陽〔岐〕音祁岐山之陽在渭之將萬邦之方下民之王小山别大山曰鮮將側也方則也箋云度謀也鮮善也方猶鄉也言文王見侵阮而兵不見敵知已德盛而威行可以遷居以定天下之心也于是乃始謀居善原廣平之地亦在岐山之南隅也而

居渭水之側爲萬國之所鄉作下民之君後竟徙都於豐鮮息淺反又音仙別彼列反帝謂文王予懷明德不大聲以色不長夏以革不識不知順帝之則懷歸也不大聲見於色革更也不以長大有所更箋云夏諸夏也天之言云我歸人君有光明之德而不虛廣言語以外作容貌不長諸夏以變更王法者其爲人不識古不知今順天之法而行之者此言天之道尚誠實貴性自然見賢遍反帝謂文王詢爾仇方同爾兄弟以爾鉤援與爾臨衝以伐崇墉仇匹也鉤鉤梯也所以鉤引上城者臨臨車也衝衝車也墉城也箋云詢謀也怨耦曰仇仇方謂旁國諸侯爲暴亂大惡者女當謀征討之以和協女兄弟之國率與之往親親則多志齊心壹也當此之時崇侯虎倡紂爲無道罪尤大也詢音荀鉤古侯反又古侯反援音袁臨如字韓詩作隆衝昌容反說文作𨌆𨌆陷陣車也墉音容梯他兮反臨衝閑閑崇墉言言執訊連連攸馘安安是類是禡

是致是附四方以無侮閑閑動搖也言言高大也連連徐也攸所也馘獲也不服者殺而獻其左耳曰馘於内曰類於野曰禡致致其社稷群神附附其先祖爲之立後尊其尊而親其親箋云言言猶孼孼將壞貌訊言也執所生得者而言問之及獻所馘皆徐徐以禮爲之不尚促速也類也禡也師祭也無侮者文王伐崇而無復敢侮慢周者訊音信字又作誶並同馘古獲反字又作聝字林截耳則作耳旁獻首則作首旁是類如字本或依說文作禷禡馬嫁反搖如字一音羊照反致其社稷羣臣本或作羣臣孼魚列反又五葛反

臨衝茀茀崇墉仡仡是伐是肆是絕是忽四方以無拂茀茀彊盛也仡仡猶言言也肆疾也忽滅也箋云伐謂擊刺之肆犯突也春秋傳曰使勇而無剛者肆之拂猶佹也言無復佹戾文王者茀音弗仡魚乙反韓詩云搖也說文作屹肆音四拂符弗反三違也刺七亦反佹九委反戾戾也復扶又反

皇矣八章章十二句

靈臺民始附也文王受命而民樂其有靈德以及鳥獸昆蟲焉民者冥也其見仁道遲故於是乃附也天子有靈臺者所以觀祲象察氣之妖祥也文王受命而作邑於豐立靈臺春秋傳曰公既視朔遂登觀臺以望而書雲物爲備故○杜預注左傳云靈臺在始平鄠縣今屬京兆府所管昆古門反鄭注禮記云明也蟲直弓反本或作虫非冥亡丁反冥冥無知貌字林云幽也又亡定反祲子鴆反陰陽氣相侵漸成祥觀古乱反下觀臺節觀同

經始靈臺經之營之庶民攻之不日成之神之精明者稱靈四方而高曰臺經度之也攻作也不日有成也箋云文王應天命度始靈臺之基止營表其位衆民則築作不設期日而成之言說文王之德勸其事忘己勞也觀臺而曰靈者文王化行似神之精明故以名焉度待洛反下同應應對之應說音悅

經始勿亟庶民子來箋云亟急也度始靈臺之基止非有急成之意衆民各以子成父事而來攻之亟居力反

王在靈囿麀鹿攸伏囿所以域養禽獸也天子百里

諸侯四十里靈囿言靈道行於囿麀牝也箋云攸所也文王親至靈囿視牝鹿所遊伏之處言愛物也【囿】音又徐于目反【麀】音憂【牝】頻刃反【處】昌慮反

麀鹿濯濯白鳥翯翯 濯濯娛遊也翯翯肥澤也箋云鳥獸肥盛喜樂言得其所【濯】直角反【翯】户角反又下沃反【樂】音洛下文於樂注喜樂同

王在靈沼於牣魚躍 沼池也靈沼言靈道行於沼也牣滿也箋云靈沼之也魚盈滿其中皆跳躍亦言其得所【沼】之邵反【牣】音刃【躍】羊略反【跳】徒彫反

虡業維樅賁鼓維鏞於論鼓鍾於樂辟廱 植者曰虡橫者曰栒業大版也樅崇牙也賁大鼓也鏞大鍾也論思也水旋丘如璧曰辟廱以節觀者箋云論之言倫也虡也栒也所以縣鍾鼓也設大版於上刻畫以為飾文王立靈臺而知民之歸附作靈囿靈沼而知鳥獸之得其所以為音声之道與政通故合樂以詳之於得其倫理乎鼓與鍾也於喜樂乎諸在辟廱中者言感於中和之至【虡】音巨【樅】徐七凶反又音衝衝洗又音子容反【賁】符云反字亦作鼖【鏞】音容【於】音烏鄭如字下於樂於論皆同【論】盧門反一云鄭音倫下同【辟】音壁注同【植】侍職反【栒】荀尹反【縣】音玄

於論鼓鍾於樂辟廱鼉鼓逢逢矇瞍奏公鼉魚屬逢逢和也有眸子而無見曰矇無眸子曰瞍公事也箋云凡聲使瞽矇為之【鼉】徒何反洸又音檀草木疏云形似蜥蜴四足長丈餘甲如鎧皮堅厚宜冒鼓【逢】薄紅反埤蒼云鼓聲也字作韸徐音豐【矇】音蒙【瞍】依字作叟蘇口反說文云无目也字林先公反云目有眸无珠子也【眸】莫侯反

靈臺五章章四句

下武繼文也武王有聖德復受天命能昭先人之功焉继文者继文王之王業而成之昭明也【復】扶又反【王】于况反

下武維周世有哲王武继也箋云下猶後也哲知也後人能继先祖者維有周家最大世世益有明知之王謂大王王季文王稍就盛也【哲】張列反本又作悊又作喆皆同【知】音智下同三后在天王配于京三后大王王季文王也箋云此三后既没登遐精氣在天矣武王又能配行其道於京謂鎬京也王

配于京世德作求箋云作爲求終也武王配行三后之道於鎬京者以其世世積德庶爲終成其大功永言配命成王之孚箋云永長言我也命猶教令也孚信也此爲武王言也今長我之配行三后之教令者欲成我周家王道之信也王德之道成於信論語曰民无信不立〔王〕如字又于況反成王之孚下土之式式法也箋云下土道尚信則天下以爲法勤行之永言孝思孝思維則則其先人也箋云長我孝心之所思所思者其維則三后之所行子孫以順祖考爲孝媚茲一人應侯順德一人天子也應當侯維也箋云媚愛茲此也可愛乎武王能當此順德謂能成其祖考之功也易曰君子以順德積小以高大永言孝思昭哉嗣服箋云服事也明哉武王之嗣行祖考之事謂伐紂定天下昭茲來許繩其祖武許進繩戒武迹也箋云茲此來勤也武王能明此勤行進於善道戒慎其祖考所踐履之迹美其終成之〔來〕許如字鄭音賚下篇來孝同於萬斯年受天之祜

箋云祜福也天下樂仰武王之德欲其壽考之言〔祜〕音户下同受天之祜四方來

賀於萬斯年不遐有佐遠夷來佐也箋云武王受此万年之壽不遠有佐言

其輔佐之臣亦宜蒙其餘福也書曰公其以予万億年亦君臣同福祿也

下武六章章四句

文王有聲繼伐也武王能廣文王之聲卒其

伐功也繼伐者文王伐崇而武王伐紂文王有聲遹駿有聲遹

求厥寧遹觀厥成箋云遹述駿大求終觀多也文王有令聞之聲者乃述行有令

聞之聲之道所致也所述者謂大王王季也又於述行終其安民之道又述行多其成民之德言周德之世益盛〔遹〕

尹橘反又音述〔駿〕音峻〔觀〕古亂反注同〔聞〕音問本亦作問文王烝哉烝君也箋云君哉者言其

誠得人君之道〔烝〕之烝反韓詩云美也文王受命有此武功既伐于

崇作邑于豐箋云武功謂伐四国及崇之功也作邑者徙都於豐以應天命【應】應對之應

文王烝哉築城伊淢作豐伊匹匪棘其欲遹追來孝淢成溝也匹配也箋云方十里曰成淢其溝也廣深各八尺棘急來勤也文王受命而猶不自足築豐邑之城大小適与成偶大於諸侯小於天子之制此非以急成從己之欲欲廣其都邑乃述追王季勤孝之行進其業也【淢】況域反字又作洫韓詩云洫深也【棘】居力反下亟同或作亟【欲】音欲本亦作欲【廣】古曠反【深】尸鴆反【行】下孟反

王后烝哉后君也箋云變謚言王后者非其盛事不以義謚

王公伊濯維豐之垣四方攸同王后維翰濯大翰幹也箋云公事也文王述行大王王季之王業其事益大作邑於凡城之既成又垣之立宮室乃為天下所同心而歸之王后為之幹者正其政教定其法度【濯】直角反韓詩云美也【垣】音袁【翰】尸旦反徐音寒

王后烝哉豐水東注維禹之績四方攸同皇王維辟績業皇大也箋云績功辟

君也昔堯時洪水而豐水亦汜濫爲害禹治之使入渭東注于河禹之功也文王武王今得作邑於其旁地爲天下所同心而歸大王爲之君乃由禹之功故引美之豐邑在豐水之西鎬京在豐水之東〔辟〕音璧注及下皆同又音婢亦反法也〔汜〕芳劒反字亦作汎〔濫〕力暫反皇王烝哉箋云變王后言大王者武王之事又益大〔大〕此及下言大者並如字鎬京辟廱自西自東自南自北無思不服武王作邑於鎬京箋云自由也武王於鎬京行辟廱之禮自四方來觀者皆感化其德心无不歸服者皇王烝哉考卜維王宅是鎬京維龜正之武王成之箋云考猶稽也宅居也稽疑之法必契灼龜而卜之武王卜居是鎬京之地龜則正之謂得吉兆武王遂居之修三后之德以伐紂定天下成龜兆之占功莫大於此〔契〕苦計反本又作挈或苦結反武王烝哉豐水有芑武王豈不仕詒厥孫謀以燕翼子芑草也仕事燕安翼敬也箋云詒猶傳也孫順也豐水猶以其潤澤生草武王豈不以其

功業爲事乎以為事故傳其所以順天下之謀以安其敬事之子孫謂使行之也書曰厥考翼其肯曰我有後弗棄

基〔芑〕音起〔詒〕以之反〔孫〕王申毛如字鄭音遜〔傳〕直專反下同

武王烝哉上言皇王而變言武王者皇大也始大其業至武王伐紂成之故言武王也

文王有聲八章章五句

文王之什十篇六十六章四百一十四句

毛詩卷第十六

毛詩卷第十七

生民之什詁訓傳第二十四

自生民至卷阿八篇成王周公之正大雅

毛詩大雅　　鄭氏箋

生民尊祖也后稷生於姜嫄文武之功起于后稷故推以配天焉

厥初生民時維姜嫄生民本后稷也姜姓也后稷之母配高辛氏帝焉箋云厥其初始時是也言周之始祖其生之者是姜嫄也姜姓者炎帝之後有女名嫄當堯之時爲高辛氏之世妃本后稷之初生故謂之生民嫄音原姜姓嫄名有邰氏之女

生民如何克禋克祀以弗無子禋敬弗去也去無子求有子古者必立郊禖焉玄鳥至之日以大牢祠于郊禖天子親往后妃率九嬪御乃禮天子所御帶以弓韣授以弓矢于郊禖之前箋

云克能也弗之言祓也姜嫄之生后稷如何乎乃禋祀上帝於郊禖以祓除其無子之疾而得其福也能者言齊肅當神明意也二王之後得用天子之禮 禋 音因鄭祭天名 弗 音拂注同 去 起呂反下同 禖 音梅下同 祠 嗣絲反本亦作祀 嬪 婢人反 韣 音獨弓衣 祓 音拂又音廢下同 齊 側皆反本亦作齋篇末齊敬同

履帝武敏歆攸介攸止載震載夙載生載育時維后稷

履踐也帝高辛氏之帝也武迹敏疾也從於帝而見于天將事齊敏也歆饗食介大也止福禄所止也震動夙早育長也后稷播百穀以利民箋云帝上帝也敏拇也介左右也夙之言肅也祀郊禖之時時則有大神之迹姜嫄履之足不能滿履其拇指之處心體歆歆然其左右所止住如有人道感已者也於是遂有身而肅戒不復御後則生子而養長之名曰棄舜臣堯而舉之是為后稷 敏 密謹反 歆 許金反 介 音戒 震 眞愼反鄭有娠也 見 賢遍反 齊 側皆反又如字 長 張丈反下同 拇 音母足大指 介 又如字 夙 昌慮反 復 扶又反下故復同

誕彌厥月先生如達

誕大彌終達生也姜嫄之子先生者也箋云達羊子也大矣后稷之在其母終人道十月而生

生如達之生言易也彌面支反達他末反注同

說文云小羊也沈云毛如字易以豉反下同不坼不

副無菑無害言易也凡人在母母則病生則坼副菑

害其母橫逆人道坼勑宅反副孚逼反

說文云分也字林云判

也匹亦反菑音災注同以赫厥靈上帝不寧不康

禋祀居然生子赫顯也不寧寧也不康康也箋云康

寧皆安也姜嫄以赫然顯著之徵其

有神靈審矣此乃天帝之氣也心猶不安之又不安

徒以禋祀而無人道居默然自生子懼時人不信也誕寘

之隘巷牛羊腓字之誕大寘置腓辟字愛也天生

后稷異之於人欲以顯其靈

也帝不順天是不明也故承天意而異之于天下箋云天

異之故姜嫄置后稷於牛羊之徑亦所以異之寘之豉反

下同隘於懈反巷

戶降反腓符非反誕寘之平林會伐平林牛羊

而辟

人者理也置之平林

又爲人所收取之誕寘之寒冰鳥覆翼之大鳥

來一

翼覆之一翼藉之人

而收取之又其理也鳥乃去矣后稷呱

矣於是知有天異往取之矣后稷呱呱然而泣 呱音孤 實覃實訏厥聲載路誕實匍匐克岐克嶷以就口食覃長訏大路大也岐知意也嶷識也箋云實之言適也覃謂始能坐也訏謂張口嗚呼也是時聲音則已大矣能匍匐則岐岐然意有所知也其貌嶷嶷然有所識別也以此至于能就衆人口自食謂六七歲時 覃徒南反本或作譚 訏況于反 匍音蒲又音符本亦作扶 匐蒲北反又音服本亦作服 岐其宜反 嶷魚極反說文作㠖云小兒有知 長張丈反或如字 別彼列反

蓺之荏菽荏菽旆旆禾役穟穟麻麥幪幪瓜瓞唪唪荏菽戎菽也旆旆然長也役列也穟穟苗好美也幪幪然茂盛也唪唪然多實也箋云蓺樹也戎菽大豆也就口食之時則有種殖之志言天性也 蓺魚世反 荏 菽 荏而甚反 菽或作叔音同郭璞云今胡豆是 旆蒲貝反 穟音遂 幪莫孔反 瓞田節反 唪布孔反徐又薄孔反 長如字又張文反

誕后稷之穡有相之道相助也箋云大矣后稷之掌稼穡有見助之道謂若神助之力 相息亮反注同 茀

厥豐草種之黃茂實方實苞實種實褎實發實秀實堅實好實穎實栗即有邰家室茀治也黃嘉穀也茂美也方極畝也苞本也種雜種也褎長也發盡發也不榮而實曰秀穎垂穎也栗其實栗栗然邰姜嫄之国也堯見天因邰而生后稷故国名稷於邰命使事天以顯神順天命耳箋云豐苞亦茂也方齊等也種生不雜也褎枝葉長也發發管時也栗成就也后稷教民除治茂草使種黍稷黍稷生則茂好孰則大成以此成功堯改封於邰就其成国之家室无變更也茀音弗韓詩作拂拂弗也種支勇反注下嘉種并注同褎徐秀反穎營井反穗也尚書唐叔得禾異畝同穎是也邰他來反后稷所封国今在京兆武功縣誕降嘉種維秬維秠維穈維芑天降嘉種秬黑黍也秠一稃二米也穈赤苗也芑白苗也箋云天應堯之顯后稷爲之下嘉種秬音巨秠孚鄙反又孚悲反郭芳婦反穈音門爾雅作虋同郭亡偉反赤梁粟也芑音起徐又巨已反郭云白梁粟也稃芳于反字書一云䴷糠也應應對之應爲于僞反下天爲已同恒之

秬秠是穫是畝恒之穈芑是任是負以歸肇

祀恒徧肇始也始歸郊祀也箋云任猶抱也肇郊之神位也后稷以天爲已下此四穀之故則徧種之成孰則穫

而畝計之抱負以歸於郊祀天得祀天者二王之後也【恒】古鄧反本又作亙【穫】戶郭反【任】音壬注同【肇】音兆【徧】音遍

不同

誕我祀如何或舂或揄或簸或蹂釋之叟

叟烝之浮浮揄抒臼也或簸糠者或蹂黍者釋淅米也叟叟聲也浮浮氣也箋云蹂之言潤

也大矣我后稷之祀天如何乎美而將說其事也舂而抒出之簸之又潤濕之將復舂之趨於鑿也釋之烝之以爲

酒及簠簋之實【舂】傷容反【揄】音由又以朱反說文作舀弋紹反【簸】波我反【蹂】音柔【叟】所留反字又作溲壽米聲也爾

雅作溞音同郫音騷【烝】之承反【浮】如字爾雅說文並作烰【抒】音食汝反【糠】音康字亦作康俗米旁作康非【淅】星歷反

說文云汏也【汏】音大【復】扶又反【鑿】子洛反精米也字林作糳云糯米一斛舂爲八斗也子沃反【簠】音甫【簋】音軌載

謀載惟取蕭祭脂取羝以軷載燔載烈嘗之日涖

卜來歲之芟獮之曰泝卜來歲之戒社之曰泝卜來歲之稼所以興來而繼往也穀熟而謀陳祭而卜矣取蕭合黍臭達牆屋既奠而後爇蕭合馨香也羝羊牡羊也軷道祭也傳火曰燔貫之加于火曰烈箋云惟思也烈之言爛也后稷既爲郊祀之酒及其米每諏謀其日思念其禮至其時取蕭草與祭牲之脂爇之於行神之位馨香既聞取羝羊之體以祭神又燔烈其皮爲尸羞焉自此而往郊〔羝〕都禮反字亦作牴〔軷〕蒲末反說文云出必告道神爲壇而祭爲軷字林同父末反〔燔〕音煩後皆同〔涖〕音利又音拔〔芟〕所銜反〔獮〕息淺反〔奠〕徒練反〔爇〕如悅反〔馨〕呼丁反〔傅〕音附〔貫〕古亂反〔諏〕足須反謀也

以興嗣歲興來歲繼往歲也箋云嗣歲今新歲也以先歲之物齊敬犯軷而祀天者將求新歲之豐年也孟春之月令曰乃擇元日祈穀于上帝

卬盛于豆于豆

于登其香始升上帝居歆胡臭亶時卬我也木曰豆瓦曰登豆薦菹醢也登大羹也箋云胡之言何也亶誠也我后稷盛菹醢之器當於豆者於登者其馨香始上行上帝則安而歆享之何芳臭之誠得其時乎美之也祀天用瓦豆陶器質也〔卬〕五郎反我也〔盛〕音成注同〔香〕一本作馨〔亶〕都

但反**菹**莊居反**醢**音海**上**時掌反后稷肇祀庶無罪悔以迄于

今迄至也箋云庶衆也后稷肇祀上帝於郊而天下衆民咸得其所無有罪過也子孫蒙其福以至於今故推以配天焉**迄**許乙反

生民八章四章章十句四章章八句

行葦忠厚也周家忠厚仁及草木故能內睦

九族外尊事黃耇養老乞言以成其福祿焉

九族自己上至高祖下至玄孫之親也黃耇黃髮也耇凍梨也乞言從求善言可以為政者敦史受之**葦**韋鬼反苐茀

也**耇**音苟徐推云壽也**梨**利知反又利兮反方言云凍梨老也**敦**如字本又作惇同敦彼行葦牛

羊勿踐履方苞方體維葉泥泥敦聚貌行道也葉初生泥泥箋

云苞茂也體成形也敦敦然道旁之葦牧牛羊者毋使蹦履折傷之草物方茂盛以其終將為人用故周之先王為

此愛之況於人乎敦徒端反注同泥乃禮反注同張揖作苨苨云草盛也爲于僞反注同爲設同

戚戚兄弟莫遠具爾或肆之筵或授之几戚戚內相親也肆陳也或陳設筵者或授几者箋云莫无也具猶俱也爾謂進之也王与族人燕兄弟之親无遠无近俱揖而進之年稚者爲設筵而已老者加之以几筵以然反席也鋪陳曰筵藉之曰席肆直吏反

肆筵設席授几有緝御設席重席也緝御踧踖之容也箋云緝猶續也御侍也兄弟之老者既爲設重席授几又有相續代而侍者謂敦史也緝七習反重直龍反下同踧子六反踖子亦反

或獻或酢洗爵奠斝斝爵也夏曰醆殷曰斝周曰爵箋云進酒於客曰獻客荅之曰酢主人又洗爵醻客客受而奠之不舉也用殷爵者尊兄弟也酢才洛反斝古雅反又音嫁夏户雅反醆側簡反字或作琖同醻市由反

醓醢以薦或燔或炙嘉殽脾臄或歌或咢以肉曰醓醢臄函也歌者比於琴瑟也徒擊鼓曰咢箋云薦之禮韭葅則醓醢也燔用肉炙用肝以脾函爲加故謂之嘉醓他感

反肉醬也鄭注儀禮云醓海也【醓】呼改反【脾】婢支反【臄】渠
畧反字或作醵【咢】五洛反爾雅云徒擊鼓謂之咢徒哥謂
之謡函胡南反何又户感反本又作䑐同説文云函舌也
又云口裏肉也通俗文云口上曰臄口下曰函【比】毗志反
【炙】者夜反 敦弓既堅四鍭既鈞舍矢既均 敦弓畫弓也天子敦
弓鍭矢參亭巳均中蓺箋云舍之言釋也蓺質也周之先
王將養老先与群臣行射禮以擇其可與者以為賓【挾】音
彫注及下同徐又都雷反【鍭】音侯又音侯【鈞】規旬反【舍】音
捨注同【參】七南反【中】丁仲反下皆同【可与】者音預下与為
同一本直云可者先与字 序賓以賢 言賓客次序皆賢孔子射於矍相之圃觀者如堵牆射至
於司馬使子路執弓矢出延射曰奔軍之將亡国之大夫
與為人後者不入其餘皆入蓋去者半入者半又使公罔
之裘序點揚觶而語曰幼壯孝弟耆耋好禮不從流俗修
身以俟死者不在此位蓋去者半處者半序點又揚觶而
語曰好學不倦好禮不變耄勤稱道不亂者不在此位也
蓋僅有存焉箋云序賓以賢謂以射中多少為次第【矍】俱
縛反【相】息亮反【圃】布古反又音布【觀】古亂反又音官【堵】丁
古反【奔】音奮舊僨覆敗也【將】子匠反【點】都簟反【觶】之豉反及爵

名容三升語魚據反弟音悌耋徒節反好呼報反下皆
同不弗武反下同耄莫報反字或作旄同八十曰耄期音
其百年曰期頤僅其靳反敦弓既句既挾四鍭天子之弓合九而成規箋云射
禮搢三挾一箇言已挾四鍭則已徧釋之句古豆反說文
作彀云張弓曰彀挾子協反又子合反箇古貴反徧音遍
四鍭如樹言皆中也序賓以不侮言其皆有賢才也箋云不侮者敬也其人
敬於禮則射多中曾孫維主酒醴維醹酌以大斗以祈
黃耇曾孫成王也醹厚也大斗長三尺也祈報也箋云祈告也令我成王承先王之法度為主人亦既序
賓矣有醇厚之酒醴以大斗酌而嘗之而美故以告黃耇之人徵而養之也飲酒之禮曰告於先王君子可也醹如
主反說文厚酒也字林同音女父反斗字又作枓都口反徐又音主三尺也謂大斗之柄也醇音淳黃耇
台背以引以翼台背大老也引長翼敬也箋云台之言鮐也大老則背有鮐文既告老人
及其來也以禮引之以禮翼之在前曰引在旁曰翼台湯
來反徐又音臺爾雅云壽也鮐湯來反魚名一音夷

壽考維祺以介景福祺吉也箋云介助也養老人而得吉所以助大福也祺音其介音戒毛大也後皆放此

行葦八章章四句故言七章二章章六句五章章四句

既醉太平也醉酒飽德人有士君子之行焉成王祭宗廟旅醻下徧羣臣至于无筭爵故云醉焉乃見十倫之義志意充滿是謂之飽德大音泰後太平皆放此行下孟反第四章以下注皆同徧音遍下同見賢遍反

既醉以酒既飽以德既者盡其禮終其事箋云禮謂旅醻之屬事謂施惠先後及歸俎之類施音式豉反君子萬年介爾景福箋云君子斥成王也介助景大也成王女有萬年之壽天又助女以大福謂五福也

既醉以酒爾殽既將將行也箋云爾女也殽謂牲體也成王之為羣臣俎實以尊卑

差次行之君子萬年介爾昭明箋云昭光也昭明有融

高朗令終融長朗明也始於饗燕終於享祀箋云有又令善也天既助女以光明之道又

使之長有高明之譽而以善名終是其長也令終有俶公尸嘉告俶始也公

尸天子以卿言諸侯也箋云俶猶厚也既始有善令終又厚之公尸以善言告之謂嘏辭也諸侯有功德者入為天

子卿大夫故云公尸公君也俶尺叔反嘏古雅反其告維何籩豆靜嘉恒豆

之葅水草之和也其醢陸產之物也加豆陸產也其醢水物也籩豆之薦水土之品也不敢用常褻味而貴多品所

以交於神明者言道之徧至也箋云公尸所以善言告之是何故乎乃用籩豆之物絜清而美政平氣和所致故也

褻息列反清如字又才性反朋友攸攝攝以威儀言相攝佐者以威儀

也箋云朋友謂羣臣同志好者也言成王之臣皆有仕孝士君子之行其所以相攝佐威儀之事好呼報反威

儀孔時君子有孝子箋云孔甚也言成王之臣威儀甚得其宜皆君子之人有

孝子之行孝子不匱永錫爾類匱竭類善也箋云永長也孝子之行非有
竭極之時長以與女之族類謂廣之以教道天下也春秋傳曰頴考叔純孝也施及莊公匱求位反道音導施以豉
反其類維何室家之壼壼廣也箋云壼之言梱也其與女之族類云何乎室
家先以相梱致已乃及於天下壼苦本反梱苦本反致直置反君子萬年永錫祚胤
胤嗣也箋云永長也成王女有萬年之壽天又長予女福祚至于子孫○作本又作胙才路反胤羊刃反其
胤維何天被爾祿祿福也箋云天予女福祚至于子孫云何乎天覆被女以祿位
使祿臨天下被皮寄反注同君子萬年景命有僕僕附也箋云成王女既有
萬年之壽天之大命又附著於女謂使爲政教著直略反下同其僕維何釐爾女士
釐予也箋云天之大命附著於女云何乎予女以女而有士行者謂生淑媛使爲之妃釐力之反媛于眷反妃音配
又芳非反釐爾女士從以孫子箋云從隨也天既予女以女而有士行者又使

生賢知之子孫以隨之謂傳世也知音智傳直專反

旣醉八章章四句

鳧鷖守成也太平之君子能持盈守成神祇祖考安樂之也君子斥成王之言君子者太平之時則皆然非獨成王也鳧音符鷖於雞反蒼頡解詁云鷖鷗也一名水鴞祇祁支反樂音洛篇末注同

鳧鷖在涇公尸來燕來寧鳧水鳥也鷖鳧屬太平則萬物衆多箋云涇水名也水鳥而居水中猶人爲公尸之在宗廟也故以喻祭祀旣畢明日又設禮而與尸燕成王之時尸來燕也其心安不以已實臣之故自嫌言此者美成王事尸之禮備

爾酒旣清爾殽旣馨公尸燕飲福祿來成馨香之遠聞也箋云爾者女成王也女酒殽清美以與公尸燕樂飲酒之故祖考以福祿來成女聞音問或如字

鳧鷖在沙公尸來燕來宜沙水旁也宜宜其事

也箋云水鳥以居水中爲常今出在水旁喻祭四方百物之尸也其來燕燕也心自以爲宜亦不以已實臣自嫌也

爾酒既多爾殽既嘉言酒品齊多而殽備美【齊】才細反公尸燕飲福禄來爲厚爲孝子也箋云爲猶助也助成王也【爲】于僞反注同協句如字鳧鷖在渚公尸來燕來處渚沚也處止也箋云水中之有渚猶平地之有丘也喻祭天地之尸也以配至尊之故其來燕似若止得其處【渚】之與反【沚】音止

爾酒既湑爾殽伊脯公尸燕飲福禄來下箋云湑酒之泲者也天地之尸尊事尊不以褻味泲酒脯而巳【湑】息汲反【泲】子禮反字又作[illegible]同

鳧鷖在潨公尸來燕來宗潨水會也宗尊也箋云潨水外之高者也有瘞埋之象喻祭社稷山川之尸其來燕也有尊主人之意【潨】在公反說文云小水入大水也徐云鄭音在容反【瘞】於例反【埋】亡皆反字亦作薶同既燕于宗福禄攸降公尸燕飲福禄來崇崇重也箋云既盡也宗尊

宗也君羣臣下及民盡有祭社之禮而燕飲焉爲福禄所下也今王宗社又以尸燕福禄之來乃重厚也天子以下其社神同故云然降戶江反重直龍反下同

鳧鷖在亹公尸來止熏熏亹山絶水也熏熏和説也箋云亹之言門也燕上祀之尸於門戶之外故以喻焉其來也不敢當王之燕禮故變言來止熏熏坐不安之意亹音門熏許云反説文作醺云醉也説音悦旨酒欣欣燔炙芬芬公尸燕飲無有後艱欣欣然樂也芬芬香也無有後艱言不敢多祈也箋云艱難也小神之尸卑用美酒有燔炙可用褻味也又不能致福禄但令王自今無有後艱而已令力呈反

鳧鷖五章章六句

假樂嘉成王也

假樂君子顯顯令德宜民宜人受禄于天假嘉也宜民宜人宜安民宜官人也箋云顯顯光也天嘉樂成王有光光之善德安民官人皆得其宜以受福禄於天假音暇保右命之自天申之申重也箋云成

王之官人也君羣臣保右而舉之乃後命用之又用天意申勑之如舜之勑伯禹伯夷之屬【右】音又助也注同【重】直用

反千祿百福子孫千億穆穆皇皇宜君宜王

宜君王天下也箋云干求也十萬曰億天子穆穆諸侯皇皇成王行顯顯之令德求祿得百福其子孫亦勤行而求之得祿千億故或爲諸侯或爲天子言皆相勗以道○宜君宜王宜一本作且字【勗】香玉反

不愆不忘率由舊章

箋云愆過率循也成王之令德不過誤不遺失循用舊典之文章謂周公之禮法【愆】起連反

威儀抑抑德音秩秩無怨無惡率由群匹

抑抑美也秩秩有常也箋云抑抑密也秩秩清也成王立朝之威儀致密無所失教令又清明天下皆樂仰之無有怨惡循用群臣之賢者其行能匹耦己之心【惡】烏路反又如字注同【朝】直遥反【致】直治反本或作緻【行】下孟反

受福無疆四方之綱之綱之紀燕及朋友

朋友群臣也箋云成王能爲天下之綱紀謂立法度以理治之也其燕飲常與群臣非徒樂族人而已【疆】居良反下

篇同樂音洛百辟卿士媚于天子不解于位民之

攸塈塈息也箋云百辟畿内諸侯也卿士卿之有事也媚愛也成王以恩意及羣臣羣臣故皆愛之不解於其職位民之所以休息由此也辟音璧注同媚眉備反注同解佳買反注同塈許器反

假樂四章章六句

公劉召康公戒成王也成王將涖政戒以民事美公劉之厚於民而獻是詩也公劉若后稷之曾孫也夏之始衰見迫逐遷於豳而有居民之道成王始幼少周公居攝政及歸之成王將涖政召公與周公相成王爲左右召公懼成王尚幼稚不留意於治民之事故作是詩美公劉以深戒之○公劉王云公號劉名也尚書傳云公爵劉名也召本亦作邵上照反後皆同涖音利又音類徐力自反夏戶雅反下夏人同少詩照反相息亮反

篤公劉匪居匪康迺埸迺疆迺積迺倉迺裹餱

糧于橐于囊思輯用光篤厚也公劉居於邰而遭夏人亂迫逐公劉公劉乃辟中國之難遂平西戎而遷其民邑於豳焉廼埸廼疆言修其疆埸也廼積廼倉言民事時和國有積倉也小曰橐大曰囊思輯用光言民相與和睦以顯於時也箋云厚乎公劉之爲君也不以所居爲居不以所安爲安邰國乃有疆埸也乃有積委及倉也安安而能遷積而能散爲夏人迫逐已之故不忍鬬其民乃裹糧食於橐囊之中棄其餘而去思在和其民人用光大其道爲今子孫之基埸音亦裹音果餱音侯食也字或作糇糧本亦作粮音良糇也橐他洛反囊乃郎反說文云無底曰橐有底曰囊輯音集又七立反難乃旦反積委上子智反下於偽反爲于偽反又如字

弓矢斯張干戈戚揚爰方啓行戚斧也揚鉞也張其弓矢秉其干戈戚揚以方開道路去之豳蓋諸侯之從者十有八國焉箋云干盾也戈句孑戟也爰曰也公劉之去邰整其師旅設其兵器告其士卒曰爲女方開道而行明已之遷非爲迫逐之故乃欲全民也戚七歷反鉞音越從才用反又如字盾字又作楯順允反又音允句音鉤卒尊忽反下餘卒士卒皆同爲于偽反下非爲爲公劉皆爲同

篤公劉于胥斯原既庶既繁既順迺宣而無永嘆 胥相宣徧也民無長嘆猶文王之無悔也箋云于於也廣平曰原厚乎公劉之於相此原地以居民民既衆矣既多矣既順其事矣又乃使之時耕民皆安今之居而無長嘆思其舊時也 嘆他安反字或作歎 徧音遍 相息亮反下相此皆同

陟則在巘復降在原何以舟之維玉及瑤鞞琫容刀 巘小山別於大山也舟帶也瑤言有美德也下曰鞞上曰琫言德有度數也容刀言有武事也箋云陟升降下也公劉之相此原地也由原而升巘復下在原言反覆之重居民也民亦愛公劉之如是故進玉瑤容刀之佩 巘本又作甗魚輦反又音言又音魚偃反又音彥 復音服又扶又反注復下同 瑤音遙 鞞必頂反 琫必孔反 別彼列反 覆本亦作復同芳福反

篤公劉逝彼百泉瞻彼溥原迺陟南岡乃覯于京 溥大覯見也箋云逝往瞻視溥廣也山脊曰岡絶高爲之京厚乎公劉之相此原地也往之彼百泉之間視其廣原可居之處乃升其南山之脊乃

見其可居者於京謂可營立都邑之處溥音普覯古豆反處昌慮反下之處同京師之野于時處處于時廬旅于時言言于時語語是京乃大衆所宜居之也廬寄也直言曰言論難曰語箋云于於時是也京地乃衆民所宜居之野也於是處其所當處者廬舍其賓旅言其所當言語其所當語謂安民館容施教令也廬力居反論魯困反難乃旦反館舍一本作館客篤公劉于京斯依蹌蹌濟濟俾筵俾几箋云蹌蹌濟濟士大夫之威儀也俾使也厚乎公劉之居於此京依而築宮室其既成也與羣臣士大夫飲酒以落之羣臣則相使爲公劉設凡筵使之升坐既登乃依乃造其曹執豕于牢酌之用匏賓已登席坐矣乃依几矣曹羣也執豕于牢新國則殺禮也酌之用匏儉以質也箋云公劉既登堂負扆而立羣臣乃適其牧羣搏豕於牢中以爲飲酒之殽酌酒以匏爲爵言忠敬也依毛如字鄭於豈反箋云或扆字造七報反匏步交反殽所戒反搏音博沈音付食之飲之君之宗之爲之

君爲之大宗也箋云宗尊也公劉雖去邰國來遷群臣從而君之尊之猶在邰也〔食〕音嗣〔飲〕於鴆反篤公劉既溥既長既景乃岡相其陰陽觀其流泉既景乃岡考於日景參之高岡箋云厚乎公劉之居豳也既廣其地之東西又長其南北既以日景定其經界於山之脊觀相其陰陽寒煖所宜流泉浸潤所及皆爲利民富國〔相〕息亮反注同〔煖〕況袁反又乃管反〔浸〕子鴆反其軍三單度其隰原徹田爲糧三單相襲也徹治也箋云邰后稷上公之封大國之制三軍以其餘卒爲羨今公劉遷於豳民始從之丁夫適滿三軍之數單者無羨卒也度其隰與原田之多少徹之使出稅以爲國用什一而稅謂之徹魯哀公曰二吾猶不足如之何其徹也〔單〕音丹〔度〕待洛反注及下同〔羨〕音賤又音衍下同度其夕陽豳居允荒山西曰夕陽荒大也箋云允信也夕陽者豳之所處也度其廣輪豳之所處信寬大也〔廣〕古曠反篤公劉于豳斯館涉渭爲亂取厲取鍛館舍也正絕流曰亂鍛石也箋云鍛石所以爲鍛質也厚

乎公劉於豳地作此宮室乃使人渡渭水為舟絶流而南取鍛厲斧斤之石可以利器用伐取材木給築事也〔厲〕本又作礪〔鍛〕本又作碫丁亂反鍛說文云碫厲石字林大奐反〔材〕一本作林

止基迺理爰衆爰有夾其皇澗遡其過澗皇澗名也遡鄉也過澗名也箋云爰曰也止基作宮室之功止而後疆理其田野校其夫家人數曰益多矣器物有足矣皆布居澗水之旁〔夾〕古洽反又古協反〔澗〕古晏反〔遡〕音素〔過〕古禾反注同〔鄉〕本又作嚮許亮反又與卷阿篇注同〔校〕音教

止旅迺密芮鞫之即密安也芮水厓也鞫究也箋云芮之言内也水之内曰隩水之外曰鞫公劉居豳既安軍旅之役止士卒乃安亦就澗水之内外而居修田事也〔芮〕本又作汭如鋭反〔鞫〕居六反〔厓〕五佳反字亦作涯〔隩〕於六反又於報反字或作澳

公劉六章章十句

泂酌召康公戒成王也言皇天親有德饗有

道也〔泂〕音迥 泂酌彼行潦挹彼注茲可以餴饎 洞遠也行潦流潦也餴餾也饎酒食也箋云流潦水之薄者也遠酌取之投大器之中又挹之注之於此小器而可以沃酒食之分者以有忠信之德齊絜之誠以薦之故也春秋傳曰人不易物惟德繄物〔潦〕音老〔挹〕音揖又音邑〔餴〕甫云反又作饙字書云一蒸米也〔饎〕尺志反字林充之反〔餾〕力又反又音留爾雅饙餾餁也孫炎云蒸之曰饙均之曰餾郭云餴熟爲餾〔齊〕側皆反本或作齋〔絜〕於乎反 豈弟君子民之父母 以樂彊教之易以說安之民皆有父之尊有母之親〔樂〕音洛〔易〕羊豉反〔說〕音悅 泂酌彼行潦挹彼注茲可以濯罍 濯滌也罍祭器〔罍〕音雷〔滌〕徒歷反 豈弟君子民之攸歸 泂酌彼行潦挹彼注茲可以濯溉 溉清也〔溉〕古愛反〔清〕才性反以如字 豈弟君子民之攸塈 箋云塈息也

泂酌三章章五句

卷阿召康公戒成王也言求賢用吉士也吉猶善也【卷】音權篇內同

有卷者阿飄風自南興也卷曲也飄風回風也惡人被德化而消猶飄風之入曲阿也箋云大陵曰阿有大陵卷然而曲迴風從長養之方來入之興者喻王當屈體以待賢者賢者則猥來就之如飄風之入曲阿然其來也爲長養民【飄】避遙反本亦作票【被】皮寄反【長】張丈反下同【猥】烏罪反【爲】于僞反

豈弟君子來游來歌以矢其音矢陳也箋云王能待賢者如是則樂易之君子來就王游而歌以陳出其聲音言其將以樂王也感王之善心也【樂】音洛下樂王同【易】以豉反後樂易皆放此

伴奐爾游矣優游爾休矣伴奐廣大有文章也箋云伴奐自縱弛之意也賢者既來王以才官秩之各任其職女則得伴奐而優游自休息也孔子曰无爲而治者其舜也与恭己正南面而已言任賢欲逸也【伴】音判徐音畔【奐】徐音換【縱】子用反本又作從【弛】本又作施同書氏反【任】音壬或如鴆反【治】直交反下爲治同【与】音餘【共】音恭

豈弟君子俾爾彌

爾性似先公酋矣彌終也似嗣也酋終也箋云俾使也樂易之君子來在位乃使女終女之性命无困病之憂嗣先君之功而終載之〔酋〕在由反又子由反又在幽反爾土宇昄章亦孔之厚矣昄大也箋云土宇謂居民以土地屋宅也孔甚也女得賢者與之為治使居宅民大得其法則王恩惠亦甚厚矣勸之使然〔昄〕徐符版反孫炎郭璞方蒲反字林方但反又方旦反豈弟君子俾爾彌爾性百神爾主矣箋云使女為百神主謂群臣受饗食而佐之爾受命長矣茀祿爾康矣茀小也箋云茀福康安也女得賢者與之承順天也則受久長之命福祿又安女〔茀〕沈云毛音弗徐云鄭音廢一云毛方味反鄭芳弗反豈弟君子俾爾彌爾性純嘏爾常矣嘏大也箋云純大也予福曰嘏使女大受神之福以為常有馮有翼有孝有德以引以翼有馮有翼道可馮依以為輔翼也引長翼敬也箋云馮馮几也翼助也有孝斥成王也有德謂群臣也王之祭祀擇

賢者以爲尸尊之豫撰几擇佐食朝中有孝子有群臣尸之入也使祝贊道之扶翼之尸至設几佐食助之尸者神
象故事之如祖考〔馮〕符冰反注同本又作馮〔撰〕士戀反又士轉反具也本亦作饌〔道〕徒報反本亦作道寸 豈
弟君子四方爲則 箋云則法也王之臣有是樂易之君子則天下莫不放效以爲法〔放〕方往反
顒顒卬卬如圭如璋令聞令望 顒顒温皃卬卬盛皃
箋云令善也王有賢臣與之以禮義相切瑳體貌則顒顒然敬順志氣則卬卬然髙朗如玉之圭璋也人聞之則有
善聲譽人望之則有善威儀德行相副〔顒〕魚恭反〔卬〕五剛反〔聞〕音問本亦作問〔望〕如字協韻音亡〔瑳〕七何反或作差
〔行〕下孟反 豈弟君子四方爲綱 箋云綱者能張衆目 鳳皇于飛
翽翽其羽亦集爰止 鳳皇靈鳥仁瑞也雄曰鳳雌曰皇翽翽衆多也箋云翽翽羽声
也亦亦衆鳥也爰于也鳳皇往飛翽翽然亦与衆鳥集於所止衆鳥慕鳳皇而來喻賢者所在群臣皆慕而往仕也
因時鳳皇至故以喻焉〔翽〕呼會反字林云飛聲也口外反〔瑞〕垂僞反 藹藹王多吉士

維君子使媚于天子藹藹猶濟濟也箋云媚愛也王之朝多善士藹藹然君子

在上位者率化之使之親愛天子奉職盡力藹於害反說文作譪譪云臣盡力之美也朝直遥反鳳皇

于飛翽翽其羽亦傅于天箋云傅猶戾也傅音附藹藹王

多吉人維君子命媚于庶人箋云命猶使也善士親愛庶人謂撫擾之

令不失職令力呈反下欲令令同鳳皇鳴矣于彼高岡梧桐生矣

于彼朝陽梧桐柔木也山東曰朝陽梧桐不生山岡大平而後生朝陽箋云鳳皇鳴于山脊之

上者居高視下觀可集止喻賢者待禮乃行翔而後集梧桐生者猶明君出也生於朝陽者被溫仁之氣亦君德也

鳳皇之性非梧桐不棲非竹實不食梧音吾被皮寄反棲音西菶菶萋萋雝雝喈

喈梧桐盛也鳳皇鳴也臣竭其力則地極其化天下和治則鳳皇樂德箋云菶菶萋萋喻君德盛也雝雝喈喈

喻民臣和協萋七西反喈音皆君子之車既庶且多君子之

馬既閑且馳也上能錫以車馬行中節馳中法也箋云厥衆閑習也今賢者在位王錫其車衆多矣其馬又閑習於威儀能馳矣大夫有乘馬有貳車中丁仲反下同乘繩證反矢詩不多維以遂歌不多多也明王使公卿獻詩以陳其志遂爲工師之歌焉箋云矢陳也我陳作此詩不復多也欲令遂爲樂歌王日聽之則不損今之成功也復扶又反

卷阿十章六章章五句四章章六句

民勞召穆公刺厲王也厲王成王七世孫也時賦歛重數繇役煩多人民勞苦輕爲姦宄彊陵弱衆暴寡作寇害故穆公以刺之○民勞如字從此至桑柔五篇是厲王變大雅斂力豔反數音朔繇本亦作䌛音遙宄音軌本亦作軌民亦勞止汔可小康惠此中國以綏四方汔危也中国京師也四方諸夏也箋云汔幾也康綏皆安也惠愛也今周民罷勞矣王幾可以小安之乎愛京師之人以安天下京師者諸夏之根本汔許一反說文巨乞反夏户雅反下同幾音祈下

同【罷】音皮無縱詭隨以謹無良式遏寇虐憯不畏明詭隨詭人之善隨人之惡者以謹無良慎小以懲大也憯曾也箋云謹猶慎也良善式用遏止也王爲政無聽於詭人之善不肯行而隨人之惡者以此勑慎無善之人又用此止爲寇虐曾不畏敬明白之刑罪者疾時有之【詭】俱毀反【遏】於葛反柔遠能邇以定我王柔安也箋云能猶侞也邇近也安遠方之國順侞其近者當以此定我國家爲王之功言我者同姓親也【柔】本亦作揉【侞】舊音如庶反廣雅云如若也均也民亦勞止汔可小休惠此中國以爲民逑休定也逑合也箋云休止息也合聚也【逑】音求無縱詭隨以謹惽怓式遏寇虐無俾民憂惽怓大亂也箋云惽怓讙譁也謂好爭者也俾使也【惽】音昏說文作昬云怓也釋文惽亦不憭也【怓】女交反【讙】音歡又許元反無棄爾勞以爲王休休美也箋云勞猶功也無廢女始時勤政事之功以爲女王之美述其始時者誘掖之也民亦勞止汔可小息惠此

京師以綏四國息止也無縱詭隨以謹罔極式遏寇虐無俾作慝慝惡也箋云罔無極中也無中所行不得中正綏音雖安也慝吐得反敬慎威儀以近有德求近德也近附近之近註同民亦勞止汔可小愒惠此中國俾民憂泄愒息泄去也箋云泄猶出也發也愒起例反泄以世反又息列反無縱詭隨以謹醜厲式遏寇虐無俾正敗醜衆厲危也箋云厲惡也春秋傳曰其父爲厲厲壞也無使先王之正道壞戎雖小子而式弘大戎大也箋云戎猶女也式用也弘猶廣也今王女雖小子自遇而女用事於天下甚廣大也易曰君子出其言不善則千里之外應之況其邇者乎出其言不善則千里之外違之況其邇者乎是以此戒之應應對之應民亦勞止汔可小安惠此中國無有殘賊義曰殘箋云王愛此京師之人則天下邦國之君不爲殘酷矣無縱詭隨以謹

繾綣式遏寇虐無俾正反 繾綣反覆也繾音遣綣起阮反覆芳服反音福

王欲玉女是用大諫 箋云王者君子比德焉王乎我欲令女如玉然故作是詩用大諫正女此穆公至忠之言令力呈反

民勞五章章十句

板凡伯刺厲王也 箋云凡伯周同姓周公之胤也入爲王卿士

上帝板板下民卒癉出話不然爲猶不遠 板板反也上帝以稱王者也癉病也話善言也猶道也箋云猶謀也王爲政反先王與天之道天下之民盡病其出善言而不行之也然爲謀不能遠圖不知禍之將至板音版卒子恤反癉當但反出如字話户快反

靡聖管管不實於亶 管管無所依繫亶誠也箋云王無聖人之法度管管然以心自恣不能用實於誠信之言言行相違也亶丁旦反行下孟反

猶之未遠是用大諫 猶圖也箋云王之謀不能圖遠用是

故我大諫王也天之方難無然憲憲天之方蹶無然泄

泄憲憲猶欣欣也蹶動也泄泄猶沓沓也箋云天斥王也王方欲艱難天下之民又方變更先王之道臣乎女無

憲憲然無沓沓然爲之制法度達其意以成其惡【憲】許建反【蹶】俱衛反【泄】徐以世反爾雅云憲憲泄泄制法則也說

文作呭云多言也辭之輯矣民之洽矣辭之懌矣民之莫

矣輯和洽合懌說莫定也箋云辭辭氣謂政教也王者政教和說順於民則民心合定此戒語時之大臣【輯】音集

又七入反【懌】音亦【說】音悅下同我雖異事及爾同僚我即爾謀

聽我囂囂僚官也囂囂猶嗸嗸也箋云及與即就也我雖與爾職事異者乃與女同官俱爲卿士我

就女而謀及忠告以善道女反聽我言嗸嗸然不肯受【僚】字又作寮力彫反【囂】五刀反【嗸】五報反【道】音導下牖道道

民皆同我言維服勿以爲笑先民有言詢于芻蕘

芻蕘薪采者箋云服事也我所言乃今之急事女無笑之古之賢者有言有疑事當與薪采者謀之匹夫匹婦或知及之

况於我乎芻初俱反蕘如謡反天之方虐無然謔謔老夫灌灌小子蹻蹻謔謔然喜樂灌灌猶款款也蹻蹻驕貌箋云今王方為酷虐之政女無謔謔然以讒慝助之老夫諫女款款然自謂也女反蹻蹻然如小子不聽我言謔虛虐反灌古亂反蹻其畧反樂音洛悦也款如字匪我言耄爾用憂謔多將熇熇不可救藥八十曰耄熇熇然熾盛也箋云將行也今我言非老耄有失誤乃告女用可憂之事而女反如戲謔多行熇熇慘毒之惡誰能止其禍耄莫報反熇徐許酷反沈又許各反天之方懠無為夸毗威儀卒迷善人載尸懠怒也夸毗体柔人也箋云王方行酷虐之威怒女無夸毗以形体順從之君臣之威儀盡迷亂賢人君子則如尸矣不復言語時厲王虐而弭謗懠才細反夸苦花反復扶又反弭弥耳反民之方殿屎則莫我敢葵喪亂蔑資曾莫惠我師殿屎呻吟也蔑無資財也箋云葵揆也民方愁苦而呻吟則忽然無有揆度知其然者其遭喪禍又素以賦斂空虛無財貨以共其事窮

困如此又曾不肯惠施以賙贍衆民言無恩也殿都練反郭音拈說文作唸屎許伊反說文作吚呻音申吟如字度待洛反歛力豔反共音供施式豉反賙音周贍市豔反

天之牖民如壎如篪如璋如圭如取如攜牖道也如壎如篪言相和也如璋如圭言相合也如取如攜言必從也箋云王之道民以禮義則民和合而從之如此壎許元反篪音池攜下圭反

攜無曰益牖民孔易民之多辟無自立辟辟法也箋云易易也女攜掣民東與西與民皆從女所為無曰是何益為道民在已甚易也民之行多為邪僻者乃汝君臣之過無自謂所建為法也辟婢亦反易以豉反下同

价人維藩大師維垣大邦維屏大宗維翰价善也藩屏也垣墻也王者天下之大宗翰幹也箋云价甲也被甲之人謂卿士掌軍事者大師三公也大邦成國諸侯也大宗王之同姓之適子也王當用公卿諸侯及宗室之貴者為藩屏垣幹為輔弼無疏遠之价音界藩方元反大音泰翰胡旦反垣音袁被皮寄反適丁歷反

懷德維寧宗子維城無俾

城壞無獨斯畏懷和也箋云斯離也和女德無行酷虐之政以安女國以是爲宗子之城使免於難遂行酷虐則禍及宗子是謂城壞城壞則乖離而女獨居而畏矣宗子謂王之適子也敬天之怒無敢戲豫敬天之渝無敢馳驅戲豫逸豫也馳驅自恣也箋云渝變也【渝】用朱反昊天曰明及爾出王昊天曰旦及爾游衍王往旦明游行衍溢也箋云及與也昊天在上人仰之皆謂之明常與汝出入往來游溢相從視女所行善惡可不愼乎【昊】胡老反【曰】音越下同【衍】餘戰反一音延

板八章章八句

生民之什十篇六十五章四百三十三句

毛詩卷第十七

毛詩卷第十八

蕩之什詁訓傳第二十五

毛詩大雅　鄭氏箋

蕩召穆公傷周室大壞也厲王無道天下蕩蕩無綱紀文章故作是詩也【蕩】唐黨反【召】時照反本又作邵卷内召公召伯皆同

蕩蕩上帝下民之辟上帝以託君王也辟君也箋云蕩蕩法度廢壞之貌厲王乃以此居人上爲天下之君言其無可象則之甚【辟】匹亦反又作僻疾威上帝其命多辟疾病人也威罪人矣箋云疾病人者重賦斂也威罪人者峻刑法也其政教多邪僻不由舊章【辟】音義見上【斂】力豔反【峻】荀潤反本亦作駿【邪】似嗟反天生烝民其命匪諶靡不有初鮮克有終諶誠也箋云烝衆鮮寡克能也天之生此衆民其教道之非當以誠信使之忠厚乎今則不然民始

皆庶幾於善道後更化於惡俗烝之承反諶市林反鮮息淺反注同道音導本作導文王曰咨咨汝殷商曾是彊禦曾是掊克曾是在位曾是在服咨嗟也彊禦彊梁禦善也掊克自伐而好勝人也服服政事也箋云厲王弭謗穆公朝廷之臣不敢斥今王之惡故上陳文王咨嗟殷紂以切刺之女曾任用是惡人使之處位執職事也禦魚呂反掊蒲侯反掊克聚斂也徐又甫垢反天降滔德女興是力天君滔慢也箋云厲王施倨慢之化女羣臣又相與而力爲之言競於惡滔他刀反慢亡見反本亦作漫又作嫚倨居庶反文王曰咨咨女殷商而秉義類彊禦多懟流言以對寇攘式內對遂也箋云義之言宜也類善式用也女執事之臣宜用善人反任彊禦衆懟爲惡者皆流言謗毀賢者王若問之則又以對寇盜攘竊爲姦宄者而王信之使用事於內○言汝當用善類而反任此暴虐多怨之人使用流言以應對則是爲寇盜攘竊而反居內矣是以致怨謗之無極也懟直類反怨也流音留流言浮浪不根之言也攘如羊反式如字姦本作姧宄

音軌侯作侯祝靡屆靡究作祝詛也屆極究窮也箋云侯維也王與君羣臣乖爭而相疑日祝詛求其凶咎無極已作側慮反注同本或作呪祝音周救反注同本或作呪非屆音界究音救文王曰咨咨女殷商女炰烋于中國斂怨以為德炰烋猶彭亨也箋云炰烋自矜氣健之貌斂聚群不逞作怨之人謂之有德而任用之炰白交反烋火交反注同亨許庚反逞勑領反不明爾德時無背無側後無臣側無人也箋云無臣無人謂賢者不用背而內反又蒲妹反後也爾德不明以無陪無卿無陪二也無卿士也陪本又作培蒲廻反文王曰咨咨女殷商天不湎爾以酒不義從式義宜也箋云式法也天不同女顏色以酒有沈湎於酒者是乃過也不宜從而去行之湎面善反徐莫顯反飲酒齊色曰湎韓詩云飲酒閉門不出容曰湎既愆爾止靡明靡晦式號式呼俾晝作夜使晝為夜也箋云愆過也女既

過沈湎矣又不爲明晦無有止息醉則號呼相傚用晝日作夜不視政事【愆】本又作㥶言起連反【號】戶刀反注同【呼】火胡反又火故反注同崔本作謼或一本作或號或呼【俾】必爾反本亦作卑後皆同【耽】本或作湛都南反【爲】于僞反

文王曰咨咨女殷商如蜩如螗如沸如羹 蜩蟬也螗蝘也箋云飲酒號呼之聲如蜩螗之鳴其笑語沓沓又如湯之沸羹之方熟【蜩】音條【螗】音唐【沸】方味反【蟬】市延反字林云蟪蛄【蝘】音偃蟬屬也草木疏云一名蝍蟟青徐謂之螇螰楚人名之蟪蛄秦燕謂之蛥蚗或名之蜓蚞郭云俗呼爲胡蟬江南謂之唐蜩【沓】徒荅反

小大近喪人尚乎由行 言居人上欲用行是道也箋云殷紂之時君臣失道如此且喪亡矣時人化之甚尚欲從而行之不知其非【近】附近之近又如字注同

內奰于中國覃及鬼方 奰怒也不醉而怒曰奰鬼方遠方也箋云此言時人忕於爲惡雖有不醉猶好怒【奰】皮器反舊音備【覃】徒南反【忕】市制反又時設反說文云習也【好】呼報反

文王曰咨咨女殷商匪上帝不時殷不用舊 箋云

此言紂之亂非其生不得其時乃不用先王之故法之所致

雖無老成人尚有典刑 箋云老成人謂若伊尹伊陟臣扈之屬雖无此臣猶有常事故法可案用也 扈音户

曾是莫聽大命以傾 箋云莫无也朝廷君臣皆任喜怒曾无用典刑治事者以至誅滅

文王曰咨咨女殷商人亦有言顛沛之揭枝葉未有害本實先撥 顛仆沛拔也揭見根貌箋云揭蹷貌撥猶絕也言大木揭然將蹷枝葉未有折傷其根本實先絕乃相隨俱顛拔喻紂之官職雖俱存紂誅亦皆死 顛都田反 沛音貝 揭紀竭反 撥蒲末反 仆蒲北反又音赴 拔皮八反又本末反 見賢遍反謂樹根露見王如字言可見 蹷其厥反洗居衛反一音厥

殷鑒不遠在夏后之世 箋云此言殷之明鏡不遠也近在夏后之世謂湯誅桀也後武王誅紂今之王何以不用為戒 夏户雅反注同

蕩八章章八句

抑衛武公刺厲王亦以自警也自警者如彼泉流无淪胥以亡

【抑】於力反【警】居領反 抑抑威儀維德之隅人亦有言靡哲不愚 抑抑密也隅廉也靡非哲不愚國有道則知國无道則愚箋云人密審於威儀抑抑然是其德必嚴正也古之賢者道行心平可外占而知內如宮室之制內有繩直則外有廉隅今王政暴虐賢者皆佯愚不為容貌如不肖然【哲】本又作喆亦作悊陟列反智也下同【知】音智 庶人之愚亦職維疾哲人之愚亦維斯戾 職主戾罪也箋云庶衆也衆人性无知以愚為主言是其常也賢者而為愚畏懼於罪也 無競維人四方其訓之有覺德行四國順之 無競競也訓教覺直也箋云競彊也人君為政无強於得賢人得賢人則天下教化於其俗有大德行則天下順從其政言在上所以倡道【倡】昌亮反【道】徒報反本亦作導下教道同【行】下孟反 訏謨定命遠猶辰告 訏大謨謀猶道辰時也箋云猶圖也大謀定命謂正月始和布政于

邦國都鄙也爲天下遠圖庶事而以歲時告施之【訏】況于反【謨】莫蒲反沈云本亦作漠音莫【爲】于僞反篇末今我爲王同

敬愼威儀維民之則箋云則法也其在于今興迷亂于政顚覆厥德荒湛于酒箋云于今謂今厲王也興猶尊尚也王尊尚小人迷亂於政事者以傾敗其功德荒廢其政事又湛樂於酒言愛小人之甚【覆】芳服反下覆謂覆用并注同【湛】都南反注及下同【樂】音洛下文及注同

女雖湛樂從弗念厥紹罔敷求先王克共明刑紹繼共執刑法也箋云罔无也女君臣雖好樂嗜酒而相從不當念繼女之後人將儌女所爲无廣索先王之道以能勅法度之人乎切責之也【共】九勇反報也注同【好】呼報反【耆】市志反【儌】戶教反【索】所白反

肆皇天弗尚如彼泉流無淪胥以亡淪率也箋云肆故今也胥皆也王爲政如是故今皇天不高尚之所謂仍下與異也王自絕於天如泉水之流稍就虛竭無見率引爲惡皆與之以亡戒羣臣不中行者將并誅之【淪】音倫

夙興夜寐洒

埽廷内維民之章 洒灑章表也箋云章文章法度也厲王之時不恤政事故戒群臣掌事者以此也 洒色懈反注同又所寄反 埽素報反 廷音庭 灑色蟹反 修爾車馬弓矢戎兵用戒戎作用逷蠻方 逷遠也箋云逷當作剔剔治也蠻方蠻畿之外也此時中國微弱故復戒將率之臣以治軍實女當用此備兵事之起用此治九州之外不服者 逷他歷反沈上益反 復扶又反 將子匠反 率所類反本或作帥 質爾人民謹爾侯度用戒不虞 質成也不虞非度也箋云侯君也此時万民失職亦不肯趨公事故又戒鄉邑之大夫及邦國之君乎女萬民之事慎女為君之法度用備不億度而至之事 度待洛反下同 慎爾出話敬爾威儀無不柔嘉 話善言也箋云言謂教令也柔安嘉善也 話户快反 白圭之玷尚可磨也斯言之玷不可為也 玷缺也箋云斯此也玉之缺尚可磨鑢而平人君政教一失誰能反覆之 玷丁簟反沈丁念反說文作刮 鑢音慮 覆音服又豐服反亦作服

無易由言無曰苟矣莫捫朕舌言不可逝矣莫无捫持也箋云由於逝往也女无輕易於教令无曰苟且如是今人无特我舌者而自聽恣也教令一往行於下其過誤可得而已之乎易以豉反注同捫音門無言不讎無德不報惠于

朋友庶民小子讎用也箋云惠順也教令之出如賣物物善則其售賈貴物惡則其售賈賤德加於民民則以義報之王又當施順道於諸侯下及衆民之子弟讎市由反徐云鄭市又反售市又反一本作讎謂讎物價也此音則與毛同賈加霸反下同子孫繩繩萬民靡不承箋云繩繩戒也王之子孫敬戒行王之教令天下之民不承順之乎言承順也靡一本作是視爾友君

子輯柔爾顏不遐有愆輯和也箋云柔安遐遠也今視女之諸侯及卿大夫皆脅肩諂笑以和安女顏色是於正道不遠有罪過乎言其近也輯徐音集又七入反脅本又作胎香及反又虛劫反況又於闔反諂勑檢反趙岐注孟子云脅肩竦體也諂笑強笑也近依字一本近下有之字音附近之近相

在爾室尚不媿于屋漏無曰不顯莫予云覯
西北隅謂之屋漏覯見也箋云相助顯明也諸侯卿大夫
助祭在女宗廟之室尚无肅敬之心不慙媿於屋漏有神
見人之爲也女无謂是幽昧不明无見我者神見女矣屋
小帳也漏隱也礼祭於奧既畢改設饌於西北隅而厞隱
之処此祭之末也【相】息亮反注同【媿】俱位反【屋】如字或去
鄭於角反【漏】魯豆反【覯】古豆反【奧】烏報反西南隅謂之奧
【饌】仕眷反【厞】扶味反
沈云許慎凡非反
神之格思不可度思矧可
射思格至也箋云矧况射猒也神之來至去止不可度
知况可於祭末而有猒倦乎【度】待洛反注度知同
【矧】申忍反
【射】音亦
辟爾爲德俾臧俾嘉淑慎爾止不愆
于儀不僭不賊鮮不爲則女爲善則民爲善矣止
至也爲人君止於仁爲
人臣止於敬爲人子止於孝爲人父止於慈与国人交止
於信僭差也箋云辟法也止容止也當審法度女之施德
使之爲民臣所善所美又當善慎女之容止不可過差於
威儀女所行不信不殘賊者少矣其不爲人所法【僭】本亦

作譖音子念反注及下我譖同【鮮】息淺反投我以桃報之以李箋云此言善往則善來人无行而不得其報也投猶擲也【擲】直赤反彼童而角實虹小子童羊之无角者也而角自用也虹潰也箋云童羊譬王后也而角者喻與政事有所害也此人實潰亂小子之政礼天子未除喪稱小子【虹】戶公反鄭戶江反【潰】戶對反荏染柔木言緡之絲溫溫恭人維德之基緡被也溫溫寬柔也箋云柔忍之木荏染然人則被之弦以為弓寬柔之人溫溫然則能為德之基止言內有其性乃可以有為德也【荏】而甚反【染】而漸反【緡】亡巾反【恭】本亦作共音恭【被】皮寄反下同【忍】音刃本亦作刃其維哲人告之話言順德之行其維愚人覆謂我僭民各有心話言古之善言也箋云覆猶反也僭不信也語賢知之人以善言則順行之告愚人反謂我不信民各有心二者意不同也【話】戶快反說文作話云話故言也【行】如字【哲】如字【語】魚慮反下而語之同【知】音智於乎小子未知臧否匪

手攜之言示之事匪面命之言提其耳箋云臧善也於乎傷王不知善否我非但以手攜掣之親示以其事之是非我非但對面語之親提撕其耳此言以教道之孰不可啓覺攜音鳥乎音呼凡此二字相連音皆放此否音鄙注同臧善也否惡也提音啼掣尺世反拽也撕音西

借曰未知亦既抱子借假也箋云假令人云王尚幼少未有所知亦以抱子長大矣不幼少也借子夜反注及下同知如字沈音智下夙知亦同令力呈反少詩照反下同長丁丈反民之靡盈誰夙知而莫成莫晚也箋云乃民之意皆持不滿於王誰早有所知而反晚成与言王之无成本无知故也莫音暮本亦作暮与音餘

昊天孔昭我生靡樂視爾夢夢我心慘慘夢夢亂也慘慘憂不樂也箋云孔甚昭明也昊天乎乃甚明察我生无可樂也視王之意夢夢然我心之憂悶慘慘然愬其自恣不用忠臣樂音洛注同夢莫注反沈莫登反注同慘七感反愬音素後皆同

誨爾諄諄聽我藐藐匪用爲

教覆用爲虐藐藐然不入也箋云我告教王口語諄諄然王聽聆之藐藐然忽略不用我所言爲政令反謂之有妨害於事不受忠言【諄】字又作訰之純反又之閏反說文埤蒼並云告曉之熟【藐】美角反爾雅云悶也【聆】音零借曰未知亦聿既耄耄老也【耄】莫報反於乎小子告爾舊止聽用我謀庶無大悔箋云舊止也上亂也庶幸悔恨也天方艱難曰喪厥國箋云天以王爲惡如是故出艱難之事謂下災異生兵寇將以滅亡【曰】音越【喪】息浪反韓詩作聿喪取譬不遠昊天不忒回遹其德俾民大棘箋云今我爲王取譬喻不乃遠也維近耳王當如昊天之德有常不差忒也王反爲无常維邪其行爲貪冒悉使民之財匱盡而大困急【忒】他得反【喬】于矯反【邪】似嗟反【行】下孟反【匱】求位反

抑十二章三章章八句九章章十句

桑柔芮伯刺厲王也芮伯畿內諸侯王卿士也字良夫【芮】如銳反國名菀

彼桑柔其下侯旬捋采其劉瘼此下民興也菀茂皃旬言陰均也劉爆爍而希也瘼病也箋云桑之柔濡其葉菀然茂盛謂蠶始生時也人庇陰其下者均得其所及已捋采之則葉爆爍而疎人息其下則病於爆爍興者喻民當被王之恩惠群臣恣放損王之德〔菀〕音鬱注同又於阮反〔旬〕如字又音荀〔捋〕力活反注同〔瘼〕音莫〔陰〕於鴆反本亦作蔭下同〔爆〕本又作曓同音剝下同〔爍〕本又作樂或作落同音洛鄭盧角反〔濡〕而轉反〔庇〕必寐反又音祕本亦作芘同〔被〕皮寄反

不殄心憂倉兄塡兮倉喪兄滋塡久也箋云殄乃絕也民心之憂無絕已喪亡之道滋久長〔倉〕初亮反注同〔兄〕音況注同本亦作況〔塡〕音塵

倬彼昊天寧不我矜昊天斥王者也箋云卓彼大貌昊天乃卓然明大而不矜哀下民怨愬之言〔倬〕陟角反

四牡騤騤旟旐有翩亂生不夷靡國不泯騤騤不息也鳥隼曰旟龜蛇曰旐翩翩在路不息也夷平泯滅也箋云軍旅久出征伐而亂日生不平無國而不見殘滅也言王之用兵不得其所適長寇虐〔騤〕求龜反〔旟〕音輿〔旐〕音兆〔翩〕音篇本

亦作㴔泯面忍反又名賓反徐又音民隼荀允反滇丁歷反長丁丈反民靡有黎具禍以燼黎齊也箋云黎不齊也具猶俱也災餘曰燼言時民无有不齊被兵寇之害者俱遇此禍以爲燼者言害所及廣黎力兮反燼才忍反本亦作盡同於乎有哀國步斯頻步行頻急也箋云頻猶比也哀哉國家之政行此禍害比比然比毗志反又如字下同國步蔑資天不我將靡所止疑云徂何往疑定也箋云蔑猶輕也將猶養也徂行也國家爲政行此輕蔑民之資用是天不養我也我從兵役无有止息時今復云行當何之往也蔑音滅疑魚陵反復扶又反下復考慎同君子實維秉心無競誰生厲階至今爲梗競彊也厲惡梗病也箋云君子謂諸侯及卿大夫也其執心不彊於善而好以力爭誰始生此禍者乃至今日相梗不止梗古杏反好呼報反爭爭鬬之爭下同憂心慇慇念我土宇我生不辰逢天僤怒自西徂東靡所定處宇居

褌厚也箋云辰時也此士卒從軍久勞苦自傷之言【慇】於巾反樊光於謹反爾雅云亶憂也【亶】都但反本亦作亶同【卒】尊忽反多我覯痻孔棘我圉圉垂也箋云痻病也圉當作禦多矣我之遇困病甚急矣我之禦寇之事【痻】武巾反二音昬注同【圉】魚呂反鄭改作禦音同爲謀爲毖亂況斯削毖慎也箋云女爲軍旅之謀爲重慎兵事也而亂滋甚於此日見侵削言其所任非賢【毖】音秘【削】相略反告爾憂恤誨爾序爵誰能執熱逝不以濯濯所以救熱也禮亦所以救亂也箋云恤亦憂也逝猶去也我語女以憂天下之憂教女以次序賢能之爵其爲之當如手持熱物之用濯謂治國之道當用賢者【濯】直角反【語】魚據反其何能淑載胥及溺箋云淑善胥相及與也女若此此於政事何能善乎則女君臣皆相與陷溺於禍難也【難】乃旦反下患難同如彼遡風亦孔之僾民有肅心荓云不逮好是稼穡力民代食遡鄉僾唈荓使也力民代食代无功者食天祿也箋

云肅進逮及也今王之爲政見之使人唈然如鄉疾風不能息也王爲政民有進於善道之心當任用之反却退之使不及門但好任用是居家吝嗇於聚斂作力之人令代賢者處位食祿明王之法能治人者食於人不能治人者食人禮記曰與其有聚斂之臣寧有盗臣聚斂之臣害民盗臣害財 遡音素 僾音愛 荓字又作迸音普耕反徐補耕反本或作拼同 逮音代一音大計反 好呼報反注但好同 家王申毛音駕鄭作家下句家穡推寶同 穡本亦作嗇音色尋鄭家嗇一字本皆无禾者不稼穡卒痒始從禾 嚮本又作鄉同許亮反下同 唈烏合反 令力呈反 食人音嗣

稼穡維寶代食維好 箋云此言王不尚賢但貴吝嗇之人與愛代食者而已

天降喪亂滅我立王降此蟊賊稼穡卒痒 箋云滅盡也蟊食苗根曰蟊食節曰賊耕種曰稼收斂曰穡卒盡痒病也天下喪亂國家之灾以窮盡我王所恃而立者謂虫孽爲害五穀盡病 蟊莫侯反説文作蟊 痒音羊 孽魚列反説文作蠥云衣服謌謡草木之怪謂之妖禽獸虫蝗之怪謂之蠥 哀恫中國具贅卒荒靡有旅力以念穹

蒼贅屬荒虛也穹蒼蒼天箋云恫痛也哀痛乎宁國之人皆見繫屬於兵役家家空虛朝廷曾无有同力諫諍念天所爲下此災恫音通本又作侗贅之芮反又拙稅反穹起弓反朝直遙反下皆同

維此惠君民人所瞻秉心宣猶考愼其相相質也箋云惠順宣徧猶謀愼誠相助也維至德順民之君爲百姓所瞻仰者乃執正心舉事徧謀於衆又考誠其輔相之行然後用之言擇賢之審相毛如字鄭息亮反徧音遍下同行下孟反下荼毒之行悖逆之行民之行皆同

維彼不順自獨俾臧自有肺腸俾民卒狂箋云臧善也彼不施順道之君自多足獨謂賢言其所任使之臣皆善人也不復考愼自有肺腸行其心中之所欲乃使民盡迷惑如狂是又不宣猶肺本又作胏芳廢反

瞻彼中林甡甡其鹿朋友已譖不胥以穀甡甡衆多也箋云僭不信胥相也以與也穀善也視彼林中其鹿相輩耦行甡甡然衆多今朝廷群臣皆相欺背不相與以善道言其鹿之不如甡所巾反聲類云聚貌譖子念反本亦作僭輩一本作配背音佩卒章

同人亦有言進退維谷谷窮也箋云前无明君却迫罪役故窮也【罪】一本作
罷音皮維此聖人瞻言百里維彼愚人覆狂以
喜瞻言百里遠慮也箋云聖人所視而言者百里言見事遠而王不用有愚闇之人爲王言其事淺且近耳
王反迷惑信用之而喜【覆】芳服反下及注除覆陰字皆同【狂】王况反鄭求方反【爲】于偽反匪言不
能胡斯畏忌箋云胡之言何也賢者見此事之是非非不能分別皁白言之於王也然不言
之何也此畏懼犯顏得罪罰【別】彼列反【皁】才早反維此良人弗求弗迪維
彼忍心是顧是復迪進也箋云良善也國有善人王不求索不進用之有忍爲惡之心
者王反顧念而重復之言其忽賢者而愛小人【迪】徐徒歷反【索】音色民之貪亂寧爲荼
毒箋云貪猶欲也天下之民苦王之政欲其亂亡故安爲荼毒之行相侵暴慍恚使之然【荼】音徒【慍】紆運反
大風有隧有空大谷隧道也箋云西風謂之大風大風之行有所從而來必空

大空谷之中喻賢愚之所行各由其性也【大】毛如字鄭音泰【隧】音遂維此良人作爲式穀維彼不順征以中垢中垢言闇冥也箋云作起式用征行也賢者在朝則用其善道不順之人則行闇冥受性於天不可變也【垢】古口反大風有隧貪人敗類聽言則對誦言如醉類善也箋云類等夷也對荅也貪惡之人見道聽之言則應荅之見誦詩書之言則冥目如醉居上位而行此人或徵之【敗】伯邁反注同【應】應對之應匪用其良覆俾我悖覆反也箋云居上位而不用善反使我爲悖逆之行是刑其敗類之驗【悖】蒲對反嗟爾朋友予豈不知而作如彼飛蟲時亦弋獲箋云嗟爾朋友者親而切瑳之也而猶女也我豈不知女所行者惡與直知之女所行如是猶鳥飛行自恣東西南北時亦爲弋射者所得言放縱久无所拘制則將遇伺女之間者得誅女也【間】如字又音閑既之陰女反予來赫赫炙也箋云之往也口距人謂之赫赫我恐女見弋獲既往覆陰

女謂啓告之以患難也女反赫我出言悖怒不受忠告〔陰〕
鄭音蔭王如字謂陰知之〔赫〕毛許白反与王赫斯怒同義
本亦作嚇鄭許嫁反莊子云
以梁国嚇我是也〔難〕乃旦反民之罔極職涼善背涼薄
也箋云職王涼信也民之行失其中者王由爲政
者信用小人工相欺違〔涼〕毛音良鄭音亮下同爲民
不利如云不克箋云克勝也爲政者害民如恐
不得其勝言至酷也〔酷〕口毒反民
之回遹職競用力箋云競逐也言民之行維邪者主
由爲政者逐用彊力相尚故也言
民愁困用生多
端〔邪〕似嗟反民之未戾職盜爲寇戾定也箋云
爲政者主作
盜賊爲寇害令民心動
搖不安定也〔令〕力呈反涼曰不可覆背善詈箋云
善猶
大也我諫止之以信言女所行者不可反雖曰匪予既
背我而大詈言距已諫之甚〔詈〕力智反
作爾歌箋云予我也女雖觝距已言此政非我所爲我已作
女所行之歌女當受之而改悔〔觝〕都礼反〔距〕或作拒

桑柔十六章八章章八句八章章六句

雲漢仍叔美宣王也宣王承厲王之烈内有撥亂之志遇烖而懼側身脩行欲銷去之天下喜於王化復行百姓見憂故作是詩也仍叔周大夫也春秋魯桓五年夏天王使仍叔之子來聘烈餘也○自此至常武六篇宣王之變大雅仍而升反撥半末反行下孟反銷音消去起呂反復扶又反下注復重并篇末注同見憂並如字徐憂音於救反倬彼雲漢昭回于天回轉也箋云雲漢謂天河也昭光也倬然天河水氣也精光轉運於天時旱渴雨故宣王夜仰視天河望其候焉倬陟角反王云著也說文云著大也渴苦葛反篇末同本又作愒苦蓋反貪也王曰於乎何辜今之人天降喪亂饑饉薦臻薦重臻至也箋云辜罪也王憂旱而嗟歎云何罪與今時天下之人天仍下旱災亡亂之道饑饉之害復重至饑音飢又音機饉其靳反薦在見反臻側巾反重直用反下同與音餘下所因與精誠與殺我與同靡神

不舉靡愛斯牲圭璧既卒寧莫我聽箋云靡莫皆無也言王爲旱之故求於群神無不祭也無所愛於三牲礼神之圭璧又已盡矣曾無聽聆我之精誠而興雲雨〔聽〕依義吐定反協句吐丁反〔爲〕于僞反下爲旱同〔聆〕音零

旱既大甚蘊隆蟲蟲蘊蘊而暑隆隆而雷蟲蟲而熱箋云隆隆而雷非雨雷也雷聲尚殷殷然〔太〕音泰徐他佐反下大甚並同〔蘊〕紆粉反本又作熅紆文反韓詩作鬱同〔蟲〕直忠反徐徒冬反爾雅作爞云熏也郭又徒冬反韓詩作烔音徒東反雷聲尚殷殷然一本作雷雨之聲尚殷殷然〔殷〕於謹反或如字

不殄禋祀自郊徂宮上下奠瘞靡神不宗上上祭天下祭地奠其礼瘞其物宗尊也國有凶荒則索鬼神而祭之箋云宮宗廟也爲旱故絜祀不絕從郊而至宗廟奠瘞天地之神無不齊肅而尊敬之言徧至也〔奠〕徒薦反〔瘞〕於例反埋也〔索〕色白反〔齊〕側皆反本亦作齋

后稷不克上帝不臨耗斁下土寧丁我躬丁當也箋云克當作刻刻識也斁敗也奠瘞群神而不得雨是我先祖后稷不

識知我之所困與天不視我之精誠與猶以旱耗敗天下
爲害曾使當我之身有此乎先后稷後上帝亦從宮之郊

【耗】呼報反韓詩云惡也【斁】
丁故反說文字林皆作殬
旱既大甚則不可推兢

兢業業如霆如雷周餘黎民靡有孑遺
推去
也兢

兢恐也業業危也孑然遺失也箋云黎衆也旱既不可移
去天下困於饑饉皆心動意懼兢兢然業業然狀如有雷

霆近發於上周之衆民多有死亡者矣今其餘無有孑遺
者言又餓病也【推】吐雷反注同【兢】本又作矜居陵反【業】如

字郭五谷反【霆】音庭又音挺一音徒佞反
【孑】居熱反【去】起呂反下同【恐】丘勇反下同
昊天上帝則

不我遺胡不相畏先祖于摧
摧至也箋云摧當作
嗺嗺嗺嗟也天將遂旱

餓殺我與先祖何不助我恐懼使天雨也先祖之神于
嗟乎告困之辭【摧】在雷反又子雷反鄭作嗺子雷反
旱

既大甚則不可沮赫赫炎炎云我無所大命

近止靡瞻靡顧
沮止也赫赫旱氣也炎炎熱氣也大
命近止民近死亡也箋云旱既不可

卻止熱氣大盛人皆不堪言我無所庇陰而歎衆民之命近將死亡天曾無所視無所顧於此國中而哀閔之【沮】在呂反【炎】于廉反本或作惔音同近附近之近【庇】音秘又必二反本亦作芘【蔭】於鴆反本亦作廕

群公先正則不我助父母先祖胡寧忍予先正百辟卿士也先祖文武爲民父母也箋云百辟卿士雩祀所及者今曾無肯助我憂旱先祖文武又何爲施忍於我不使天雨【辟】音壁下同【雩】音于祭名

旱既大甚滌滌山川旱魃爲虐如惔如焚我心憚暑憂心如熏滌滌旱氣也山無木川無水魃旱神也惔燎之也憚勞熏灼也箋云憚猶畏也旱既害於山川矣其氣生魃而害益甚草木燋枯如見焚燎然王心又畏難此熱氣如灼爛於火言熱氣至極【滌】徒歷反【魃】蒲末反【惔】音談說文云炎燎也徐音炎【焚】本又作燓同扶云反【憚】毛下佐反韓詩云苦也鄭徒旦反【熏】本又作燻許云反【燎】力皎反又力照反【燋】子消反【難】乃旦反

群公先正則不我聞昊天上帝寧俾我遯箋云不我聞者忽然不聽

我之所以告也天曾將使我心遯遯慙愧於天下以無德也遯本亦作遂徒困反旱既大甚黽
勉畏去胡寧瘨我以旱憯不知其故箋云瘨病也黽勉急
禱請也欲使所尤畏者去所尤畏者魃也天何曾病我以旱曾不知爲政所失而致此害黽弭忍反又音湎瘨都田
反沈又都薦反韓詩作疹恥吝反云重也憯七感反禱丁老反或都報反祈年孔夙方社
不莫昊天上帝則不我虞敬恭明神宜無悔
怒悔恨也箋云虞度也我祈豐年甚早祭四方與社又不晚天曾不度知我心肅事明神如是明神宜不恨
怒於我我何由當遭此旱也莫音暮本亦作暮明神本或作明祀怒協韻乃路反度待洛反下同旱
既大甚散無友紀鞫哉庶正疚哉冢宰趣馬
師氏膳夫左右歲凶年穀不登則趣馬不秣師氏弛其兵馳道不除祭事不縣膳夫徹膳
左右布而不脩大夫不食粱士飲酒不樂箋云人君以羣臣爲友散無其紀者凶年祿餼不足又無賞賜也鞫窮也庶

正衆官之長也疚病也窮哉疚哉者念此諸臣勤於事而困於食以此言勞倦也鞫居六反疚音救本或作疚又作究同趣七口反秣音末穀馬也說文作䬴弛本又作施同式氏反縣音玄餼許氣反長丁丈反下文長同勞力報反

靡人不周無不能止周救也無不能止言無止不能也箋云周當作賙王以諸臣困於食人人賙給之權救其急後日乏無不能豫止賙音周

瞻卬昊天云如何里箋云里憂也王愁悶於不雨但仰天曰當如我之憂何卬音仰本亦作仰下同里如字本亦作[疒里]爾雅作悝並同王云[疒里]病也

瞻卬昊天有嘒其星大夫君子昭假無贏大命近止無棄爾成嘒衆星貌假至也箋云假升也王仰天見衆星順天而行嘒嘒然意感故謂其卿大夫曰天之光耀升行不休無自贏縮之時今衆民之命近將死亡勉之助我無棄女之成功者其在職復無幾何以勸之也嘒呼惠反假音格沈云鄭古雅反贏音盈幾居豈反

何求爲我以戾庶正戾定也箋云使女無棄成功者何但求爲我身乎乃欲以安定衆官之長憂其職事

爲于僞反注同瞻卬昊天曷惠其寧箋云曷何也王仰天曰當何時順我之求以心安乎渴雨之至也得雨則心安令力呈反

雲漢八章章十句

崧高尹吉甫美宣王也天下復平能建國親諸侯褒賞申伯焉尹吉甫申伯皆周之卿士也尹官氏申國名崧思忠反釋名云崧竦也甫本又作父音同後人名字放此復音服又扶又反褒保毛反

崧高維嶽駿極于天維嶽降神生甫及申崧高貌山大而高曰崧嶽四嶽也東嶽岱南嶽衡西嶽華北嶽恒堯之時姜氏爲四伯掌四嶽之祀述諸侯之職於周則有甫有申有齊有許也駿大極至也嶽降神靈和氣以生申甫之大功箋云降下也四嶽卿士之官掌四時者也因主方嶽巡守之事在堯時姜姓爲之德當嶽神之意而福與其子孫歷虞夏商世有國土周之甫也申也齊也許也皆其苗胄嶽字亦作岳五角反白虎通云

嶽者何塡功德也【駿】音峻【守】音狩本亦作狩【夏】户雅反下同

維申及甫維周之翰四國于蕃四方于宣翰幹也箋云申申伯也甫甫侯也皆以賢知入爲周之楨榦之臣四国有難則往扞禦之爲之蕃屏四方恩澤不至則往宣揚之甫侯相揭王訓夏贖刑美此俱出四嶽故連言之【翰】户旦反又音寒【蕃】方元反【知】音智本或作哲【楨】音貞【難】乃旦反【扞】户旦反【相】息亮反【贖】音樹一音常欲反

亹亹申伯王纘之事于邑于謝南國是式謝周之南国也箋云亹亹勉也纘繼于往于於式法也亹亹然勉於德不倦之臣有申伯以賢入爲王之卿士佐王有功王又欲使継其故諸侯之事往作邑於謝南方之国皆統理施其法度時改大其邑使爲侯伯故云然【亹】亡匪反【纘】祖管反韓詩作踐踐任也

王命召伯定申伯之宅登是南邦世執其功召伯召公也登成也功事也箋云之往也申伯忠臣不欲離王室故王使召公定其意令往居謝成法度於南邦世世持其政事傳子孫也【離】力智反下欲離同【令】力呈反下皆同【傳】直專反

王

命申伯式是南邦因是謝人以作爾庸（庸成也箋云庸功也召公既定申伯之居王乃親命之使為法度於南邦今因是故謝邑之人而為國以起女之功勞言尤章顯也〔庸〕本亦作鏞音容）王命召伯徹申伯土田（徹治也箋云治者正其井收定其賦稅〔收〕手又反又如字後放此）王命傅御遷其私人（御治事之官也私人家臣也箋云傅御者貳王治事謂冢宰也）申伯之功召伯是營有俶其成寢廟既成（俶作也箋云申伯居謝之事召公營其位而作城郭及寢廟定其人神所處〔俶〕尺收反）既成藐藐王錫申伯四牡蹻蹻鉤膺濯濯（藐藐美貌蹻蹻壯貌鉤膺樊纓也濯濯光明也箋云召公營位築之已成以形貌告於王王乃賜申伯為將遣之〔藐〕亡角反〔蹻〕渠略反〔濯〕直角又沈士學反〔樊〕步干反〔為〕于偽反）王遣申伯路車乘馬我圖爾居莫如南土（乘馬四馬也箋云王以正禮遣申伯之國

故復有車馬之賜因告之曰我謀女之所處無如南土之最善　乘繩證反注同　復扶又反下同　錫爾介圭以作爾寶　寶瑞也箋云圭長尺二寸謂之介非諸侯之圭故以爲寶諸侯之瑞圭自九寸而下　介音界　往近王舅南土是保　近已也申伯宣王之舅也箋云近辭也聲如彼記之子之記保守也安也　近音記　申伯信邁王餞于郿　郿地名箋云邁行也申伯之意不欲離王室王告語之復重於是意解而信行餞送行飲酒也時王蓋省岐周故于郿云　餞賤淺反沈祖見反一音賤字林子翦反云送去食也　郿亡悲反又亡冀反地名屬扶風今爲縣　語魚據反　重直用反　解音蟹

申伯還南謝于誠歸　箋云還南者北就王命于岐周而還反也謝于誠歸誠歸于謝　王命召伯徹申伯土疆以峙其粻式遄其行　箋云粻糧式用遄速也王使召公治申伯土界之所至峙其糧者令廬市有止宿之委積用是速申伯之行　疆居良反　峙直紀反本又作時如字兩通　粻音張　遄市專反　委於偽反　積子賜反　申伯番番既

入于謝徒御嘽嘽番番勇武貌諸侯有大功則賜虎賁徒御嘽嘽徒行者御車者嘽嘽喜樂也箋云申伯之貌有威武番番然其入謝國車徒之行嘽嘽安舒言得禮也禮入國不馳〔番〕音波〔嘽〕吐丹反〔賁〕音奔〔樂〕音洛周邦咸喜戎有良翰箋云周徧也戎猶女也翰幹也申伯入謝徧邦內皆喜曰女乎有善君也相慶之言〔翰〕協句音寒〔徧〕音遍下同不顯申伯王之元舅文武是憲不顯申伯顯矣申伯也文武是憲憲言有文有武也箋云憲表也言為文武之表式申伯之德柔惠且直揉此萬邦聞于四國箋云揉順也四國猶言四方也〔揉〕本亦作柔汝又反又如又反一音柔注同〔聞〕音問吉甫作誦其詩孔碩其風肆好以贈申伯吉甫尹吉甫也作是工師之誦也肆長也贈增也箋云碩大也吉甫為此誦也言其詩之意甚美大風切申伯又使之長行善道以此贈申伯者送之令以為樂〔風〕福鳳反注同王如字云音也贈送也詩之本旨皆爾鄭王申毛並同崔集注本作贈增也

崔云增益申伯之美

崧高八章章八句

烝民尹吉甫美宣王也任賢使能周室中興焉烝之承反中張仲反天生烝民有物有則民之秉彝好是懿德烝眾物事則法彝常懿美也箋云秉執也天之生眾民其性有物象謂五行仁義禮知信也其情有所法謂喜怒哀樂好惡也然而民所執持有常道莫不好有美德之人彝音夷好呼報反注皆同知音智樂音洛惡烏路反天監有周昭格于下保茲天子生仲山甫仲山甫樊侯也箋云監視假至也天視周王之政教其光明乃至于下謂及眾民也天安愛此天子宣王故生樊侯仲山甫使佐之言天亦好是懿德也書曰天聰明自我民聰明假音格注同仲山甫之德柔嘉維則令儀令色小心翼翼箋云嘉美

令善也善威儀善顔色容皃翼翼然恭敬古訓是式威儀是力天子

是若明命使賦古故訓道若順賦布也箋云故訓先王之遺典也式法也力猶勤也勤威

儀者恪居官次不解于位也是順從行其所為也顯明王之政教使群臣施布之【道】音道寺【解】佳賣反本亦作懈下

文匪解同王命仲山甫式是百辟纘戎祖考王躬

是保戎大也箋云戎猶女也躬身也王曰女施行法度於是百君繼女先祖先父始見命者之功德王身

是安使盡心力於王室【辟】音璧出納王命王之喉舌賦政于外

四方爰發喉舌冢宰也箋云出王命者王口所自言承而施之也納王命者時之所宜復於王

也其行之也皆奉順其意如王口喉舌親所言也以布政於畿外天下諸侯於是莫不發應【出納】並如字納亦作內

音同【喉】音侯應應對之應肅肅王命仲山甫將之邦國若否

仲山甫明之將行也箋云肅肅敬也言王之政教甚嚴敬也仲山甫則能奉行之若順也順

否猶臧否謂善惡也否音鄙注同舊方九反王同玄不也既明且哲以保其身

夙夜匪解以事一人箋云夙早夜莫匪非也一人斥天子莫音暮人亦

有言柔則茹之剛則吐之箋云柔猶濡毳也剛堅彊也剛柔之在口或茹

之或吐之喻人之於敵強弱也茹音汝又如庶反廣雅云食也濡如朱反一音如兗反毳昌銳反本又作脆七歲反彊其良反下同或其丈反維仲山甫柔亦不茹剛亦不吐不

侮鰥寡不畏彊禦人亦有言德輶如毛民鮮

克舉之我儀圖之儀宜也箋云輶輕儀匹也人之言云德甚輕然而衆人寡能獨舉之

以行者言政事易耳而人不能行者無其志也我與倫匹圖之而未能爲也我吉甫自我也鰥古頑反輶餘久反又音由鮮息淺反儀毛作義易以豉反維仲山甫舉之愛莫助之愛隱

也箋云愛惜也仲山甫能獨舉此德而行之惜乎莫能助之者多仲山甫之德歸功言耳袞職有闕

仲山甫補之有袞冕者君之上服也仲山甫補之善補過也箋云袞職者不敢斥王之言也王之職有闕輒能補之者仲山甫也【袞】古本反仲山甫出祖四牡業業征夫捷捷每懷靡及言述職也業業言高大也捷捷言樂事也箋云祖者將行犯軷之祭也懷思爲每懷仲山甫犯軷而將行車馬業業然動衆行夫捷捷然至仲山甫則戒之曰旣受君命當速行每人懷其私而相稽留將無所及於事【捷】在接反【軷】步葛反四牡彭彭八鸞鏘鏘王命仲山甫城彼東方東方齊也古者諸侯之居逼隘則王者遷其邑而定其居蓋去薄姑而遷於臨菑也箋云彭彭行貌鏘鏘鳴聲以此車馬命仲山甫使行言其盛也【鏘】七羊反本亦作將同【逼】本亦作偪彼側反【隘】於懈反【菑】側其反四牡騤騤八鸞喈喈仲山甫徂齊式遄其歸騤騤猶彭彭也喈喈猶鏘鏘也遄疾也言周之望仲山甫也箋云望之故欲其用是疾歸【騤】求龜反喈音皆吉甫作誦穆如清風仲山甫

永懷以慰其心清微之風化養萬物者也箋云穆〻和也吉甫作此工歌之誦其調和人之性如清風之養萬物然仲山甫述職多所思而勞故述其美以慰安其心

烝民八章章八句

韓奕尹吉甫美宣王也能錫命諸侯梁山於韓國之山最高大爲國之鎮所望祀焉故美大其貌奕奕然謂之韓奕也梁山今左馮翊夏陽西北韓姬姓之國也後爲晉所滅故大夫韓氏以爲邑名焉幽王九年王室始騷鄭桓公問於史伯曰周衰其孰興乎對曰武實昭文之功文之祚盡武其嗣乎武王之子應韓不在其晉乎【奕】音亦【翊】音翼【騷】素刀反動也【祚】徂路反

奕奕梁山維禹甸之有倬其道韓侯受命奕奕大也甸治也禹治梁山除水災宣王平大亂命諸侯有倬其道有倬然之道者也受命受命爲侯伯也箋云梁山之野堯時俱遭洪水禹甸之者決除其災使成平田定貢賦於天子周有厲王之亂天下失職今有倬然著明復禹之功者韓侯受王命爲侯伯

【甸】毛徒遍反鄭繩證反或云鄭玄徒遍反【倬】陟角反明貌韓詩作晫音義皆同王親命之纘戎祖考無廢朕命夙夜匪解虔共爾位戎大虔固共執也箋云戎猶女也朕我也古之恭字或作共【解】音懈【共】毛九勇反鄭音恭朕命不易榦不庭方以佐戎辟庭直也箋云我之所命者勿改易不行當爲不直違失法度之方作楨榦而正之以佐助女君女君王自謂也【榦】古旦反【辟】音壁【爲】于僞反【楨】音貞四牡奕奕孔脩且張韓侯入覲以其介圭入覲于王脩長張大覲見也箋云諸侯秋見天子曰覲韓侯乘長大之四牡奕奕然以時覲於宣王覲於宣王而奉享禮貢國所出之寶善其尊宣王以常職來也書曰黑水西河其貢璆琳琅玕此覲乃受命先言受命者顯其美也【見】賢遍反下同一本黑水西河上有書曰二字【璆】其樛反又其休反【琳】字又作玪音林孔安国云璆玪美玉也鄭注尚書云璆美玉玪美石也【琅】音郎【玕】音干琅玕珠也王錫韓侯淑旂綏章簟茀錯衡玄

袞赤舃鉤膺鏤錫鞹鞃淺幭鞗革金厄淑善也交

龍爲旂綏大綏也錯衡文衡也鏤錫有金鏤其錫也鞹革也鞃軾中也淺虎皮淺毛也幭覆式也厄烏蠋也箋云王韓侯以常職來朝享之故故多錫以厚之善旂旂之善色者也綏所引以登車有采章也簟茀漆簟以爲車蔽今之藩也鉤膺樊纓也眉上曰錫刻金飾之今當盧也鞗革謂轡也以金爲小環往往纏搤之〔綏〕本亦作緌毛如誰反鄭音綏〔簟〕徒點反〔茀〕音弗〔錯〕七洛反雜也沈采故反〔舃〕音昔〔鏤〕音漏〔錫〕音羊〔鞹〕苦郭反皮去毛曰鞹〔鞃〕苦弘反沈又音泓亦作軾〔軾〕胡肱反又竑弘三同〔幭〕莫歷反一音蔑本又作蔑同〔鞗〕音條〔厄〕於革反〔蠋〕音蜀爾雅作蠋蠋桑蟲也韓子云大如指似蠶蟲沈音書〔王爲〕于僞反〔朝〕直遙反〔藩〕方袁反本又作蕃同〔樊〕步冊反〔搤〕於革反一本作厄同

韓侯出祖出宿于屠顯父餞之清酒百壺屠地名也

顯父有顯德者也箋云祖將去而犯軷也既覲而反國必祖者尊其所往去則如始行焉祖於國外畢乃出宿示行不留於是也顯父周之公卿也餞送之故有酒〔屠〕音徒人音甬本亦作甬注同

其殽維何炰

鼈鮮魚其蔌維何維筍及蒲其贈維何乘馬路車蔌菜殽也筍竹也蒲蒲蒻也箋云炰鼈以火孰之也鮮魚中膾者也筍竹萌也蒲深蒲也贈送也王旣使顯父餞之又使送以車馬所以贈厚意也人君之車曰路車所得之馬曰乘馬殽户交反本亦作肴同炰鄭薄交反徐甫九反鼈卑滅反蔌音速筍字或作笋恤尹反乘繩證反注同下百乘亦同蒻音弱膾古外反籩豆有且侯氏燕胥箋云且多貌胥皆也諸侯在京師未去者於顯父餞之時皆來相與燕其籩豆且然榮其多也且子余七敍二反胥思徐反又思吕反韓侯取妻汾王之甥蹶父之子汾大也蹶父卿士也箋云汾王厲王也厲王流于彘彘在汾水之上故時人因以號之猶言莒郊公黎比公也姊妹之子爲甥王之甥卿士之子言尊貴也取七喻反本亦作娶下注同汾扶云反蹶俱衛反彘直例反黎音離又力兮反又作梨比音毗梨比莒君号也韓侯迎止于蹶之里百兩彭彭八鸞鏘鏘不顯其光里邑也箋云于蹶之里蹶

父之里百兩百乘不顯顯也光猶榮也氣有光榮也鏘本亦作將七羊反諸娣從之祁祁如雲韓侯顧之爛其盈門祁祁徐靚也如雲言衆多也諸侯一取九女二國媵之諸娣衆妾也顧之曲顧道義也箋云媵者必娣姪從之獨言娣者舉其貴者爛爛粲然鮮明且衆多之貌粲大計反妻之女弟爲娣從才用反注同又如字祁巨移反靚音靜又才性反媵音孕又繩證反曲顧一本作回顧道音導如字又

蹶父孔武靡國不到爲韓姞相攸莫如韓樂姞蹶父姓也箋云相視攸所也蹶父甚武健爲王使於天下國國皆至爲其女韓侯夫人姞氏視其所居韓國最樂爲于僞反注同姞其乙反又其一反又音佶相息亮反注同樂音洛注及下文注同使所吏反孔樂韓土川澤訏訏魴鱮甫甫麀鹿噳噳有熊有羆有貓有虎訏訏大也甫甫然大也噳噳然衆也貓似虎淺毛者也箋云甚樂矣韓之國土也川澤寬大衆魚禽獸備有言饒富也訏况甫反魴音房鱮音序麀音憂噳愚甫反本亦作麌同熊音雄羆彼

皮反〔貓〕如字又武交反本又作猫音同 慶既令居韓

爾雅云虎竊毛曰虦貓虦音仕戔反

姞燕譽 箋云慶善也蹶父既善韓之國土使韓姞嫁焉而居之韓姞則安之盡其婦道有顯譽〔令〕

力呈反使也又力政反命也一王力政反

善也〔譽〕於遍反又於顯反〔譽〕協句音餘 溥彼韓城燕

師所完 師衆也箋云溥大燕安也大矣彼韓國之城乃古平安時衆民之所築完〔溥〕音普〔完〕音桓〔燕〕於

見反注同徐云鄭於顯反王肅孫毓並烏賢反云北燕國 以先祖受命因時百蠻

王錫韓侯其追其貊奄受北國因以其伯 韓侯

之先祖武王之子也因時百蠻長是蠻服之百國也追貊

戎狄國也奄撫也箋云韓侯先祖有功德者受先王之命

封爲韓侯居韓城爲侯伯其州界外接蠻服因見使時節

百蠻貢獻之往來後君微弱用失其業今王以韓侯先祖

之事如是而韓侯賢故於入覲使復其先祖之舊職賜之

蠻服追貊之戎狄令撫柔其所受王畿北面之國因以其

先祖侯伯之事盡予之皆美其爲人子孫能興復先祖之

功其後追也貊也爲玁狁所逼稍稍東遷也〔追〕如字又都

回反貊武伯反說文作貉云北方人也長張丈反實墉谷力呈反玁本亦作獫音險狁本亦作允如字

實壑實畝實籍實墉實壑言高其城深其壑也箋云實當作寔趙魏之東實寔同声寔是也籍稅也韓侯之先祖微弱所伯之國多滅絶今復舊職興滅國繼絶世故築治是城濬修是壑井牧是田畝收斂是賦稅使如古常實毛如字鄭作寔市力反下同壑火各反城池也濬音峻深也

獻其貔皮赤豹黃羆貔猛獸也追貊之國來貢而侯伯揔領之貔本亦作豼音毗即白狐也一名執夷草木疏云似虎或曰似熊山東人謂之白羆

韓奕六章章十二句

江漢尹吉甫美宣王也能興衰撥亂命召公平淮夷

浮浮衆彊貌滔滔廣大貌淮夷東國在淮浦而夷行也箋云匪非也江漢之水合而東流浮浮然宣王於是水上命將帥遣士衆使循流而下滔滔然其順王命而行非敢斯須自安也非敢斯須遊止也主

爲來求淮夷所處據至其竟故言來 滔吐刀反 浦音普 行下孟反 將子匠反 帥所類反或作率 循如字本亦作順 爲于僞反下王爲同 竟音境本亦作境同

旣出我車旣設我旟匪安匪舒淮夷來鋪 鋪病也箋云車戎車也鳥隼曰旟兵至竟而期戰地其曰出戎車建旟又不自安不舒行者王爲來伐討淮夷也據至戰地故又言來 鋪普吳反徐音孚

江漢湯湯武夫洸洸經營四方告成于王 洸洸武貌箋云召公旣受命伐淮夷服之復經營四方之叛國從而伐之克勝則使傳遽告功於王 湯書羊反 洸音光又音汪 復扶又反 傳張戀反以車曰傳 遽其據反以馬曰遽鄭注玉藻云以車馬給使

四方旣平王國庶定時靡有爭王心載寧 箋云庶幸時是也載之言則也召公忠臣順於王命此述其志也 爭爭鬭之爭

江漢之滸王命召虎式辟四方徹我疆土匪疚匪棘王國來極 召虎召穆公也箋云滸水厓也式法疚病棘急極中也王於江漢之

水上命召公使以王法征伐開辟四方治我疆界於天下非可以兵病害之也非可以兵急躁切之也使來於王國受政教之中正而已齊桓公經陳鄭之間及伐北戎則違此言者【滸】音虎沈又音許【疆】居良反注及下同【疚】音救王法征伐一本作王命行伐非可以兵操切之也【躁】音七刀反一本無兵字又一本兵操作急躁【躁】早報反

于疆于理至于南海

箋云于往也于於也召公於有叛戾之國則往正其竟界修其分理周行四方至於南海而功大成事終也【分】符問反

王命召虎來旬來宣文武受命召公維翰

旬偏也召公召康公也箋云來勤也旬當作營宣徧也召康公名奭召虎之始祖也王命召虎女勤勞於經營四方勤勞於徧疆理衆國昔文王武王受命召康公爲之楨榦之臣以正天下爲虎之勤勞故述其祖之功以勸之【來】毛如字鄭音賚下同【旬】毛音巡又音荀鄭作營【翰】戶旦反又音寒【偏】音遍下同【奭】音釋【爲】于僞反下爲虎爲其同

無曰予小子召公是似肇敏戎公用錫爾祉

似嗣肇謀敏疾戎大公事也箋云戎猶女也女無自減損

曰我小子享女之所爲乃嗣女先祖召康公之功今謀女之事乃有敏德我用是故將賜汝福慶也王爲虎之志大謙故進之玄爾〔肇〕音兆韓詩玄長也〔祉〕音耻〔太〕音泰**釐爾圭瓚秬鬯一卣告于文人**釐賜也秬黑黍也鬯香草也築煑合而鬱之曰鬯卣器也九命錫圭瓚秬鬯文人文德之人也箋云秬鬯黑黍酒也謂之鬯者芬香條鬯也王賜召虎以鬯酒一尊使以祭其宗廟告其先祖諸有德美見記也〔釐〕力之反沈又音賚〔瓚〕才旱反〔秬〕音巨〔鬯〕勑亮反〔卣〕音酉又音由中尊也本或作攸**錫山土田于周受命自召祖命**諸侯有大功德賜之名山土田附庸箋云周岐周也自用也宣王欲尊顯召虎故如岐周使虎受山川土田之賜命用其祖召康公受封之禮岐周周之所起爲其先祖之靈故就之〇錫山土田本或作錫之山川土田附庸者是因魯頌之文妄加也**虎拜稽首天子萬年**箋云拜稽首者受王命策書也臣受恩無可以報謝者稱言使君壽考而已**虎拜稽首對揚王休作召公考天子萬壽明明天子**

令聞不已矢其文德洽此四國對遂考成矢施也箋云對荅休美作爲也虎既拜而荅王策命之時稱揚王之德美君臣之言宜相成也王命召虎用召祖命故虎對王亦爲召康公受王命之時對成王命之辭謂如其所言也如其如言者天子萬壽以下是也休許虯反聞音問施如字爾雅作弛弛式氏反

江漢六章章八句

常武召穆公美宣王也有常德以立武事因以爲戒然戒者王舒保作匪紹匪遊徐方繹騷繹音亦騷素刀反徐音蕭

赫赫明明王命卿士南仲大祖大師皇父整我六師以修我戎赫赫然盛也明明然察也王命南仲於大祖皇甫爲大師箋云南仲文王時武臣也顯著乎昭察乎宣王之命卿士爲大將也乃用其以南仲爲大祖者今大師皇父是也使之整齊六軍之衆治其兵

甲之事命將必本其祖者因有世功於是尤顯大師者公兼官也【赫】火百反字又作爀【大】音泰下及注大師大祖皆同【將】子匠反第一章注同既敬既戒惠此南國箋云敬之言警也警戒六軍之衆以惠淮浦之旁國謂勑以無暴掠為之害也每軍各有將中軍之將尊也【警】音景【掠】音亮王謂尹氏命程伯休父左右陳行戒我師旅率彼淮浦省此徐土尹氏掌命卿士程伯休父始命為大司馬浦厓也箋云尹氏天子世大夫也率循也王使大夫尹氏策命程伯休父於軍將行治兵之時使其士衆左右陳列而勑戒之使循彼淮浦之旁省視徐國之土地叛逆者軍禮司馬掌其誓戒【陳】如字徐直覲反【行】户剛反列也【浦】音普說文云水濱也不留不處三事就緒誅其君弔其民為之立三有事之臣箋云緒業也王又使軍將豫告淮浦徐土之民云兵不久處於是也女三農之事皆就其業為其驚怖先以言安之【為】于僞反下為其同【將】子匠反下同赫赫業業有嚴天子王舒保作匪紹匪遊徐

方繹騷赫赫然盛也業業然動也嚴嚴然而威舒徐也保安也匪紹匪遊不敢繼以遨遊也繹陳騷動也箋云作行也紹緩也繹當作驛王之軍行其貌赫赫業業然有尊嚴於天子之威謂聞見者莫不憚之王舒安謂軍行三十里亦非解緩也亦非敖遊也徐國傳遽之驛見之知王兵必克馳走以相恐動【嚴】毛魚檢反鄭如字【紹】如字徐去鄭尺遙反舒亭也一本作舒徐也【憚】徒旦反【解】音懈【傳】張戀反【恐】丘勇反下同震驚徐方

如雷如霆徐方震驚箋云震動也驛馳走相恐懼以驚動徐國如雷霆之恐怪〻然徐國則驚動而將服罪【霆】音庭王奮厥武如震如怒進厥虎

臣闞如虓虎鋪敦淮濆仍執醜虜虎之自怒虓然濆厓仍就虜服也箋云進前也敦當作屯醜衆也王奮揚其威武而震雷其聲而勃怒其色前其虎臣之將闞然如虎之怒陳屯其兵於淮水大防之上以臨敵就執其衆之降服者○如震如怒一本如字皆作而【闞】呼檻反徐火斬反又火敢反一音暾【虓】火交反【鋪】普吳反徐音孚陳也韓詩作敷云大也【敦】王申毛如字厚也韓詩云迫鄭作屯徒門反【濆】符

玄反〔仍〕如字本或作扔音同〔勃〕步忽反〔降〕户江反

截彼淮浦王師之所

截治也箋云治淮之旁國有罪者就王師而斷之〔截〕才結反〔斷〕端亂反

王旅嘽嘽如飛如翰如江如漢如山之苞如川之流

嘽嘽然盛也疾如飛摯如翰苞本也箋云嘽嘽閒暇有餘力之貌其行疾自發舉如鳥之飛也翰其中豪俊也江漢以喻盛大也山本以喻不可驚動也川流以喻不可禦也〔嘽〕吐丹反〔摯〕音至〔閒〕音閑

緜緜翼翼不測不克濯征徐國

緜緜靚也翼翼敬也濯大也箋云王兵安靚且皆敬其勢不可測度不可攻勝既服淮浦矣今又以大征徐國言必勝也〔緜〕如字韓詩作民民同〔度〕才洛反

王猶允塞徐方既來

猶謀也箋云猶尚允信也王重兵兵雖臨之尚守信自實滿兵未陳而徐國已來告服所謂善戰者不陳〔陳〕直刃反下同

徐方既同天子之功四方既平徐方來庭

來王庭也

徐方不回王曰還歸

箋云回猶違也還歸振旅也

常武六章章八句

瞻卬凡伯刺幽王大壞也凡伯天子大夫也春秋魯隱公七年冬天王使凡伯來聘卬音仰此及召旻二篇幽王之變大雅也

瞻卬昊天則不我惠孔塡不寧降此大厲昊天斥王也塡久厲惡也箋云惠愛也仰視幽王為政則不愛我下民甚久矣天下不安王乃下此大惡以敗亂之昊户老反塡音塵下篇同

邦靡有定士民其瘵蟊賊蟊疾靡有夷屆罪罟不收靡有夷瘳瘵病夷常也罪罟設罪以為罟瘳愈也箋云屆極也天下騷擾邦國無有安定者士卒與民皆勞病其為殘酷痛疾於民如蟊賊之害禾稼然為之無常亦無止息時施刑罪以羅罔天下而不收斂為之亦無常無止息時此自王所下大惡瘵側界反字林側例反蟊本又作蝥音牟屆音戒罟音古瘳勑留反卒尊忽反

人有土田女反有之人有民人女覆奪之箋云此言王削黜諸

侯及卿大夫無罪者覆猶反也〔覆〕芳服反服也注及下同此宜無罪女反收之

彼宜有罪女覆說之收拘收也說赦也〔說〕音稅注同一音他活反哲夫

成城哲婦傾城哲知也箋云哲謂多謀慮也城猶國也丈夫陽也陽動故多謀慮則成國婦人陰也陰靜故多謀慮乃亂國〔哲〕知音智王申毛如字懿厥哲婦為梟為鴟箋云懿有所痛傷之聲也厥其也其幽王也梟鴟惡聲之鳥喻褒姒之言無善〔懿〕於其反注同沈又如字〔梟〕古堯反〔姒〕音似婦有長舌維厲之階亂匪降自天生自

婦人匪教匪誨時維婦寺寺近也箋云長舌喻多言語是王降大厲之階階所由上下也今王之有此亂政非從天而下但從婦人出耳又非有人教王為亂語王為惡者是維近愛婦人用其言故也〔寺〕徐音侍亦如字〔近〕附近之近下近愛近川同〔上〕時掌反〔語〕魚據反鞫人忮忒譖

始竟背豈曰不極伊胡為慝忮害忒變也箋云鞫窮也譖不信也

竟猶終也胡何慝惡也婦人之長舌者多謀慮好窮屈人之語忮害轉化其言無常始於不信終於背違人豈謂其是不得中乎反云維我言何用爲惡不信也〔譖〕居六反〔忮〕之豉反〔忒〕他得反〔譖〕本又作僭子念反〔背〕音佩注同〔慝〕他得反〔好〕呼報反

如賈三倍君子是識婦無公事休其蠶織休息也婦人無與外政雖王后猶以蠶爲事古者天子爲籍千畝冕而朱紘躬秉耒諸侯爲籍百畝冕而青紘躬秉耒以事天地山川社稷先古敬之至也天子諸侯必有公桑蠶室近川而爲之築宮仞有三尺棘牆而外閉之及大昕之朝君皮弁素積卜三宮之夫人世婦之吉者使入蠶于蠶室奉種浴于川桑于公桑風戾以食之歲既單矣世婦卒蠶奉繭以示于君遂獻繭于夫人夫人曰此所以爲君服與遂副褘而受之少牢以禮之及良日后夫人繅三盆手遂布于三宮夫人世婦之吉者使繅遂朱綠之玄黃之以爲黼黻文章服既成矣君服之以祀先王先公敬之至也箋云識知也賈物而有三倍之利者小人所宜知也君子反知之非其宜也今婦人休其蠶桑織紝之職而與朝廷之事其爲非宜亦猶是也孔子曰君子喻於義小人喻於利〔賈〕音古爾雅云市也〔倍〕蒲罪反〔無與〕

而與並音預 服與音餘 紘獲耕反 耒力對反 昕音欣 奉芳勇反下同 種章勇反 戾力計反燥也 食音嗣 單音冊 繭古顯反 褘音輝副首飾褘是褘衣 少詩照反 繅素刀反本亦作繰同 盆蒲門反 維女金反 朝直遥反下朝廷同

天何以刺何神不富舍爾介狄維予胥忌刺責富福狄遠忌怨也箋云介甲也王之爲政既無過惡天何以責王見變異乎神何以不福王而有災害也王不念此而改修德乃舍女被甲夷狄來侵犯中國者反與我相怨謂其疾怨羣臣叛違也 舍音捨注同 介音界 狄毛他歷反鄭如字 見賢遍反 被皮寄反

不弔不祥威儀不類人之云亡邦國殄瘁類善殄盡瘁病也箋云弔至也王之爲政德不至於天矣不能致徵祥於神矣威儀又不善於朝廷矣賢人皆言奔亡則天下邦國將盡困病 弔如字音的 瘁似醉反

天之降罔維其優矣人之云亡心之憂矣優渥也箋云優寬也天下羅罔以取有罪亦甚寬謂但以災異譴告之不指加罰於其身疾王爲惡之甚賢者奔亡則人心無不憂 渥於角反 譴弃戰反

天之

降罔維其幾矣人之云亡心之悲矣幾危也箋云幾近也

言災異譴告離人身近愚者不能覺離力智反觱沸檻泉維其深矣心之

憂矣寧自今矣不自我先不自我後箋云檻泉正出涌出也觱沸其貌涌泉之源所由者深喻已憂所從來久也惡政不先已不後已怪何故正當之觱音必沸音弗檻胡覽反徐音下斬反

藐藐昊天無不克鞏藐藐大貌鞏固也箋云藐藐美也王者有美德藐藐然無不能自堅固於其位者微箴之也藐亡角反鞏九勇反箴之林反無忝皇祖

式救爾後箋云式用也後謂子孫也

瞻卬七章三章章十句四章章八句

召旻凡伯刺幽王大壞也旻閔也閔天下無

如召公之臣也閔病也召時照反旻密巾反下同旻天疾威天

篤降喪，瘨我饑饉，民卒流亡。箋云：天斥王也。疾猶急也。瘨，病也。病乎幽王之爲政也，急行暴虐之法，厚下喪亂之教，謂重賦稅也。病國中以飢饉，令民盡流移。【瘨】都田反，沈又音殄，又音田。【令民】力呈反，一本作令故民。

我居圉卒荒。圉，垂也。箋云：荒，虛也。國中至邊境以此故盡空虛。【圉】魚呂反。【竟】音境，本亦作境。

天降罪罟，蟊賊內訌。訌，潰也。箋云：訌，爭訟相陷入之言也。王施刑罪以羅罔天下，衆爲殘酷之人，雖外以害人，又自內爭相讒惡。【訌】戶工反，徐云鄭音工。【爭】爭鬬之爭，下同。【惡】烏路反。

昏椓靡共，潰潰回遹，實靖夷我邦。椓，夭椓也。潰潰，亂也。靖，謀。夷，平也。箋云：昬椓皆奄人也。昬，其官名也。椓，椓毀陰者也。王遠賢者而近任刑奄之人，無肯共其職事者，皆潰潰然維邪是行，皆謀夷滅王之國。【椓】丁角反。【共】音恭，注皆同。【潰】戶對反。【遹】音聿，一音述。【奄】如字，本又作閹。【遠】于萬反。【近】附近之近。【邪】似嗟反。

皋皋訿訿，曾不知其玷。皋皋，頑不知道也。訿訿，窳不共事也。箋云：玷，缺也。王政已大壞，小人在位，曾不知大道之缺。【皋】音羔，爾雅云刺素食也。【訿】

音紫爾雅云嘼莫供職也 玷丁簟反 瘉音庾裴駰云病也說文云嬾也一本作𢈍 兢兢業業孔塡不寧我位孔貶 貶隊也箋云兢兢戒也業業危也天下之人戒懼危怖甚久矣其不安也我王之位又甚隊矣言見侵侮政敎不行後大戎伐之而周與諸侯無異也 業如字一音五荅反 貶彼檢反 隊直類反又作墜 如彼歲旱草不潰茂如彼棲苴 潰遂也苴水中浮草也箋云潰茂之潰當作彙彙茂皃王無恩惠於天下天下之人如旱歲之草皆枯槁無潤澤如樹上之棲苴 潰毛户對反鄭作彙音謂 棲音西 苴士加反 槁古老反 我相此邦無不潰止 箋云潰亂也無不亂者言皆亂也春秋傳曰國亂曰潰邑亂曰叛 相音息亮反 維昔之富不如時 往者富仁賢今也富讒佞箋云富福也時今時也 維今之疚不如茲 今則病賢也箋云茲此也此者此古昔明王 疚音救字或作㝌 彼疏斯粺胡不自替職兄斯引 彼且食疏今反食精粺替廢兄茲也引長也箋云疏麤也謂糲米也職主也彼賢者祿薄

食麤而此昬椓之黨反食精粺女小人耳何不自廢退使賢者得進乃茲復主長此爲亂之事乎責之也米之率糲十粺九鑿八侍御七【粺】皮賣反【兄】音況下同【糲】蘭末反沈音賴又音厲【復】扶又反下同【長】如字又張丈反【率】字又作𤧚音類又音律又所律反【鑿】子洛反又音昨字林云糲米一斛舂爲八斗音子沃反

池之竭矣不云自頻頻厓也箋云頻當作濱厓猶外也自由也池水之益由外灌焉今池竭人不言由外無益者與言由之也喻王猶池也其政之亂由外無賢臣益之【頻】徐音毛如字鄭作濱音賓俱云厓也案張揖字詁云瀕今濱則瀕是古濱字【與】音餘

泉之竭矣不云自中泉水從中以益者也箋云泉者中水生則益深水不生則竭喻王猶泉也政之亂又由內無賢妃益之

溥斯害矣職兄斯弘不烖我躬箋云溥猶徧也今時徧有此內外之害矣乃茲復主大此爲亂之事是不烖王之身乎責王也烖謂見誅伐【溥】音普【烖】音災【徧】音遍下同

昔先王受命有如召公日辟國百里今也日蹙國百里辟開蹙促也箋云先

王受命謂文王武王時也召公召康公也言有如者時賢臣多非獨召公也今今幽王臣辟音闢蹙子六反於乎哀哉維今之人不尚有舊箋云哀哉哀其不高尚賢者尊任有舊德之臣將以喪亡其國喪息浪反

召旻七章四章章五句三章章七句

蕩之什十一篇九十二章七百六十九句

毛詩卷第十八

毛詩卷第十九

清廟之什詁訓傳第二十六

毛詩周頌

周頌三十一篇皆是周室太平德洽著成功之樂歌也名之曰頌頌者誦也容也歌誦盛德序太平之形容以此至美告於神明皆成王周公時作也

鄭氏箋

清廟祀文王也周公既成洛邑朝諸侯率以祀文王焉

清廟者祭有清明之德者宮也謂祭文王也天德清明文王象焉故祭之而歌此詩也廟之言貌也死者精神不可得而見但以生時之居立宮室象貌為之耳成洛邑居攝五年時○廟本又作庿古今字也苗笑反清廟者桂頡云肅然清淨之稱也【雒】本又作洛水名字從水後漢都洛陽以火德為水剋火故改為各傍隹【朝】直遥反

於穆清廟肅雝顯相

於歎辭也穆美肅敬雝和相助也箋云顯光也見也於乎美哉周公之祭清廟也其禮儀敬且和又諸侯有光明著見之德者來助祭【於】音烏注同後發句

歎辭皆放此以意求之相息亮反注同見賢遍反下著見同濟濟多士秉文之德對越在天執文德之人也箋云對配越於也濟濟之衆士皆執行文王之德文王精神已在天矣猶配順其素如生存駿奔走在廟不顯不承無射於人斯駿長也顯於天矣見承於人矣不見厭於人矣箋云駿大也諸侯與衆士於周公祭文王俱奔走而來在廟中助祭是不光明文王之德與言其光明之也是不承順文王志意與言其承順之也此文王之德人無厭之駿音峻下篇同射音亦厭於豔反下同與音餘下同

清廟一章八句

維天之命太平告文王也告太平者居攝五年之末也文王受命不卒而崩今天下太平故承其意而告之明六年制禮作樂○韓詩云維念也大音泰後太平皆放此

維天之命於穆不已孟仲子曰大哉天命之無極而美周之禮也箋云命猶道也天之道於乎美哉

動而不止行而不已於乎不顯文王之德之純假以溢我我其收之駿惠我文王純大假嘉溢慎收聚也箋云純亦不已也溢盈溢之言也於乎不光明與文王之施德教之無倦已美其與天同功也以嘉美之道饒衍與我我其聚斂之以制法度以大順我文王之意謂爲周禮六官之職也書曰考朕昭子刑乃單文祖德【假】音暇【溢】音逸徐云毛音謚【慎】市震反本或作順案爾雅云毖神溢慎也不作順字王肅及崔申毛並作順解明【與】音餘【單】音丹曾孫篤之成王能厚行之也箋云曾猶重也自孫之子而下事先祖皆稱曾孫是言曾孫欲使後王皆厚行之非維今也○成王能厚行之也一本作能厚之也本或作能厚成之也【重】直龍反

維天之命一章八句

維清奏象舞也象舞象用兵時刺伐之舞武王制焉【刺】七亦反維清緝熙文王之典典法也箋云緝熙光明也天下之所以無敗亂之政而清明者乃文王有征伐之法故也

文王受命七年五伐也緝七入反熙許其反

肇禋肇始禋祀也箋云文王受命始祭天而征伐也周禮以禋祀祀昊天上帝肇音召禋音因徐又音烟

迄用有成維周之禎迄至禎祥也箋云文王造此征伐之法至今用之而有成功謂代紂克勝也征伐之法乃周家得天下之祥迄許乞反禎音祺祥也爾雅同徐云本又作禎音貞與崔本同

維清一章五句

烈文成王即政諸侯助祭也新王即政必以朝享之禮祭於祖考告嗣位也朝直遥反

烈文辟公錫茲祉福惠我無疆子孫保之烈光也文王錫之箋云惠愛也光文百辟卿士及天下諸侯者天錫之以此祉福也又長愛之無有期竟子孫得傳世安而居之謂文王武王以純德受命定天位辟音壁注下皆同祉音恥疆居良反傳直專反

無封靡于爾邦維王其崇之念茲戎功繼序

其皇之封大也靡累也崇立也戎大皇美也箋云崇厚也皇君也無大累於女國謂諸侯治國無罪惡也王其厚之增其爵土也念此大功勤事不廢謂卿大夫能守其職得繼世在位以其次序其君之者謂有大功王則出而封之【累】劣偽反無競維人四方其訓之不顯維德

百辟其刑之於乎前王不忘競彊訓道也前王武王也箋云無彊乎維得賢人也得賢人則國家彊矣故天下諸侯順其所為也不勤明其德守勤明之也故卿大夫法其所為也於乎先生文王武王其於此道人稱頌之不忘【道】音導

烈文一章十三句

天作祀先王先公也先王謂大王已下先公諸盩至不窋【大】音泰大王大祖同【盩】直畱反又音儔【窋】陟律反

天作高山大王荒之作生荒大也天生萬物於高山大王行道能安天之所作也箋云高山謂岐山也書曰道岍及岐至于荊山天生此高山使興雲雨以利萬物大王

自豳遷焉則能尊大之廣其德澤居之一年成邑二年成都三年五倍其初【岐】其宜反【道】音導【汧】口田反又口見反

【豳】彼貧反彼作矣文王康之彼徂矣岐有夷之行夷易也箋云彼彼萬民也徂往行道也彼萬民居岐邦者皆築作宮室以爲常居文王則能安之後之往者又以岐邦之君有佼易之道故也易曰乾以易知坤以簡能易則易知簡則易從易知則有親易從則有功有親則可久有功則可大可久則賢人之德可大則賢人之業以此訂大王文王之道卓爾與天地合其德【行】如字王徐下孟反【易】以豉反下徐易曰皆同【佼】古卯反【乾】其連反【坤】苦魂反字亦作巛【訂】待頂反沈又丑丁反說文云評議也諧云叅訂時驗謂平比之也字語云訂平也子孫保之

天作一章七句

昊天有成命二后受之成王不敢康夙夜基命宥密二后文武也基始命

信宥寬密寧也箋云昊天天大號也有成命者言周自后稷之生而已有王命也文王武王受其業施行道德成此王功不敢自安逸早夜始順天命不敢解倦行寬仁安靜之政以定天下寬仁所以止苛刻也安靜所以息暴亂也○成王王如字徐于況反**基**本亦作其音基**宥**音又**王**于況反**解**音懈下同**苛**音河**刻**音克

於緝熙單厥心肆其靖之

緝明熙廣單厚肆固靖和也箋云廣當為光固當為故字之誤也於美乎此成王之德也既光明矣又能厚其心矣為之不解倦故於其功終能安和之謂夙夜自勤至於天下太平**單**都但反注同

昊天有成命一章七句

我將祀文王於明堂也**將**如字

我將我享維羊維牛維天其右之

將大享獻也箋云將猶奉也我奉養我享祭之牛羊皆充盛肥腯有天氣之力助言神饗其德而右助之**享**許丈反徐許亮反**右**音又注及下同本作佑**肥腯**徒忽反說文云羊曰肥豕

曰腯儀式刑文王之典日靖四方伊嘏文王既

右饗之儀善刑法典常靖謀也箋云靖治也受福曰嘏我儀則式象法行文王之常道以日施政于天

下維受福於文王文王既右而饗之言受而福之嘏古雅反我其夙夜畏天之威

于時保之箋云于於時是也早夜敬天於是得安文王之道

我將一章十句

時邁巡守告祭柴望也巡守告祭者天子巡行邦國至于方嶽之下而封禪

也書曰歲二月東巡守至于岱宗柴望秩于山川徧于羣神巡音旬守手又反本或作狩注同柴仕佳反說文字林

作祡行下孟反下同禪市戰反徧音遍時邁其邦昊天其子之實右

序有周薄言震之莫不震疊懷柔百神及河

喬嶽允王維后邁行震動疊懼懷來柔安喬高也高嶽岱宗也箋云薄猶甫也甫始

也允信也武王既定天下時出行其邦國謂巡守也天其子愛之右助次序其事謂多生賢知使為之臣也其兵所征伐甫動之以威則莫不動懼而服者言其威武又見畏也王行巡守其至方岳之下來安群神望于山川皆以尊卑祭之信哉武王之宜為君美之也 右音又注同 疊徒協反 柔如字本亦作濡兩通 很訓安也 喬音橋 嶽本亦作嶽同音岳 知音智

明昭有周式序在位 明矣知未然也昭然不疑也箋云昭見也至巡守而明見天之子有周家也以其有俊乂用次第處位言此者著天其子愛之右序之效也

載戢干戈載櫜弓矢 戢聚櫜韜也箋云載之言則也王巡守而天下咸服兵不復用此又著震疊之效也 戢則立反 櫜音羔 韜吐刀反 復扶又反

我求懿德肆于時夏 夏大也箋云懿美肆陳也我武王求有美德之士而任用之故陳其功於是夏而歌之樂歌大者稱夏 肆音四 夏戶雅反下同

允王保之 箋云允信也信哉武王之德能長保此時夏之美

時邁一章十五句

執競祀武王也○執競韓詩云執服也競其敬反

執競武王無競維烈不顯成康上帝是皇無競競也烈業也不顯乎其成大功而安之也顯光也皇美也箋云競彊也能持彊道者維有武王耳不彊乎其克商之功業言其彊也不顯乎其成安祖考之道言其又顯也天以是故美之予之福祿○大功本或作天功

自彼成康奄有四方斤斤其明自彼成康用彼成安之道也奄同也斤斤明察也箋云四方謂天下也武王用成安祖考之道故受命伐紂定天下為周明察之君斤斤如也斤紀覲反

鍾鼓喤喤磬筦將將降福穰穰降福簡簡威儀反反既醉既飽福祿來反喤喤和也將將集也穰穰衆也簡簡大也反反難也反復也箋云反反順習之貌武王既定天下祭祖考之廟奏樂而八音克諧神與之福又衆大謂如嘏辭也君臣醉飽禮無違者以重得福祿也喤華彭反徐音皇又音宏注同筦音管本亦作管同將七羊反注同說文作蹡蹡行貌穰音如羊反反反如字沈

符板反又音販復扶又反又音服重直用反

執競一章十四句

思文后稷配天也思文后稷克配彼天立我烝民莫匪爾極極中也箋云克能也立當作粒烝衆也周公思先祖有文德者后稷之功能配天昔堯遭洪水黎民阻飢后稷播殖百穀烝民乃粒萬國作乂天下之人無不於女時得其中者言反其性烝之承反粒音立阻莊呂反難也馬融注尚書作徂云始也乂音刈鄭注尚書五蓋反本或作艾音同貽我來牟帝命率育無此疆爾界陳常于時夏牟麥率用也箋云貽遺率循育養也武王渡孟津白魚躍入王舟出涘以燎後五日火流爲烏五至以穀俱來此謂遺我來牟天命以是循存后稷養天下之功而廣大其子孫之國無此封竟於女今之經界乃大有天下也用是故陳其久常之功於是夏而歌之夏之屬有九書說烏以穀俱來云穀紀后稷之德貽音夷字又作詒同來牟並如字字書

牟作麰音同牟字或作麰麥字孟子云麰麥大麥也廣雅云麳小麥麰大麥也疆居良反界音介大小後放此夏戶雅反注同遺唯季反下同涘音仕燎力召反竟音境本或作境

思文一章八句

清廟之什十篇十章九十五句

臣工之什詁訓傳第二十七

毛詩周頌　鄭氏箋

臣工諸侯助祭遣於廟也嗟嗟臣工敬爾在公王釐爾成來咨來茹嗟嗟勑之也工官也公君也箋云臣謂諸侯也釐理咨謀茹度也諸侯來朝天子有不純臣之義於其將歸故於廟中正君臣之禮勑其諸官卿大夫云敬女在君之事王乃平理女之成功女有事當來謀之來度之於王之朝無自專釐力之反茹如預反徐音如度待洛反下同朝直

遥反下皆同　嗟嗟保介維莫之春亦又何求如何
新畬　田二歲曰新三歲曰畬箋云保介車右也月令孟
春天子親載耒耜措之于參保介之御間莫晩也
周之季春於夏爲孟春諸侯朝周之春故晩春遣之勑其
車右以時事女歸當何求於民將如新田畬田何急其敎
農趨時也介甲也車右勇力之士被甲執兵也　莫音暮本
或作暮注同　畬音餘　耒力對反　耜音似　措七故反　夏戶雅
反　被皮寄反　於皇來牟將受厥明明昭上帝迄用
康年　康樂也箋云將大迄至也於美乎赤烏以牟麥俱
來故我周家大受其光明謂爲珍瑞天下所休慶
也此瑞乃明見於天至今用之有樂歲五穀豐熟　命我
於音烏注同　迄許乞反　樂音洛下同　見賢遍反
衆人庤乃錢鎛奄觀銍艾　庤具錢銚鎛鎒銍穫也箋云奄久觀多也敎我
庶民具女田器終久必多銍艾勸之也　庤持耻反　錢子踐
反　鎛音博　奄鄭音奄王徐並如字　觀古玩反又如字注同
銍珍栗反　艾音刈　銚七遙反何士堯反沈音遙世本云垂
作銚　鎒乃豆反或作槈呂氏春秋云槈柄尺此其度也其

耨六寸以間稼也高誘注云耨芸田也六寸所以入苗間也字詁云頭長六寸柄長一尺鎒古字也今作耨同 穫户郭反本或作鑊音同釋名云銍穫鐵也說文云銍穫禾短鎌也此則銍器可以穫禾故云銍穫也小爾雅云截穎謂之銍截穎即穫也

臣工一章十五句

噫嘻春夏祈穀于上帝也 祈猶禱也求也月令孟春祈穀于上帝夏則龍見而雩是與 噫又作意同於其反 嘻音僖 禱丁老反又丁報反 見賢遍反 雩音于 與音餘

噫嘻成王既昭假爾率時農夫播厥百穀 噫歎也嘻勑也成王成是王事也箋云噫嘻有所多大之聲也假至也播猶種也噫嘻乎能成周王之功其德已著至矣謂光被四表格于上下也又能率是主田之吏農夫使民耕田而種百穀也 王如字又于况反注同 假鄭王並音格沈云毛如字 被皮寄反

駿發爾私終三十里亦服爾耕十千維耦

私民田也言上欲富其民而讓其下欲民之大發其私田爾終三十里言各極其望也箋云駿疾也發伐也亦大服事也使民疾耕發其私田竟三十里者一部一吏主之於是民大事耕其私田萬耦同時舉也周禮曰凡治野田夫間有遂遂上有徑十夫有溝溝上有畛百夫有洫洫上有塗千夫有澮澮上有道萬夫有川川上有路計此萬夫之地方三十三里少半里也耜廣五寸二耜為耦一川之間萬夫故有萬耦耕言三十里者舉其成數 駿本亦作浚音峻 徑古定反 畛之忍反又之人反 洫況域反 澮古外反 廣古曠反

噫嘻一章八句

振鷺二王之後來助祭也 二王夏殷也其後杞也宋也 振之慎反 鷺音路 一名舂鉏水鳥也一音盧 夏戶雅反 杞音起

振鷺于飛于彼西雝我客戾止亦有斯容 興也振振群飛貌鷺白鳥也雝澤也客二王之後箋云白鳥集于西雝之澤言所集得其處也興者喻杞宋之君有絜白之德來助祭於周之廟得禮之宜也其至止亦有此容言威儀之善

如鷺鳥然【惡】烏路反在彼無惡在此無斁庶幾夙夜以永終譽箋云在彼謂居其國無怨惡之者在此謂其來朝人皆愛敬之無厭之者永長也譽聲美也【斁】音亦【厭】於豔反

振鷺一章八句

豐年秋冬報也報者謂嘗也烝也【豐】芳弓反

豐年多黍多稌亦有高廩萬億及秭豐大稌稻也廩所以藏齍盛之穗也數萬至萬曰億數億至億曰秭箋云豐年大有年也亦大也萬億及秭以言穀數多【稌】音杜徐敕古反【廩】力錦反又力荏反【秭】咨履反數億至萬曰秭韓詩曰陳穀曰秭也【齍】音咨【盛】音成【穗】音遂【數】色主反下數億同為酒為醴烝畀祖妣以洽百禮降福孔皆皆徧也箋云烝進畀予也【醴】音禮【畀】必寐反注同【妣】必履反【洽】胡甲反本或作祫【徧】音遍【予】音與

豐年一章七句

有瞽始作樂而合乎祖也王者治定制禮功成作樂合者大合諸樂而奏之瞽音古無目眹曰瞽眹音直謹反本或作蔜合乎祖本或作合乎大祖合如字又音閤治直吏反

有瞽有瞽在周之庭設業設虡崇牙樹羽應田縣鼓鞉磬柷圉瞽樂官也業大板也所以飾栒為縣也捷業如鋸齒或曰畫之植者為虡衡者為栒崇牙上飾卷然可以縣也樹羽置羽也應小鞞也田大鼓也縣鼓周鼓也鞉鞉鼓也柷木椌也圉楬也箋云瞽矇也以為樂官者為其無所見於音聲審也周禮上瞽四十人中瞽百人下瞽百六十人有視瞭者相之又設縣鼓田當作朄朄小鼓在大鼓旁應鞞之屬也聲轉字誤變而作田虡音巨應應對之應注同田田毛如字鄭作朄音胤縣音玄注皆同鞉字亦作鼗音桃柷尺叔反圉魚呂反栒荀允反鋸音據植時力反又直吏反衡華盲反卷音權又起圓反鞞步兮反椌苦江反楬苦瞎反矇音蒙有目眹而無見也瞭音了視瞭有目人相息亮反

既備乃

奏簫管備舉喤喤厥聲肅雝和鳴先祖是聽箋云既備者縣也輮也皆畢巳也乃奏謂樂作也簫編竹管如今賣餳者所吹也管如篴并而吹之喤華盲反又音橫又音皇編薄殄反又必緜反史記音甫連反字林布類韻集並布千反餳夕清反蜜也又音唐方言云張皇也即乾餹也音唐篴字又作笛同徒歷反併步頂反我客戾止永觀厥成箋云我客二王之後也長多而成功謂深感於和樂遂入善道終無愆過觀古玩反又如字樂如字又音洛愆去連反

有瞽一章十三句

潛季冬薦魚春獻鮪也冬魚之性定春鮪新來薦獻之者謂於宗廟也潛在廉反爾雅作涔郭音潛又音岑韓詩云涔魚池小雅作橬時砧反鮪于軌反

猗與漆沮潛有多魚有鱣有鮪鰷鱨鰋鯉漆沮岐周之二水也潛糝也箋云猗與歎美之言也鱣大鯉也鮪鮥也鰷白鰷也鰋鮎也猗於宜反與音餘漆音七沮七余反鱣張連反鰷音條鱨音常鰋音

偃鯉音里槮素感反舊詩傳及爾雅本並作米傍參小爾雅云魚之所息謂之橬橬槮也謂積柴水中令魚依之止
息因而取之也郭景純因改爾雅從小爾雅作木傍參音霜甚反又䟽蔭反又心稟反字林作罧音山沁反義同鮥
音洛爾雅云鮥叔鮪鮎乃謙反沇又奴廉反以享以祀以介景福箋云介助景大也

潛一章六句

雝禘大祖也禘大祭也大於四時而小於祫大祖謂文王禘大計反大祖音泰祫戶夾反合也
有來雝雝至止肅肅相維辟公天子穆穆於
薦廣牡相予肆祀相助廣大也箋云雝雝和也肅肅敬也有是來時雝雝然既至止而
肅肅然者乃助王禘祭百辟與諸侯也天子是時則穆穆然於進大牡之牲百辟與諸侯又助我陳祭祀之饌言得
天下之歡心相息亮反注同辟君也音璧注同廣鄭如字王音烏假哉皇考綏予孝
子宣哲維人文武維后假嘉也箋云宣徧也嘉哉君考斥文王也文王之德

乃安我孝子謂受命定基業也又徧使天下之人有才知以文德武功爲之君故假音暇徐古雅反哲本亦作悊同音哲下同徧音遍知音智

燕及皇天克昌厥後綏我眉壽介以繁祉

燕安也箋云繁多也文王之德安及皇天謂降瑞應無變異也又能昌大其子孫安助之以壽考與多福祿○昌如字或云文王名也禘於文王之詩也周人以諱事神不應犯諱當音處亮反瑞應應對之應

既右烈考亦右文母

烈考武王也文母大姒也箋云烈光也子孫所以得考壽與多福者乃以見右助於光明之考與文德之母歸美焉右音祐大音泰姒音似

雝一章十六句

載見諸侯始見乎武王廟也

見賢遍反下並同

載見辟王曰求厥章龍旂陽陽和鈴央央鞗革有鶬休有烈光

載始也龍旂陽陽言有文章也和在軾前鈴在旂上鞗革有鶬言有法度也箋

云諸侯始見君王謂見成王也曰求厥章者求車服禮儀
之文章制度也交龍爲旂鞗革轡首者鶬金飾貌休者休
然盛壯 辟音壁下同 鈴音零左傳云鍚鸞和鈴昭其聲也
央於良反徐音英 鞗音條 鶬七羊反本亦作鎗同 休許虯
反又許求反
注同 軾音式 率見昭考以孝以享以介眉壽永
言保之思皇多祜 昭考武王也享獻也箋云言我皇
君也諸侯既以朝禮見於成王至
祭時伯又率之見於武王廟使助祭也以致孝子之事以
獻祭祀之禮以助考壽之福長我安行此道思使成王之
多福 祜音戶 朝直
遙反下篇注同 烈文辟公綏以多福俾緝熙
于純嘏 箋云俾使純大也祭有十倫之義成王乃光文
百辟與諸侯安之以多福使光明於大嘏之意
天子受福曰大嘏辭有福祚之言 俾又作
畀必爾反 緝七入反 嘏古雅反 祚才故反

載見一章十四句

有客微子來見祖廟也 成王既黜殷命殺武庚命
微子代殷後既受命來朝

而見也○有客二王之後爲客也【見】賢遍反序注同【黜】勑律反又作絀同有客有客亦白其馬有萋有且敦琢其旅殷尚白也亦亦周也萋且敬慎貌箋云有客有客重言之者異之也亦亦武庚也武庚爲二王後乘殷馬乃叛而誅不肖之甚也今微子代之亦乘殷之馬獨賢而見尊異故言亦駮而美之其來威儀萋萋且且盡心力於其事又選擇衆臣卿大夫之賢者與之朝王言追琢者以賢美之故王言之【萋】七西反【且】七序反【敦】都回反徐又音彫【琢】陟角反【重】直用反【肖】音笑【駮】鄭邦角反又音角雜也有客宿宿有客信信言授之縶以縶其馬一宿曰宿再宿曰信欲縶其馬而留之箋云縶絆也周之君臣皆愛微子其所館宿可以去矣而言絆其馬意各殷勤【縶】陟立反【絆】音半薄言追之左右綏之箋云追送也於微子去王始言餞送之左右之臣又欲從而安樂之厚之無已【餞】音賤【樂】音洛既有淫威降福孔夷淫大威則夷易也箋云既有大則謂用殷正朔行其禮樂如天子也神與之福又甚易也言動作而有受

易以豉反，下同

有客一章十二句

武奏大武也大武周公作樂所爲舞也大如字徐音泰注同於皇武王無競維烈允文文王克開厥後烈業也箋云皇君也於乎君哉武王也無彊乎其克商之功業言其彊也信有文德哉文王也能開其子孫之基緒於音烏注同嗣武受之勝殷遏劉耆定爾功武迹劉殺耆致也箋云遏止耆老也嗣子武王受文王之業舉兵伐殷而勝之以止天下之暴虐而殺人者年老乃定女之此功言不汲汲於誅紂須暇五年遏於葛反耆毛音指鄭巨移反韓詩音同鄭云致也汲音急

武一章七句

臣工之什十篇十章一百六句

閔予小子之什詁訓傳第二十八

毛詩周頌　鄭氏箋

閔予小子嗣王朝於廟也嗣王者謂成王也除武王之喪將始即政朝於廟也朝直遥反注同閔予小子遭家不造嬛嬛在疚閔病造為疚病也箋云閔悼傷之言也造猶成也可悼傷乎我小子耳遭武王崩家道未成嬛嬛然孤特在憂病之中嬛其傾反崔本作煢疚本又作㝌音救於乎皇考永世克孝念茲皇祖陟降庭止庭直也箋云茲此也陟降上下也於乎我君考武王長世能孝謂能以孝行為子孫法度使長見行也念此君祖文王上以直道事天下以直道治民言無私枉上時掌反又如字行下孟反維予小子夙夜敬止於乎皇王繼序思不忘序緒也箋云夙早敬慎也我小子早夜慎行祖考之道言不敢解倦也於乎君王歎文王武王也我繼其緒思其所行不忘也解音懈

閔予小子一章十一句

訪落嗣王謀於廟也謀者謀政事也

訪予落止率時昭考於乎悠哉朕未有艾將予就之繼猶判渙訪謀落始時是率循悠遠猶道判分渙散也箋云昭明艾數猶圖也成王始即政自以承聖父之業懼不能遵其道德故於廟中與群臣謀我始即政之事群臣曰當循是明德之考所施行故荅之以謙曰於乎遠哉我於是未有數言遠不可及也女扶將我就其典法而行之繼續其業圖我所失分散者收斂之艾五蓋反徐音刈判普半反渙音奐

維予小子未堪家多難箋云多衆也我小子耳未任統理國家衆難成之事心有任賢待年長大之志難成之事謂諸政有業未平者難如字協韻乃旦反任音壬下同篇注皆同長張丈反

紹庭上下陟降厥家休矣皇考以保明其身箋云紹繼也厥家謂群臣也繼文王陟降庭止之道上下群臣之職以次序者美矣我君考武

（王能以此道尊安其身謂定天下居天子之位　休許虯反）

訪落一章十二句

敬之群臣進戒嗣王也（敬之一本無之字）敬之敬之天維顯思命不易哉無曰高高在上陟降厥士日監在茲（顯見士事也箋云顯光監視也群臣見王謀即政之事故因時戒之曰敬之哉敬之哉天乃光明去惡與善其命吉凶不變易也無謂天高又高在上遠人而不畏也天上下其事謂轉運日月施其所行日日瞻視近在此也　易鄭音亦王以豉反　見賢遍反　遠于万反　上時掌反）維予小子不聰敬止日就月將學有緝熙于光明佛時仔肩示我顯德行（小子嗣王也將行也光廣也佛大也仔肩克也箋云緝熙光明也佛輔也時是也仔肩任也群臣戒王以敬之敬之故承之以謙云我小子耳不聰達於敬之之意日就月行言當習之以積漸也且

欲學於有光明之光明者謂賢中之賢也輔佛是任示道我以顯明之德行是詩自知未能成文武之功周公始有居攝之志【佛】毛符弗反鄭音弼【仔】音兹【肩】古賢反【道】音導

敬之一章十二句

小毖嗣王求助也【毖】音祕

予其懲而毖後患莫予荓蜂自求辛螫毖慎也荓蜂摩曳也箋云懲艾也始者管叔及其群弟流言於國成王信之而疑周公至後三監叛而作亂周公以王命舉兵誅之歷年乃已故今周公歸政成王受之而求賢臣以自輔助也曰我其創艾於往時矣畏慎後復有禍難群臣小人無敢我摩曳謂爲譎詐誑欺不可信也女如是徒自求辛苦毒螫之害耳謂將有刑誅【難】乃旦反下禍難之難皆同【懲】直升反韓詩云苦也【荓】普經反爾雅作甹音同【蜂】本又作蠭孚逢反【螫】音釋韓詩作赦赦事也【摩】尺制反本又作掣【曳】以制反【艾】音刈字或作忿下同【創】初亮反【復】扶又反【譎】音決【誑】九況反

肇允彼桃蟲拚飛維鳥桃蟲鷦也鳥之始小終大者箋

云肇始允信也始者信以彼管蔡之屬雖有流言之罪如鷦鳥之不登誅之後反叛而作亂猶鷦之翻飛為大鳥也鷦之所為鳥題肩也或曰鴞皆惡聲之鳥【拚】芳煩反【鷦】子消反未堪家多難予又集于蓼堪任予我也我又集于蓼言辛苦也箋云集會也未任統理我國家衆難成之事謂使周公居攝時也我又會於辛苦遇三監及淮夷之難也【蓼】音了

小毖一章八句

載芟春籍田而祈社稷也籍田甸師氏所掌王載耒耜所耕之田天子千畝諸侯百畝籍之言借也借民力治之故謂之籍田【芟】所銜反【甸】田見反

載芟載柞其耕澤澤千耦其耘徂隰徂畛侯主侯伯侯亞侯旅侯彊侯以除草曰芟除木曰柞畛埸也主家長也伯長子也亞仲叔也旅子弟也彊彊力也以用也箋云載始也隰謂所發田也畛謂舊田有徑路者彊有餘力者周禮曰以彊予任民以謂閑民今時傭賃

也春秋之義能東西之曰以成王之時萬民樂治田業將
耕先始芟柞其草木土氣烝達而和耕之則澤澤然解散
於是耘除其根株輩作者千耦言趨時也或往之隰或往
之畛父子餘夫俱行彊有餘力者相助又取傭賃務疾畢
已當種也【柞】側伯反【澤】音釋注同爾雅作郝音同云耕也
郭云土解也【耦】五口反【耘】音云本又作芸【畛】之忍反徐又
音真【彊】其良反【場】本又作易音亦【長】張丈反下同【徑】
古定反【間】音閑【傭】音容【賃】女鴆反【烝】音證【解】音蟹　有
嗿其饁思媚其婦有依其士 嗿衆貌士子弟也箋云饁饋饟也依之言
愛也婦子來饋饟其農人於田野乃逆而媚愛之言勸其
事勞不自苦【嗿】他感反【饁】于輒反【饋】其愧反【饟】式亮反
有略其耜俶載南畝播厥百穀實函斯活 略利
也箋云俶載當作熾菑播猶種也實種子也函含也活生
也農夫既耘除草木根株乃更以利耜熾菑之而後種其
種皆成好含生氣【略】如字字書作䂮同【俶載】毛並如字書
作熾菑下篇同【函】戶南反下篇同【熾】尺志反盛也【菑】側其
反【實種】章勇反下其種同 驛驛其達有厭其傑厭厭其苗

緜緜其麃達射也有厭其傑言傑苗厭然特美也麃耘也箋云達出地也傑先長者厭厭其苗衆齊等也【驛】音亦爾雅作繹云生也【厭】於豔反下同【緜】緜如字爾雅云麃也韓詩作民民云衆貌【麃】表驕反說文作穮音同云穮耨鉏田也字林云穮耕禾間也方遙反【射】食亦反【長】張丈反

載穫濟濟有實其積萬億及秭濟濟難也箋云難者穗衆難進也有實實成也其積之乃萬億及秭言得多也【積】子賜反又如字注同【秭】音姊

為酒為醴烝畀祖妣以洽百禮箋云烝進畀予洽合也進予祖妣謂先祖先妣也以洽百禮謂饗食燕之屬【烝】之承反【畀】必二反并注同

有飶其香邦家之光飶芬香也箋云芬香之酒醴享燕賓客則多得其歡心於國家有榮譽【飶】蒲節反說文云食之香也字又作苾音同一音蒲必反注同

有椒其馨胡考之寧椒猶飶也胡壽也考成也箋云寧安也以芬香之酒醴祭於祖妣則多得其福右【椒】子消反徐子料反沈作俶尺叔反云作椒者誤也此論醲酒芬香無取周氣之芳也案唐風椒聊箋云椒之性芬芳王註云椒芬芳

之物此傳云椒酒飶飶芬香歟是芬芳之物此正相需無故改字為飶飶始也非芬香【音】呼延反 匪且

有且匪今斯今振古如茲 且此也振自也箋云匪非也振亦古也饗燕祭祀心非云且而有且謂將有嘉慶禎祥先來見也心非云今而有此今謂嘉慶之事不聞而至也言脩德行礼莫不獲報乃古而如此所由來者久非適今時【且】七也反又子餘反下同【見】賢遍反

載芟一章三十一句

良耜秋報社稷也 【耜】音似秋報社稷也本或有冬字者非 畟畟良耜

俶載南畝播厥百穀實函斯活 畟畟猶測測也箋云良善也農人測測以利善之耜熾菑是南畝也種此百穀其種皆成好含生氣言得其時【畟畟】楚側反爾雅云畟畟耜也郭云言嚴利也其【種】章勇反 或來瞻女載筐及筥其饟伊黍其

笠伊糾其鎛斯趙以薅荼蓼 笠所以御暑雨也趙刺也蓼水草也

箋云瞻視也有來視女謂婦子來饁者也筐筥所以盛黍
也豐年之時雖賤者猶食黍饁者見戴糾然之笠以田器
刺地薅去荼蓼之事言閔其勤若筐丘方反筥紀呂反饟
式亮反笠音立糾居黝反又其皎反鎛音博趙徒了反又
如字沈起了反又徒少反薅呼毛反說文云拔田草也又
云或作茠茠引此以茠荼蓼上音徒下音了刺七亦反下同
盛音成去起呂反荼蓼朽止黍稷茂止穫之挃挃積挃挃穫聲
之栗栗其崇如墉其比如櫛以開百室
也栗栗衆多也墉城也箋云百室一族也草穢既除而禾
稼茂禾稼茂而穀成熟穀成熟而民積聚多如城也如櫛
也以言積之高大且相比迫也其已治之則百家開戶納
之千耦其耘輩作尚衆也一族同時納穀親親也百室者
出必共洫間而耕入必共族中而居又有祭酺合醵之歡
朽虛有反爛也挃珍栗反積子賜反比毗志反注同櫛側
乙反酺音蒲又音步醵其據反又其略反合錢飲酒也百室盈止婦子寧止
殺時犉牡有捄其角以似以續續古之人黃牛

黑脣曰犉社稷之牛角尺以似以續嗣前歲續往事也箋云捄角貌五穀畢入婦子則安無行饁之事於是殺牲報祭社稷嗣前歲者復求有豐年也續往事者復以養人也續古之人求有良司穡也 犉如淳反本亦作犉 捄音虯 復扶又反下同

良耜一章二十三句

絲衣繹賓尸也高子曰靈星之尸也 繹又祭也天子諸侯曰繹以祭之明日卿大夫曰賓尸與祭同日周曰繹商謂之肜 繹音亦字書作襗 肜余戎反

絲衣其紑載弁俅俅自堂徂基自羊徂牛鼐鼎及鼒 絲衣祭服也紑絜鮮貌俅俅恭順貌基門塾之基自羊徂牛言先小後大也大鼎謂之鼐小鼎謂之鼒箋云載猶戴也弁爵弁也爵弁而祭於王士服也繹禮輕使士升門堂視壺濯及籩豆之屬降往於基告濯具又視牲從羊之牛反告充已乃舉鼎冪告絜礼之次也鼎圜弇上謂之鼒 紑孚浮反徐孚不反又音培又音弗 載如字又音戴同 弁皮

变反俅音求說文作絿同鼐乃代反郭音乃鼒音兹徐音
災郭音才說文作鎡字音兹塾音孰門側堂也或音育羃

亡歷反本亦作冪
圜音圓弇古奄字

兕觥其觩旨酒思柔不吳不敖胡考之休

吳譁也考成也箋云柔安也繹之旅士
用兕觥變於祭也飲美酒者皆思自安

不讙譁不敖慢也此得壽考之休徵兕字又作光徐履反
觥古橫反罰爵也字又作觵同觩音虯本又作斛吳舊如

字說文作吳吳大言也何承天云吳字誤當爲吳從口下
吳故魚之大口者名吳胡化反此音恐驚俗也音話敖五

誥反本又作傲注同讙音花譁
火官反又火元反慢亡諫反

絲衣一章九句

酌告成大武也言能酌先祖之道以養天下也

周公居攝六年制禮作樂歸政成王乃後祭於廟而奏
之其始成告之而已酌音灼字亦作汋大如字徐音泰

於鑠王師遵養時晦時純熙矣是用大介

鑠
美

遵率養晦昧也箋云純大熙興介助也於美乎文王之用師率殷之叛國以事紂養是闇昧之君以老其惡是周道大興而天下歸往矣故有致死之士助之鑠舒灼反我龍受之蹻蹻王之造

載用有嗣龍和也蹻蹻武貌造爲也箋云龍寵也來助我者我寵而受用之蹻蹻之士皆爭來造王王則用之有嗣傳相致蹻居表反造毛才老反鄭七報反傳直專反實維爾公允師公事也箋云允信也王之事所以舉兵克勝者實維女之事信得用師之道

酌一章九句

桓講武類禡也桓武志也類也禡也皆師祭也禡馬嫁反本或以桓武志也爲注

綏萬邦婁豐年箋云綏安婁亟也誅無道安天下則亟有豐熟之年陰陽和也婁力住反亟欺冀反下同天命匪解桓桓武王保有厥士于以四方克定厥家士事也箋云天命爲善不解倦者以爲天子我桓桓有威武之武王

則能安有天下之事此言其當天意也於是用武事於四方能定其家先王之業遂有天下解音蟹注同

於昭于天皇以間之

間代也箋云于曰也皇君也於明乎曰天也紂為天下之君但由為惡天以武王代之於音烏注同間間廁之間注同

桓一章九句

賚大封於廟也賚予也言所以錫予善人也

大封武王伐紂時封諸臣有功者賚來代反又音來

文王既勤止我應受之

勤勞應當繹陳也箋云敷猶徧也文王既勞心於政事以有天下之業我當而受之敷是文王之勞心既陳繹而行之今我往以此求定謂安天下也敷音孚繹音亦徧音遍下篇同

敷時繹思我徂維求定

時周之命於繹思

箋云勞心者是周之所以受天命而王之所由也於女諸臣受封者陳繹而思行之以文王之功業勑勸之於鄭如字王音烏而王于況反又如字下篇同

賚一章六句

般巡守而祀四嶽河海也 般樂也【般】薄寒反【守】手又反【樂】音洛崔集注本用此注爲序文

於皇時周陟其高山嶞山喬嶽允猶翕河 高山四嶽也嶞山山之嶞嶞小者也翕合也箋云皇君喬高猶圖也於乎美哉君是周邦而巡守其所至則登其高山而祭之望秩於山川小山及高嶽皆信按山川之圖而次序祭之河言合者河自大陸之北敷爲九祭者合爲一【於】音烏注同【嶞】吐果反注同郭云山狹而長也又同果反字又作墮【喬】音橋【嶽】音岳【翕】許及反

敷天之下裒時之對時周之命 裒聚也箋云裒衆對配也徧天之下衆山川之神皆如是配而祭之是周之所以受天命而王也【裒】蒲侯反 於繹思毛詩無此句齊魯韓詩有之今毛詩有者衍文也崔集注本有是采三家之本崔因有故解之

般一章七句

閔予小子之什十一篇十一章百三十七句

毛詩卷第十九

毛詩卷第二十

駉詁訓傳第二十九

本或作駉之什者是隨例而加耳商頌亦然

毛詩魯頌 魯者周公之子伯禽所封之國也周公有大勳勞於天下成王留之輔相而封伯禽焉其封域在禹貢徐州蒙羽之野十七世至僖公當周惠王襄王之時能遵伯禽之法外征淮夷內修德教國人美之於是國卿季文子請周而使史克作頌四篇夫子刪詩録之者以周公有致太平之勳成王命魯郊祭用天子礼樂故取魯頌而同於王者之後焉

鄭氏箋

駉頌僖公也僖公能遵伯禽之法儉以足用寬以愛民務農重穀牧于坰野魯人尊之於是季孫行父請命于周而史克作是頌季孫行父

季文子也史克魯史也【駉】古熒反說文作驍又作駫同【牧】徐音目【坰】古熒反徐又苦營反或音苦瓊反下同【父】音甫注同

駉駉牡馬在坰之野

駉駉良馬腹幹肥張也坰遠野也邑外曰郊郊外曰野野外曰林林外曰坰箋云必牧於坰野者辟民居與良田也周礼曰以官田牛田賞田牧田任遠郊之地【牡】茂后反草木疏云騭馬也說文同本或作牧

薄言駉者有驈有皇有驪有黃以車彭彭

牧之坰野則駉駉然驪馬白跨曰驈黃白曰皇純黑曰驪黃騂曰黃諸侯六閑馬四種有良馬有戎馬有田馬有駑馬彭彭有力有容也箋云坰之牧地水草既美牧人又良飲食得其時則自肥健耳【驈】户橘反阮孝緒于密反顧野王餘橘反郭音述【驪】力知反沈又郎西反【跨】苦化反又苦故反又胡瓦反郭云髀間也蒼頡篇云兩股間也【騂】息營反字林火營反【種】章勇反【駑】音奴【飲】音蔭【食】音嗣又並如字

思無疆思馬斯臧

箋云臧善也僖公之思遵伯禽之法反覆思之無有竟已乃至於思馬斯善多其所及廣博【疆】居良反【覆】芳服反

駉駉牡馬在坰之野薄言駉者

有騅有駓有騂有騏以車伾伾蒼白雜毛曰騅黃白雜毛曰駓赤黃曰騂蒼祺曰騏伾伾有力也騅音佳駓符悲反說文音同郭云今桃花馬也字林作騂音丕騏音其伾敷悲反字林作駓走也父之反祺音其字又作騏思無期思馬斯才才多材也駉駉牡馬在坰之野薄言駉者有驒有駱有駵有雒以車繹繹青驪驎曰驒白馬黑鬣曰駱赤身黑鬣曰駵黑身白鬣曰雒繹繹善走也驒徒河反說文云馬文如鼉魚也韓詩及字林云白馬黑髦也駱音洛樊孫爾雅云作白馬黑髦鬣尾也駵音留字林云赤馬黑髦尾也雒音洛本或作駱同繹音亦善足也崔本作驛驎本亦作粼郭良忍反毛色有深淺斑駮隱粼今之連錢驄也呂忱良振反孫炎音隣云似魚鱗也鬣力輒反思無繹思馬斯作作始也箋云斁厭也思遵伯禽之法無厭倦也作謂牧之使可乘駕也斁音亦駉駉牡馬在坰之野薄言駉者有駰有騢有驔有魚以車祛

祛陰白雜毛曰駰彤白雜毛曰騢豪骭曰驔二目白曰魚祛祛彊健也駰舊於巾反讀者並音因騢音遐說

文云赤白雜色文似鰕魚驔音簟徒點反字林云又音譚魚如字字書作驗字林作䲣音並同爾雅云一目白瞯二

目白䳄瞯音閑祛起呂反彤徒冬反骭戶晏反思無邪思馬斯徂箋云徂猶行也思遵伯禽之法專心無復邪意也牧馬使可走行邪似嗟反注同復扶又反

駉四章章八句

有駜頌僖公君臣之有道也有道者以禮義相與之謂也駜筆備反又符必反字林又父必反

有駜有駜駜彼乘黃駜馬肥彊貌馬肥彊則能升高進遠臣彊力則能安國箋云此喻僖公之用臣必先致其祿食祿食足而臣莫不盡其忠乘繩證反下同夙夜在公在公明明箋云夙早也言時臣憂念君事早起夜寐在於公之所在於公之所但明義明德也禮記曰大學之道在明明德大音泰振振鷺鷺于下鼓咽咽

醉言舞于胥樂兮振振群飛貌鷺白鳥也以興絜白之士咽咽鼓節也箋云于於胥皆也僖公之時君臣無事則相與明義明德而已絜白之士群集於君之朝君以礼樂與之飲酒以鼓節之咽咽然至於无筭爵則又舞燕樂以盡其歡君臣於是則皆喜樂也咽本又作淵鼓同烏玄反又於巾反樂音洛注喜樂下胥樂兮及注安樂同朝直遥反

有駜有駜彼乘牡夙夜在公在公飲酒言臣有餘敬而君有餘惠振振鷺鷺于飛鼓咽咽醉言歸于胥樂兮箋云飛喻群臣醉欲退也

有駜有駜駜彼乘駽青驪曰駽駽呼縣反夙夜在公在公載燕箋云載之言則也自今以始歲其有君子有穀詒孫子于胥樂兮歲其有豐年也箋云穀善詒遺也君臣安樂則陰陽和而有豐年其善道則可以遺子孫也○歲其有本或作歲其有矣又作歲其有年者矣皆衍字也詒孫子本或作詒厥孫子詒于孫子皆是妄加也詒

以之反〔遺〕唯季反下同

有駜三章章九句

泮水頌僖公能修泮宮也〔泮〕普半反本或作頖音判泮宮諸侯之學也泮半也半有水半無水也鄭注礼記云頖班也所以班政教〔僖〕音希思樂泮水薄采其芹泮水泮宮之水也天子辟雝諸侯泮宮言水則采取其芹宮則采取其化箋云芹水菜也言已思樂僖公之修泮宮之水復伯禽之法而往觀之采其芹也辟雝者築土雝水之外圓如璧四方來觀者均之泮之言半也半水者蓋東西門以南通水北无也天子諸侯宮異制因形然〔辟〕音璧下同〔芹〕其斤反〔觀〕古亂反又音官魯侯戾止言觀其旂其旂茷茷鸞聲噦噦無小無大從公于邁戾來止至也言觀其旂言法則其文章也茷茷言有法度也噦噦言有声也箋云于往邁行也我采泮水之芹見僖公來至于泮宮我則觀其旂茷茷然鸞和之聲噦噦然臣无尊卑皆從君

行而來稱言此者僖公賢君人樂見之茷蒲宮反又普貝反本又作伐噦呼會反思樂泮水薄采其藻魯侯戾止其馬蹻蹻其馬蹻蹻其音昭昭其馬蹻蹻言強盛也箋云其音昭昭僖公之德音藻音早蹻居表反昭之繞反載色載笑匪怒伊教色溫潤也箋云僖公之至泮宮和顏色而笑語非有所怒於是有所教化也思樂泮水薄采其茆茆鳧葵也茆音卯徐音柳韋昭萌藻反干寶云今之鼅蹕草堪為葅江東有之何承天云此菜出東海堪為葅醬也鄭小同云江南人各之蓴菜生陂澤中草木疏同又云或各水葵一云今之浮菜即豬蓴也本草有鳧葵陶弘景以入有各无用品解者不同未詳其正沈以小同及草木疏所說為得鳧音符魯侯戾止在泮飲酒既飲旨酒求錫難老箋云在泮飲酒者徵先生君子與之行飲酒之礼而因以謀事也已飲美酒而長賜其難使老難使老者最壽考也長賜之者如王制所云八十月告存九十日有秩者與與音餘順彼長道

屈此群醜屈收醜衆也箋云順從長遠屈治醜惡也是時淮夷叛逆既謀之於泮宮則從彼遠道往伐之治此群為惡之人屈丘勿反徐云鄭又其勿反穆穆魯侯敬明其德敬慎威儀維民之則允文允武昭假烈祖假至也箋云則法也僖公之行民之所法傚也僖公信文矣為修泮宮也信武矣為伐淮夷也其聰明乃至於美祖之德謂遵伯禽之法假古百反行下孟反又如字靡有不孝自求伊祜箋云祜福也国人无不法傚之者皆庶幾力行自求福祿祜音户明明魯侯克明其德既作泮宮淮夷攸服箋云克能攸所也言僖公能明其德修泮宮而德化行於是伐淮夷所以能服也矯矯虎臣在泮獻馘淑問如皋陶在泮獻囚囚拘也箋云矯矯武貌馘所格者之左耳淑善也囚所虜獲者僖公既伐淮夷而反在泮宮使武臣獻馘又使善聽獄之吏如皋陶者獻囚言伐有功所任得其人矯本又作蟜亦作蹻居表反馘古獲反陶音遥皋陶

唐虞之士官濟濟多士克廣德心桓桓于征狄彼東南桓桓威武貌箋云多士謂虎臣及如臯陶之屬征征伐也狄當作剔剔治也東南斥淮夷〔狄〕王他歷反遠也孫毓同鄭治也音同沈云毛如字未詳所出韓詩作鬄鬄除也烝烝皇皇不吳不揚不告于訩在泮獻功烝烝厚也皇皇美也揚傷也箋云烝烝猶進進也皇皇當作暀暀暀暀猶往往也吳譁也訩訟也言多士之於伐淮夷皆勸之有進進往往之心不讙譁不大聲僖公還在泮宮又無以爭訟之事告於治訟之官者皆自獻其功〔烝〕之丞反〔皇〕毛如字鄭作〔暀〕于況反〔吳〕鄭如字又王音誤作吳音話〔揚〕余章反〔訩〕音凶〔讙〕音歡〔譁〕音花〔爭〕爭鬬之爭角弓其觩束矢其搜戎車孔博徒御無斁既克淮夷孔淑不逆觩強貌五十矢爲束搜衆意也箋云角弓觩然言持弦急也束矢搜然言勁疾也博當作傅甚傅致者言安利也徒行者御車者皆敬其事又無猒倦也僖公以此兵衆伐淮夷而勝之其士卒甚順軍法而善無有爲逆者謂堙井刊

木之類觩音虯捜依字作𢮦邑留反傳徐云毛如字王同

大也鄭作傅音附斁本又作繹又作射或作懌皆音亦虓

式氏反本又作施同致直置反卒尊忽

反煙音因塞也刓苦干反服虔云削也 式固爾猶淮

夷卒獲 箋云式用猶謀也用堅固女軍謀之故故淮夷

盡可獲服也謀謂度己之德慮彼之罪以出兵

也度待洛反 翩彼飛鴞集于泮林食我桑黮懷我

好音 翩飛貌鴞惡聲之鳥也黮桑實也箋云懷歸也言

鴞恒惡鳴今來止於泮水之木上食其桑黮為此

之故故改其鳴歸就我以善音喻人感於恩則化也翩

音篇鴞于嬌反黮說文字林皆作葚時審反懷于偽反憬

彼淮夷來獻其琛元龜象齒大賂南金 憬遠行貌

琛寶也元龜尺二寸賂遺也南謂荆揚也箋云大猶廣也

廣賂者賂君及卿大夫也荆揚之州貢金三品憬九永反

沈又孔永反說文作廣音獷云闊也一曰廣大也琛

勑金反犍為舍人云美寶曰琛賂音路遺唯季反

泮水八章章八句

閟宮頌僖公能復周公之宇也宇居也【閟】筆位反【僖】音希閟宮有侐實實枚枚閟閉也先妣姜嫄之廟在周常閉而無事孟仲子曰是禖宮也侐清淨也實實廣大也枚枚礱密也箋云閟神也姜嫄神所依故廟曰神宮【侐】況域反一音火季反【枚】莫回反韓詩云閟暇無人之貌也【嫄】音元【禖】莫回反【礱】路東反厲也赫赫姜嫄其德不回上帝是依無災無害彌月不遲上帝是依依其子孫也箋云依依其身也彌終也赫赫乎顯著姜嫄也其德貞正不回邪天用是馮依而降精氣其任之又無災害不坼不副終人道十月而生子不遲晚○災字又作灾亦作菑音同【邪】似嗟反天用是馮依一本作馮依其身馮本又作憑同皮陵反【坼】勅宅反裂也【副】孚逼反是生后稷降之百福黍稷重穋稙穉菽麥奄有下國俾民稼穡先種曰稙後種曰穉箋云奄猶覆也姜嫄用是而生子后稷天神多與之福以五穀終覆蓋天下使民知稼穡之道言不空生也后稷生而名棄長大堯登用之使

居稷官民賴其功後雖作司馬天下猶以后稷稱焉重直
容反本又作種同穋音六本又作稑音同稙徵力反徐時
力反韓詩曰長稼也穉音雉韓詩云幼稼也菽音
叔大豆也俾必爾反本亦作畀下皆同長張丈反有稷
有黍有稻有秬奄有下土纘禹之緒緒業也箋云秬黑黍
也緒事也堯時洪水爲災民不粒食天神多與后稷以五
穀禹平水土乃教民播種之於是天下大有故云纘禹之
事也美之故申説以明之秬音巨纘子管反粒音立后稷之孫實維大王居
岐之陽實始翦商翦齊也箋云翦斷也大王自豳
徙居岐陽四方之民咸歸往之
於時而有王迹故云是始斷商大音泰後大王大
平皆同翦子踐反斷音短豳彼貧反王迹于況反至于
文武纘大王之緒致天之屆于牧之野無貳
無虞上帝臨女虞誤也箋云屆極虞度也文王武王
繼大王之事至受命致大平天所以
罰極紂於商郊牧野其時之民皆樂武王之如是故戒之
云無有二心也無復計度也天視護女至則克勝屆音戒

貳音二殛紀力反下同度待洛反下同復扶又反敦商之旅克咸厥功箋云敦治旅衆咸同也武王克殷而治商之臣民使得其所能同其功於先祖也后稷大王文王亦周公之祖考也伐紂周公又與爲故述之以美大魯敦鄭都回反王徐都門反厚也與音預王曰叔父建爾元子俾侯于魯大啓爾宇爲周室輔王成王也元首宇居也箋云叔父謂周公也成王告周公曰叔父我立女首子使爲君於魯謂欲封伯禽也封魯公以爲周公後故云大開女居以爲我周家之輔謂封以方七百里欲其疆於衆国乃命魯公俾侯于東錫之山川土田附庸箋云東東藩魯国也既告周公以封伯禽之意乃策命伯禽使爲君於東加賜之以山川土田及附庸令專統之王制曰名山大川不以封諸侯附庸則不得專臣也藩方元反策初革反令力呈反周公之孫莊公之子龍旂承祀六轡耳耳春秋匪解享祀不忒周公之孫莊公之子謂僖公也耳耳

然至盛也箋云交龍爲旂承祀謂視祭事也四馬故皇

六轡耳春秋猶言四時也忒變也解音懈忒他得反

皇后帝皇祖后稷享以騂犧是饗是宜降福

既多騂赤犧純也箋云皇皇后帝謂天也成王以周公

大命魯郊祭天亦配之以君祖后稷其牲用赤牛

純色與天子同也天亦饗食之宜之周公皇祖亦其福

多與之福騂息營反犧許宜反

女秋而載嘗夏而楅衡白牡騂剛犧尊將將

毛炰胾羹籩豆大房萬舞洋洋孝孫有慶

諸侯夏禘則不礿秋祫則不嘗唯天子兼之楅衡設牛角

以楅之也白牡周公牲也騂剛魯公牲也犧尊有沙飾也

毛炰豚也胾肉也羹大羹鉶羹也大房半體之俎也洋洋

衆多也箋云此皇祖謂伯禽也載始也秋將嘗祭於夏則

養牲楅衡其牛角爲其觸觝人也秋嘗而言始者秋物新

成尚之也大房玉飾俎也其制足間有橫下五拊似乎堂

後有房然万舞干舞也楅音福逼也犧鄭素河反毛六有

沙飾則宜同鄭王許宜反將七羊反炰蒲包反胾側吏反

羹音庚又音衡洋音羊徐音詳約羊灼反袷咸葦反楅音逼犧素何反刻鳳皇於尊其羽形婆娑然也一云畫也

豚字又作㹠徒門反鉶字又作鈃音刑爲于僞反觝都禮反横古曠反一音光附方于反俾爾熾

而昌俾爾壽而臧保彼東方魯邦是常不虧

不崩不震不騰三壽作朋如岡如陵震動也騰乘也壽考

也箋云此皆慶孝孫之辭也俾使臧善保安常守也虧崩皆謂毀壞也震騰皆謂僭踰相侵犯也三壽三卿也岡陵

取堅固也識尺志反僭子念反公車千乘朱英綠縢二矛重弓

大國之賦千乘朱英矛飾也縢繩也重弓重於鬯中也箋云二矛重弓備折壞也兵車之法左人持弓右人持矛中

人御乘繩證反注千乘同英如字徐於耕反縢徒登反重直龍反注同鬯勑亮反弓衣也字或作韔同公

徒三萬貝冑朱綅烝徒增增貝冑貝飾也朱綅以朱綅綴之增增

衆也箋云萬二千五百人爲軍大國三軍合三萬七千五百人言三萬者舉成數也烝進也徒進行增增然冑直又

反【綅】息廉反說文云綫也沈又倉君林反又音侵【烝】之升反【增】如字【綴】沈知稅反又張劣反 戎狄是膺

荆舒是懲則莫我敢承 膺當承止也箋云懲艾也僖公與齊桓舉義兵北當

戎與狄南艾荆及群舒天下無敢禦也【艾】音刈 俾爾昌而熾俾爾壽而富

黃髮台背壽胥與試 箋云此慶僖公勇於用兵討有罪也黃髮台背皆壽徵也

胥相也壽而相與試謂講氣力不衰倦【台】他來反【背】音貝 俾爾昌而大俾爾耆

而艾萬有千歲眉壽無有害 箋云此文慶僖公勇於用兵討有罪

也中時魯微弱爲鄰邦所侵削今乃復其故故喜而重慶之俾爾猶使女也眉壽秀眉亦壽徵【艾】五蓋反【中】張仲反

【重】直用反 泰山巖巖魯邦所詹奄有龜蒙遂荒大

東至于海邦淮夷來同莫不率從魯侯之功

詹至也龜山也蒙山也荒有也箋云奄覆荒奄也大東極東海邦近海之国也來同爲同盟也率從相率從於中国

也魯侯謂僖公荒如字韓詩作荒云至也近附近之近保有鳧繹遂荒徐宅
至于海邦淮夷蠻貊及彼南夷莫不率從莫
敢不諾魯侯是若鳧山也繹山也宅居也淮夷蠻貊而夷行也南夷荊楚也若順
也箋云諾應辭也是若者是僖公所謂順也鳧音符繹音亦一音夕字又作嶧同貊字又作貉武伯反行下孟反
應應對之應天錫公純嘏眉壽保魯居常與許復
周公之字常許魯南鄙西鄙箋云純大也受福曰嘏許許由也魯朝宿之邑也常或作嘗在薛
之旁春秋魯莊公三十一年築臺于薛是與周公有嘗邑所由未聞也六國時齊有孟嘗君食邑於薛嘏古雅反朝
直遥反薛字又作薛息列反與音餘魯侯燕喜令妻壽母宜大夫
庶士邦國是有既多受祉黃髮兒齒箋云燕燕飲也
令善也僖公宴飲於內寢則善其妻壽其母謂為之祝慶也與羣臣燕則欲與之相宜亦祝慶也是有猶常有也兒

齒亦壽徵齯五兮反齒落更生細者也字書作齯音同一音如字爲于僞反祝之又反下同徂來之

松新甫之柏是斷是度是尋是尺徂來山也新甫山也八尺曰尋斵音短度待洛反松桷有舄路寢孔碩新廟奕奕

奚斯所作桷榱也舄大貌路寢正寢也新廟閟公廟也有大夫公子奚斯者作是廟也箋云孔甚碩大也奕奕姣美也修舊曰新所新者姜嫄廟也僖公承衰廢之政修周公伯禽之教故治正寢上新姜嫄之廟姜嫄之廟廟之先也奚斯作者教護屬功課章程也至文公之時大室屋壞桷音角方曰桷舄音昔徐又音託奕音亦榱色追反姣古卯反屬音燭孔曼且碩萬民是若曼長也箋云曼修也廣也且然也国人謂之順也曼音万

閟宮八章二章章十七句一章十二句

一章三十八句二章章八句二章章十句

駉四篇二十三章二百四十三句

那詁訓傳第三十

毛詩商頌 商者契所封之地名成湯伐桀王天下遂以爲國號後世有中宗高宗中典時有作詩頌之者當周宣王之時宋大夫正考父校商之名頌十二篇於周之太師以那爲首歸而祭於先王孔子録詩之時止五篇而已乃列之以備三頌 鄭氏箋

那祀成湯也微子至于戴公其閒禮樂廢壞有正考甫者得商頌十二篇於周之太師以那爲首 禮樂廢壞者君怠慢於爲政不修祭祀朝聘養賢待賓之事有司忘其禮之儀制樂師失其聲之曲折由是散亡也自正考父至孔子之時又無七篇矣正考甫孔子之先也其祖弗甫何以有宋而授厲公 那乃河反微子名啓紂庶兄周武王封之於宋爲殷後正考甫宋湣公之曾孫孔子七世祖 甫本亦作父音甫 大音泰後

大甲大古大戊大祖皆放此朝直遥反折之設反 猗與那與置我鞉鼓 猗歟

辭那多也鞉鼓樂之所成也夏后氏足鼓殷人置鼓周人縣鼓箋云置讀曰植植鞉鼓者爲楹貫而樹之美湯受命

伐桀定天下而作護樂故歎之多其改夏之制乃始植我殷家之樂鞉與鼓也鞉雖不植貫而摇之亦植之類猗於

宜反與音余下同置毛如字鄭作植時職反又音值鞉音桃小鼓也夏户雅反注同縣音玄下同楹音盈柱也貫古

亂反護户故反 奏鼓簡簡衎我烈祖湯孫奏假綏我

思成 衎樂也烈祖湯有功烈之祖也假大也箋云奏鼓奏堂下之樂也烈祖湯也湯孫大甲也假升綏安

也以金奏堂下諸縣其聲和大簡簡然以樂我功烈之祖成湯湯孫大甲又奏升堂之樂弦歌之乃安我心所思而

成之謂神明來格也禮記曰齊之日思其居處思其笑語思其志意思其所樂思其所耆齊三日乃見其所爲齊者

祭之日入室僾然必有見乎其位周旋出户肅然必有聞乎其容聲出户而聽愾然必有聞乎其歎息之聲此之謂

思成衎苦旦反假毛古雅反鄭作格樂音洛下以樂我同齊側皆反本亦作齋下同耆市志反爲于僞反僾音愛愾

苦代反鞉鼓淵淵嘒嘒管聲既和且平依我磬
聲嘒嘒然和也平正平也依倚也磬聲之清者也以象萬物之成周尚臭殷尚声箋云磬玉磬也堂下諸縣
與諸管聲皆和平不相奪倫又與玉磬之聲相依亦謂和平也玉磬尊故異言之淵古玄反又烏玄反嘒呼惠反倚
於綺反於赫湯孫穆穆厥聲庸鼓有斁萬舞有
奕於赫湯孫盛矣湯爲人子孫也大鍾曰庸斁斁然盛也奕奕然閑也箋云穆穆美也於盛矣湯孫呼太甲
也此樂之美其声鍾鼓則斁斁然有次序其于舞又閑習於音烏注同庸如字依字作鏞斁奕並音亦我
有嘉客亦不夷懌自古在昔先民有作溫恭
朝夕執事有恪夷說也先王稱之曰在古古曰在昔昔曰先民有作有所作也恪敬也箋
云嘉客謂二王後及諸侯來助祭者我客之來助祭者亦不說懌乎言說懌也乃大古而有此助祭之禮非專於今
也其禮儀溫溫然恭敬執事薦饌則又敬也懌音亦字又作繹同恪苦各反說音悅下同薦本又作薦同牋練反饌

士恋反 顧予烝嘗湯孫之將箋去顧猶念也將猶扶助也嘉客念我殷家有時祭之事而來者乃大甲之扶助也享助者來之意也【烝】之承反

那一章二十二句

烈祖祀中宗也中宗殷王大戊湯之玄孫也有桑穀之異懼而修德殷道復興故長顯之號爲中宗【復】扶又反

嗟嗟烈祖有秩斯祜申錫無疆及爾斯所既載清酤賚我思成秩常申重酤酒賚賜也箋去祜福也賚讀如往來之來嗟嗟乎我功烈之祖成湯既有此王天下之常福天又重賜之以無竟界之期其福乃及女之此所女女中宗也言承湯之業能興之也既載清酒於尊酌以裸獻而神靈來至我致齊之所思則用成重言嗟嗟美歎之深【祜】音戶【疆】居良反下同【酤】音戶【賚】力如字鄭音來【重】直用反下皆同【王】于況反【竟】音竟本又作境【裸】古亂反【齊】側皆反本亦作齊

亦有和羹既戒既平鬷假無言時靡有

爭綏我眉壽黃耇無疆戒至。鬷，總。假，大也。總大无言無爭也。箋云：和羹者五

味調腥孰得節食之於人性安和喻諸侯有和順之德也我既祼獻神靈來至亦復由有和順之諸侯來助祭也其

在廟中既恭肅敬戒矣既齊立乎列矣至于設薦進俎又總升堂而齊一皆服其職勸其事寂然无言語者无爭訟

者此由其心平性和神靈用之故安我以壽考之福歸美焉鬷子東反假毛古雅反鄭音格下以假以享同爭爭鬪

之爭注同綏音綏耇音苟總音搃調音條祼音灌約軝錯衡八鸞鶬鶬

以假以享我受命溥將自天降康豐年穰穰

八鸞鶬鶬言文德之有聲也假大也箋云約軝轂飾也八鸞在鑣四馬則八鸞假升也享獻也將猶助也諸侯來助祭

者乘篆轂金飾錯衡之車駕四馬其鸞鶬鶬然聲和言車服之得其正也以此來朝升堂獻其國之所有於我受政

教至祭祀又溥助我言得萬國之歡心也天於是下平安之福使年豐軝祈支反錯如字徐又采故反鶬七羊反本

亦作鏘鏘溥音普穰如羊反轂工木反飾音式鑣彼苗反篆直轉反朝直遙反來假來享降

福無疆箋云享謂獻酒使神饗食之也諸侯助祭者來升堂來獻酒神靈又下与我久長之福假音格王云至也顧予烝嘗湯孫之將箋云此祭中宗諸侯來助之所言湯孫之將者中宗之饗此祭由湯之功故本言之

烈祖一章二十二句

玄鳥祀高宗也祀當作祫祫合也高宗殷王武丁中宗玄孫之孫也有雊雉之異又懼而修德殷道復興故亦表顯之號爲高宗云崩而始合祭於契之廟歌是詩焉古者君喪三年旣畢禘於其廟而後祫祭於大祖明年春禘於群廟自此之後五年而再殷祭一禘一祫春秋謂之大事祀毛王如字鄭作祫戶夾反推雉之異尚書云高宗祭成湯有飛雉升鼎耳而雊是也雊古豆反復扶又反契息列反本又作偰同又作卨古字也後被此古者君喪三年既畢禘于其廟而後祫祭于大祖明年春禘于群廟一本作古者喪三年既畢祫于大祖明年禘于群廟案此序一注舊有兩本前祫後禘是前本兩縣夾一祫是後本也天命玄鳥降

而生商宅殷土芒芒玄鳥鳦也春分玄鳥降湯之先祖有娀事女簡狄配高辛氏帝帝率與之祈于郊禖而生契故本其爲天所命以玄鳥至而生焉芒芒大貌箋云降下也天使鳦下而生商者謂鳦遺卵娀氏之女簡狄吞之而生契爲堯司徒有功封商堯知其後將興又錫其姓焉自契至湯八遷始居亳之殷地而受命國日以廣大芒芒然湯之受命由契之功故本其天意芒莫剛反娀息忠反禖音梅卵力管反亳傍各反地名古帝命武湯正域彼四方方命厥后奄有九有正長域有也九有九州也箋云古帝天也天帝命有威武之德者成湯使之長有邦域爲政於天下方命其君謂徧告諸侯也湯有是德故覆有九州爲之王也長張丈反下同徧音遍商之先后受命不殆在武丁孫子武丁高宗也箋云后君也商之先君受天命而行之不解殆者在高宗之孫子言高宗興湯之功法度明也解音懈武丁孫子武王靡不勝龍旂十乘大糦是承勝任也箋云交龍爲旂糦黍稷也高宗之孫子有武功有王德於天下者無所不勝服乃有諸侯建龍旂者十乘奉承黍稷而

進之者亦言得諸侯之歡心十乘者二王後八州之大國【王】于況反又如字下同【勝】音升鄭式正反【乘】純證反注同【糦】尺志反韓詩云大

祭也【任】音壬下何任同

邦畿千里維民所止肇域彼四海畿疆也箋云止猶居也肇當作兆王畿千里之內其民居安乃後兆域正天下之經界言其爲政自內及外【疆】居良反竟界也【兆】音召與肇同

四海來假來假祁祁景員維河殷受命咸宜

百祿是何景大員均何任也箋云假至也祈祈衆多也員古文作云河之言何也天下旣蒙王之政令皆得其所而來朝覲貢獻其至也祁祁然衆多其所貢於殷大至所云維言何乎言殷王之受命皆其宜也百祿是何謂當擔負天之多福【假】音格至也下同【祁】巨移反或之尺之二反【員】音圓鄭音云【河】鄭云河之言何也王以爲河水本或作何【何】音河河可反本亦作荷音同鄭云擔負也下篇何天同【朝】直遙反【擔】都藍反下篇同

玄鳥一章二十二句

長發大禘也箋云大禘郊祭天也禮記曰王者禘其祖之所自出以其祖配之是謂也【長】如字【禘】

大訃反鄭云大禘者郊祭天也王云殷祭也濬哲維商長發其祥洪水芒芒禹敷下土方外大國是疆幅隕既長濬深洪大也諸夏爲外幅廣也隕均也箋云長猶久也隕當作圓圓謂周也深知乎維商之德也久發見其禎祥矣乃用洪水禹敷下土正四方定諸夏廣大其竟界之時始有王天下之萌兆歷虞夏之世故爲久也濬音峻哲音折或作悊芒音亡依韵音忙疆居良反幅方目反隕音圓鄭周也徐于貧反夏戶雅反下皆同圓音緣又作圜知音智見言遍反禎音貞祥也竟音境王于況反湯王言王之王德皆同

有娀方將帝立子生商有娀契母也將大也契生商也箋云帝黑帝也禹敷下土之時有娀氏之國亦始廣大有女簡狄吞鳦卵而生契堯封之於商後湯王因以爲天下號故云帝立子生商契音雪

玄王桓撥受小國是達受大國是達率履不越遂視既發玄王契也桓大撥治履禮也箋云承黑帝而立子故謂契爲玄王遂猶徧也發行也玄王廣大其政治始堯封之商爲小國舜之末年乃益其土地爲大國皆能達其教令使其民循禮不得踰越乃徧省視之教則盡

行也【發】本末反韓詩作發發明也【徧】音遍下同【治】直吏反【令】如字【達】叶他悅切

相土烈烈海外有截

相土契孫也烈烈威也箋云截整齊也相土居夏后之世承契之業入為王官之伯出長諸侯其威武之盛烈烈然四海之外率服截爾整齊【相】息亮反【截】才結反【長】張丈反

帝命不違至于湯齊

至湯與天心齊箋云帝命不違者天之所以命契之事世世行之其德浸大至於湯而當天心【齊】如字【命】音民去聲令也【浸】子鴆反

湯降不遲聖敬日躋昭假遲遲上帝是祗帝命式于九圍

蘇云至湯而王業成與天命會也降猶生也不遲言疾也躋升也遲遲久也祗敬也式法也九圍九州也箋云降下假暇式用也湯之下士尊賢甚疾其聖敬之德日進然而以其德聰明寬暇天下之人遲遲然言急于已而緩於人天命是故愛敬之也天於是又命之使用事於天下言王之也○商之先祖既有明德天命未嘗去之以至於湯湯之生也應期而降適當其時其聖敬又日躋升以至昭假于天久而不息惟上帝是敬故帝命之使為法於九州也【躋】子兮反鄭注礼記讀上為湯躋讀此為日齋齋莊也【假】古雅反又音格鄭音暇案王肅訓假為至格是玉音也沈云鄭箋云寬

假此以義訓非轉字也【祗】諸侍反下音遐嫁也受小球大球爲下國綴旒何天之休球玉綴表旒章也箋云綴猶結也旒旌之垂者也休美也湯既爲天所命則受小玉謂尺二寸圭也受大玉謂珽也長三尺執圭搢珽以與諸侯會同結定其心如旌旗之旒縿著焉擔負天之美譽爲衆所歸鄉【球】音求下同【綴】陟劣反徐又張衛反【休】虛虯反【珽】他頂反天子玉笏長三尺杼上終葵首【長】直亮反【縿】所銜反【著】直略反【鄉】本亦作嚮同許亮反下篇同不競不絿不剛不柔敷政優優百祿是遒絿急也優優和也遒聚也箋云競逐也不逐不與人爭前後【絿】音求徐音虯【遒】子由反又在由反受小共大共爲下國駿厖何天之龍共法駿大厖厚龍和也箋云共執也小共大共猶所執搢小球大球也駿之言俊也龍當作寵寵榮名之謂【共】毛音恭鄭音拱一云毛亦音拱【駿】音峻鄭俊也又云毛亦作俊讀【厖】莫邦反徐云鄭音武講反是叶拱及寵韻也【龍】毛如字鄭作寵敷奏其勇不震不動不戁不竦百祿是

總難恐悚懼也箋云不震不動不可驚憚也【敷】本亦作總傳音子【戁】奴版反【竦】粟勇反【總】子孔反本亦作㪟音宗【恐】曲勇反【憚】丹末反**武王載旆有虔秉鉞如火烈烈則莫我敢曷**武王湯也旆旗也虔固曷害也箋云有之言又也上既美其剛柔得中勇毅不懼於是有武功有王德乃建旆興師出伐又固持其鉞志在誅有罪也其威勢如猛火之炎熾誰敢禦害我【旆】蒲貝反【中】音張仲反**苞有三蘖莫遂莫達九有有截**苞本也蘖餘也箋云苞豐也天豐大先三正之後世謂居以大國行天子之禮樂然而無有能以德自遂達於天者故天下歸鄉湯九州齊壹截然【蘖】五葛反韓詩云絶也**韋顧既伐昆吾夏桀**有韋国者有顧国者有昆吾國者箋云韋豕韋彭姓也顧昆吾己姓也三国黨於桀惡湯先伐韋顧克之昆吾夏桀則同時誅也○韋顧漢書古今人表作韋鼓【己】音紀又音杞**昔在中葉有震且業允也天子降予卿士**葉世也業危也箋云中世謂相土也震猶威也相土始有征伐之威以爲子孫討惡

之業湯遵而興之信也天命而子之下予之卿士謂生賢佐也春秋傳曰畏君之震師徒撓敗【中】如字又張仲反【撓】女教反一音女卯反亂也實維阿衡實左右商王阿衡伊尹也左右助也箋云阿倚衡平也伊尹湯所依倚而取平故以爲官名商王湯也【左】音佐【右】音又【倚】於綺反

長發七章一章八句四章章七句
一章九句一章六句

殷武祀高宗也撻彼殷武奮伐荊楚罙入其阻裒荊之旅撻疾意也殷武殷王武丁也荊楚荊州之楚国也罙深裒聚也箋云有鍾鼓曰伐罙冒也殷道衰而楚人叛高宗撻然奮揚威武出兵伐之冐入其險阻謂踰方城之隘克其軍率而俘虜其士衆【撻】他達反韓詩云達也【罙】面規反說文作罙从冖米云冐也【阻】莊呂反【裒】蒲侯反【冒】莫報反下同【隘】於懈反窄也【俘】音孚囚也有截其所湯孫之緒箋云緒業也所猶處也高宗所伐之處国邑皆

服其罪更自勑整截然齊壹是乃湯孫大甲之等功業【慮】呂廬反下同 維女荊楚居國

南鄉昔有成湯自彼氐羌莫敢不來享莫敢

不來王曰商是常 鄉所也箋云氐羌夷狄国在西方者也享獻也世見曰王維女楚国近在荊州之域居中国之南方而背叛乎成湯之時乃氐羌遠夷之国來獻來見曰商王是五常君也此所用責楚之義女乃遠夷之不如【氐】都啼反【見】賢遍反【背】音佩 天命多辟設都于禹之

績歲事來辟勿予禍適稼穡匪解 辟君適過也箋云多衆也來辟猶來王也天命乃令天下衆君諸侯立都於禹所治之功以歲時來朝覲於我殷王者勿罪過與之禍適徒勑以勸民稼穡非可解倦時楚不脩諸侯之職此所用告曉楚之義也禹平水土弼成五服而諸侯之国定是以云然【辟】音壁下同王音僻邪也【適】直革反徐張革反注同韓詩云數也【解】音懈注同【朝】直遥反 天命降監

下民有嚴不僭不濫不敢怠遑命于下國封

建厥福嚴敬也不僭不濫賞不僭刑不濫也封大也箋云降下遑暇也天命乃下視下民有嚴明之君能明德慎罰不敢怠惰自暇於政事者則命之於小國以爲天子大立其福謂命湯使由七十里王天下也時楚僭號王位此又所用告曉楚之義【僭】子念反【王】于況反商邑翼翼四方之極赫赫厥聲濯濯厥靈壽考且寧以保我後生商邑京師也箋云極中也商邑之礼俗翼翼然可則效乃四方之中正也赫赫乎其出政教也濯濯乎其見尊敬也王乃壽考且安以此全守我子孫此又用商德重告曉楚之義【重】直用反陟彼景山松柏丸丸是斷是遷方斲是虔松桷有梴旅楹有閑寢成孔安丸丸易直也遷徙虔敬也梴長貌於陳寢路寢也箋云椹謂之虔升景山掄材木取松柏易直者斷而遷之正斲於椹上以爲桷與衆楹路寢既成王居之甚安謂施政教得其所也高宗之前王有廢政教不修寢廟者高宗復成湯之道故新路寢焉【斷】音短注同【斲】陟角反說文云斫也【虔】其連反爾雅作榩【桷】

音角梴丑連反又力鱣反長貌柔梴物同耳字音鱣俗作易以豉反下同植陟金反掄魯門反擇也沈音倫理也材音才

殷武六章三章章六句二章章七句一章五句

商頌五篇十六章一百五十四句

毛詩卷第二十

（漢）毛亨 傳 （漢）鄭玄 箋
（唐）陸德明 釋文

宋本毛詩詁訓傳

第二册

國家圖書館出版社

第二册目録

毛詩卷第八

豳七月詁訓傳第十五

豳筆巾反豳者戎狄之地名也夏道衰后稷之曾孫公劉自邰而出居焉其封域在雍州岐山之北原隰之野於漢屬右扶風郇邑周公遭流言之難居東都思公劉大王爲豳公憂勞民事以此叙己志而作七月鴟鴞之詩成王悟而迎之以致大平故大師述其詩爲豳國之風焉

毛詩國風　鄭氏箋

七月陳王業也周公遭變故陳后稷先公風化之所由致王業之艱難也 周公遭變者管蔡流言辟居東都王于況反又如字下同

七月流火九月授衣 火大火也流下也九月霜始降婦功成可以授冬衣矣箋云大火者寒暑之候也火星中而寒暑退故將言寒先著火所在

一之日觱發

二之日栗烈無衣無褐何以卒歲一之日十之餘也一之日周正月也觱發風寒也二之日殷正月也栗烈寒氣也箋云褐毛布也卒終也此二正之月人之貴者無衣賤者無褐將何以終歲乎是故八月則當績也〔觱〕音必說文亦作畢〔發〕音如字〔栗〕〔烈〕並如字說文作颲颲〔褐〕音曷三之日于耜四之日舉趾同我婦子饁彼南畝田畯至喜三之日夏正月也豳土晚寒于耜始修耒耜也四之日周四月也民無不舉足而耕矣饁饋也田畯田大夫也箋云同猶俱也喜讀爲饎饎酒食也耕者之婦子俱以餉來至於南畝之中其見田大夫又爲設酒食焉言勸其事又愛其吏也此章陳人以衣食爲急餘章廣而成之〔耜〕音似〔饁〕炎輒反字林于劫反〔畯〕音俊〔饎〕三申毛並如字亦作喜尺志反下同〔夏〕戶雅反染夏夏小正之字同〔晚〕〔寒〕如字謂節晚而氣寒也〔饋〕其媿反〔饟〕式亮反〔爲〕下僞也七月流火九月授衣箋云將言女功之始故又本於此春日載陽有鳴倉庚女執懿筐遵彼微行爰求柔

桑倉庚離黄也懿筐深筐也微行牆下徑也五畝之宅樹之以桑箋云載之言則也陽温也温而倉庚又鳴可蠶之候也柔桑穉桑也蠶始生宜穉桑也【離】本又作鵹鴦作鸝同力知反【穉】直吏反本亦作稚春日遲遲舒緩

遲采蘩祁祁女心傷悲殆及公子同歸也蘩皤蒿也所以生蠶祁祁衆多也傷悲感事苦也春女悲秋士悲感其物化也殆始及與也豳公子躬率其民同時出同時歸也箋云春女感陽氣而思男秋士感陰氣而思女是其物化所以悲也悲則始有與公子同歸之志欲嫁焉女感事苦而生此志是謂豳風【祁】巨之反一音上之反【迨】音待【皤】音婆七月流火八

月萑葦薍爲萑葭爲葦豫畜萑葦可以爲曲也箋云將言女功自始至成故亦又本於此【萑】户官反【葦】韋鬼反【薍】五患反【葭】音加【畜】本又作蓄同音勑六反下同蠶月條桑取彼斧

斨以伐遠揚猗彼女桑斨方銎也遠枝遠也揚條揚也角而束之曰猗女桑荑桑也箋云條桑枝落之采其葉也女桑少枝長條不枝落者束而采之【條】他彫反注條桑同又如字沈暢遥反【斨】

七羊反猗於綺反徐於宜反蛩曲容反說文云斧空也荑徒奚反

七月鳴鵙八月載鵙伯勞也載績絲事畢而績載玄載黃我朱孔陽爲公子裳麻事起矣玄黑而有赤也朱深纁也陽明也祭服玄衣纁裳箋云伯勞鳴將寒之候也五月則鳴豳地晚寒鳥物之候從其氣焉凡染者春暴練夏纁玄秋染夏爲公子裳厚於其所貴者說也鵙圭覓反字林工役反纁許云反暴蒲刀反染如琰反

四月秀葽五月鳴蜩八月其穫十月隕蘀不榮而實曰秀葽葽草也蜩螗也穫禾可穫也隕墜蘀落也箋云夏小正四月王萯秀葽其是乎秀葽也鳴蜩也穫禾也隕蘀也四者皆物成而將寒之候物成自秀葽始葽於遙反蜩徒彫反穫户郭反下同隕于敏反蘀音託螗音堂隊直類反萯音婦

一之日于貉取彼狐狸爲公子裘于貉謂取狐狸皮也狐貉之厚以居孟冬天子始裘箋云于貉往搏貉以自爲裘也狐狸以共尊者言此者時寒宜助女功貉户各反獸名貍力之反獸名搏音博舊音付爲于僞反

二之日其同載纘武

功言私其豵獻豜于公 纘繼功事也豕一歲曰豵三歲曰豜大獸公之小獸私之箋云其同者君臣及民因習兵俱出田也不用仲冬亦豳土晚寒也豕生三曰豵 纘子管反 豵子公反 豜古牽反又音牽

五月斯螽動股六月莎雞振羽七月在野八月在宇九月在戶十月蟋蟀入我牀下 斯螽蚣蝑也莎雞羽成而振訊之箋云自七月在野至十月入我牀下皆謂蟋蟀也言此三物之如此者將寒有漸非卒來也 螽音終 莎音沙徐又素和反沈云舊多作莎今作沙音素何反宇屋四垂爲宇韓詩云宇屋霤也 蟋音悉 蟀所律反 蚣相容反又相工反 蝑相魚反又相呂反 訊音信本又作迅同 卒寸忽反

穹窒熏鼠塞向墐戶 穹窮窒塞也向北出牖也墐塗也庶人蓽戶箋云爲此四者以備寒也 穹起弓反 窒珍悉反又得悉反 熏許云反 向如字韓詩云北向窻也 墐音覲 牖音酉 蓽音必

嗟我婦子曰爲改歲入此室處 箋云曰爲改歲者歲終而一之日觱發二之日栗烈當辟寒氣而入所穹窒墐戶之

室而居之至此而女功止曰音越一讀而實反爲于僞反又如字漢書作聿爲

六月食鬱及薁七月亨葵及菽八月剝棗十月穫稻爲此春酒以介眉壽

鬱棣屬薁蘡薁也剝擊也春酒凍醪也眉壽豪眉也箋云介助也旣以鬱下及棗助男功又穫稻而釀酒以助其養老之具是謂豳雅薁於六反亨普庚反菽音叔本亦作叔藿也剝音卜反注同介音界棣大計反蘡於盈反或於耕反凍丁貢反醪老刀反醲女亮反

七月食瓜八月斷壺九月叔苴采荼薪樗食我農夫

壺瓠也叔拾也苴麻子也樗惡木也箋云瓜瓠之畜麻實之糝乾荼之菜惡木之新亦所以助男養農夫之具瓜古花反字或加艸非苴力餘反荼音徒樗勑書反又他胡反食音嗣瓠户故反拾音十糝素感反

九月築場圃

春夏爲圃秋冬爲場箋云場圃同地耳物生之時耕治之以種和茹至物盡成熟築堅以爲場場直羊反下同本又作塲場依字失陽反今亦宜直羊反圃布古反一音布茹如豫反

十月納禾稼黍稷重

穋禾麻菽麥後熟曰重先熟曰穋箋云納內也治於場而內之囷倉也[重]直容反注同又作種音同說文云禾邊作重是重穋之字禾邊作童是種蓺之字今人亂之已久[穋]音六本又作稑音同說文云稑或從翏[囷]丘倫反嗟我農夫我稼既同上入執宮功入爲上出爲下箋云既同言已聚也可以上入都邑之宅治宮中之事矣於是時男之野功畢也[上]時掌反注同晝爾于茅宵爾索綯宵夜綯絞也箋云爾女也女當晝日往取茅歸夜作絞索以待時用[索]素洛反[陶]徒刀反[絞]古卯反如字亟其乘屋其始播百穀乘升也箋云亟急乘治也七月定星將中急當治野廬之屋其始播百穀謂祈來年百穀于公社[亟]紀力反與急同[定]都佞反注同二之日鑿冰冲冲三之日納于凌陰四之日其蚤獻羔祭韭冰盛水復則命取冰於山林冲冲鑿冰之意凌陰冰室也箋云古者日在北陸而藏冰西陸朝覿而出之祭司寒而藏之獻羔而啓之其出之也朝之祿位賓食喪祭於是乎用之月令仲春天子乃獻羔開冰先薦寢廟周

禮凌人之職夏頒冰掌事秋刷上章備寒故此章備暑后稷先公禮教備也【鑿】在洛反【沖】直躬反沖沖聲也【凌】力證反又音陵說文作滕音凌【蚤】音早【韭】音九字或加艸非【䐑】音福【覿】徒立反【祭司寒】本或作祭寒【朝】直遥反【刷】所劣反爾雅云清也三蒼云埽也

九月肅霜十月滌場朋酒斯饗曰殺羔羊

肅縮也霜降而收縮萬物滌埽也功畢入也兩樽曰朋饗者鄉人以狗大夫加以羔羊箋云十月民事男女俱畢無饑寒之憂國君閒於政事而饗羣臣【滌】廷歷反埽也【曰】音越或人實反非【縮】所六反【朋】如字【狗】音苟【羔】音高【畢】音筆【閒】音閑

躋彼公堂稱彼兕觥萬壽無疆

公堂學校也觥所以誓衆也疆竟也箋云於饗而正齒位故因時而誓焉飲酒既樂欲大壽無竟是謂豳頌【躋】子兮反升也【兕】徐履反本或作兕【觥】虢彭反本亦作觵【疆】居良反或音注爲境非【校】户教反【樂】音洛

七月八章章十一句

鴟鴞周公救亂也成王未知周公之志公乃

爲詩以遺王名之曰鴟鴞焉未知周公之志者未知其欲攝政之意鴟尺之反鴞于嬌反鴟鴞鳥也遺唯季反本亦作貽此從尚書本也

鴟鴞鴟鴞既取我子無毀我室興也鴟鴞鸋鴂也無能毀我室者攻堅之故也寧亡二子不可以毀我周室箋云重言鴟鴞者將述其意之所欲言丁寧之也室猶巢也鴟鴞言已取我子者幸無毀我巢我巢積日累功作之甚苦故愛惜之也時周公竟武王之喪欲攝政成周道致太平之功管叔蔡叔等流言云公將不利於孺子成王不知其意而多罪其屬黨興者喻此諸臣乃世臣之子孫其父祖以勤勞有此官位土也今若誅殺之無絕其位奪其土地王意欲誚公此之由然鸋乃丁反郭音寧鴂音決鸋鴂似黃雀而小俗呼之巧婦重直用反大音泰孺本又作孺如住反誚在笑反

恩斯勤斯鬻子之閔斯恩愛鬻稚閔病也稚子成王也箋云鴟鴞之意殷勤於此稚子當哀閔之此取鴟鴞子者指稚子也以喻諸臣之先臣亦殷勤於此成王亦宜哀閔之鬻由六反徐居六反稺也一云賣也

迨天之未陰雨徹彼桑土綢

綢繆牖戶迨及徹剝也桑土桑根也箋云綢繆猶纏綿也此鴟鴞自說作巢至苦如是以喻諸臣之先臣

亦及文武未定天下積日累功以固定此官位與土也迨

音待徐又勑改反土音杜注同桑土桑根也小雅同韓詩

作杜義同方言云東齊謂根曰杜字林

作敥桑皮也音同綢直留反繆莫侯反今女下民或敢

侮予箋云我至苦矣今女我巢下之民寧有敢侮慢欲

毀之者乎意欲恚怒之以喻諸臣之先臣固定此

官位土地亦不欲見其絕奪恚於季反予手拮据予所捋荼予所蓄

租予口卒瘏拮据撠挶也荼萑苕也租爲瘏病也手病口病故能免乎大鳥之難箋云此言作之

至苦故能攻堅人不得取其子拮音吉又音結据音居韓

詩云口足爲事曰拮据捋力活反荼音徒蓄勑六反本亦

作畜租子胡反又作祖如字爲也韓詩云積也瘏本又作

屠音徒撠京劇反本亦作戟挶俱碣反說文云持也萑音

丸苕音條難乃旦反曰予未有室家謂我未有室家箋云我作之至苦如是者曰我未有

室家之故予羽譙譙予尾翛翛譙譙殺也翛翛敝也箋云手口既病羽尾又殺

敝言已勞苦甚【譙】本或作嶕同在消反【翛】素彫反注同【殺】色界反又所殺反下同予室翹翹風雨所漂搖予維音嘵嘵翹翹危也嘵嘵懼也箋云巢之翹翹而危以其所託枝條弱也以喻今我子孫不肖故使我家道危也風雨喻成王也音嘵嘵然恐懼告愬之意【翹】都消反【漂】匹遙反【嘵】呼堯反【愬】音素

鴟鴞四章章五句

東山周公東征也周公東征三年而歸勞歸士大夫美之故作是詩也一章言其完也二章言其思也三章言其室家之望女也四章樂男女之得及時也君子之於人序其情而閔其勞所以說也說以使民民忘其死其唯

東山乎成王既得金縢之書親迎周公周公歸攝政三監及淮夷叛周公乃東伐之三年而後歸耳分

別章意者周公於是志伸美而詳之女音汝樂音洛說音挩下同縢徒登反勞力報反思息嗣反別彼列反伸音身

我徂東山慆慆不歸我來自東零雨其濛慆慆

言久也濛雨皃箋云此四句者序歸士之情也我往之東山既久勞矣歸又道遇雨濛濛然是尤苦也慆徒刀反又

吐刀反濛莫紅反我東曰歸我心西悲公族有辟公親素服不舉樂爲之變如其

倫之喪箋云我在東山常曰歸也我心則念西而悲爲于僞反制彼裳衣勿士行枚

士事枚微也箋云勿猶無也女制彼裳衣而來謂兵服也亦初無行陳銜枚之事言前定也春秋傳曰善用兵者不

陳士行音銜鄭音銜王戶剛反枚莫杯反鄭注周礼云枚如箸橫銜之於口爲繣繫於項中行戶剛反陳音直覲反

下同蜎蜎者蠋烝在桑野蜎蜎蠋貌蠋桑蟲也烝寘也箋云蠋蜎蜎然特行久

處桑野有似勞苦者古者聲寘填塵同也蜎烏玄反蠋音蜀烝之承反寘音田又音珍一音陳字書云塞也大千反

從穴下真窴填塵依字皆是田音又音珍亦音塵鄭云古
聲同案陳完奔齊以國爲氏而史記謂之田氏是古田陳
聲同 **敦彼獨宿亦在車下** 箋云敦敦然獨宿於車下此誠有勞苦之心 敦都迴
反注同 **我徂東山慆慆不歸我來自東零雨其濛**
果臝之實亦施于宇伊威在室蠨蛸在戶町
畽鹿場熠燿宵行 果臝栝樓也伊威委黍也蠨蛸長踦也町畽鹿跡也熠燿燐也燐螢
火也箋云此五物者家無人則然令人感思 臝力果反 施羊豉反 伊威並如字或傍加虫者從人增耳 室本或作堂
誤也 蠨音蕭說文作蟰音肅 蛸所交反鄭音蕭 町他典反或他頂反字又作圢音同 畽本又作曈他短反字又作壇
熠以執反 燿以照反又以灼反下章皆同 栝古活反 委黍並如字沈委音於爲反委黍鼠婦也本或並作虫邊 踦起
宜反常昭呂沈音同云一足意也今詩義長踦長腳蜘蛛
又巨綺反又其宜反又居綺反 蟧洛刀反字又作蟧 螢惠
丁反 令力呈反 思息嗣反下憂思同 **不可畏也伊可懷也** 箋云伊當作繄繄猶是也

懷思也滁室中久無人故有此五物是不足可畏乃可爲憂思 繄於兮反又作翳 我徂東山慆

慆不歸我來自東零雨其濛鸛鳴于垤婦歎

于室洒埽穹窒我征聿至 垤螘冢也將陰雨則穴處先知之矣鸛好水長鳴而喜也箋云鸛水鳥也將陰雨則鳴行者於陰雨尤苦婦念之則歎於室也穹窮窒塞洒灑埽拚也穹窒鼠穴也而我君子行役述其日月今且至矣言婦望也 鸛本又作雚古玩反 垤田節反 洒所懈反又洗所寄反 埽素報反 螘本亦作蟻魚綺反 好呼報反 拚甫問反

有敦瓜苦烝在栗薪 敦猶專專也烝衆也言我心苦事又苦也箋云此又言婦人思其君子之居處專專如瓜之繫綴焉瓜之瓣有苦者以喻其心苦也烝塵栗析也言君子又久見使析薪於事尤苦也古者聲栗裂同 敦徒端反下同 綴張衞反 瓣盧遍反又白莧反說文云瓜中實也洗薄閑反

自我不見于今三年我徂東山慆

慆不歸我來自東零雨其濛 箋云凡先著此四句者皆爲序歸士

之情焉于僞反倉庚于飛熠燿其羽箋云倉庚仲春而鳴嫁娶之候也熠燿其羽羽鮮明也歸士始行之時新合昏禮今還故極序其情以樂之樂音洛下同之子于歸皇駁其馬黃白曰皇駵白曰駁箋云之子于歸謂始嫁時也皇駁其馬車服盛也駁邦角反親結其縭九十其儀縭婦人之禕也母戒女施衿結帨九十其儀言多儀也箋云女嫁父母既戒之庶母又申之九十其儀喻丁寧之多禕許韋反衿鞶佩帶其鳩反帨始銳反其新孔嘉其舊如之何言久長之道也箋云嘉善也其新來時其善至今則久矣不知其如何也又極序其情樂而戲之

東山四章章十二句

破斧美周公也周大夫以惡四國焉惡四國者惡其流言毀周公也惡烏路反注同既破我斧又缺我斨隋銎曰斧斧斨民之用也

（禮義國家之用也箋云四國流言既破毀我周公又損傷我成王以此二者爲大罪斨七羊反說文云方銎斧也隋徒禾反何湯果反孔形狹而長也銎曲容反）周公東征四國是皇（四國管蔡商奄也皇匡也箋云周公既反攝政東伐此四國誅其君罪正其民人而已）哀我人斯亦孔之將（將大也箋云此言周公之哀我民人其德亦甚大也）既破我斧又缺我錡（鑿屬錡錡巨宜反字或作奇音同韓詩云木屬）周公東征四國是吪（吪化也吪五戈反又作訛）哀我人斯亦孔之嘉（箋云嘉善也）既破我斧又缺我銶（木屬鑿屬曰銶銶音求徐又音虯韓詩云鑿屬也一解云今之獨頭斧）周公東征四國是遒（遒固也箋云遒斂也遒在羞反徐又在幽反）哀我人斯亦孔之休（休美也休虛虯反）

破斧三章章六句

伐柯美周公也周大夫刺朝廷之不知也成王既得雷雨大風之变欲迎周公而朝廷群臣猶惑於管蔡之言不知周公之聖德疑於王迎之礼是以刺之【柯】古河反【朝】直遙反笠及下篇同

伐柯如何匪斧不克柯斧柄也礼義若亦治國之柄箋云克能也伐柯之道唯斧乃能之此以類求其類也以喻先王欲迎周公當使賢者先往【柄】彼病反

取妻如何匪媒不得媒所以用礼也治國不能用礼則不安箋云媒者能通二姓之言定人家室之道以喻王欲迎周公當先使曉王與周公之意者又先往【取】七喻反本亦作娶

伐柯伐柯其則不遠以其所願乎上交乎下以其所願乎下事乎上不遠求者箋云則法也伐柯者必用柯其大小長短近取法於柯所謂不遠求也王欲迎周公使還其道亦不遠人心足以知之

我覯之子籩豆有踐踐行列貌箋云覯見也之子是子也斥周公也王欲迎周公當以饗燕之饌行至則歡樂以説之【覯】古豆反【踐】賤淺反【行】戶郎反【饌】士戀反【樂】音洛【説】音悦

伐柯二章章四句

九罭美周公也周大夫刺朝廷之不知也 [罭]本亦作域于逼反

九罭之魚鱒魴 興也九罭緵罟小魚之網也鱒魴大魚也箋云設九罭之罟乃後得鱒魴之魚言取物各有器也興者喻王欲迎周公之來當有其禮 [鱒]才損反沈又音撰 [魴]音房 [緵]子弄反又子公反字又作緫 [罟]音古今江南呼緵罟爲百囊網也

我覯之子袞衣繡裳 所以見周公也袞衣卷龍也箋云王迎周公當以上公之服往見之 [袞]古本反六冕之第二者也畫爲九章天子畫升龍於衣上公但畫降龍字或作卷音同 [卷]卷冕反

鴻飛遵渚 鴻不宜循渚也箋云鴻大鳥也不宜與鳧鷖之屬飛而循渚以喻周公今與凡人處東都之邑失其所 [鳧]音符 [鷖]烏兮反又作鷖

公歸無所於女信處 周公未得禮也再宿曰信箋云信誠也時東都之人欲周公留不去故曉之云公西歸而無所居則可就女誠處

鴻飛遵陸 陸非是東都也今公當歸復其位不得留

鴻所宜止公歸不復於女信宿宿猶處也是以有袞衣兮

無以我公歸兮無與公歸之道也箋云是是東都也以有袞衣謂成王所賓來袞衣願其封周公於此以袞衣命留之無以公西歸【賓】子西反或作齎同無使

我心悲兮箋云周公西歸而東都之人心悲恩德之愛至深也

九罭四章一章四句三章章三句

狼跋美周公也周公攝政遠則四國流言近則王不知周大夫美其不失其聖也不失其聖者聞流言不惑王不知不怨終立其志成周之王功致太平復成王之位又爲之大師終始無愆聖德著焉【狼】音郎獸名也【跋】卜末反又蒲末反字或作坺同【王】于況反【大】音泰下大師大平同【衍】起然反

狼跋其胡載疐其尾興也跋躐疐跲也老狼有胡進則躐其胡退則跲其尾進退有難然而不失其猛箋云興者喻

周公進則躐其胡猶始欲攝政四國流言辟之而居東都
也退則跲其尾謂後復成王之位而老成王又留之其如
是聖德無玷缺疐本又作疌丁四反又陟值反躐
力輙反跲其劫反又居業反難乃旦反玷丁簟反公孫
碩膚赤舃几几公孫成王也豳公之孫也碩大膚美
也赤舃人君之盛屨也几几絇皃箋
云公周公也孫讀當如公孫于齊之孫孫之言孫遁也周
公攝政七年致太平復成王之位孫遁辟此成功之大美
欲老成王又留之以爲大師履赤舃几几然孫如
字鄭音遜舃音昔屨俱具反絇其俱反遁徒遜反狼疐
其尾載跋其胡公孫碩膚德音不瑕瑕過也箋
云不瑕言
不可疵瑕也
疵才斯反

狼跋二章章四句

豳國七篇二十七章二百三句

毛詩卷第八

毛詩卷第九

鹿鳴之什詁訓傳第十六

音十什者若五等之君有詩各繫其國舉周南即題關雎至於王者施教統有四海歌詩之作非止一人篇數既多故以十篇編爲一卷名之爲什也

毛詩小雅 從鹿鳴至菁菁者莪凡二十二篇皆正小雅六篇云今唯十六篇從此至魚麗十篇是文武之小雅先其文王以治內後其武王以治外宴勞嘉賓親睦九族事非隆重故爲小雅皆聖人之迹故謂之正

鄭氏箋

鹿鳴燕羣臣嘉賓也既飲食之又實幣帛筐篚以將其厚意然後忠臣嘉賓得盡其心矣 箋云飲之而有幣酬幣也食之而有幣侑幣也 食音嗣注同 筐丘房反 篚音匪 侑音又 幣音弊

呦呦鹿鳴食野之苹 興也苹蓱也鹿得蓱呦呦然鳴而相呼懇誠發乎中以興嘉樂賓客當有懇誠

相招呼以成禮也箋云苹藾蕭也呦音幽苹音平萍本又作萍薄丁反江東謂之薸薸音瓢扶遥反懇苦很反樂音岳又音洛藾音賴

我有嘉賓鼓瑟吹笙吹笙鼓簧承筐是將 簧笙也吹笙而鼓簧矣筐篚屬所以行幣帛也箋云承猶奉也書曰篚厥玄黃瑟如字簧鄭音黃

人之好我示我周行 周至行道也箋云示當作寘寘置也周行周之列位也好猶善也人有以德善我者我則置之於周之列位言已維賢是用好呼報反示如字鄭作寘行如字鄭胡郎反

呦呦鹿鳴食野之蒿 蒿菣也蒿呼毛反菣去刃反又作䓗同

我有嘉賓德音孔昭視民不恌君子是則是傚 恌愉也是則是傚言可法傚也箋云德音先王道德之教也孔甚昭明也視古示字也飲酒之禮於旅也語嘉賓之語先王德教甚明可以示天下之民使之不愉於禮義是乃君子所法傚言其賢也昭協韻音側豪反恌他雕反協音洮視音示傚胡教反敖音翺愉音余旅如字

我有旨酒嘉賓式燕以敖 敖遊也

呦

呦鹿鳴食野之芩 芩草也芩其今反說文云蒿也又其炎反 我有嘉賓

鼓瑟鼓琴鼓瑟鼓琴和樂且湛 湛樂之久樂音洛注下皆同湛都南反字又作耽

我有旨酒以燕樂嘉賓之心 燕安也夫不能致其樂而則不不能得其志不能得其志則嘉賓不能竭其力夫音符

鹿鳴三章章八句

四牡勞使臣之來也有功而見知則說矣 箋云文王爲西伯之時三分天下有其二以服事殷使臣以王事往來於其職於其來也陳其功苦以歌樂之牡茂后反勞力報反篇末注同使所吏反注皆同說音悅樂音洛

四牡騑騑周道倭遲 騑騑行不止之貌周道岐周之道也倭遲歷遠之貌文王率諸侯撫叛國而朝聘乎紂故周公作樂以歌文王之道爲後世法騑芳非反行不止之貌倭本又作委於危反遲倭遲歷遠之貌韓詩作倭夷 豈不懷歸王事

靡盬我心傷悲盬不堅固也思歸者私恩也靡盬者公義也傷悲者情思也箋云無私恩非孝子也無公義非忠臣也君子不以私害公不以家事辭王事四牡騑騑嘽嘽駱馬嘽嘽喘息之貌馬勞則喘息白馬黑鬣曰駱嘽他丹反駱音洛喘川兗反鬣本作鬛力輒反本亦作髦音毛豈不懷歸王事靡盬不遑啓處遑暇啟跪處居也臣受命舍幣于禰乃行跪求毀反郛巨几反沇甚彼反舍音釋禰乃礼反翩翩者鵻載飛載下集于苞栩鵻夫不也箋云夫不鳥之愨謹者人皆愛之可以不勞猶則飛則下止於栩木喻人雖無事其可獲安乎感厲之翩音篇鵻音隹本又作隹栩况甫反夫方于反字又作鳺同不方浮反又如字字又作鴀同草木跡云夫不一名浮鳩愨起角反王事靡盬不遑將父將養也養以尚反下注同一音如字翩翩者鵻載飛載止集于苞杞杞枸檵也杞音起枸音苟本亦作苟同檵音計王事靡盬不遑將母駕彼四駱載

駸駸駸驟驟驟貌【驟】助救反又仕救反【駸】楚金反字林云馬行疾也七林反豈不懷歸

是用作歌將母來諗諗念也父兼尊親之道母至親而尊不至箋云諗告也君勞使臣述序其情女曰我豈不思歸乎誠思歸也故作此詩之歌以養父母之志來告於君也人之思恒思親者再言將母亦其情也【諗】音審

四牡五章章五句

皇皇者華君遣使臣也送之以禮樂言遠而有光華也言臣出使能揚君之美延其譽於四方則爲不辱命也【使】所吏反注下並同不辱命也一本作不辱君命

皇皇者華于彼原隰駪駪征夫每懷靡及皇皇猶煌煌也高平曰原下濕曰隰忠臣奉使能光君命無遠無近如華不以高下易其色箋云無遠無近維所之則然駪駪衆多之貌征夫行人也每雖懷和也箋云春秋外傳曰懷私爲每懷也和當爲私衆行夫既受君命

當速行每人懷其私相稽留則於事將無所及我馬維駒
惶音皇又音晃猶皇皇也駪所巾反衆多貌
六轡如濡如濡言鮮澤也駒音俱本載馳載驅周
亦作驕濡如朱反
爰咨諏忠信爲周訪問於善爲咨咨事爲諏箋云爰於
也大夫出使馳驅而行見忠信之賢人則於是
訪問求善道也咨本作諮諏子須我馬維騏六轡如
反爾雅云謀也說文云聚謀也
絲言調忍也騏音其忍音刃載馳載驅周爰咨謀咨事之難易
爲謀咨子須
反我馬維駱六轡沃若載馳載驅周爰咨度
咨禮義所宜爲度沃烏毒反
沈又於縛反度待洛反注同我馬維駰六轡既
陰白雜毛曰駰
均調也駰音因載馳載驅周爰咨詢親戚之謀爲
詢兼此五者
雖有中和當自謂無所及成於六德也箋云中和謂忠信
也五者咨也諏也謀也度也詢也雖得此於忠信之賢人
猶當云己將無所及於事則
成六德言慎其事詢音荀

皇皇者華五章章四句

常棣燕兄弟也閔管蔡之失道故作常棣焉 周公弔二叔之不咸而使兄弟之恩踈召公爲作此詩而歌之以親之 棣大計反字林大內反 召上照反 爲于僞反

常棣之華鄂不韡韡 興也常棣棣也鄂猶鄂鄂然言外發也韡韡光明也箋云承華者曰鄂不當作柎柎鄂足也鄂足得華之光明則韡韡然盛興者喻弟以敬事兄兄以榮覆弟恩義之顯亦韡韡然古声不柎同 鄂五各反 不毛如字鄭改作柎承華曰鄂 韡韋鬼反常棣棣也本或作常棣 移以支反又是兮反棠爾雅云常棣移常棣棣作移者非不柎同 不音如字又芳浮反二声相近也柎亦作跗前注同一云不亦方于反 柎普故反

凡今之人莫如兄弟 聞常棣之言爲今也箋云聞常棣之言始聞常棣華鄂之説也如此則人之恩親無如兄弟之厚

死喪之威兄弟孔懷原隰裒矣兄弟求矣 裒聚也求矣言求兄弟也箋云原也隰也以相聚與居之故故能定

高下之名猶兄弟相求故能立榮顯之名威畏懷思也箋云死喪可畏怖之事維兄弟之親甚相思念〔裒〕薄侯反

脊令在原兄弟急難脊令雝渠也飛則鳴行則搖不能自舍耳急難言兄弟之相救於急難箋云雝渠水鳥而今在原失其常處則飛則鳴求其類天性也猶兄弟之於急難〔脊〕井益反亦作即又作鶺同〔令〕音零本亦作鴒同〔難〕如字又乃旦反注同〔搖〕音遙又餘昭反〔處〕昌慮反

每有良朋況也永嘆況茲求長也箋云每有雖也良善也當急難之時雖有善同門來茲對之長嘆而已也〔況〕或作兄非也〔歎〕吐丹反又吐旦反以協上韻

兄弟鬩于牆外禦其務鬩很也箋云禦禁務侮也兄弟雖內鬩而外禦侮也〔鬩〕許歷反〔墻〕本或作廧在良反〔禦〕魚呂反〔務〕如字爾雅云侮也讀者又音侮此從左傳及外傳之文〔很〕戶懇反

每有良朋烝也無戎烝填戎相也箋云當急難之時雖有善同門來久也猶無相助己者古聲填寘塵同〔烝〕之承反〔填〕依字音田與寘同又依古聲音塵塵久也故箋申之云古聲填寘塵同〔相〕如字又息亮反下同

喪亂既平既安且寧

雖有兄弟不如友生兄弟尚恩怡怡然朋友以義切切然箋云平猶正也安寧之時以禮義相琢磨則友生急切切然定本作切切偲偲然琢陟角反儐爾籩豆飲酒之餱儐陳餱私也不脫屨升堂謂之餱箋云私者圖非常之事若議大疑於堂則有餱礼爲聽朝爲公儐賓胤反餱於䖒反朝直遙反兄弟既具和樂且孺九族會曰和孺屬也王與親戚燕則尚毛箋云九族從巳上至高祖下及玄孫之親也屬者以昭穆相次序樂音洛下皆同孺本作孺如具反妻子好合如鼓瑟琴箋云好合志意合也合者如鼓瑟琴之聲相應和也王與族人燕則宗婦內宗之屬可從后於房中好呼報反應應對之應和胡卧反兄弟既翕和樂且湛翕許急反湛答南反又作耽韓詩云樂之甚也宜爾家室樂爾妻帑帑子也箋云族人和則得保樂其家中之大小帑依字吐蕩反經典通爲妻帑字今讀音如字是究是圖亶其然乎究深圖謀亶信也箋云女深謀之信其如是究音救亶都但反

常棣八章章四句

伐木燕朋友故舊也自天子至于庶人未有不湏友以成者親親以睦友賢不棄不遺故舊則民德歸厚矣

伐木丁丁鳥鳴嚶嚶 興也丁丁伐木聲也嚶嚶驚懼也箋云丁丁嚶嚶相切直也言昔日未居位在農之時與友生於山巖伐木爲勤苦之事猶以道德相切正也嚶嚶兩鳥聲也其鳴之志似於有友道然故連言之〔丁〕陟耕反〔嚶〕於耕反 出自幽谷遷于喬木 幽深喬高也箋云遷徙也謂鄉時之鳥出從深谷今移處高木〔喬〕其驕反〔鄉〕本又作曏同許亮反 嚶其鳴矣求其友聲 君子雖遷於高位不可以忘其朋友箋云嚶其鳴矣遷處高木者求其友聲求其尚在深谷者其相得則復鳴嚶嚶然〔復〕扶又反 相彼鳥矣猶求友聲矧伊人矣不求友生 矧況也箋云相視也鳥尚知居高木呼其

反況是人乎可不求之相息亮反注同矧尸忍反

神之聽之，終和且平。

箋云以可否相增減曰和平齊等也此言心誠求之神若聽之使得如志則友終相與和而齊功也

伐木許許，釃酒有藇。

許許柿貌以筐曰釃以藪曰湑藇美貌箋云此言前者伐木許許之人今則有酒而釃之本其故也許沈呼古反釃徐所宜反又所餘反葛洪所寄反謂以筐漉酒漉音鹿藇音敘又羊汝反柿孚廢反又則几反藪素口反湑思敘反

既有肥羜，以速諸父。

羜未成羊也天子謂同姓諸侯諸侯謂同姓大夫皆曰父異姓則稱舅國君友其賢臣大夫士友其宗族之仁者箋云速召也有酒有羜今以召族人飲酒羜直呂反

寧適不來，微我弗顧。

微無也箋云寧召之適自不來無使言我不顧念也

於粲洒埽，陳饋八簋。

粲鮮明貌圓曰簋天子八簋箋云粲然已灑掃矣陳其黍稷矣謂為食禮於如字舊音烏粲采旦反洒所懈反徐所寄反埽素報反饋其位反簋居偉反灑所蟹反又所懈反掃本又作拚甫問反食音嗣

既有肥牡，以速諸舅。寧

適不來微我有咎咎過也伐木于阪釃酒有衍衍美貌箋云此言伐木于阪亦本之也籩豆有踐兄弟無遠箋云踐陳列貌兄弟父之黨母之黨民之失德乾餱以愆餱食也箋云失德謂見謗訕也民尚以乾餱之食獲愆過於人況天子之饌可以恨兄弟乎故不當遠之〔餱〕音侯〔愆〕起虔反〔訕〕所諫反〔饌〕士戀反〔遠〕于万反亦如字有酒湑我無酒酤我湑莤之也酤一宿酒也箋云酤買也此族人陳王之恩也王有酒則泲莤之王無酒酤買之要欲厚於族人〔湑〕本又作醑思敘反〔酤〕毛音戶〔莤〕所六反與左傳縮酒同義謂以茅泲之而去其糟也字從艸〔泲〕子礼反坎坎鼓我蹲蹲舞我蹲蹲舞貌箋云爲我擊鼓坎坎然爲我興舞蹲蹲然謂以樂樂已〔坎〕如字說文作竷音同云舞曲也〔蹲〕七旬反本或作壿同爾雅云喜也說文云士舞也從士尊〔爲〕于僞反下同〔樂樂〕上音岳下音洛迨我暇矣飲此湑矣箋云迨及也此又述王意也王曰及我今之閒暇共飲此湑酒欲其無不醉之意〔迨〕音待〔閒〕音閑

伐木六章章六句

天保下報上也君能下下以成其政臣能歸美以報其上焉 下下謂鹿鳴至伐木皆君所以下臣也臣亦宜歸美於王以崇君之尊而福祿之以荅其歌 下下 俱戶嫁反注下下及下臣同

天保定爾亦孔之固 固堅也箋云保安爾女也女王也天之安定女亦甚堅固

俾爾單厚何福不除 俾使單信也或曰單厚也除開也箋云單盡也天使女盡厚天下之民何福而不開皆開出以予之 俾 必以反 單 毛都但反鄭音丹 除 治慮反注同

俾爾多益以莫不庶 庶衆也箋云莫無也使女每物益多以是故無不衆也

天保定爾俾爾戩穀罄無不宜受天百祿 戩福穀祿罄盡也箋云天使女所福祿之人謂群臣也其舉事盡得其宜受天之多祿 戩 子淺反

降爾遐福維日不足 箋云遐遠也天又下予女以廣遠之福使天下溥蒙之汲汲然如日

且不足也 汲巳及反 天保定爾以莫不興 箋云興盛也無不盛者使萬物皆盛草木暢茂禽獸碩大 如山如阜如岡如陵 言廣厚也高平曰陸大陸曰阜大阜曰陵箋云此言其福祿委積高大也 如川之方至以莫不增 箋云川之方至謂其水縱長之時也萬物之收皆增多也 縱足用反 長張丈反 吉蠲爲饎是用孝享 吉善蠲絜也饎酒食也享獻也箋云謂將祭祀也 蠲古玄反舊音圭 饎尺志反 享許丈反 禴祠烝嘗于公先王 春曰祠夏曰禴秋曰嘗冬曰烝公事也箋云公先公謂后稷至諸盩 禴本又作礿餘若反 祠似絲反 烝之丞反 盩直留反周大王父名 君曰卜爾萬壽無疆 君先君也尸所以象神卜予也箋云君曰卜爾者尸嘏主人傳神辭也 疆居良反 嘏古雅反 傳直專反 神之弔矣詒爾多福 弔至詒遺也箋云神至者宗廟致敬鬼神著矣此之謂也 弔都歷反 詒以之反 遺唯季反 民之質矣日用飲食 質成也箋云成平也民事平以禮飲食相

燕樂而已（樂）音洛 群黎百姓徧爲爾德 百姓百官族姓也箋云黎衆也群衆百姓徧爲女之德言則而象之（徧）音遍 如月之恒如日之升 恒弦升出也言俱進也箋云月上弦而就盈日始出而就明（恒）本亦作緪同古鄧反沈古恒反 如南山之壽不騫不崩 騫虧也（騫）起虔反 如松柏之茂無不爾或承 箋云或之言有也如松柏之枝葉常茂盛青青相承無衰落也

天保六章章六句

采薇遣戍役也文王之時西有昆夷之患北有玁狁之難以天子之命命將率遣戍役以守衛中國故歌采薇以遣之出車以勞還杕杜以勤歸也 文王爲西伯服事殷之時也昆夷西戎也天子殷王也戍守也西伯以殷王之命命

其屬爲將率將戍役禦西戎及北狄之難歌采薇以遣之杕杜勤歸者以其勤勞之故於其歸歌杕杜以休息也【薇】音微昆本又作混古門反【玁】本或作獫音險【狁】音允本亦作允【難】乃旦反注皆同【將率】將子亮反率所類反本亦作帥同注及後篇將率皆同【勞】力報反後篇勞還皆同【杕】大計反

采薇采薇薇亦作止 薇菜作生也箋云西伯將遣戍役先與之期以采薇之時今薇生矣先輩可以行也重言采薇者丁寧行期也【重】直用反下重叙同

曰歸曰歸歲亦莫止 箋云莫晚也曰女何時歸乎何時歸乎亦歲晚之時乃得歸也又丁寧歸期定其心也【莫】音暮本或作暮協韻武博反

靡室靡家玁狁之故不遑啓居玁狁之故 玁狁北狄也箋云北狄今匈奴也靡無遑暇啓跪也古者師出不踰時今薇生而行歲晚乃得歸使女無室家夫婦之道不暇跪居者有玁狁之難故曉之也

采薇采薇薇亦柔止 柔始生也箋云柔謂脆脆之時【脆】七歲反【晚】音問或作早晚字非也

曰歸曰歸心亦憂止 箋云憂止者憂其歸期將晚 憂心烈烈

載飢載渴箋云烈烈憂貌則飢則渴言其苦也我戍未定靡使歸聘聘問也箋云定止也我方守於北狄未得止息無所使歸問言所以憂靡使如字本又作靡靡所采薇采薇薇亦剛止少而剛也箋云剛謂少堅忍時少詩照反忍音刃曰歸曰歸歲亦陽止陽歷陽月也箋云十月爲陽時坤用事嫌於無陽故以名此月爲陽坤本亦作巛困魂反王事靡盬不遑啓處箋云盬不堅固也處猶居也憂心孔疚我行不來疚病來至也箋云我戍役自我也來猶反也據家曰來疚久又反彼爾維何維常之華爾華盛貌常常棣也箋云此言彼爾者乃常棣之華以興將率車馬服飾之盛爾乃礼反注同說文作薾彼路斯何君子之車箋云斯此也君子謂將率戎車既駕四牡業業業業然壯也業如字又魚及反或五盍反豈敢定居一月三捷捷勝也箋云定止也將率之志往至所征之地不敢止而居處自安也往則庶乎一月之中三

有勝功謂侵也伐也戰也捷息斬反又如字駕彼四牡四牡騤騤君子所依小人所腓騤騤彊也腓辟也箋云腓當作芘此言戎車者將率之所依乘戎役之所芘倚騤求龜反腓符非反鄭作芘必寐反倚其綺反舊於蟻反四牡翼翼象弭魚服翼翼閑也象弭弓反末也所以解紒也魚服魚皮也箋云弭弓反末彆者以象骨爲之以助御者解轡紒宜滑也服矢服也弭彌氏反紒音計又音結本又作紛芳云反彆説文方血反又邊之入聲埤倉云弓末反戾也豈不日戒玁狁孔棘箋云戒警勑軍事也孔甚棘急也言君子小人豈不日相警戒乎誠日相警戒也玁狁之難甚急豫述其苦以勸之日音越又人栗反警音景昔我往矣楊柳依依今我來思雨雪霏霏楊柳蒲柳也霏霏甚也箋云我來戍止而謂始反時也上三章言戍役次二章言將率之行故此章重序其往反之時極言其苦以説之○昔韓詩昔始也雨于付反霏芳菲反説音悦行道遲遲載渴載飢遲遲長遠也箋云行反在於道路猶飢渴

言至苦也我心傷悲莫知我哀君子能盡人之情故人忘其死

采薇六章章八句

出車勞還率也遣將率及戍役同歌同時欲其同心也反而勞之異歌異日殊尊卑也禮記曰賜君子小人不同日此其義也出如字沈尺遂反勞力報反我出我車于彼牧矣出車就馬於牧地箋云上我我殷王也下我將率自謂也西伯以天子之命出我戎車於所牧之地將使我出征伐牧音目自天子所謂我來矣箋云自從也有人從王所來謂我來矣謂以王命召已將使爲將率也先出戎車乃召將率將率尊也召彼僕夫謂之載矣王事多難維其棘矣僕夫御夫也箋云棘急也王命召已已即召御夫使裝載物而往王之事多難其召我必急欲疾趨之此序其忠敬也難乃旦反注及下皆同裝側良反本又作莊我出我車于彼郊矣設此旐矣建彼旄矣龜蛇曰旐干旄箋云設

旐者屬之於干旄而建之戎車將率既受命行乃乘焉牧地在遠郊【旐】音非【旄】音毛【屬】音燭致也彼旟

旐斯胡不旆旆鳥隼曰旟旆旆旒垂貌【旟】音餘【旆】蒲貝反【隼】息允反【旒】音流憂

心悄悄僕夫況瘁箋云況兹也將率既受命行而憂臨事而懼也御夫則兹益憔悴憂其馬之不正【悄】七小反【瘁】似醉反亦作萃依注作悴音同【憔】慈遥反憂其馬之不正一本作之不正也一本作馬之政

王命南仲往城于方出車彭彭旂旐央央王殷王也南仲文王之屬方朔方近玁狁之國也彭彭四馬貌交龍爲旂央央鮮明也箋云王使南仲爲將率往築城於朔方爲軍壘以禦北狄之難【央】本亦作英同於京反又於良反【近】附近之近下近西戎同【壘】力軌反天子

命我城彼朔方赫赫南仲玁狁于襄朔方北方也赫赫盛貌襄除也箋云此我我戍役也戍役築壘而美其將率自此出征也【襄】如字本或作攘如羊反昔我往

矣黍稷方華今我來思雨雪載塗王事多難

不遑啓居塗凍釋也箋云黍稷方華朔方之地六月時也以此時始出壘征伐玁狁因伐西戎至春凍始釋而來反其間非有休息雨于付反又如字豈不懷歸畏此簡書簡書戒命也鄰國有急以簡書相告則奔命救之喓喓草蟲趯趯阜螽箋云草蟲鳴阜螽躍而從之天性也喻近西戎之諸侯聞南仲既征玁狁將伐西戎之命則跳躍而鄉望之如阜螽之聞草蟲鳴焉草蟲鳴晚秋之時也此其時所見而興之喓於遙反趯吐歷反螽音終躍音藥鄉許亮反或作嚮音同興許應反未見君子憂心忡忡既見君子我心則降箋云君子斥南仲也降下也忡勑中反降戶江反又如字注下皆同赫赫南仲薄伐西戎春日遲遲卉木萋萋倉庚喈喈采蘩祁祁執訊獲醜薄言還歸卉草也訊辭也箋云訊言醜衆也伐西戎以凍釋時反朔方之壘息戍役至此時而歸京師稱美時物以及其事喜而詳之也執其可言問所獲之衆以歸者當獻之也卉許

貴反萋七西反喈音皆蘩音煩祁巨移反訊音信

赫赫南仲玁狁于夷夷平也箋云平者平之於王也此時亦伐西戎獨言平玁狁者玁狁大故以為始以為終

出車六章章八句

杕杜勞還役也役戍役也有杕之杜有睆其實興也睆實貌杕杜猶得其時蕃滋役夫勞苦不得盡其天性睆華版反字從白或作目邊蕃音煩王事靡盬繼嗣我日箋云嗣續也王事無不堅固我行役續嗣其日言常勞苦無休息日月陽止女心傷止征夫遑止箋云十月為陽遑暇也婦人思望其君子陽月之時已憂傷矣征夫如今已閒暇且歸也而尚不得歸故序其男女之情以說之陽月而思望之者以初時云歲亦莫止閒音閑說音悅莫音暮本亦作暮有杕之杜其葉萋萋王事靡盬我心傷悲箋云傷悲者念其君子於今勞苦卉木萋止女心

悲止征夫歸止室家踰時則思 思 陟彼北山言采其杞王事靡盬憂我父母箋云杞非常菜也而升北山采之託有事以望君子 杞音起 檀車幝幝四牡痯痯征夫不遠檀車役車也幝幝敝貌痯痯罷貌箋云不遠者言其來喻路近 檀徒丹反 幝尺善反又勑丹反從巾單韓詩作緩音同 痯古緩反 敝婢世反 罷音皮 匪載匪來憂心孔疚箋云匪非疚病也君子至期不裝載意不爲來我念之憂心甚病 疚居又反 期逝不至而多爲恤逝往恤憂也遠行不必如期室家之情以期望之 卜筮偕止會言近止征夫邇止卜之筮之會人占之邇近也箋云偕俱會合也或卜之或筮之俱占之合言於繇爲近征夫如今近耳 繇直又反

一

杕杜四章章七句

魚麗美萬物盛多能備禮也文武以天保以

上治內采薇以下治外始於憂勤終於逸樂

故美萬物盛多可以告於神明矣內謂諸夏也外謂夷狄也

告於神明者於祭祀而歌之【麗】力馳反下同

魚麗于罶

【上】時掌反【逸】本或作佚【樂】音洛【夏】户雅反

鱨鯊麗歷也罶曲梁也寡婦之笱也鱨揚也鯊鮀也大平而後微物衆多取之有時用之有道則物莫不多矣古者不風不暴不行火草木不折不操斧斤不入山林豺祭獸然後殺獺祭魚然後漁鷹隼擊然後罻羅設是以天子不合圍諸侯不掩群大夫不麛不卵士不隱塞庶人不數罟罟必四寸然後入澤梁故山不童澤不竭鳥獸魚鼈皆得其所然【罶】音柳【鱨】音常草木疏云今江東呼黃鱨魚尾微黃大者長尺七八寸許【鯊】音沙字亦作魦今吹沙小魚也體圓而有黑點文舍人云鯊石鮀也【鮀】徒何反【大】音泰【暴】蒲卜反【燥】草刀反斧斤一本作草木不折不芟定本芟作操草刀反【豺】仕皆反【獺】勑鎋反又他末反【漁】音魚一本作䱷同取魚也【罻】音畏【麛】亡兮反本或作麑同【卵】魯短反【數】如字本又作偃亦如字【塞】蘇代反又新勒反【隱】七欲反又所角反陳氏云數細也【罟】音古

君子

有酒旨且多箋云酒美而此魚又多也君子有酒旨絶句且多此二字爲句後章放此異此讀則非魚麗于罶魴鱧鱧鮦也鱧音礼鮦直冢反君子有酒多且旨箋云酒多而此魚又美也魚麗于罶鰋鯉鰋鮎也鰋音偃郭云今偃額白魚鮎乃兼反江東呼鮎爲鮧鮧音啼又在私反毛及前儒皆以鮎釋鰋鰋鯉爲鯇鱧爲鯉唯郭注爾雅是六魚之名今目驗毛解與世不協或恐古今名異逐世移耳君子有酒旨且有箋云酒美而此魚又有物其多矣維其嘉矣箋云魚既多又善物其旨矣維其偕矣箋云魚既美又齊等物其有矣維其時矣箋云魚既有又得其時

魚麗六章三章章四句三章章二句

南陔孝子相戒以養也白華孝子之絜白也華黍時和歲豐宜黍稷也有其義而亡其辭

此三篇者鄉飲酒燕禮用焉曰笙入立于縣時奏南陔白華華黍是也孔子論詩雅頌各得其所時俱在耳篇弟當在於此遭戰国及秦之世而亡之其義則與衆篇之義合編故存至毛公為詁訓傳乃分衆篇之義各置於其篇端云又推其亡者以見在為數故推改什首遂通耳而下非孔子之舊 陔古哀反 養餘尚反 白華華黍此三篇蓋武王之詩周公制礼用為樂章吹笙以播其曲孔子刪定在三百一十一篇內遭戰國及秦而亡子夏序詩篇義合編故詩雖亡而義猶在也毛氏訓傳各引序冠其篇首故序存而詩亡 縣音玄 編必先反 見賢遍反

鹿鳴之什十篇五十五章三百一十五句

毛詩卷第九

毛詩卷第十

南有嘉魚之什詁訓傳第十七

毛詩小雅　鄭氏箋

南有嘉魚樂與賢也太平之君子至誠樂與賢者共之也樂得賢者與共立於朝相燕樂也○自此至菁菁者莪六篇並亡篇之目是成王周公之小雅成王有雅名公有雅德二人協佐以致太平故亦並為正也樂音洛又音岳徐五教反序文同太音泰後大平皆同朝直遥反下注同燕樂音洛下注皆同

南有嘉魚烝然罩罩江漢之間魚所產也罩罩篧也箋云烝塵也塵然猶言久如也言南方水中有善魚人將久如而俱罩之遲之也喻天下有賢者在位之人將久如而並求致之於朝亦遲之也遲之者謂至誠也烝之承反王衆也罩張教反徐又都學反字林竹卓反云捕魚器也篧助角反郭云捕魚籠也沈音篧又音護說其形非罩也遲直寄反下同

君子有

酒嘉賓式燕以樂 箋云君子下時在位者也式用也用酒與賢者燕飲而樂也 樂音洛

協句五教反得賢致酒歡情怡暢故樂 南有嘉魚烝然汕汕 汕汕樔也箋云樔者今之撩罟也 汕所諫反說文云魚游水皃 樔側交反字又作罺同 撩力弔反又力條反沈力到反

君子有酒嘉賓式燕以衎 衎樂也 衎苦旦反

南有樛木甘瓠纍之 興也纍蔓也箋云君子下其臣故賢者歸往也 樛居虬反 瓠音護 纍力追反本亦作虆同 下遐嫁反

君子有酒嘉賓式燕綏之 箋云綏安也與嘉賓燕飲而安之鄉飲酒曰賓以我安

翩翩者鵻烝然來思 鵻壹宿之鳥箋云壹宿者壹意於其所宿之木也喻賢者有專壹之意於我我將久如而來遲之也 翩音篇 鵻音隹本又作隹

君子有酒嘉賓式燕又思 箋云又復也以其壹意欲復與燕加厚之 復扶又反下同

南有嘉魚四章章四句

南山有臺樂得賢也得賢則能爲邦家立太平之基矣人君得賢則其德廣大堅固如南山之有基址爲如字又于僞反南山有臺北山有萊興也臺夫須也萊草也箋云興者山之有草木以自覆蓋成其高大喻人君有賢臣以自尊顯萊音來夫音符樂只君子邦家之基樂只君子萬壽無期基本也箋云只之言是也人君既得賢者置之於位又尊敬以禮樂樂之則能爲國家之本得壽考之福樂樂上音岳下音洛南山有桑北山有楊樂只君子邦家之光樂只君子萬壽無疆箋云光明也政教明有榮曜疆居良反南山有杞北山有李樂只君子民之父母樂只君子德音不已箋云已止也不止者言長見稱頌也杞音起草木疏云其樹如樗一名狗骨南山有栲北山有杻栲山樗杻檍也栲音考杻女久反樗勑居

反【德】音憶樂只君子遐不眉壽樂只君子德音是茂

眉壽秀眉也箋云遐遠也遠不眉壽者言其近眉壽也茂盛也

南山有枸北山有楰

枸枳枸楰鼠梓【枸】俱甫反【楰】音庾楸屬【梓】諸氏反

樂只君子遐不黃耇樂只君子保艾爾後

黃黃髮也耇老艾養保安也【耇】音苟壽也【艾】五蓋反沈音刈

南山有臺五章章六句

由庚萬物得由其道也崇丘萬物得極其高大也由儀萬物之生各得其宜也有其義而亡其辭

此三篇者鄉飲酒燕禮亦用焉曰乃間歌魚麗笙由庚歌南有嘉魚笙崇丘歌南山有臺笙由儀亦遭世亂而亡之燕禮又有升歌鹿鳴下管新宮新宮亦詩篇名也辭義皆亡無以知其篇第之處○此三篇義與南陔等同依六月序由庚在南有嘉魚前崇丘在南山有臺前今同在此者以其俱亡使相從耳【間】古莧反

蓼蕭澤及四海也 九夷八狄七戎六蠻謂之四海同在九州之外雖有大者爵不過子虞書曰州有十二師外薄四海咸建五長 蓼音六 薄音博諸本作外敷注音芳夫反四海海者晦也地險言其去中國險遠禀政教昏昧也 長張丈反

蓼彼蕭斯零露湑兮 興也蓼長大貌蕭蒿也湑湑然蕭上露貌箋云興者蕭香物之微者喻四海之諸侯亦國君之賤者露者天所以潤萬物喻王者恩澤不爲遠國則不及也 湑息敘反 長如字又張丈反 爲于僞反

既見君子我心寫兮 輸寫其心也箋云既見君子者遠國之君朝見於天子也我心寫者舒其情意無留恨也 朝直遥反 見賢遍反下燕見同

燕笑語兮是以有譽處兮 箋云天子與之燕而笑語則遠國之君各得其所是以稱揚德美使聲譽常處天子

蓼彼蕭斯零露瀼瀼 瀼瀼露蕃貌 瀼如羊反徐乃剛反 蕃音煩

既見君子爲龍爲光 龍寵也箋云爲龍爲光言天子恩澤光耀被及己也 被皮寄反

其德不爽壽考不忘 爽差也 蓼

彼蕭斯零露泥泥泥泥霑濡也【泥】乃禮反既見君子孔燕

豈弟豈樂弟易也箋云孔甚燕安也【豈】開在反本亦作愷下同後豈弟放此【弟】如字亦作悌音同【樂】音洛

下篇同【易】以豉反宜兄宜弟令德壽豈為兄亦宜為弟亦宜蓼

彼蕭斯零露濃濃濃濃厚貌【濃】奴同反又女龍反既見君子鞗

革忡忡和鸞雝雝萬福攸同鞗轡也革轡首也忡忡垂飾皃在軾

曰和在鑣曰鸞箋云此說天子之車飾者諸侯燕見天子天子必乘車迎于門是以云然攸所也【鞗】徒彫反【忡】直弓

反一音勑兮反【軾】音式【鑣】彼苗反

蓼蕭四章章六句

湛露天子燕諸侯也燕謂與之燕飲酒也諸侯朝覲會同天子與之燕所以示慈惠

【湛】直咸反湛湛露斯匪陽不晞興也湛湛露茂盛貌陽日也晞乾也露雖湛湛

然見陽則乾箋云興者露之在物湛湛然使物柯葉低垂喻諸侯受燕爵其儀有似醉之貌諸侯旅酬之則猶然唯天子賜爵則貌變肅敬承命有似露見日則晞【晞】音希

厭厭夜飲不醉無歸 厭厭安也夜飲私燕也宗子將有事則族人皆侍不醉而出是不親也醉而不出是渫宗也箋云天子燕諸侯之禮亡此假宗子與族人燕為說爾族人猶群臣也其醉不出不醉而出猶諸侯之儀也飲酒至夜猶云不醉無歸此天子於諸侯之儀燕飲之禮宵則兩階及庭門皆設大燭焉【厭】於鹽反韓詩作愔愔和悅之貌【渫】息列反

湛湛露斯在彼豐草厭厭夜飲在宗載考 豐茂也夜飲必於宗室箋云豐草喻同姓諸侯也載之言則也考成也夜飲之禮在宗室同姓諸侯則成之於庶姓其讓之則止昔者陳敬仲飲桓公酒而樂桓公命以火繼之敬仲曰臣卜其晝未卜其夜於是乃止此之謂不成也【飲】桓公於鴆反

湛湛露斯在彼杞棘顯允君子莫不令德 箋云杞也棘也異類喻庶姓諸侯也令善也無不善其德言飲酒不至於醉

其桐其椅其實離離

豈弟君子莫不令儀 離離垂也箋云桐也椅也同類而異名喻二王之後也其實離離喻其薦俎禮物多於諸侯也飲酒不至於醉徒善其威儀而已謂陔節也 椅 於宜反 陔 古哀反字亦作祴音同戒也

湛露四章章四句

彤弓天子錫有功諸侯也 諸侯敵王所愾而獻其功王饗禮之於是賜彤弓一彤矢百玈弓矢千凡諸侯賜弓矢然後專征伐 彤 徒冬反 愾 苦愛反很也杜預云很怒也說文作𢙇火既反云怒戰也 玈 音盧黑弓也本或作旅字訛

彤弓弨兮受言藏之 彤弓朱弓也以講德習射弨弛貌言我也箋云言者謂王策命也王賜朱弓必策其功以命之受出藏之乃反入也 弨 尺昭反說文云弓反也字林充小反 弛 式氏反 我有嘉賓中心貺之 貺賜也箋云貺者欲加恩惠也王意殷勤於賓故歌序之 鐘鼓既設一朝饗之 箋云大飲賓曰饗一朝猶早朝 饗 於鴆反

彤弓弨兮受言載之 載以歸也箋云出載之車也 我有嘉

賓中心喜之喜樂也【樂】音洛鍾鼓既設一朝右之右勸也箋云右之者主人獻之賓受爵奠于薦右既祭俎乃席末坐卒爵之謂也【右】毛音又鄭如字【卒】尊律反本或作啐者誤也【啐】七內反彤弓弨兮受言櫜之櫜韜也【櫜】古刀反【韜】本又作弢吐刀反弓衣也我有嘉賓中心好之好說也【好】呼報反【說】音悅鍾鼓既設一朝醻之醻報也箋云飲酒之禮主人獻賓賓酢主人主人又飲而酌賓謂之醻醻猶厚也勸也【醻】本又作酬市由反【酢】才洛反

彤弓三章章六句

菁菁者莪樂育材也君子能長育人材則天下喜樂之矣樂育材者歌樂人君教學國人秀士選士俊士造士進士養之以漸至於官之【菁】子丁反【莪】五何反【長】張丈反下同【樂】音洛下并注同【選】雪戀反菁菁者莪在彼中

阿興也菁菁盛貌莪蘿蒿也中阿阿中也大陵曰阿君子能長育人材如阿之長莪菁菁然箋云長育之者既教學之又既見君子樂且有儀箋云既見君子者官爵之而得見也見則心既喜樂又以禮儀見接菁菁者莪在彼中沚中沚沚中 沚音止 既見君子我心則喜喜樂也菁菁者莪在彼中陵中陵陵中也既見君子錫我百朋箋云古者貨貝五貝爲朋賜我百朋得祿多言得意也汎汎楊舟載沉載浮楊木爲舟載沉亦浮箋云舟者沉物亦載浮物亦載喻人君用士文亦用武亦用於人之材無所廢 汎 敷劒反 既見君子我心則休箋云休者休休然 休 虛虬反美也

菁菁者莪四章章四句

六月宣王北伐也鹿鳴廢則和樂缺矣四牡

廢則君臣缺矣皇皇者華廢則忠信缺矣常
棣廢則兄弟缺矣伐木廢則朋友缺矣天保
廢則福祿缺矣采薇廢則征伐缺矣出車廢
則功力缺矣杕杜廢則師衆缺矣魚麗廢則
法度缺矣南陔廢則孝友缺矣白華廢則廉
恥缺矣華黍廢則蓄積缺矣由庚廢則陰陽
失其道理矣南有嘉魚廢則賢者不安下不
得其所矣崇丘廢則萬物不遂矣南山有臺
廢則爲國之基隊矣由儀廢則萬物失其道
理矣蓼蕭廢則恩澤乖矣湛露廢則萬國離

矣彤弓廢則諸夏衰矣菁菁者莪廢則無禮矣小雅盡廢則四夷交侵中國微矣六月言周室微而復興美宣王之北伐也○從此至無羊十四篇是宣王之變小雅【樂】音洛篇末注同【鈌】苦悅反【菑】側六反【隊】直類反【夏】戶雅反

六月棲棲戎車既飭四牡騤騤載是常服棲棲簡閱貌飭正也日月為常服戎服也箋云記六月者盛夏出兵明其急也戎車革輅之等也其等有五戎車之常服韋弁服也【棲】音西【飭】音勑依字從力修飭之字從巾不同也今人食邊作力以為修飾之字借作勑音非【騤】求龜反【閱】音悅玁狁孔熾我是用急熾盛也箋云此序吉甫之意也北狄來侵甚熾故王以是急遣我【熾】尺志反王于出征以匡王國箋云于曰匡正也王曰今女出征玁狁以正王國之封畿比物四驪閑之維則物毛物也則法也言先教戰而後用師【比】毗志反齊同也維此六月既成我服我服既成

于三十里師行三十里箋云王既成我戎服將遣之戒之曰日行三十里可以舍息王于

出征以佐天子出征以佐其爲天子也箋云王曰今女出征伐以佐助我天子之事禦北狄也

四牡脩廣其大有顒脩長廣大也顒大貌顒玉容反說文云大頭也薄伐

玁狁以奏膚公奏爲膚大公功也有嚴有翼共武之服

嚴威嚴也翼敬也箋云服事也言今師之羣帥有威嚴者有恭敬者而共典是兵事言文武之人備嚴如字鄭如字

注下同共徐音恭帥所類反下將帥同後放此共武之服以定王國箋云定安

也玁狁匪茹整居焦穫侵鎬及方至于涇陽

焦穫周地接于玁狁者箋云匪非茹度也鎬也方也皆北方地名言玁狁之來侵非其所當度爲也乃自整齊而処

周之焦穫來侵至涇水之北言其大恣也茹如豫反徐音如穫音護爾雅十數周有焦護鎬胡老反王云京師度徒

洛反下同織文鳥章白旆央央鳥章錯革鳥爲章也白旆繼旐者也央央鮮明

貌箋云織徽織也鳥章鳥隼之文章將帥以下衣皆著焉
織 音志又尺志反注同 旆 本又作茷茷蒲貝反左傳云蒨茷
是也一曰旆与茷古今字殊 央 音英或以良反下篇同 元
徽 音輝 將 子亮反下大將同後篇將帥放此 著 知畧反
戎十乘以先啓行 元大也夏后氏曰鉤車先正也殷
曰寅車先疾也周曰元戎先良也
箋云鉤鉤般輦行曲直有正也寅進也二者及元戎皆可以
先前啓突敵陳之前行其制之同異未聞 乘 繩證反 行 戶
郎反注前行同 夏 戶雅反 鉤 古侯反 般 音古
今經注作盤輦無股字 先 蘇薦反 陳 直覲反 戎車既安
如輊如軒四牡既佶既佶且閑 輊摯佶正也箋
云戎車之安從
後視之如摯從前視之如軒然後適調也佶壯
健之貌 輊 竹二反 佶 其乙反又其吉反 摯 音至 薄伐玁
狁至于大原 言逐出之而 巳 大 音泰 文武吉甫萬邦爲憲
吉甫尹吉甫也有文有武憲
法也箋云吉甫此時大將也 吉甫燕喜既多受祉
祉福也箋云吉甫既伐玁狁而歸天子
以燕礼樂之則懽喜矣又多受賞賜也 來歸自鎬我

行求久飲御諸友包鼈膾鯉御進也箋云御侍也王以吉甫遠從鎬地來又日月長久今飲之酒使其諸友恩舊者侍之又加其珍美之饌所以極勸之也【飲】於鴆反注同【炰】白交反徐又甫久反【鼈】卑滅反【膾】古外反侯誰在矣張仲孝友侯維也張仲賢臣也善父母爲孝善兄弟爲友使文武之臣征伐與孝友之臣处內箋云張仲吉甫之友其性孝友

六月六章章八句

采芑宣王南征也【芑】音起徐又求己反

薄言采芑于彼新田于此菑畝興也芑菜也田一歲曰菑二歲曰新田三歲曰畬宣王能新美天下之士然後用之箋云興者新美之喻和治其家養育其身也士軍士也【菑】側其反郭云反草曰菑【畬】音餘方叔涖止其車三千師干之試方叔卿士也受命而爲將也涖臨師衆干扞試用也箋云方叔臨視此戎車三千乘其士卒皆有佐師扞敵之用爾司馬法兵車一乘甲士三人步卒七十二人宣王承亂羨卒盡

起【涖】本又作莅音利又音類沈力二反【扞】胡且反【乘】繩證反下一乘同【卒】子忽反下皆同【羨】錢面反餘也又徐薦反

方叔率止乘其四騏四騏翼翼箋云率者率此戎車士卒而行也翼翼壯健兒

路車有奭簟茀魚服鉤膺鞗革奭赤貌鉤膺樊纓也箋云茀之言蔽也車之蔽飾象席文也魚服矢服也鞗革轡首垂也【奭】許力反【茀】音弗【鞗】音條【樊】步干反馬大帶

薄言采芑于彼新田于此中鄉鄉所也箋云中鄉美地名

方叔涖止其車三千旂旐央央箋云交龍爲旂龜蛇爲旐此言軍衆將帥之車皆備

方叔率止約軝錯衡八鸞瑲瑲軝長轂之軝也朱而約之錯衡文衡也瑲瑲聲也【軝】祁支反廣雅云轂篆【錯】如字沈七故反【瑲】本亦作鎗七羊反徐七羹反

服其命服朱芾斯皇有瑲葱珩朱芾黃朱芾也皇猶煌煌也瑲珩聲也葱蒼也三命葱珩言周室之強車服之美也言其強美斯劣矣箋云命服者命爲將受

王命之服也天子之服韋弁服朱衣裳也芾本又作茀或作紱皆音弗下篇赤芾同瑲本又作鎗亦作鏘同皆七羊反珩音衡煌音皇又音晃朱衣裳本或作朱衣纁裳纁衍字

鴥彼飛隼其飛戾天亦集爰止戾至也箋云隼急疾之鳥也飛乃至天喻士卒勁勇能深攻入敵也爰於也亦集於其所止喻士卒須命乃行也鴥唯必反

方叔涖止其車三千師干之試箋云三稱此者重師也

方叔率止鉦人伐鼓陳師鞠旅伐擊也鉦以靜之鼓以動之鞠告也箋云鉦也鼓也各有人焉言鉦人伐鼓互言爾二千五百人爲師五百人爲旅此言將戰之日陳列其師旅誓告之也陳師告旅亦互言之鉦音征說文云鐃也又云鐲也鞠居六反將如字餘並子匠反

顯允方叔伐鼓淵淵振旅闐闐淵淵鼓声也入曰振旅復長幼也箋云伐鼓淵淵謂戰時進士衆也至戰止將歸又振旅伐鼓闐闐然振猶止也旅衆也春秋傳曰出曰治兵入曰振旅其禮一也闐徒顛反長張丈反下之長同

蠢爾蠻荊大邦爲讎蠢動

也蠻荆荆州之蠻也箋云大邦列国之大也【蠢】尺允反尔雅不遜也方叔元老克壯其猶元大也五官之長出於諸侯曰天子之老壯大猶道也箋云猶謀也謀兵謀也方叔率止執訊獲醜箋云方叔率其士衆執將可言問所獲敵人之衆以還歸也【訊】音信戎車嘽嘽嘽嘽焞焞如霆如雷嘽嘽衆也焞焞盛皃箋云言戎車既衆盛其威又如雷霆言雖久在外无罷勞也【嘽】吐丹反徐音他【焞】吐雷反又他屯反本又作啍同【霆】音廷徐音挺又音定【罷】音皮顯允方叔征伐玁狁蠻荆來威箋云方叔先与吉甫征伐玁狁今特往伐蠻荆皆使來服於宣王之威美其功之多也

采芑四章章十二句

車攻宣王復古也宣王能内修政事外攘夷狄復文武之竟土修車馬備器械復會諸侯

於東都因田獵而選車徒焉 東都王城也【攘】如羊反除也却也【竟】音境【械】户戒反王云倉君云械揔名也說文言无所盛曰械【復】扶又反【選】宣兖反數也沈思恋反下同

我車既攻我馬既同 攻堅同齊也宗廟齊豪尚純也戎事齊力尚強也田獵齊足尚疾也【豪】户刀反依字作毫也

四牡龐龐駕言徂東 龐龐充實也東洛邑也【龐】鹿同反徐扶公反

田車既好四牡孔阜東有甫草駕言行狩 甫大也田者大芟草以爲防或舍其中褐纏旃以爲門裘纏質以爲槸間容握驅而入擊則不得入左者之左右者之右然後焚而射焉天子發然後諸侯發諸侯發然後大夫士發天子發抗大綏諸侯發抗小綏獻禽於其下故戰不出頃田不出防不逐奔走古之道也箋云甫草者甫田之草也鄭有甫田【甫】毛如字鄭音補謂圃田鄭藪也【芟】所廢反【褐】音曷【槸】魚列反何魚子反門中臬【擊】音計劉兆注穀梁云继也本又作轚車音同或古歷反之左者之左一本无上之字下句亦然【射】食亦反【抗】苦浪反文辛【綏】本亦作緌同而隹反下同【頃】苦潁反

之子于苗

選徒囂囂之子有司也夏獵曰苗囂囂聲也維數車徒者爲有聲也箋云子曰也囂五刀反或許驕反數所主反建旐設旄搏獸于敖敖地名箋云獸田獵搏獸也敖鄭地今近滎陽搏音博舊音付近附近之近駕彼四牡四牡奕奕言諸侯來會也赤芾金舄會同有繹諸侯赤芾金舄舄達屨也時見曰會殷見曰同繹陳也箋云金舄黃朱色也舄音昔繹音亦決拾既佽弓矢既調決鉤弦也拾遂也佽利也箋云佽謂手指相次比也調謂弓強弱與矢輕重相得決本又作夬或作抉同古穴反佽音次說文子利反云便利也比毗志反射夫既同助我舉柴柴積也箋云既同巳射同復將射之位也雖不中必助中者舉積禽也柴子智反又才寄反說文作𦺕士賣反中丁仲反四黃既駕兩驂不猗言御者之良也猗於寄反又於綺反不失其馳舍矢如破言於射御法也箋云御者之良得舒疾之中射者習之工矢發則中如推破物也舍音捨推直追反蕭蕭馬

鳴悠悠旆旌言不讙譁也【讙】音歡又音喧【譁】音花徒御不驚大庖不盈徒輦也御御馬也不驚驚也不盈盈也一曰乾豆二曰賓客三曰充君之庖故自左膘而射之達于右腢爲上殺射右耳本次之射左髀達于右䯚爲下殺面傷不獻踐毛不獻不成禽不獻禽雖多擇取三十焉其餘以与大夫士以習射於澤宮田雖得禽射不中不得取禽田雖不得禽射中則得取禽古者以辭讓取不以勇力取箋云不驚驚也不盈盈也反其言美之也射右耳本射當爲逵三十者每禽三十也【庖】蒲茅反【膘】頻小反又扶了反三蒼云小腹兩邊肉也說文云脅後髀前肉也本亦作髀蒲礼反或又作䯚【射之】食亦反下射左髀射右耳同【腢】本亦作髃音愚又五厚反謂肩前也說文同郭音偶謂肩前兩間骨何休注公羊自左膘射之達于右腢中心死疾鮮絜也又五回五公二反【髀】本亦作脾方爾反謂股外䯚餘繞反又胡了反謂水膁也字書无此字一本作髎羊紹反又羊招反呂忱于小反本或作膘【踐】子淺反

之子于征有聞無聲有善聞而無讙譁之声箋云晝日人代鄭陳成子救之舍於柳舒之上去穀七里穀人不知可謂有聞無声【聞】音問本亦作問

允矣君子展也大成箋云允信展誠也大成謂致太平也

車攻八章章四句

吉日美宣王田也能慎微接下無不自盡以奉其上焉

吉日維戊既伯既禱維戊順類乘牡也伯馬祖也重物慎微將用馬力必先爲之禱其祖禱禱獲也箋云戊剛日也故乘牡爲順類也禱丁老反馬祭也說文作禂爲于僞反田車既好四牡孔阜升彼大阜從其群醜箋云醜衆也田而升大阜從禽獸之群衆也

吉日庚午既差我馬外事以剛日差擇也獸之所同麀鹿麌麌鹿牝曰麀麌麌衆多也箋云同猶聚也麕牡曰麌麌復麌麌言多也麀音憂麌愚甫反說文作𩿪麌云麌麌群口相聚也麕本又作麏俱倫反復扶又反漆沮之從天子之所漆沮之水麀鹿所生也從漆沮驅禽而至天子之所沮七徐反瞻

彼中原其祁孔有祁大也箋云祁當作麎麎麋牝也中原之野甚有之〔祁〕巨私反又上之反鄭改作麎音辰郭音脤何止尸反沇市尸反〔麋〕亡悲反儦儦俟俟或群或友趨則儦儦行則俟俟獸三曰群二曰友〔儦〕本又作麃又作爊表驕反廣雅云行也〔俟〕音士徐音矣悉率左右以燕天子驅禽之左右以安待天子箋云率循也悉驅禽順其左右之宜以安待王之射也〔射〕食亦反既張我弓既挾我矢發彼小豝殪此大兕殪壹發而死言能中微而制大也箋云豕牝曰豝〔挾〕子洽反又子協反又戶頰反〔豝〕音巴〔殪〕於計反〔兕〕徐履反〔中〕張仲反以御賓客且以酌醴饗醴天子之飲酒也箋云御賓客者給賓客之御也賓客謂諸侯也酌醴酌而飲群臣以爲俎實也

吉日四章章六句

南有嘉魚之什十篇四十六章二百七十二句

毛詩卷第十

毛詩卷第十一

鴻鴈之什詁訓傳第十八

毛詩小雅　鄭氏箋

鴻鴈美宣王也萬民離散不安其居而能勞來還定安集之至于矜寡無不得其所焉宣王承厲王衰亂之敝而起興復先王之道以安集衆民為始也書曰天將有立父母民之有政有居宣王之爲是務【勞】力報反【來】力代反【矜】本又作鰥同古頑反徐又棘冰反𥈱內矜寡同

鴻鴈于飛肅肅其羽興也大曰鴻小曰鴈肅肅羽聲也箋云鴻鴈知辟陰陽寒暑興者喻民知去無道就有道【肅】所六反本或作𦑢同

之子于征劬勞于野之子侯伯卿士也劬勞病苦也箋云侯伯卿士謂諸侯之伯與天子卿士也是時民既離散邦國有壞滅者侯伯久不述職王使廢於存省諸侯於是始復之故美焉【劬】

其俱反注及下文同韓詩云數也使所吏反 爰及矜人哀此鰥寡 矜憐也老

無妻曰鰥偏喪曰寡箋云爰曰也王之意不徒使此爲諸
依之事與安集萬民而已王亦當及此可憐之人謂貧窮
者欲令賙餼之鰥寡則哀之其孤獨者收斂之使有所
依附 矜棘冰反 喪息浪反 令力呈反 賙音周 餼許氣反

鴻鴈于飛集于中澤 中澤澤中也箋云鴻鴈之性安居澤中令飛又集于澤中猶民去其居而離散令見還定安集 之子于垣百堵皆作 一丈爲板五板爲堵箋云侯伯卿士又於壞滅之國徵民起屋舍築牆壁百堵同時而起言趨事也春秋傳曰五板爲堵五堵爲雉雉長三丈則板六尺 垣音袁 堵丁古反 雖則劬勞其究安宅 究窮也箋云此勸萬民之辭女今雖病勞終有安居 究九又反

鴻鴈于飛哀鳴嗸嗸 未得所安集則嗸嗸然箋云此之子所未至者 嗸本亦作敖五刀反 維此哲人謂我劬勞 箋云此哲人謂知王之意及之子之事者我之子自我也 維彼愚人謂我宣驕 宣示也箋云謂我役作衆民爲驕奢

鴻鴈三章章六句

庭燎美宣王也因以箴之諸侯將朝宣王以夜未央之時問夜早晚美者美其能自勤以政事因以箴者王有雞人之官凡國事為期則告之以時王不正其官而問夜早晚 燎力召反徐又力燒反鄭云在地曰燎執之曰燭又云樹之門外曰大燭於內曰庭燎皆是照衆為明 箴之金反諫誨之辭

夜如何其箋云此宣王以諸侯將朝夜起曰夜如何其問早晚之辭 其音基 夜未央庭燎之光君子至止鸞聲將將央且也庭燎大燭也君子謂諸侯也將將鸞鑣聲也箋云夜未央猶言夜未渠央也而於庭設大燭使諸侯早來朝聞鸞聲將將然 央於良反說文云久也已也王逸注楚辭云央盡也 將七羊反本或作鏘注同 且七也反又子徐反又音旦經本作旦 鑣表驕反又必苗反 渠其據反

夜如何其夜未艾庭燎晣晣君子至止鸞聲噦噦艾久也晣晣明也噦噦徐行有節也箋云芟末曰艾以言夜先雞鳴時 艾毛五蓋反

鄭音刈【晣】本又作晢之世反【噦】呼會反徐又音呼惠反【艾】所銜反【先】蘇薦反夜如何其夜

鄉晨庭燎有煇君子至止言觀其旂煇元也箋云晨明也上三章聞鸞聲爾今夜鄉明我見其旂是朝之時也朝禮別色始入【鄉】許亮反字又作嚮【煇】音暉【別】彼列反【旂】音祈

庭燎三章章五句

沔水規宣王也規者正圓之器也規主仁恩也以恩親正君曰規春秋傳曰近臣盡規【沔】緜善反徐莫顯反

沔彼流水朝宗于海興也沔水流滿也水猶有所朝宗箋云興者水流而入海小就大也喻諸侯朝天子亦猶是也諸侯春見天子曰朝夏見曰宗【朝】直遥反注皆同【見】賢遍反下文夏見同

鴥彼飛隼載飛載止箋云載之言則也言隼欲飛則飛欲止則止喻諸侯之自驕恣欲朝不朝自由無所在心也【鴥】惟必反【隼】息尹反

嗟我兄弟邦人諸友

莫肯念亂誰無父母邦人諸友謂諸侯也兄弟同姓臣也京師者諸侯之父母也箋

云我我王也莫无也我同姓異姓之諸侯女自恣聽不朝无肯念此於礼法爲乱者女誰无父母乎言皆生於父母也臣之道資於事父以事君

沔彼流水其流湯湯言放縱无所入也箋云湯湯波流盛貌喻諸侯奢僭既不朝天子復不事侯伯【湯】失羊反【復】扶又反

鴥彼飛隼載飛載揚言无所定止也箋云則飛則揚喻諸侯出兵妄相侵伐

念彼不蹟載起載行心之憂矣不可弭忘不蹟不循道也弭止也箋云彼諸侯也諸侯不循法度妄興師出兵我念之憂不能忘也【蹟】井亦反【弭】彌氏反【忘】音亡

鴥彼飛隼率彼中陵箋云率循也隼之性待鳥雀而食飛循陵阜者是其常也喻諸侯之守職順法度者亦是其常也

民之訛言寧莫之懲懲止也箋云訛僞也言時不令小人好詐僞爲交易之言使見怨咎安然无禁止【好】呼報反

我友敬矣讒言其興疾王不能察讒也箋云我我天子也友謂諸侯也言諸侯有敬其職順法度者讒人猶興其言以毀惡之王与侯伯不當察之【惡】烏路反

沔水三章二章章八句一章六句

鶴鳴誨宣王也 誨教也教宣王求賢人之未仕者○草木疏云鶴鳴聞八九里 鶴鳴于九皐聲聞于野 興也皐澤也言身隱而名著也箋云皐澤中水溢出所爲坎自外數至九喻深遠也鶴在中鳴焉而野聞其鳴聲興者喻賢者雖隱居人咸知之 皐音羔韓詩云九皐九折之澤 聞音問下同 數色主反 魚潛在淵或在于渚 良魚在淵小魚在渚箋云此言魚之性寒則逃於淵温則見於渚喻賢者世乱則隱治平則出在時君也 見賢遍反 治直吏反 樂彼之園爰有樹檀其下維蘀 何樂於彼園之觀乎蘀落也尚其樹檀不下其蘀箋云之往爰曰也言所以之彼園而觀者人曰有樹檀檀下有蘀此猶朝廷之尚賢者而下小人是以往也 樂音洛 沈又五孝反 [illegible]反下同 爰音袁 檀音壇 蘀音託 觀古乱反下同 朝直遥反 它山之石可以爲錯 錯石也可以琢玉舉賢用滯則可以治国箋云它山喻異国 它古他字 錯七落反説文作厝云厲石也字林里十故

反[豕]陟角反鶴鳴于九皋聲聞于天箋云天高遠也魚在于渚或潛在淵箋云時寒則魚去渚逃於淵樂彼之園爰有樹檀其下維穀穀惡木也[穀]工木反說文云楮也從木㱿聲非從禾也毛云惡木也以上章上檀下蘀類之取其上善下惡故知穀惡木也它山之石可以攻玉攻錯也

鶴鳴二章章九句

祈父刺宣王也刺其用祈父不得其人也官非其人則職廢祈父之職掌六軍之事有九伐之法祈圻畿同[祈]勤衣反[父]音甫祈父祈父司馬也職掌封圻之兵甲箋云此司馬也時人以其職號之故曰祈父書曰若疇圻父謂司馬司馬掌祿士故司士屬焉又有司右主勇力之士[疇]古疇字本又作壽按說注尚書直留反馬鄭音受予王之爪牙胡轉予于恤靡所止居恤憂也宣王之末司馬職廢羌戎為敗箋云予我轉移也此勇力之士責司馬之辭也我乃王之爪牙爪牙之士當

爲王閑守之衛女何移我於憂使我無所止居乎謂見使
從軍與羌戎戰於千畝而敗之時也六軍之士出自六鄉
法不取於王之爪牙之士【爲】于僞反下毋爲父同 祈父予王之爪士 士事也 胡
轉予于恤靡所厎止 厎至也【厎】之履反 祈父亶不聰 亶誠
也【亶】都但反 胡轉予于恤有母之尸饔 尸陳也孰食曰饔箋云尸
從軍而母爲父陳饌飲食之具自傷不得供養也【供】九用反【養】羊亮反

祈父三章章四句

白駒大夫刺宣王也 刺其不能留賢也馬五尺以上曰駒 ○ 皎皎白
駒食我場苗縶之維之以永今朝 宣王之末不能用賢賢者
有乘白駒而去者縶絆維繫也箋云永久也願此去者乘
其白駒而來使食我場中之苗我則絆之繫之以久今朝
愛之欲留之【皎皎】絜白也古了反【場】直良
反【縶】陟立反徐丁立反【絆】音半繫足曰絆 所謂伊人

於焉逍遥箋云伊當作緊緊猶是也所謂是乘白駒而去之賢人今於何遊息乎思之甚也【焉】
於虔反又如字下同【緊】烏兮反皎皎白駒食我場藿縶之維之以
永今夕藿猶苗也夕猶朝也【藿】火各反所謂伊人於焉嘉客皎
皎白駒賁然來思賁飾也箋云願其來而得見之易卦曰山下有火賁賁黃白色
也【賁】彼義反徐音奔毛鄭全用易爲釋爾公爾侯逸豫無期爾公爾侯
邪何爲逸樂无期以反也【樂】音洛愼爾優遊勉爾遁思愼誠也箋云戒女優
遊使待時也勉女遁思度已終不得見自訣之辭【遁】字又作遯徒遜反徐徒損反【度】待洛反【已】音紀【訣】音決
皎皎白駒在彼空谷空大谷也生芻一束其人如
玉箋云此戒之也女行所舍主人之餼雖薄要就賢人其德如玉然【芻】楚俱反毋金玉爾
音而有遐心箋云毋愛女聲音而有遠我之心以恩責之也【毋】音无本亦作无毋字與父母

之字不同宜詳之他皆倣此

白駒四章章六句

黃鳥刺宣王也刺其以陰礼教親而不至聯兄弟之不固聯音連黃鳥黃鳥無集于穀無啄我粟興也黃鳥宜集穀啄粟者喻天下室家不以其道而相去是失其性啄陟角反此邦之人不我肯穀穀善也箋云不肯以善道與我言旋言歸復我邦族宣王之末天下室家離散妃匹相去有不以礼者箋云言我復反也妃音配黃鳥黃鳥無集于桑無啄我粱此邦之人不可與明不可与明夫婦之道箋云明當為盟盟信也言旋言歸復我諸兄婦人有歸宗之義箋云宗謂宗子也黃鳥黃鳥無集于栩栩況甫反無啄我黍此邦之人不可與處處居

也言旋言歸復我諸父 諸父猶諸兄也

黃鳥三章章七句

我行其野刺宣王也 刺其不正嫁娶之數而有荒政多淫昏之俗

我行其野蔽芾其樗昏姻之故言就爾居 樗惡木也 箋云樗之蔽芾始生謂仲春之時嫁取之月婦之父壻之父相謂昏姻言我也我乃以此二父之命故我就女居我豈其无礼來乎責之也蔽必制反徐又方四反芾方味反樗勑書反 爾不我畜復我邦家 畜養也箋云宣王之末男女失道以求外昏棄其舊姻而相怨 我行其野言采其遂昏姻之故言就爾宿 遂惡菜也箋云遂牛蘈也亦仲春時生可采也遂勑六反本又作蓄蘈本又作蕢徒雷反 爾不我畜言歸思復 復反也

我行其野言采其葍不思舊姻求爾新特 葍惡

菜也新特外昏也箋云蓄蓄也亦仲春時生可采也壻之父曰姻我采蓄之時以禮來嫁女女不思女老父之命而棄我而求女新外昏時來之女責之也不以禮嫁必无肯媵之【蓄】音福【富】音富嫁女女不思【女】並音汝【媵】音孕又繩證反

成不以富亦祇以異 祇適也箋云女不以禮爲室家成事不足以得富也女亦適以此自異於人道言可惡也【祇】音支【惡】烏路反

我行其野三章章六句

斯干宣王考室也 考成也德行国富人民殷衆而皆佼好骨肉和親宣王於是築宮廟群寢既成而釁之歌斯干之詩以落之此之謂成室宗廟成則又祭先祖【佼】古卯反【釁】許靳反【落】如字始也或作樂非

秩秩斯干幽幽南山 興也秩秩流行也干澗也幽幽深遠也箋云興者喻宣王之德如澗水之源秩秩流出无極已也国以饒富民取足焉如於深山【秩】直乙反【澗】音諫

如竹苞矣如松茂矣 苞本也箋云言時民殷衆如竹之本生矣其佼好又如松柏之暢茂矣

兄

及兄弟矣式相好矣無相猶矣猶道也箋云猶當作瘉瘉病也言時

人骨肉用是相愛好无相詬病也好呼報反猶毛如字鄭改作瘉羊主反詬呼豆反似續妣祖嗣

也箋云似讀作巳午之巳巳續妣祖者謂巳成其宮廟也妣先妣姜嫄也祖先祖也似毛如字鄭音巳午之巳妣必

履反嫄本或作原音同築室百堵西南其戶西鄉戶南鄉戶也箋云此築室

者謂築燕寢也百堵百堵一時起也天子之寢有左右房西其戶者異於一房者之室戶也又云南其戶者宗廟及

路寢制如明堂每室四戶是室一南戶爾鄉本又作嚮同許亮反下同爰居爰處爰笑

爰語箋云爰於也於是居於是處於是笑於是語言諸寢之中皆可安樂樂音洛約之閣

閣椓之橐橐約束也閣閣猶歷歷橐橐用力也箋云約謂縮板也椓謂㨨土也閣音各椓陟

角反橐音託本或作柝縮所六反㨨呂忱文牛反沈呂菊反說文音勑周反引也從手留聲風雨攸

除鳥鼠攸去君子攸芋芋大也箋云芋當作幠幠覆也寢廟既成其牆屋弘

殺則風雨之所除也其堅致則鳥鼠之所去也其堂室相稱則君子之所覆蓋除直慮反芋毛音香于反鄭音火吳反或作吁殺所界反致直置反本亦作緻同稱尺證反

如跂斯翼如人之跂竦翼爾跂音企竦粟勇反

如矢斯棘如鳥斯革棘稜廉也革翼也箋云棘戟也如人挾弓矢戟其肘如鳥夏暑希革張其翼時棘居力反韓詩作朸朸隅也旅卽反革如字韓詩作勒云翅也稜力登反挾子洽反又子協反又音協肘張久反

如翬斯飛君子攸躋躋升也箋云伊洛而南素質五色皆備成章曰翬此章四如者皆謂廉隅之正形貌之顯也翬者鳥之奇異者也故以成之焉此章主於宗廟君子所升祭祀之時翬音揮雉名說文云大飛也躋子西反

殖殖其庭有覺其楹殖殖言平正也有覺言高大也箋云覺見直也殖市力反

噲噲其正噦噦其冥正長也冥幼也箋云噲噲猶快快也正晝也噦噦猶煟煟也冥夜也言君之晝日則快快然夜則煟煟然皆寬明之貌噲音快正音政噦呼外反冥毛莫形反鄭莫定反長王丁丈反崔直良反幼王如字本或作窈崔

音杳【熠】音謂吕沈玄火光貌　君子攸寧　箋云此章王於寢君子所安燕息之時　下

莞上簟乃安斯寢　箋云莞小蒲之席也竹葦曰簟寢既成乃鋪席與群臣安燕爲歡以落之【莞】音官徐又九還反草叢生水中莖圓江南以爲席鄭玄小蒲席也形似小蒲而實非也【鋪】普吳反又音敷【落】本亦作樂音落　乃寢乃興乃占我夢　言善之應人也箋云興夙興也有善夢則占之【應】應對之應　吉夢維何維熊維羆維虺維蛇　箋云熊羆之獸虺蛇之蟲此四者夢之吉祥也【熊】于弓反【羆】彼宜反【虺】許鬼反【蛇】市奢反　大人占之維熊維羆男子之祥維虺維蛇女子之祥　箋云大人占之謂以聖人占夢之法占之也熊羆在山陽之祥也故爲生男虺蛇穴處陰之祥也故爲生女也【大】音泰後同

乃生男子載寢之牀載衣之裳載弄之璋　半圭曰璋裳下之飾也璋臣之職也箋云男子生而卧於牀尊之也裳晝日衣也衣以裳者明當主於外事也玩以璋者

欲其比德焉正以韠者明成之有漸【衣】於既反注衣以裳下衣之裼同【韠】音章 其泣喤喤朱

芾斯皇室家君王 箋云皇猶煌煌也芾者天子純朱諸侯黄朱室家一家之內宣王所生之子或且爲天子或且爲諸侯皆將佩朱芾煌煌然【喤】音横華彭反沈又呼彭反聲也【芾】音弗【煌】音皇 乃

生女子載寢之地載衣之裼載弄之瓦 裼褓也瓦紡塼也箋云卧於地卑之也褓夜衣也明當主於內事紡塼習其所有事也【裼】大計反【褓】音保齊人名小兒被爲褓【紡】芳罔反【塼】音專 無非無儀唯酒食是議無父母詒罹 婦人質无威儀也罹憂也箋云儀善也婦无所專於家事有非非婦人也有善亦非婦人也婦人之事惟議酒食尔無遺父母之憂【詒】本又作貽以之反【罹】本又作離力馳反【遺】唯季反

斯干九章四章章七句五章章五句

無羊宣王考牧也 厲王之時牧人之職廢宣王始興而復之至此而成謂復先王牛羊

之數誰謂爾無羊三百維群誰謂爾無牛九十其犉黄牛黒脣曰犉箋云爾女也女宣王也宣王復古之牧法汲汲於其數故歌此詩以解之也誰謂女无羊今乃三百頭爲一群誰謂尔无牛今乃犉者九十頭言其多矣足如古也犉本又作犉而純反爾羊來思其角濈濈聚其角而息濈濈然箋云言此者美畜産得其所濈本又作湒亦作戢莊立反畜許六反爾牛來思其耳濕濕呞而動其耳濕濕然濕始立反又尸立反又処文反呞本又作齝亦作齝丑之反一音初之反郭注尔雅云食已復出嚼之也今江東呼齝爲齛音漏洩或降于阿或飲于池或寢或訛訛動也箋云言此者美其無所驚畏也訛五戈反徐又五何反韓詩作譌譌覔皃也爾牧來思何蓑何笠或負其餱何揭也蓑所以備雨笠所以御暑箋云言此者美牧人寒暑飲食有備何河可反又音河下反注同蓑素戈反草衣也笠音立餱音侯揭音竭又其謁反三十維物爾牲則具異毛

色者三十也箋云牛羊之色異者三十則女之祭祀索則有之索色白反爾牧來思以薪以蒸以雌以雄箋云此言牧人有餘力則取薪蒸搏禽獸以來歸也麤曰薪細曰蒸蒸之承反搏音博下同亦作捕音步爾羊來思矜矜兢兢不騫不崩矜矜兢兢言堅彊也騫虧也崩群疾也兢其冰反騫起虔反麾之以肱畢來既升肱臂也升升入牢也箋云此言擾馴從人意也麾毁皮反肱古弘反馴音巡又悉遵反牧人乃夢衆維魚矣旐維旟矣箋云牧人乃夢見人衆相与捕魚又夢見旐与旟占夢之官得而獻之于宣王將以占国事也旐音兆旟音餘大人占之衆維魚矣實維豐年陰陽和則魚衆多矣箋云魚者衆人之所以養食也今之衆相与捕魚則是歲孰相供養之祥也易中孚卦曰豚魚吉養羊亮反下同共九用反旐維旟矣室家溱溱溱溱衆也旐旟所以聚衆箋云云溱溱子孫衆多也溱側巾反

無羊四章章八句

鴻鴈之什十篇三十二章二百三十三句

毛詩卷第十一

毛詩卷第十二

節南山之什詁訓傳第十九

從此至何草不黃凡四十四篇前儒申毛皆以爲幽王之變小雅鄭以十月之交以下四篇是厲王之變小雅漢興之初師移其篇次毛爲詁訓因改其第焉 毛詩小雅 鄭氏箋

節南山家父刺幽王也 家父字周大夫也〔節〕在切反又如字又音截下同韓詩云視也〔父〕音甫下同

節彼南山維石巖巖 興也節高峻皃巖巖積石皃箋云興者喻三公之位人所尊嚴〔巖〕如字本或作嚴音同

赫赫師尹民具爾瞻憂心如惔不敢戲談 赫赫顯盛貌師大師周之三公也尹尹氏爲大師具俱瞻視惔燔也箋云此言尹氏女居三公之位天下之民俱視女之所爲皆憂心如火灼爛之矣又畏女之威不敢相戲而言語疾其貪暴脅下以刑辟也〔赫〕許百反〔惔〕徒藍反又音炎韓詩作炎字書作焱說文作𤆍字才廉反小熱也〔大〕音泰

下皆同【猶】音塡【瘠】詩業反本又作脇國既卒斬何用不監卒盡斬斷監視也箋

云天下之諸侯日相侵伐其國已盡絕滅女何用爲職不監察之【卒】子律反【監】古銜反注同韓詩云領也【斷】都緩反

節彼南山有實其猗實滿猗長也箋云猗倚也言南山既能高峻又以草木平

滿其旁倚之畎谷使之齊均也【猗】於宜反【倚】於綺反下同【畎】本亦作甽古犬反赫赫師尹不

平謂何箋云責三公之不均平不如山之爲也謂何猶云何也天方薦瘥喪

亂弘多薦重瘥病弘大也箋云天氣方今又重以疫病長幼相乱而死喪甚大多也【薦】徂殿反注及下民言無嘉憯莫

篇注同【瘥】才何反【重】直用反下同【疫】音役本又作疢勑覲反【長】張丈反

懲嗟憯曾也箋云懲止也天下之民皆以災害相弔唁無一嘉慶之言曾無以恩德止之者嗟乎奈何【憯】

本或作唶七感反【唁】音彥服虔云弔生曰唁尹氏大師維周之氐秉國

之均四方是維天子是毗俾民不迷氐本均平毗厚也箋

云氏當作桎鎋之桎毗輔也言尹氏作大師之官爲周之

桎鎋持国政之平維制四方上輔天子下教化天下使天

下无迷惑之憂言任至重【氏】丁礼反徐云鄭音都奚反【毗】

婢尸反王作埤埤厚也【俾】本又作畀同必爾反後皆於此

【桎】之實反又丁履反礙也本有作手旁至者誤也【鎋】字又作轄胡瞎反**不弔昊天不宜**

空我師弔至空窮也箋云至猶善也不善乎昊天愬之也不宜使此人居尊官困窮我之衆民也【弔】如

字又丁歴反下同【昊】胡老反【空】苦貢反注同【愬】蘇路反本亦作訴下同**弗躬弗親庶民**

弗信弗問弗仕勿罔君子庶民之言不可信勿罔上而行也箋云仕察也

勿當作末此言王之政不躬而親之則恩澤不信於衆民矣不問而察之則下民未罔其上矣【罔】毛如字鄭音末**式**

夷式已無小人殆式用夷平也用平則已無以小人之言至於危殆也箋云殆近也爲

政當用平正之人用能紀理其事者無小人近【已】毛音以鄭音紀【近】附近之近又如字下同**瑣瑣姻**

亞則無膴仕瑣瑣小皃兩壻相謂曰亞膴厚也箋云壻之父曰姻瑣瑣昏姻妻黨之小人無

厚任用之置之大位重其祿也（瑣素火反 亞於嫁反 膴音武）昊天不傭降此鞠訩昊天不惠降此大戾（傭均鞠盈訩訟也箋云盈猶多也戾乖也 昊天乎師氏為政不均乃下此多訟之俗又為不和順之行乃下此乖爭之化疾時民効為之愬之於天 傭勑龍反 韓詩作庸庸易也 鞠九六反 訩音凶 戾音麗 行下孟反 爭爭鬬之爭下皆同 効下教反）君子如屆俾民心闋君子如夷惡怒是違（屆極闋息夷易違去也箋云屆至也君子斥在位者如行至誠之道則民鞠訩之心息如行平易之政則民乖爭之情去言民之失由於上可反復也 屆音戒 闋苦穴反 易以豉反 下同 復音服本又作覆芳服反）不弔昊天亂靡有定式月斯生俾民不寧憂心如酲誰秉國成（病酒曰酲成平也箋云弔至也至猶善也定止式用也不善乎昊天天下之亂無肯止之者用月此生言月月益甚也使民不得安我今憂之如病酒之酲矣觀此君臣誰能持国之平乎言無有也 酲音呈）不自為政卒

勞百姓箋云卒終也昊天不自出政教則終窮苦百姓欲使昊天出圖書有所授命民乃得安駕

彼四牡四牡項領項大也箋云四牡者人君所乘駕今但養大其領不肯爲用喻大臣自恣王不能使【爲】于爲反又如字我瞻四方蹙蹙靡所騁騁極也箋云蹙蹙縮小之皃我視四方土也日見侵削於夷狄蹙蹙然雖欲馳騁無所之也【蹙】子六反王七歷反【騁】勑領反【日】而乙反【縮】所六反

方茂爾惡相爾矛矣茂勉也箋云相視也方爭訟自勉於惡之時則視女矛矣言欲戰鬬相殺傷也【相】息亮反注同【矛】亡侯反戈矛也既夷既懌如相醻矣懌服也箋云夷說也言大臣之乖爭本無大讎其已相和順而說懌則如賓主飲酒相醻酢也【懌】音亦【醻】市由反又作酬【說】音悅下同【已】音以【酢】音胙

昊天不平我王不寧不懲其心覆怨其正正長也箋云昊天乎師尹爲政不平使我王不得安寧女不懲止女之邪心而反怨憎其正也【覆】芳服反【長】張丈反【邪】似嗟反家父作誦以究王

訩家父大夫也箋云究窮也大夫家父作此詩而爲王誦之以窮極王之政所以致多訟之本意　爲于僞反　父音甫　式訛爾心以畜萬邦　箋云訛化畜養也　訛五戈反　畜許六反

節南山十章六章章八句四章章四句

正月大夫刺幽王也　正音政　正月繁霜我心憂傷　正月夏之四月繁多也箋云夏之四月建巳之月純陽用事而霜多急恒寒若之異傷害万物故心爲之憂傷　繁扶袁反　夏胡雅反下同　巳音似　爲于僞反　民之訛言亦孔之將　將大也箋云訛僞也人以爲言相陷入使王行酷暴之刑致此災異故言亦甚大也　酷苦毒反　念我獨兮憂心京京哀我小心癙憂以痒　京京憂不去也癙痒皆病也箋云念我獨兮者言我獨憂此政也　癙音鼠字林癙音恕　痒音羊　父母生我胡俾我瘉不自我先不自我後　父母謂文武也我我天下瘉病也箋云自從也天使父母生我

何故不長遂我而使我遭此暴虐之政而病此何不出我之前居我之後窮苦之情苟欲免身瘉音庾長張丈反下正長伯長長者皆同

好言自口莠言自口

莠醜也箋云自從也此疾訛言之人善言從女口出惡言亦從女口出女口一爾善也惡也同出其中謂其可賤莠餘久反

憂心愈愈是以有侮

愈愈憂懼也箋云我心憂政如是是与訛言者殊塗故用是見侵侮也

憂心惸惸念我無祿

惸惸憂意也箋云无祿者言不得天祿自傷值今生也惸本又作煢其營反獨也篇末同

民之無辜并其臣僕

古者有罪不入於刑則役之圜土以爲臣僕箋云辜罪也人之尊卑有十等僕第九臺第十言王既刑殺無罪并及其家之賤者不止於所罪而已書曰越茲麗行并制并必正反注并制同圜音圓圜土獄也

哀我人斯于何從祿

箋云斯此于於也哀乎今我民人見遇如此當於何從得天祿免於是難難乃旦反下之難同

瞻烏爰止于誰之屋

富人之屋烏所集也箋云視烏集於富人之屋以言今民亦當求明君而歸之

瞻彼

中林侯薪侯蒸 中林林中也薪蒸言似而非箋云侯維也林中大木之處而維有薪蒸尒喻朝廷宜有賢者而但聚小人也蒸之丞反處昌慮反下之處同朝直遥反下同 民今方殆視天夢夢 王者爲乱夢夢然箋云方且也民今且危亡視王所爲反夢夢然而乱無統理安人之意夢莫紅反沈莫滕反韓詩云惡貌也 既克有定靡人弗勝 勝乘也箋云王既能有所定尚復事之小者爾無人而不勝言凡人所定皆勝王也勝毛音升鄭尸證反復扶又反篇末同 有皇上帝伊誰云憎 皇君也箋云伊讀當爲繄繄猶是也有君上帝者以情告天也使王暴虐如是是憎惡誰乎欲天指害其所憎而已繄烏兮反惡烏路反 謂山蓋卑爲岡爲陵 在位非君子乃小人也箋云此喻爲君子賢者道人尚謂之卑况爲凡庸小人之行卑本又作痺同音婢又必支反行下孟反 民之訛言寧莫之懲 箋云小人在位曾无欲止衆民之爲僞言相陷害也 召彼故老訊之占夢 故老元老訊問也箋云君臣在朝侮慢元老召之不問政事但

問占夢不尚道德而信徵祥之甚【訊】本又作訊音信 具曰予聖誰知烏之雌

雄 君臣俱自謂聖也箋云時君臣賢愚適同如烏雌雄相似誰能別異之乎【別】彼列反 謂天蓋

高不敢不局謂地蓋厚不敢不蹐維號斯言

有倫有脊 局曲也蹐累足也倫道脊理也箋云局蹐者天高而有雷霆地厚而有陷淪也此民疾苦王政上下皆可畏怖之言也維民號呼而發此言皆有道理所以至然者非徒苟妄爲誣辭【局】本又作跼其欲反【脊】井亦反徐音積說文小步也【號】音豪注同【霆】音廷又音挺【淪】音倫又倫峻反【怖】普故反【呼】好路反【誣】音无 哀

今之人胡爲虺蜴 蜴螈也箋云虺蜴之性見人則走哀哉今之人何爲如是傷時政也【虺】揮鬼反【蜴】星歷反字又作蜥【螈】音元 瞻彼阪田有菀其特 言朝廷曾无桀臣箋云阪田崎嶇墝埆之處而有菀然茂特之苗喻賢者在閒辟隱居之時【阪】音反又扶版反【菀】音鬱徐又於阮反【崎】起宜反【嶇】丘俱反【墝】苦交反【埆】户角反又苦角反又音角【閒】音閑【辟】匹亦反 天之扤我如不

我克 抗動也箋云我我特苗也天以風雨動搖我如將不勝我謂其迅疾也 抗 五忽反徐又音月 迅 音峻

彼求我則如不我得 箋云彼王也王之始徵求我如恐不得我言其礼命之繁多

執我仇仇亦不我力 仇仇猶警警也箋云王旣得我執留我其礼待我警警然亦不問我在位之功力言其有貪賢之名無用賢之實 警 本又作警五報反沈五刀反

心之憂矣如或結之今茲之正胡然厲矣 厲惡也箋云茲此正長也心之憂如有結之者憂今此之君臣何一然爲惡如是

燎之方揚寧或滅之 滅之以水也箋云火田爲燎燎之方盛之時炎熾熛怒寧有能滅息之者言无有也以无有喻有之者爲甚也 燎 力詔反徐力燒反 熾 尺志反 熛 必遥反

赫赫宗周褒姒威之 宗周鎬京也褒国也姒姓也威滅也有褒国之女幽王惑焉而以爲后詩人知其必滅周也 褒 補毛反 姒 音似 威 呼悅反齊人語也字林武劣反說文云從火戌声火死於戌陽氣至戌而盡本或作烕 鎬 胡老反

終其永懷又窘陰雨 窘 困

也箋云窘仍也終王之所行其長可憂傷矣又將仍憂於陰雨陰雨喻君有泥陷之難窘求殞反字林巨畏反泥乃

計反 其車既載乃棄爾輔 大車重載又棄其輔箋云以車之載物喻王之任国事也棄輔謂遠賢也遠于万反

載輸爾載將伯助予 將請伯長也箋云輸墮也棄女車輔則墮女之載乃請長者見助以言国危而求賢者已晚矣爾載才再反注及下同將七羊反注將請皆同隨許規反本又作墮待果反

無棄爾輔員于爾輻 員益也員音云輻方六反

屢顧爾僕不輸爾載 箋云屢數也僕將車者也顧猶視也念也屢力住反又作婁數音朔下皆同

終踰絕險曾是不意 箋云女不棄車之輔數顧女僕終用是踰度陷絕之險女曾不以是為意乎以商事喻治国

魚在于沼亦匪克樂 潛

雖伏矣亦孔之炤 沼池也箋云池魚之所樂而非能樂其潛伏於淵又不足以逃甚炤炤易見以喻時賢者在朝廷道不行无所樂退而窮處又無所於也炤之紹反樂音洛王同炤音灼之若反易夷豉

反見如字又賢遍反 憂心慘慘念國之爲虐 慘慘猶戚戚也慘七感反戚千

歷反 彼有旨酒又有嘉殽 言礼物備也箋云彼彼尹氏大師也殽本又作肴户

交反 洽比其鄰昏姻孔云 洽合鄰近也旋也是言王者不能親親以及遠箋云云猶

及也言尹我富獨与兄弟相親友爲明黨也比毗志反云本又作負音同 念我獨兮憂心

慇慇 慇慇然痛也箋云此賢者孤特自傷也慇音殷又於謹反 仳仳彼有屋蔌

蔌方有穀 仳仳小也蔌蔌陋也箋云穀祿也言小人富而窶陋將貴也仳音此說文作佌音徙蔌音

速方穀本或作方有穀非也窶其矩反一音慮 民今之無祿天夭是椓 君夭

之在位椓之箋云民於今而無天祿者天以薦瘥夭殺之是王者之政又復椓破之言遇害甚也夭於兆反又於遥

反災也椓陟角反 哿矣富人哀此惸獨 哿可獨單也箋云此言王政如是富

人已可惸獨將困也哿哥我反

正月十三章八章章八句五章章六句

十月之交大夫刺幽王也當爲刺厲王作詁訓傳時移其篇第因改之耳節刺師尹不平亂靡有定此篇譏皇父擅恣日月告凶正月惡褒姒滅周此篇疾豔妻煽方處又幽王時司徒乃鄭桓公友非此篇之所云番也是以知然〔刺幽王〕毛如字鄭改爲刺厲王從此至小宛四篇皆然〔節〕在結反〔父〕音甫後皇父皆同〔豔〕鳥路反〔番〕方袁反徐甫言反本或作潘音同韓詩作繁下同

十月之交朔月辛卯日有食之亦孔之醜之交日月之交會醜惡也箋云周之十月夏之八月也八月朔日日月交會而日食陰侵陽臣侵君之象日辰之義日爲君辰爲臣辛金也卯木也又以卯侵辛甚惡也〔夏〕戶雅反

彼月而微此日而微月臣道日君道箋云微謂不明也彼月則有微今此日反微非其常爲異尤大也

今此下民亦孔之哀箋云君臣失道災害將起故下民亦甚可哀

日月告凶不用其行四國無

政不用其良箋云告凶告天下以凶亡之徵也行道度也不用之者謂相干犯也四方之國無政治者由天子不用善人也〔治〕直吏反彼月而食則維其常此日而食于何不臧箋云臧善也爗爗震電不寧不令爗爗震電貌震雷也箋云雷電過常天下不安政教不善之徵〔爗〕于輒反百川沸騰山冢崒崩沸出騰乘也山頂曰冢箋云崒者崔嵬百川沸出相乘陵者由貴小人也山頂崔嵬者崩君道壞也〔沸〕甫味反〔崒〕徂恤反徐子綏反宜依爾雅音徂恤反本亦作卒〔頂〕丁冷反〔崔〕徂回反爾雅作厜才規反〔嵬〕五回反爾雅作㕒五規反高岸爲谷深谷爲陵言易位也箋云易位者君子居下小人處上之謂也〔處〕昌呂反哀今之人胡憯莫懲箋云憯曾懲止也變異如此禍亂方至哀哉今在位之人何曾無以道德止之〔憯〕七感反亦作慘皇父卿士番維司徒家伯維宰仲允膳夫棸子內史蹶維趣馬楀

維師氏豔妻煽方處豔妻褒姒美色曰豔煽熾也箋云皇父家伯仲允皆字番
聚棷楀皆氏厲王淫於色七子皆用后嬖寵方熾之時並
處位言妻黨盛女謁行之甚也敵夫曰妻司徒之職掌天
下土地之圖人民之數冢宰掌建邦之六典皆卿也膳夫
上士也掌王之飲食膳羞內史中大夫也掌爵祿廢置殺
生予奪之法趣馬中士也掌王馬之政師氏亦中大夫也
掌司朝得失之事六人之中雖官有尊卑權寵相連朋黨
於朝是以疾焉皇父則爲之端首兼擅群職故但目以卿
士云【聚】側留反【嬖】俱衛反【趣】七走反注同趣馬官名【楀】音
矩弓禹反【豔】徐贍反【煽】音扇說文作傓云熾盛也方處一
本作熾【熾】尺志反【嬖】必計反【朝】直遥反下同【擅】市戰反

抑此皇父豈曰不時胡爲我作不即我謀徹
我牆屋田卒汙萊時是也下則汙高則萊箋云抑之
言噫噫是皇父疾而呼之女豈曰
我所爲不是乎言其不自知惡也女何爲役作我不先就
與我謀使我得遷徙乃反徹毀我牆屋令我不得趨農田
卒爲汙萊乎此皇父所築邑人之怨辭【抑】如字辭也徐音
噫憶韓詩云意也【汙】音烏注同【萊】音來【噫】於其反下同【令】力

呈反趨七住反本又作趣七俱反曰予不戕禮則然矣箋云戕殘也言皇父

既不自知不是反云我不殘敗女田業礼下供上役其道當然言文過也戕在良反王本作臧臧善也孫毓評以鄭

爲改字共音恭本亦作供皇父孔聖作都于向擇三有事亶

侯多藏皇父甚自謂聖向邑也擇三有事有司國之三卿信維貪淫多藏之人也箋云專權足己自比

聖人作都立三卿皆取聚斂之臣言不知厭也礼畿內諸侯二卿向式亮反下及注同亶都但反藏才浪反注同厭

於監反不憖遺一老俾守我王箋云憖者心不欲自強之辭也言盡將舊

在位之人與之皆去無留衛王憖魚覲反爾雅云願也強也且也韓詩云閭也強其丈反擇有車馬

以居徂向箋云又擇民之富有車馬者以往居于向也黽勉從事不敢

告勞箋云詩人賢者見時如是自勉以從王事雖勞不敢自謂勞畏刑罰也黽民允反本又作僶同無

罪無辜讒口囂囂箋云囂囂衆多貌時人非有辜罪其被讒口見椓譖囂囂然囂五刀

反韓詩作譐譐下民之孽匪降自天噂沓背憎職競由人噂猶噂噂沓猶沓沓職主也箋云孽妖孽謂相爲災害也下民有此言非從天墮也噂噂沓沓相對談語背則相憎逐爲此者主由人也孽魚列反噂子損反說文作僔云聚也沓本又作誻同徒荅反背蒲妹反注同隋徒火反

悠悠我里亦孔之痗悠悠憂也里病也痗病也箋云里居也悠悠乎我居今之世亦甚困病里如字本或作㾖後人改也痗莫背反又音悔本又作悔

四方有羨我獨居憂羨餘也箋云四方之人盡有餘我獨居此而憂羨徐箭反民莫不逸我獨不敢休箋云逸逸豫也天命不徹我不敢傚我友自逸徹道也親屬之臣心不能已箋云不道者言王不循天之政教傚户教反

十月之交八章章八句

雨無正大夫刺幽王也雨自上下者也衆多

如雨而非所以爲政也亦當爲刺厲王王之所下教令甚多而無正也【正】音政

浩浩昊天不駿其德降喪饑饉斬伐四國駿長也穀不熟曰饑蔬不熟曰饉箋云此言王不能繼長昊天之德至使昊天下此死喪饑饉之災而天下諸侯於是更相侵伐【浩】古老反又胡老反【昊】胡老反【駿】音峻【饉】其靳反【更】古衡反

旻天疾威弗慮弗圖箋云慮圖皆謀也王既不駿昊天之德今旻天又疾其政以刑罰威恐天下而不慮不圖【旻】密巾反本有作昊天者非也【恐】起勇反

舍彼有罪既伏其辜若此無罪淪胥以鋪舍除淪率也箋云胥相鋪徧也言王使此無罪者見牽率相引而徧得罪也【舍】音赦一音捨【淪】音倫【胥】息魚反【鋪】普烏反王云病也【徧】音遍下同

周宗既滅靡所止戾戾定也箋云周宗鎬京也是時諸侯不朝王民不堪命王流于彘无所安定也【彘】直例反

正大夫離居莫知我勩勩勞也箋云正長也長官之大夫於王流于彘而皆散處无復

知我民之見罷勞也勤夷世反又音曳長張丈反下同復扶富反罷音皮三事大夫莫肯

夙夜邦君諸侯莫肯朝夕箋云王流在外三公及諸侯隨王而行者皆无

君臣之礼不肯晨夜朝莫省王也朝直遥反莫舊音張遥反庶曰式臧覆出爲惡

覆反也箋云人見王之失所庶幾其自改悔而用善人反出教令復爲惡也覆芳服反如何昊天

辟言不信如彼行邁則靡所臻辟法也箋云如何乎昊天痛而

愬之也爲陳法度之言不信之也我之言不見信如行而無所至也凡百君子各敬爾

身胡不相畏不畏于天箋云凡百君子謂衆在位者各敬愼女之身正君臣

之礼何爲上下不相畏乎上下不相畏者是不畏于天者也戎成不退飢成不遂

曾我暬御憯憯日瘁戎兵遂安也暬御侍御也瘁病也箋云兵成而不退謂王

見流于彘無御止之者飢成而不安謂王在彘乏於飲食之畜无輸粟歸餼者此二者曾但侍御左右小臣憯憯憂

之大臣無念之者【退】徐音退本又作逷【暬】思列反【憯】千感反【瘁】徂醉反【慹】許氣反【曾】在登反【畜】勑六反 凡

百君子莫肯用訊聽言則荅譖言則退 以言進退

人也箋云訊告也衆在位者無肯用此相告語者言不憂王之事也荅猶距也有可聽用之言則共以辭距而違之有譖毁之言則共爲排退之辟臣並爲不忠惡直醜正【訊】音信徐息悴反又音碎【排】步皆反【惡】烏路反 哀

哉不能言匪舌是出維躬是瘁 哀賢人不得言不得出是舌也箋云瘁病也不能言言之拙也言非可出於舌其身旋見困病【出】尺遂反音毳 哿矣能言巧

言如流俾躬處休 哿可也可矣世所謂能言也巧言從俗如水轉流箋云巧猶善也謂以事類風切剴微之言如水之流忽然而過故不悖逆使身居安休休然乱世之言順說爲上也【休】虛虯反徑同【風】福鳳反【剴】古愛反又古哀反一音祈【悖】補對反【逆】本亦作遻五故反【說】音悅 維曰于仕孔

棘且殆不可使得罪于天子亦云可使怨及

朋友于往也箋云棘急也不可使者不正不從也可使者雖不正從也居今衰亂之世云往仕乎甚急迮且危急迮且危以此二者也迮本又作笮側格反**謂爾遷于王都曰予未有室家**賢者不肯遷于王都也箋云王流于彘正大夫離居同姓之臣從王思其友而呼之謂曰女今可遷居王都謂彘也其友辭之云我未有室家於王都可居也**鼠思泣血無言不疾**無声曰泣血無所言而不見疾也箋云鼠憂也既辭之以無室家爲其意恨又患不能距止之故云我憂思泣血欲遷王都見女今我無一言而不道疾者言已方困於病故未能也思息嗣反注憂思同爲于僞反距本又作歫音巨

昔爾出居誰從爾室遭退亂出義不得去思其友而不肯反者也箋云往始離居之時誰隨爲女作室女猶自作之爾今反以無室家距我恨之辭

雨無正七章二章章十句二章章八句三章章六句

小旻大夫刺幽王也所刺列於十月之交雨無正爲小故曰小旻亦當爲刺厲王 旻武巾反下同

旻天疾威敷于下土敷布也箋云旻天之德疾王者以刑罰威恐万民其政教乃布於下土言天下徧知 敷芳扶反 徧音遍

謀猶回遹何日斯沮回邪遹辟沮壞也箋云猶道沮止也今王謀爲政之道回辟不循旻天之德已甚矣心猶不悛何日此惡將止 遹音聿韓詩作鴥義同 沮在呂反 邪似嗟反 辟四亦反下同 悛七全反改也沘七旬反

謀臧不從不臧覆用我視謀猶亦孔之邛邛病也箋云臧善也謀之善者不從其不善者反用之我視王謀爲政之道亦甚病天下 覆芳服反 邛其凶反

潝潝訿訿亦孔之哀潝潝然患其上訿訿然思不稱乎上箋云臣不事君亂之階也甚可哀也 潝許急反 訿音紫尒雅云潝潝訿訿莫供職也韓詩云不善之貌 稱尺證反

謀之其臧則具是違謀之不臧則具是依我視謀猶伊于胡底箋云

于往底至也謀之善者俱背違之其不善者依就之我視今君臣之謀道往行之將何所至乎言必至於亂【底】之履復

反【背】音佩我龜既厭不我告猶猶道也箋云猶圖也卜筮數而瀆龜龜靈厭之

不復告其所圖之吉凶言雖得兆占繇不中【厭】於豔反注同【數】音朔【復】扶又反【繇】音冑【中】丁仲反謀夫

孔多是用不集集就也箋云謀事者衆而非賢者是非相奪莫適可從故所爲不成【適】音

的發言盈庭誰敢執其咎謀人之国国危則死之古之道也箋云謀事者

衆訩訩滿庭而無敢決當是非事若不成誰云已當其咎責者言小人爭知而讓過【訩】音凶【當】丁浪反如匪

行邁謀是用不得于道箋云匪非也君臣之謀事如此與不行而坐圖遠近

是於道路無進於跬步何以異乎【跬】缺氏反一舉足曰跬哀哉爲猶匪先民是

程匪大猶是經維邇言是聽維邇言是爭古曰

在昔曰先民程法經常猶道邇近也爭爲近言箋云哀哉今之君臣謀事不用古人之法不循大道之常而徒聽順

近言之同者爭近言之異者言見動軔則泥陷不至於遠也**軔**音刃礙車木也字林如戰反**泥**乃麗反 如彼

築室于道謀是用不潰于成 潰遂也箋云如當路築室得人而與之謀所為路人之意不同故不得遂成也**潰**戶對反 國雖靡止或聖或否民雖

靡膴或哲或謀或肅或艾 靡止言小也人有通聖者有不能者亦有明哲者有聰謀者艾治也有恭肅者有治理者箋云靡無止禮膴法也言天下諸侯今雖無禮其心性猶有通聖者有賢者民雖無法其心性猶有知者有謀者有肅者有艾者王何不擇焉置之於位而任之為治乎書曰睿作聖明作哲聰作謀恭作肅從作乂詩人之意欲王敬用五事以明天道故云然**否**方九反徐音鄙**膴**王火吳反大也徐云鄭音謨又音武沈音無韓詩作靡腜腜猶無幾何也**艾**音刈**治**直吏反下同**知**音智 如彼泉流無

淪胥以敗 箋云淪率也王之為政當如源泉之流行則清無相牽率為惡以自濁敗 不敢

暴虎不敢馮河人知其一莫知其他 馮陵也徒涉曰馮河

徒搏曰暴虎一非也他不敬小人之危殆也箋云人皆知暴虎馮河立至之害而無知當畏慎小人能危亡也馮符氷反傳音博戰戰兢兢戰戰恐也兢兢戒也兢已氷反恐丘勇反如臨深淵恐墜也墜直類反本又作隊下篇同如履薄氷恐陷也

小旻六章三章章八句三章章七句

小宛大夫刺幽王也亦當為刺厲王宛於阮反宛彼鳴鳩翰飛戾天興也宛小貌鳴鳩鶻鵰翰高戾至也行小人道責高明之功終不可得翰胡旦反鶻音骨鵰陟交反何音彫字林作鵰云骨鵰小種鳩也草木疏云鳴鳩班鳩也我心憂傷念昔先人先人文武也明發不寐有懷二人明發發夕至明人之齊聖飲酒溫克齊正克勝也箋云中正通知之人飲酒雖醉猶能溫藉自持以勝溫王如反柔也鄭於運反藉在夜反又慈夜反彼昬不知壹醉日富醉日而富矣箋云童昬无先

知之人飲酒一醉自謂日益富夸淫自恣以財驕人 各敬爾儀天命不又 又復

也箋云今女君臣各敬慎威儀天命所去不復來也 復扶又反下同 中原有菽庶民采

之 中原原中也菽藿也力采者則得之箋云藿生原中非有主也以喻王位無常家也勤於德者則得之 菽

音叔 藿火郭反 螟蛉有子蜾蠃負之 螟蛉桑蟲也蜾蠃蒲盧也負持也箋

云蒲盧取桑蟲之子負持而去煦嫗養之以成其子喻有萬民不能治則能治者將得之 螟亡丁反 蛉音零俗謂之

桑蟃一名戎女 蟃音万 蜾音果 蠃力果反蜾蠃即細腰蜂俗呼蠮螉是也 蠮於結反 螉音翁 煦況甫反又況具反 嫗

紆甫反又紆具反鄭注禮記云以氣曰煦以體曰嫗 教誨爾子式穀似之 箋云

式用穀善也今有教誨女之萬民用善道者亦似蒲盧言將得而子也 題彼脊令載飛

載鳴 題視也脊令不能自舍君子有取節爾箋云題之為言視睇也載之言則也則飛則鳴翼也口也不

有止息 題大計反 令音零本亦作鴒注同 舍音捨 睇大計反 我日斯邁而月斯征

箋云我我王也適征皆行也王曰此行謂日視朝也而月此行謂月視朔也先王制此礼使君与群臣議政事日有所決月有所行亦無時止息

夙興夜寐無忝爾所生

日而乙反下同 朝直遙反 忝辱也 無音毋 忝他簟反字林他念反

交交桑扈率場啄粟

交交小貌桑扈竊脂也言上爲亂政而求下之治終不可得也箋云竊脂肉食今無肉而循場啄粟失其天性不能以自活 扈音戶 場大良反 啄陟角反 切音切 治直吏反

哀我填寡宜岸宜獄握粟出卜自何能穀

填盡岸訟也箋云仍得曰宜自從穀生也可哀哉我窮尽寡財之人仍有獄訟之事無可以自救但持粟行卜求其勝負從何能得生 填徒典反韓詩作疹疹苦也 岸如字常昭注漢書同韓詩作犴音同云鄉亭之繫曰犴朝廷曰獄 握於角反

溫溫恭人如集于木

溫溫和柔貌 恐隊也

惴惴小心如臨于谷

恐隕也 惴之瑞反 恐丘勇反 隕于敏反

戰戰兢兢如履薄冰

箋云衰亂之世賢人君子雖無罪猶恐懼

小宛六章章六句

小弁刺幽王也大子之傅作焉弁步干反下同太音泰注大子皆同傅音付

弁彼鸒斯歸飛提提興也弁樂也鸒卑居卑居雅烏也提提群貌箋云樂乎彼雅烏出食在野甚飽群飛而歸提提然興者喻凡人之父子兄弟出入宮庭相与飲食亦提提然樂傷今大子獨不鸒音預斯鸒斯小爾雅云小而腹下白不反哺者謂之雅烏説文云雅楚烏也一名鸒一名鶋居秦謂之雅一云斯語辞提是移反樂音洛下同甲本亦作鴨同音匹又必移反民莫不穀我

獨于罹幽王取申女生大子宜咎又説褒姒生子伯服立以為后而放宜咎將殺之箋云穀養于曰罹憂也天下之人無不父子相養者我大子獨不然曰以憂也罹力知反取七住反説音悅何辜于天

我罪伊何舜之怨慕日號泣于旻天于父母日而乙反號戶刀反旻亡巾反心之憂

矣云如之何踧踧周道鞫為茂草踧踧平易也周道周室之

（通道鞫窮也箋云此喻幽王信褒姒之讒亂其德政使不通於四方（平）徒歷反鞫九六反易夷豉反）我心憂傷惄焉如擣假寐永嘆維憂用老心之憂矣疢如疾首（惄思也擣心疾也箋云不脫冠衣而寐曰假寐疢猶病者也惄乃歷反擣丁老反本或作𢀿同韓詩作疛除又反義同疢敕覲反又作疹同脫本亦作稅吐活反一音始銳反）維桑與梓必恭敬止（父之所樹己尚不敢不恭敬梓音子木名）靡瞻匪父靡依匪母不屬于毛不離于裏（毛在外陽以言父裏在內陰以言母箋云此言人无不瞻仰其父取法則者无不依恃其母以長大者今我獨不得父皮膚之氣乎獨不處母之胞胎乎何曾无恩於我屬音燭徐音蜀裏音里長丁丈反胞音包胎他來反）天之生我我辰安在（辰時也箋云比言我生所值之辰安所在乎謂六物之吉凶）菀彼柳斯鳴蜩嘒嘒有漼者淵萑葦淠淠（蜩蟬也嘒嘒聲也漼深貌淠淠衆也箋云柳木茂盛則多

墠淵深而旁生萑葦言大者之旁無所不容 嘒呼恵反 漼千罪反 萑音丸 葦韋鬼反 淠徐孚計反 菀音鬱 譬

彼舟流不知所屆 箋云屆至也言今大子不爲王及后所容而見放逐狀如舟之流行無制之者不知終所至者也 譬本亦作辟匹致反下同 屆音戒

心之憂矣不遑假寐 箋云遑暇也

鹿斯之奔維足伎伎雉之朝雊尚求其雌 伎伎舒貌謂鹿之奔走其足伎伎然舒也箋云雊雉鳴也尚猶也鹿之奔走其勢宜疾而足伎伎然舒留其群也雉之鳴猶知求其雌今大子之放棄其妃匹不得与之去又鳥獸之不如也 伎本亦作跂其宜反 雊古豆反 妃音配

譬彼壞木疾用無枝 壞瘣也謂傷病也箋云大子放逐而不得生子猶內傷病之木內有疾故无枝也 壞胡罪反又如字說文作瘣云病也一曰腫旁出也又音回 瘣胡罪反木瘤腫也爾雅云瘣木苻婁郭云虺傴瘻腫無枝條也

心之憂矣寧莫之知 箋云寧猶曾也

相彼投兎尚或先之行有死人尚或墐之 墐路

冢也箋云相視投掩行道也視彼人將掩兎尚有先驅走
之者道中有死人尚有覆掩之成其墐者言此所不知其
心不忍也 相 息亮反 兎 他故反 先 蘇薦反
墐 音覲說文作殣 驅 起俱反又作駈同 君子秉心維
其忍之 箋云君子斥幽王也秉執也 心之憂矣涕
言王之執心不如彼二人
既隕之 隕隊也 涕 音替 隕 音殞 隊 直類反 君子信讒如或醻之 箋云
醻旅醻也如醻之者謂 君子不惠不舒究之 箋云惠
受而行之 醻 市由反 愛究謀
也王不愛大子故聞讒 伐木掎矣析薪扡矣 伐木者掎
言則放之不舒謀也
其巔析薪者隨其理箋云掎其巔者不欲妄踣之扡謂觀
其理也必隨其理者不欲妄挫折之以言今王之遇大子
不如伐木析薪 掎 寄彼反 扡 勑氏反又宅
買反徐又直是反 踣 蒲北反 挫 子臥反 舍彼有罪
予之佗矣 佗加也箋云予我也舍褒姒讒言之罪而妄
加我大子 舍 音捨注同又音赦 佗 吐賀反注
同 莫高匪山莫浚匪泉 浚深也箋云山高矣人登
其巔泉深矣人入其淵以

言人無所不至雖辟逃之猶有默存者焉 浚蘇俊反 默本亦作嘿亡北反 君子無易由言耳屬于垣 箋云由用也王无輕用讒人之言人將有屬耳於壁而聽之者知王有所受之知王心之不正也 易夷豉反 屬音燭注同 垣音袁 無逝我梁無發我笱 箋云逝之也之人梁發人笱此必有盜魚之罪以言褒姒淫色來嬖於王盜我大子母子之寵 笱音苟 我躬不閱遑恤我後 念父孝也高子曰小弁小人之詩也孟子曰何以言之曰怨乎孟子曰固哉夫高叟之為詩也有越人於此關弓而射我我則談笑而道之無他疏之也兄弟關弓而射我我則垂涕泣而道之無他戚之也然則小弁之怨親親也親親仁也固哉夫高叟之為詩曰凱風何以不怨曰凱風親之過小者也小弁親之過大者也親之過大而不怨是愈疏也親之過小而怨是不可磯也愈疏不孝也不可磯亦不孝也孔子曰舜其至孝矣五十而慕 箋云念父孝也大子念王將受讒言不止我死之後懼復有被讒者無如之何故自決云我身尚不能自容何暇乃憂我死之後也 閱音悅 叟素口反 關烏環反下同本亦作彎 射食亦反下同 夫音符 磯居依反又

古愛反一音祈【有】扶又反【決】音橋斷也【死】如字

小弁八章章八句

巧言刺幽王也大夫傷於讒故作是詩也○

悠悠昊天曰父母且無罪無辜亂如此憮憮大也箋云悠悠思也憮敖也我憂思乎昊天愬王也始者言其且爲民之父母今乃刑殺無罪無辜之人爲亂如此甚敖慢無法度也【且】徐七餘反協句應爾觀箋意宜七也反【憮】火吳反下同鄭傲也【思】息嗣反【敖】五報反【愬】音素昊天已威予慎無罪昊天大憮予慎無辜威畏慎誠也箋云已泰皆言甚也昊天乎王甚可畏王甚敖慢我誠無罪而罪我【大】音泰本或作泰徐勑佐反亂之初生僭始既涵僭數涵容也箋云僭不信也既盡涵同也王之初生亂萌羣臣之言不信與信盡同之不別也【僭】側蔭反鄭又子念反【涵】音含鄭音咸同也韓詩作減亂之又生君子信讒箋云君子斥在位者

也在位者信讒人之言是復亂之所生【信】音迅君子如怒亂庶遄沮遄疾沮止也箋云君子見讒人如怒責之則此亂庶幾可疾止也【遄】市專反【沮】辭呂反君子如祉亂庶遄巳祉福也箋云福者福賢者謂爵祿之也如此則亂亦庶幾可疾止也【祉】音恥【祿】音鹿爵祿【巳】音以止也君子屢盟亂是用長凡國有疑會同則用盟而相要也箋云屢數也盟之所以數者由世衰乱多相背違時見曰會殷見曰同非此時而盟謂之數【屢】本又作婁力住反數也【長】丁丈反又直良反【要】于遥反【數】音朔【背】音佩【見】言遍反下同【盟】音銘君子信盗亂是用暴盗逃也箋云盗謂小人也春秋傳曰賤者窮諸盗盗言孔甘亂是用餤餤進也【餤】沈旋音談徐音鹽匪其止共維王之卭卭病也箋云小人好為讒佞既不共其職事又為王作病【共】音公本又作恭【卭】其恭反病也【好】呼報反【共】音恭本亦作供【為】于偽反奕奕寢廟君子作之秩秩大猷聖人莫之他人有心予忖度之躍躍毚兔遇犬獲之奕奕大貌秩秩

進知也莫謀也毚兔狡兔也箋云此四事者言各有所能也因己能忖度讒人之心故列道之爾猷道也大道治國之礼法遇犬犬之馴者謂田犬也【奕】音亦【秩】音帙【莫】如字又作漠同一本作謨案爾雅漠謨同訓謀莫協韻爲勝【忖】本又作寸同七損反【度】待洛反注皆同【躍】他立反【毚】士咸反【遇】如字世讀作愚非也【知】音智【狡】音交【兔】音吐【犬】如字【馴】音旬又音脣

荏染柔木君子樹之往來行言心焉數之荏染柔意也柔木椅桐梓漆也箋云此言君子樹善木如人心思數善言而出之善言者往亦可行來亦可行於彼亦可於己亦可是之謂行也【荏】而甚反【染】音冉【椅】于宜反【梓】音子【漆】音七

蛇蛇碩言出自口矣蛇蛇淺意也箋云碩大也大言者言不顧其行徒從口出非由心也【蛇】以支反【行】音下孟反

巧言如簧顏之厚矣箋云顏之厚者出言虛僞而不知慚於人也【簧】音黃【厚】叶音户

彼何人斯居河之麋水草交謂之麋箋云何人者斥讒人也賤而惡之故曰何人【麋】本又作湄音眉

無拳無勇職爲亂階拳力也箋云言力勇者謂易誅除也職主也此人主爲乱作階言乱由之來也【拳】音權徐又巳袁反

誅夷䟴反既微且尰爾勇伊何骭瘍為微腫足為尰箋云此人居下濕之地故生微腫之疾人憎惡之故言女勇伊何何所能也尰市勇反骭户諫反脚脛也瘍音羊本亦作傷音同創也腫諸勇反為猶將多

爾居徒幾何箋云猶謀將大也女作讒佞之謀大多女所與居之衆幾何人素能然乎幾居豈反注同

巧言六章章八句

何人斯蘇公刺暴公也暴公為卿士而譖蘇公焉故蘇公作是詩以絶之暴也蘇也皆畿内國名也譖側蔭反

彼何人斯其心孔艱胡逝我梁不入我門孔甚艱難逝之也梁魚梁也在蘇國之門外彼何人乎謂與暴公俱見於王者也其持心甚難知言其性堅固似不妄也暴公譖巳之時女與之乎今過我國何故近之我梁而不入見我乎疑其與之而未察斥其姓名爲大切故言何人與音豫下疑其與之女與於譖皆同大音泰

伊誰云從誰暴之云云言也箋云譖我者是言從誰生乎乃暴公之所言

也由已情而本之以解何人意 已音紀 二人從行誰爲此禍胡逝我梁

不入唁我 箋云二人者謂暴公與其侶也女相隨而行見王誰作我是禍乎時蘇公以得譴讓也女即不

爲何故近之我梁而不入弔唁我乎 唁音彥 見賢遍反 始者不如今云不我可

箋云女始者於我甚厚不如今日也今日云我所行有何不可者乎何更於已薄也 女音汝下注同 已音紀 彼何

人斯胡逝我陳我聞其聲不見其身 陳堂塗也 箋云堂塗

塗者公館之堂塗也女即不爲何故近之我館庭使我得聞女之音聲不得睹女之身乎 睹丁古反本又作覩 不愧

于人不畏于天 箋云女今不入唁我何所愧畏乎皆疑之未察之辭 愧九位反或作媿慙也 畏如字

彼何人斯其爲飄風胡不自北胡不自南胡

逝我梁祇攪我心 飄風暴起之風攪亂也箋云祇適也何人乎女行來而去疾如飄風不欲入見

我何不乃從我國之南不則乃從我國之北何近之我梁適乱我之心使我疑女 飄避遥反疾風也沈又方消反 祇音支 爾

之安行亦不遑舍爾之亟行遑脂爾車壹者之來云何其盱箋云遑暇亟疾盱病也女可安行乎則何不暇舍息乎女當疾行乎則又何暇脂女車乎極其情求其意終不得一者之來見我於女亦何病乎亟紀力反脂音支盱況于反爾還而入我心易也還而不入否難知也壹者之來俾我祇也易說祇病也箋云還行反也否不通也祇安也女行反入見我我則解說也反又不入見我則我與女情不通女與於譖我與否復難知也一者之來見我我則知之是使我心安也否方九反鄭符鄙反俾必尒反祇音祈支反說音悅下同伯氏吹壎仲氏吹篪土曰壎竹曰篪箋云伯仲喻兄弟也我與女恩如兄弟其相應和如壎篪以言俱為王臣宜相親愛壎況袁反篪音池和胡臥反及爾如貫諒不我知出此三物以詛爾斯三物豕犬雞也民不相信則盟詛之君以豕臣以犬民以雞箋云及與諒信也我與女俱為王臣其相比次如物之在繩索之貫也今女心誠信而我不知且

共出此三物以詛女之此事爲其情之難知已又不欲長怨故設之以此言【貫】古乱反【諒】音亮【詛】側助反以禍福之言相要曰詛【素】素洛反【爲】于僞反

爲鬼爲蜮則不可得有靦面目視人罔極 蜮短狐也靦姡也箋云使女爲鬼爲蜮也則女誠不可得見也姡然有面目女乃人也人相視無有極時終必與女相見【蜮】音或沈又音域【靦】土典反【姡】户刮反

作此好歌以極反側 反側不正直也箋云好猶善也反側輾轉也作八章之歌求女之情反側極於是也【以】音巳本作㠯古以字

何人斯八章章六句

巷伯刺幽王也寺人傷於讒故作是詩也 箋云巷伯奄官寺人内小臣也奄官上士四人掌王后之命於宮中爲近故謂之巷伯與寺人之官相近讒人譖寺人寺人又傷其將及巷伯故以名篇【寺】如字又音侍【巷】如字【奄】於檢反【官】本或將此注爲序文者【近】遠近之近

萋兮斐兮成是貝錦 興也萋斐文章相錯也貝錦錦文也箋云錦文者文如餘泉餘蚔之貝文也興者喻

讒人集作已過以成於罪猶女工之集采色以成錦文 萋七西反 斐孚匪反本或作菲 蚳直基反 彼譖人者亦已大甚 箋云大甚者謂使已得重罪也 大音泰注同徐勑佐反 哆兮侈兮成是南箕 哆大貌南箕箕星也侈之言是必有因也斯人自謂辟嫌之不審也昔者顏叔子獨處于室鄰之釐婦又獨處于室夜暴風雨至而室壞婦人趨而至顏叔子納之而使執燭放乎旦而蒸盡縮屋而繼之自以為辟嫌之不審矣若其審者宜若魯人然魯人有男子獨處于室鄰之釐婦亦獨處于室夜暴風雨至而室壞婦人趨而託之男子閉戶而不納婦人自牖與之言曰子何為不納我乎男子曰吾聞之也男子不六十不閒居今子幼吾亦幼不可以納子婦人曰子何不若柳下惠然嫗不逮門之女國人不稱其亂男子曰柳下惠固可吾固不可吾將以吾不可學柳下惠之可孔子曰欲學柳下惠者未有似於是也箋云箕星哆然踵狹而舌廣今讒人之因寺人之近嫌而成言其罪猶因箕星之哆而侈大之 哆昌者反說文云張口也玉篇尺紙反又昌可反 侈只是反又式是反 辟音避下同 釐力之反寡婦也依字作嫠 放甫往反 蒸之升反 縮所六反又作樎同 閒閒側之閒又音閑 踵章勇反 彼譖人者誰適與謀 箋云往適也誰往就女謀

乎怪其言多且巧字王徐皆都歷反下同（適）如緝緝翩翩謀欲譖人（緝緝口舌聲翩翩往來貌緝七立反說文作咠云咠語也又子立反翩音篇字又作扁）慎爾言也謂爾不信（慎誠也女誠心而後言王將謂女不信而不受欲其誠者惡其不誠也惡烏路反）捷捷幡幡謀欲譖言（捷捷猶緝緝也幡幡猶翩翩也捷如字又音妾幡芳煩反）豈不爾受既其女遷（遷去也箋云遷之言訕也王倉卒豈將不受女言乎已則亦將復訕誹女訕所諫反又所奸反）驕人好好勞人草草（好好喜也草草勞心也箋云好好者喜讒言之人也草草者憂將妄得罪也）蒼天蒼天視彼驕人矜此勞人彼譖人者誰適與謀取彼譖人投畀豺虎豺虎不食投畀有北（投棄也北方寒涼而不毛畀必二反下同豺士皆反字或作犲）有北不受投畀有昊（昊昊天也箋云付與昊天制其罪也）楊園之道猗于畝丘

楊園園名猗加也畝丘丘名箋云欲之楊園之道當先歷畝丘以言此讒人欲譖大臣故從近小者始【猗】於綺反徐於宜反

寺人孟子作爲此詩凡百君子敬而聽之寺人而曰孟子者罪已定矣而將踐刑作此詩也箋云寺人王之正內五人作起也孟子起而爲此詩欲使衆在位者愼而知之既言寺人復自著孟子者自傷將法此官也【作爲此詩】一本云作爲作詩

巷伯七章四章章四句一章五句

一章八句一章六句

節南山之什十篇七十九章五百五十二

句

毛詩卷第十二

毛詩卷第十三

谷風之什詁訓傳第二十

毛詩小雅　　鄭氏箋

谷風刺幽王也天下俗薄朋友道絶焉【谷】音穀東風謂之谷風

習習谷風維風及雨興也風雨相感朋友相須箋云習習和調之貌興者風而有雨則潤澤行喻朋友同志則恩愛成

將恐將懼維予與女也恐懼喻遭厄難勤苦之事也當此之時獨我與女爾謂同其憂務箋云將且【恐】丘勇反注下同【女】音汝【厄】本又作阨於革反【難】乃旦反

將安將樂女轉棄予言朋友趨利窮達相棄箋云朋友無大故則不相遺棄今女以志達而安樂棄恩忘舊薄之甚【樂】音洛注下同

習習谷風維風及頹頹風之焚輪者也風薄相扶而上喻朋友相須而成【頹】徒雷反【上】時掌反

將恐將懼寘予于懷寘置也置我於懷言

至親已也寘之豉反將安將樂棄予如遺箋云如遺者如人行道遺忘物忽然不省

存也習習谷風維山崔嵬無草不死無木不萎崔嵬山巔也雖盛夏萬物茂壯草木無有不死而萎枝者箋云此言東風生長之風也山巔之上草木猶及之然而盛夏養萬物之時草木枝葉猶有萎槁者以喻朋友雖以恩相養亦安能不時有小訟乎崔徂回反嵬五回反又作𡼏萎于

危反長張丈反下同槁苦老反忘我大德思我小怨箋云大德切磋以道相成之謂也磋

七河反

谷風三章章六句

蓼莪刺幽王也民人勞苦孝子不得終養爾箋云不得終養者二親病亡之時時在役所不得見也蓼音六莪音五河反養餘亮反注除鞠養也穀養也二字餘並同

蓼蓼者莪匪莪伊蒿興也蓼蓼長大貌箋云莪已蓼蓼長大貌視之以爲非莪故謂

之蒿興者喻憂思雖在役中心不精識其事 蒿呼毛反 長張丈反下皆同 憂思息嗣反 哀哀父母生我劬勞 箋云哀哀者恨不得終養父母報其生長已之苦 蓼蓼者莪匪莪伊蔚 蔚牡菣也 蔚音尉 菣去刃反 哀哀父母生我勞瘁 瘁似醉反病也 缾之罄矣維罍之恥 缾小而罍大罄盡也箋云缾小而盡罍大而盈言爲罍恥者刺王不使富分貧衆恤寡 缾蒲丁反 罄苦定反 罍音雷 鮮民之生不如死之久矣 鮮寡也箋云此言供養日寡矣而我尚不得養恨之言也 鮮息淺反 供養九用反 無父何怙無母何恃出則銜恤入則靡至 箋云恤憂靡無也孝子之心怙恃父母依依然以爲不可斯須無也出門則思之而憂旋入門又不見如無所至 怙音戶韓詩云怙賴也 恃恃負也 父兮生我母兮鞠我 鞠養 拊我畜我長我育我顧我復我出入腹我 腹厚也箋云父兮生我者本其氣也畜起也育覆育也顧旋視也復反覆也腹懷抱也 拊音撫 畜喜郁反 顧音故 覆芳福反

欲報之德昊天罔極箋云之猶是也我欲報父母是德昊天乎我心無極【昊】音浩罔無也

南山烈烈飄風發發烈烈然至難也發發疾貌箋云民人自苦見役視南山則烈烈然飄風發發然寒且疾也【飄】避遙反民莫不穀我獨何害箋云穀養也言民皆得其養父母我獨何故覩此寒苦之害

南山律律飄風弗弗律律猶烈烈也弗弗猶發發也民莫不穀我獨不卒箋云卒終也我獨不得終養父母重自哀傷也【卒】子恤反【重】直用反

蓼莪六章四章章四句二章章八句

句晉王裒以父死非罪每讀至哀哀父母生我劬勞未嘗不三復流涕受業者爲廢此篇詩之感人如此

大東刺亂也東國困於役而傷於財譚大夫作是詩以告病焉箋云譚國在東故其大夫尤苦征役之事也魯莊公十年齊師滅譚【譚】音徒

南反 有饛簋飧有捄棘匕 興也饛滿簋貌飧熟食謂黍稷也捄長貌匕所以載
鼎實棘赤心也箋云飧者客始至主人所致之禮也凡飧
饔餼以其爵等為之牢禮之數陳興者喻古者天子施予
之恩於天下厚饛音蒙簋音軌飧音孫捄音虯又
其丑反下章同匕必履反饔於恭反施始豉反 周道
如砥其直如矢 如砥貢賦平均也如矢賞罰不偏也砥之履反 君子所履
小人所視 箋云此言古者天子之恩厚也君子皆法効而履行之其如砥矢之平小人又皆視之共
之無怨共音恭本亦作恭 睠言顧之潸焉出涕 睠反顧也潸涕下貌箋云言我
也此二事者在乎前世過而去矣我從今顧視之為之出
涕傷今不如古也睠音卷本又作眷潸所姦反說文作潸
云涕流貌山晏反出如字徐尺遂反涕音體為于偽反 小東大東杼柚其空
空盡也箋云小也大也謂賦斂之多少也小亦於東大亦
於東言其政偏失砥矢之道也譚無他貨維絲麻爾今盡
杼柚不作也杼直呂反說文云盛緯
器柚音逐本又作軸斂力豔反後同 糾糾葛屨可

以履霜佻佻公子行彼周行 佻佻獨行貌公子譚公子也箋云葛屨夏屨也周行周之列位也言時財貨盡雖公子衣屨不能順時乃夏之葛屨也今以履霜送轉餫因見使行周之列位者而發幣焉言雖困乏猶不得止也 糾居黝反 屨九具反 佻徒彫反徐又徒了反沈又徒高反韓詩作嬥嬥往來貌並音挑本或作窕非也 行戶郎反注周行下載施之行并注同 餫音運 既往既來使我心疚 箋云既盡又病也言譚人自虛竭餫送而往周人則空盡受之曾無反幣復禮之惠是使我心疚 疚音救傷病也 有冽氿泉無浸穫薪契契寤歎哀我憚人 冽寒意也側出曰氿泉穫艾也契契憂苦也憚勞也箋云穫落木名也既伐而析之以為薪不欲使氿泉浸之浸之則將濕腐不中用也今譚大夫契契憂苦而寤歎哀其民人之勞苦者亦不欲使周之賦斂小東大東極盡之極盡之則將困病亦猶是也 氿音軌字又作[illegible] 浸子鴆反漬也字又作寖 穫戶郭反毛刈也鄭落木名也字則宜作木傍 契苦計反徐苦結反 憚丁佐反徐又音旦下同字亦作癉 腐音輔 薪是穫薪

尚可載也哀我憚人亦可息也載載乎意也箋云薪是穫薪者析是穫薪也尚庶幾也庶幾析是穫薪可載而歸畜之以爲家用哀我勞人亦可休息養之以待國事者也〔畜〕勑六反

東人之子職勞不來西人之子粲粲衣服東人譚人也來勤也西人京師人也粲粲鮮盛也箋云職主也東人勞苦而不見謂勤京師人衣服鮮絜而逸豫言王政偏甚也自此章以下言周道衰其不言政偏則言衆官廢職如是而已〔來〕音賚注同

舟人之子熊羆是裘舟人舟楫之人熊羆是裘言富也箋云舟當作周裘當作求聲相近故也周人之子謂周世臣之子孫退在賤官使搏熊羆在冝氏穴氏之職〔羆〕彼皮反〔楫〕音接字又作檝〔近〕附近之近下同〔搏〕音博〔冥〕莫歷反

私人之子百僚是試私人私家人也是試用於百官也箋云此言周衰群小得志〔僚〕力彫反字又作寮

或以其酒不以其漿或醉於酒或不得漿

鞙鞙佩璲不以其長鞙鞙玉皃璲瑞也箋云佩璲者以瑞玉爲佩佩之鞙

鞙然居其官職非其才之所長也徒美其佩而無其德刺其素飡【鞙】胡犬反字或作琄【璲】音遂

維天有漢監亦有光 漢天河也有光而無所明箋云監視也喻王闓置官司而無督察之實【監】古蹔反【闓】音開字亦作開

跂彼織女終日七襄 跂隅貌襄反也箋云襄駕也駕謂更其肆也從旦至暮七辰辰一移因謂之七襄【跂】說文作跂丘豉反徐又丘婢反【更】音庚歷也

雖則七襄不成報章 不能反報成章也箋云織女有織名爾駕則有西無東不如人織相反報成文章

睆彼牽牛不以服箱 睆明星貌何鼓謂之牽牛服牝服也箱大車之箱也箋云以用也牽牛不可用於牝服之箱【睆】華板反【箱】息羊反【牝】頻忍反

東有啓明西有長庚 日旦出謂明星為啓明日既入謂明星為長庚庚續也箋云啓明長庚皆有助日之名而無實光也

有捄天畢載施之行 捄畢貌畢所以掩兔也何嘗見其可用乎箋云祭器有畢者所以助載鼎實今天畢則施於行列而已

維南有箕不可以簸揚

維北有斗不可以挹酒漿挹𣂏也𣂏波我反徐又甫佐反斗都口反沈音主挹音揖𣂏矩于反廣雅云酌也維南有箕載翕其舌維北有斗西柄之揭翕合也箋云翕猶引也引舌者謂上星相近翕許急反柄彼病反揭居竭反徐起謁反

大東七章章八句

四月大夫刺幽王也在位貪殘下國構禍怨亂並興焉構古又反四月維夏六月徂暑徂往也六月火星中暑盛而往矣箋云徂猶始也四月立夏矣至六月乃始盛暑興人為惡亦有漸非一朝一夕先祖匪人胡寧忍予箋云匪非也寧猶曾也我先祖非人乎人則當知患難何為曾使我當此亂世乎難乃旦反秋日淒淒百卉具腓淒淒涼風也卉草也腓病也箋云具猶皆也涼風用事而衆草皆病興貪殘之政行而萬民困病淒本亦作淒七西反卉許貴反腓房非反韓詩云變也亂

離瘼矣爰其適歸離憂瘼病適之也箋云爰曰也今政亂國將有憂病者矣曰此

禍其所之歸乎言憂病之禍必自之歸爲亂漠音莫冬日烈烈飄風發發箋云

烈烈猶栗烈也發發疾貌言王爲酷虐慘毒之政如冬日之烈烈矣其亟急行於天下如飄風之疾也亟紀力反

民莫不穀我獨何害箋云穀養也民莫不得養其父母者我獨何故覩此寒苦

之害養餘亮反山有嘉卉侯栗侯梅箋云嘉善侯維也山有美善之草生

於梅栗之下人取其實蹂踐而害之令不得蕃茂喻上多賦斂富人財盡而弱民與受困窮○蹂踐廣雅云履也蹂

如久反令力呈反蕃音煩与音豫廢爲殘賊莫知其尤廢忲也箋云尤過也

言在位者貪殘爲民之害無自知其行之過者言忲於惡廢如字一音發忲時世反下同一本作癈大也此是生肅

義行下孟反下之行同相彼泉水載清載濁箋云相視也我視彼泉水之流

一則清一則濁刺諸侯並爲惡曾無一善相息亮反注同我日構禍曷云能穀

構成也曷逮也箋云構猶合集也曷之言何也穀善也言諸侯日作禍亂之行何者可謂能善【曷】舊何葛反一云毛安葛反

滔滔江漢南國之紀 滔滔大水貌其神足以綱紀一方箋云江也漢也南國之大水紀理衆川使不壅滯喻吳楚之君能長理旁側小國使得其所【滔】吐刀反【長】張丈反

盡瘁以仕寧莫我有 箋云瘁病仕事也今王盡病其封畿之内以兵役之事使群臣有土地曾無自保有者皆懼於危亡也吳楚舊名貪殘今周之政乃反不如【瘁】本又作萃似醉反下同

匪鶉匪鳶翰飛戾天匪鱣匪鮪潛逃于淵 鶉鵰也鵰鳶貪殘之鳥也大魚能逃處淵箋云翰高戾至鱣鯉也言鵰鳶之高飛鯉鮪之處淵性自然也非鵰鳶能高飛非鯉鮪能處淵皆驚駭避害爾喻民性安土重遷今而逃走亦畏亂政故【鶉】徒九反字或作鷻【鳶】以專反鵰也【鱣】張連反【鮪】于軌反【鵰】音彫

山有蕨薇隰有杞桋 杞枸檵也桋赤楝也箋云此言草木生各得其所人反不得其所傷之也【蕨】居月反【桋】本亦作荑音夷【枸】音苟【檵】音計【楝】所革反爾雅云桋赤楝郭霜狄反

君

子作歌維以告哀箋云告哀言勞病而愬之

四月八章章四句

北山大夫刺幽王也役使不均己勞於從事而不得養其父母焉使如字己音紀下注喻己同養餘亮反

陟彼北山言采其杞箋云言我也登山而采杞非可食之物喻己行役不得其事杞音起偕偕士子朝夕從事偕偕强壯貌士子有王事者也箋云朝夕從事言不得休止偕音皆徐音諧王事靡盬憂我父母箋云靡無也盬不堅固也王事無不堅固故我當盡力勤勞於役久不得歸父母思己而憂盬音古

溥天之下莫非王土率土之濱莫非王臣溥大率循濱涯也箋云此言王之土地廣矣王之臣又衆矣何求而不得何使而不行溥音普濱音賓涯魚佳反字又作崖大夫不均我從事獨

賢 賢勞也箋云王不均大夫之使而專以我有賢才之故獨使我從事於役自苦之辭也 四牡

彭彭王事傍傍 彭彭然不得息傍傍然不得已 傍 布彭反 嘉我未老

鮮我方將 將壯也箋云嘉鮮皆善也王善我年未老乎善我方壯乎何獨久使我也 鮮 息淺反沈云尠音仙 旅力方剛經營四方 旅衆也箋云王謂此事衆之氣力方盛乎何乃勞苦使之經營四方 或燕燕居息 燕燕安息貌 或盡瘁事國 盡力勞瘁以從國事

或息偃在牀或不已于行 箋云不已猶不止也 或不知叫號或慘慘劬勞 叫呼號召也 叫 本又作嘂古弔反 號 戶報反協韻戶刀反 慘 七感反字又作懆 或棲遲偃仰或王事鞅掌 鞅掌失容也箋云鞅猶何也掌謂捧之也負何捧持以趨走言促遽也 棲 音西 仰 本又作卬音仰 鞅 於兩反 何 戶可反又音河 捧 芳勇反

或湛樂飲酒或慘慘畏咎 箋云咎猶罪過也 湛 都南反 樂 音洛

咎其九反或出入風議或靡事不為箋云風猶放也〇風音諷議如字

協句音宜

北山六章章六句三章章四句

無將大車大夫悔將小人也周大夫悔將小人幽王之時小人衆多賢者與之從事反見譖害自悔與小人並無將大車祇自塵兮大車小人之所將也箋云將猶扶進也祇適也鄙事者賤者之所為也君子為之不堪其勞以喻大夫而進舉小人適自作憂累故悔之〇祇音支累劣偽反篇末同本或作辱無思百憂祇自疷兮疷病也箋云百憂者衆小事之憂也進舉小人使得居位不任其職愆負及己故以衆小事為憂適自病也〇疷都礼反任音壬愆起虔反無將大車維塵冥冥箋云冥冥者蔽人目明令無所見也猶進舉小人蔽傷己之功德〇冥莫庭反又莫迥反令力呈反無思百憂不出于

熲熲光也箋云思衆小事以爲憂使人蔽闇不得出於光明之道熲古迥反泚又古頃反無

將大車維塵雝兮箋云雝猶蔽也雝於勇反字亦作壅又於用反無思

百憂祇自重兮箋云重猶累也重直龍反又直用反

無將大車三章章四句

小明大夫悔仕於亂世也名篇曰小明者言幽王日小其明損其政事以至於亂

明明上天照臨下土箋云明明上天喻王者當光明如日之中也照臨下土喻王者當察理天下之事據時幽王不能然故舉以刺之

我征徂西至于艽野二月初吉載離寒暑艽野遠荒之地初吉朔日也箋云征行徂往也我行往之西方至於遠荒之地乃以二月朔日始行至今則更夏暑冬寒矣尚未得歸詩人牧伯之大夫使述其方之事遭亂世勞苦而悔仕艽音求更音庚心之憂矣其毒大苦箋云憂之甚心中如

有毒藥也太音泰念彼共人涕零如雨箋云共人靖共爾位以待賢者之君共音恭注下皆同豈不懷歸畏此罪罟罟網也箋云懷思也我誠思歸畏此刑罪羅網我故不敢歸爾罟音古昔我往矣日月方除曷云其還歲聿云莫除除陳生新也箋云四月爲除昔我往至於艽野以四月自謂其時將卽歸何言其還乃至歲晚尚不得歸除直慮反如字案鄭云四月爲除若依爾雅則宜餘舒三音莫音暮注及下同念我獨兮我事孔庶心之憂矣憚我不暇憚勞也箋云孔甚庶衆也我事獨甚衆勞我不暇皆言王政不均臣事不同也憚丁佐反徐又音旦亦作癉念彼共人睠睠懷顧箋云睠睠有往仕之志也睠音眷豈不懷歸畏此譴怒譴弃戰反怒乃路反昔我往矣日月方奥奥煖也奥於六反煖音暄又奴緩反曷云其還政事愈蹙歲聿云莫

采蕭穫菽蹙從也箋云愈猶益也何言其還乃至於政事更益蹙急歲晚乃至采蕭穫菽尚不得歸蹙子六反穫戶郭反菽音叔心之憂矣自詒伊戚戚憂也箋云詒遺也我冒亂世而仕自遺此憂悔仕之辭遺唯季反下同冒莫報反又亡北反念彼共人興言出宿箋云興起也夜臥起宿於外憂不能宿於內也豈不懷歸畏此反覆箋云反覆謂不以正罪見罪覆芳福反嗟爾君子無恒安處箋云恒常也嗟女君子謂其友未仕者也人之居無常安之處謂當安安而能遷孔子曰鳥則擇木處昌慮反靖共爾位正直是與神之聽之式穀以女靖謀也正直爲正能正人之曲曰直箋云共具式用穀善也有明君謀具女之爵位其志在於與正直之人爲治神明若祐而聽之其用善人則必用女是使聽天任命不汲汲求仕之辭言女位者位無常主賢人則是治直吏反祐音又本或作右又作佑並同嗟爾君子無恒安息息猶處也靖共爾位好是正

直神之聽之介爾景福介景皆大也箋云好猶與也介助也神明聽之則將助女以大福謂遭是明君道施行也好呼報反注同介音界

小明五章三章章十二句二章章六句

鼓鍾刺幽王也鼓鍾將將淮水湯湯憂心且傷幽王用樂不與德比會諸侯于淮上鼓其淫樂以示諸侯賢者爲之憂傷箋云爲之憂傷者嘉樂不野合犧象不出門今乃於淮水之上作先王之樂失礼尤甚將七羊反將將聲也注同湯音傷湯湯流盛也下注同比毗志反爲于僞反下同犧素何反犧象皆罇名王音義淑人君子懷允不忘箋云淑善懷至也古者善人君子其用禮樂各得其宜至信不可忘鼓鍾喈喈淮水湝湝憂心且悲喈喈猶將將湝湝猶湯湯悲猶傷也喈音皆湝户皆反淑人君子其德不回回邪也邪似嗟反鼓鍾伐鼛淮有三洲憂

心且妯鼛大鼓也三洲淮上地妯動也箋云妯之言悼也鼛古毛反鼓長丈二尺妯勑留反徐又直留反郭音爾雅盧叔反又音迪淑人君子其德不猶猶若也箋云猶當作瘉瘉病也猶如字瘉羊主反鼓鍾欽欽鼓瑟鼓琴笙磬同音欽欽言使人樂進也笙磬東方之樂也同音四縣皆同也箋云同音者謂堂上堂下八音克諧樂音岳縣音玄以雅以南以籥不僭爲雅爲南也舞四夷之樂大德廣所及也東夷之樂曰昧南夷之樂曰南西夷之樂曰朱離北夷之樂曰禁以爲籥舞若是爲和而不僭矣箋云雅萬舞也萬也南也籥也三舞不僭言進退之旅也周樂尚武故謂萬舞爲雅雅正也籥舞文樂也籥以灼反樂器也僭七心反沈又子念反又楚林反昧本又作韎音妹又莫戒反禁居蔭反

鼓鍾四章章五句

楚茨刺幽王也政煩賦重田萊多荒饑饉降

田萊多荒

喪民卒流亡祭祀不饗故君子思古焉

茨棘不除也饑饉倉庾不盈也降喪神不與福助也〔茨〕徐咨反〔萊〕音來

楚楚者茨言抽其棘自昔何爲我蓺黍稷

楚楚茨棘貌抽除也箋云茨蒺蔾也伐除蒺蔾與棘自古之人何乃勤苦爲此事乎我將樹黍稷焉言古者先王之政以農爲本茨言楚楚棘言抽互辭也〔抽〕勑留反徐直留反〔蓺〕魚世反〔蒺〕音疾〔蔾〕音棃

我黍與與我稷翼翼我倉既盈我庾維億

露積曰庾萬萬曰億箋云黍與與稷翼翼蕃廡貌陰陽和風雨時則萬物成萬物成則倉庾充滿矣倉言盈庾言億亦互辭喻多也十萬曰億也〔與〕音餘注同〔積〕如字又子賜反〔蕃〕音煩〔廡〕音無又音武

以爲酒食以享以祀以妥以侑以介景福

妥安坐也侑勸也箋云享獻介助景大也以黍稷爲酒食獻之以祀先祖既又迎尸使處神坐而食之爲其嫌不飽祝以主人之辭勸之所以助孝子受大福也〔妥〕湯果反〔侑〕音又〔坐〕才臥反〔爲〕于僞反

濟濟蹌蹌絜

爾牛羊以往烝嘗或剝或亨或肆或將濟濟蹌蹌言有容也亨飪之也肆陳將齊也或陳于牙或齊其肉箋云有容言威儀敬慎也冬祭曰烝秋祭曰嘗祭祀之禮各有其事有解剝其皮者有煑熟之者有肆其骨體於俎者或奉持而進之者濟子禮反濟濟大夫之容也蹌七羊反蹌蹌士之容也亨普庚反肆音四飪本又作餁而甚反齊才細反下或齊同解佳買反剝邦角反肆他歷反解肆也又如字奉芳勇反祝祭于祊祀事孔明祊門內也箋云孔甚也明猶備也絜也孝子不知神之所在故使祝博求之平生門內之旁待賓客之處祀禮於是甚明祊補彭反說文作鬃云門內祭先祖所彷徨也處昌慮反先祖是皇神保是饗皇大保安也箋云皇暀也先祖以孝子祀禮甚明之故精氣歸肸之其鬼神又安而饗其祭祀肸于况反下篇同孝孫有慶報以介福萬壽無疆箋云慶賜也疆竟界也疆居良反下篇同竟音境執爨踖踖為俎孔碩或燔或炙爨饔爨廩爨也踖踖言爨竈有容

也燔取膟膋炙炙肉也箋云燔燔肉也炙肝炙也皆從獻之俎也其爲之於爨必取肉也肝也肥腯美者爨七亂反注唯言爨竈一字七端反餘並同膟七夕反又七略反燔音煩膫力甚反膟音律膋音寮脂膏炙之赦反

君婦莫莫爲豆孔庶爲賓爲客莫莫言清靜而敬至也豆謂肉羞庶羞也繹而賓尸及賓客箋云君婦謂后也凡適妻稱君婦事舅姑之稱也庶胗也祭祀之禮后夫人主共籩豆必取肉物肥胗美者莫音麥肉羞房中之羞或作肉羞非也適音的稱尺證反胗字又作㫬昌紙反何沈都可反共音恭亦作供

獻醻交錯禮儀卒度笑語卒獲東西爲交邪行爲錯度法度也獲得時也箋云始主人酌賓爲獻賓既酌主人主人又自飲酌賓曰醻至旅而爵交錯以徧卒盡也古者於旅也語醻市由反又作酬度如字沈徒洛反邪似嗟反徧音遍下同

神保是格報以介福萬壽攸酢格來酢報也

我孔熯矣式禮莫愆工祝致告徂賚孝孫熯敬也善其事曰工賚予也箋云我我孝孫也式法莫無

衍過徂往也孝孫甚敬矣於禮法無過者祝以此故致神意告主人使受嘏既而以嘏之物往予主人【賚】而善反又呼旦反【賚】如字徐音來嘏古雅反

苾芬孝祀神嗜飲食卜爾百福如幾如式幾期式法也箋云卜予也苾苾芬芬有馨香矣女之以孝敬享祀也神乃歆嗜女之飲食今予女之百福其來如有期矣多少如有法矣此皆嘏辭之意【苾】蒲蔑反一音蒲必反下篇同【式】予去反【嗜】市志反毛巨之反下章同【幾】音機【予】羊汝反下同【歆】喜今反【女】音汝下同

既齊既稷既匡既勑永錫爾極時萬時億稷疾勑固也箋云齊減取也稷之言卽也永長極中也嘏之禮祝徧取黍稷牢肉魚擩于醢以授尸孝孫前就尸受之天子使宰夫受之以筐祝則釋嘏辭以勑之又曰長賜女以中和之福是萬是億言多無數【齊】王申毛如字整齊也鄭音咨減取也一音才細反謂分齊也【筐】本亦作匡丘方反【擩】而專反又音芮又而純反何耳誰反【醢】音海

禮儀既備鍾鼓既戒孝孫徂位工祝致告致告告利成也箋云鍾鼓既戒戒諸在廟中者

以祭禮畢孝孫往位堂下西面位也祝於是致孝孫之意告尸以利成【禮畢】禮或作祀神具醉止皇尸載起鼓鍾送尸神保聿歸皇大也箋云具皆也皇君也載之言則也尸節神者也神醉而尸謖送尸而神歸尸出入奏肆夏尸稱君尊之也神安歸者歸於天也【謖】所六反起也【夏】戶雅反諸宰君婦廢徹不遲箋云廢去也尸出而可徹諸宰徹去諸饌君婦籩豆而已不遲以疾爲敬也【廢】方吠反【徹】直列反【去】起呂反下同諸父兄弟備言燕私燕而盡其私恩箋云祭祀畢歸賓客之俎同姓則留與之燕所以尊賓客親骨肉也樂具入奏以綏後祿爾殽既將莫怨具慶綏安也安然後受福祿也將行也箋云燕而祭之之樂復皆入奏以安後日之福祿骨肉歡而君之福祿安女之殽羞已行同姓之臣無有怨者而皆愛君是其歡也【復】扶又反既醉既飽小大稽首神嗜飲食使君壽考箋云小大猶長幼也同姓之臣燕已醉飽皆再拜稽首曰神乃歆嗜

君之飲食使君壽且考此其慶辭【長】張丈反孔惠孔時維其盡之子

子孫孫勿替引之替廢引長也箋云惠順也甚順於禮甚得其時維君德能盡之願子孫勿廢而長行之【替】天帝反

楚茨六章章十二句

信南山刺幽王也不能脩成王之業疆理天下以奉禹功故君子思古焉信彼南山維禹甸之畇畇原隰曾孫田之甸治也畇畇墾辟貌曾孫成王也箋云信乎彼南山之野禹治而丘甸之今原隰墾辟則又成王之所佃言成王乃遠脩禹之功今王反不脩其業乎六十四井為甸甸方八里居一成之中成方十里出兵車一乘以為賦法【甸】毛田見反鄭繩證反【畇】音勻又作畇蘇遵反又音旬【墾】苦很反【辟】婢亦反【佃】音田本亦作田【乘】繩證反我疆我理疆畫經界也理分地理也南

東其畝 或南或東 上天同雲雨雪雰雰 雰雰雪貌豐年之冬必有積雪（雨）于付反崔如字（雰）芳云反 益之以霢霂既優既渥 小雨曰霢霂箋云成王之時陰陽和風雨時冬有積雪春而益之以小雨潤澤則饒洽（霢）亡革反（霂）音木（優）說文作瀀音憂（渥）烏學反 既霑既足生我百穀疆埸翼翼黍稷彧彧 埸畔也翼翼讓畔也彧彧茂盛貌（埸）音亦（彧）於六反 曾孫之穡以為酒食畀我尸賓壽考萬年 箋云斂穫曰穡畀予也成王以黍稷之稅為酒食至祭祀齊戒則以賜尸與賓尊尸與賓所以敬神也敬神則得壽考萬年（畀）必寐反（齊）側皆反 中田有廬疆埸有瓜是剝是菹 剝瓜為菹也箋云中田田中也農人作廬焉以便其田事於畔上種瓜瓜成又入其稅天子剝削淹漬以為菹貴四時之異物（廬）力居反（剝）邦角反（菹）側居反（便）毗戰反（削）思約反（淹）英銷反（漬）子賜反 獻之皇祖曾孫壽考受天之祜

箋云皇君祜福也獻瓜菹於先祖者順孝子之心也孝子則獲福〔祜〕音戶祭以清酒從以騂牡享于祖考周尚赤也箋云清謂玄酒也酒鬱鬯五齊三酒也祭之禮先以鬱鬯降神然後迎牲享于祖考納享時〔騂〕息營反字林許營反〔享〕許兩反徐許亮反注及下同〔鬱〕紆勿反〔齊〕才細反〔享〕普庚反執其鸞刀以啓其毛取其血膋鸞刀刀有鸞者言割中節也箋云毛以告純也膋脂膏也血以告殺膋以升臭合之黍稷實之於蕭合馨香也〔膋〕音聊〔中〕丁仲反〔臭〕昌救反是烝是享苾苾芬芬祀事孔明烝進也箋云既有牲物而進獻之苾苾芬芬然香祀禮於是則甚明也先祖是皇報以介福萬壽無疆箋云皇之言暀也先祖之靈歸暀是孝孫而報之以福〔疆〕居良反

信南山六章章六句

谷風之什十篇五十四章三百五十六句

毛詩卷第十三

毛詩卷第十四

甫田之什詁訓傳第二十一

毛詩小雅　鄭氏箋

甫田刺幽王也君子傷今而思古焉刺者刺其倉廩空虛政煩賦重農人失職

倬彼甫田歲取十千倬明貌甫田天下田也十千言多也箋云甫之言丈夫也明乎彼大古之時以丈夫稅田也歲取十千於井田之法則一成之數也九夫爲井井稅一夫其田百畝井十爲通通稅十夫其田千畝通十爲成成方十里成稅百夫其田萬畝欲見其數從井通起故言十千上地穀畝一鍾【倬】陟角反韓詩作箌音同箌卓也【丈】直兩反依義丈夫是也本又作大夫一本甫之言夫也一本甫之言大也【大】古音泰【見】賢遍反

我取其陳食我農人自古有年尊者食新農夫食陳箋云倉廩有餘民得賒貰取食之所以紓官之蓄滯亦使民愛存新穀自古者豐年之法如此【食】音

嗣賒音奢貰音世又食夜反說文云貸也紓音舒何常汝反蓄勑六反今適南畝或耘耘除也耔雝本也箋云今者今成王之法也使農人之南畝治其禾或耔黍稷薿薿稼功至力盡則薿薿然而茂盛於古言稅去今言治田互辭耘音云沈又音運本又作芸音同耔音子沈音茲薿魚起反徐又魚力反攸介攸止烝我髦士烝進髦俊也治田得穀俊士以進箋云介舍也礼使民鋤作耘耔閑暇則於廬舍及所止息之處以道藝相講肄以進其為俊士之行介音界王大也烝之承反髦音毛鋤本又作助同仕魚反處昌慮反肄以四反字亦作肆同行下孟反以我齊明與我犧羊以社以方器實曰齊在器曰盛社后士也方迎四方氣於郊也箋云以絜齊豐盛與我純色之羊秋祭社與四方為五穀成熟報其功也齊本作齎又作粢盛同音資犧許宜反為于僞反下為農親為為之皆同我田既臧農夫之慶箋云臧善也我田事已善則慶賜農夫謂大蜡之時勞農以休息之也年不順成則大蜡不通蜡仕詐反勞力報反篇末勞賜同琴瑟擊鼓

以御田祖以祈甘雨以介我稷黍以穀我士女田祖先嗇也穀善也箋云御迎介助穀養也設樂以迎祭先嗇謂郊後始耕也以求甘雨佑助我禾稼我當以養士女也周禮曰凡國祈年于田祖吹豳雅擊土鼓以樂田畯【御】牙嫁反注同【豳】彼貧反本亦作邠【樂】音洛曾孫來止以其婦子饁彼南畝田畯至喜攘其左右嘗其旨否箋云曾孫謂成王也攘讀當爲饟饁饟饋也田畯司嗇今之嗇夫也喜讀爲饎饎酒食也成王來止謂出觀農事也親與后世子行使知稼穡之艱難也爲農人之在南畝者設饋以勸之司嗇至則又加之以酒食饟其左右從行者成王親爲嘗其饋之美否示親之也【饁】于輒反【畯】子峻反本又作俊後篇同【喜】毛如字鄭爲饎尺志反下篇同【攘】如羊反鄭讀爲饟式尚反王如字【饋】巨愧反【從】才用反禾易長畝終善且有易治也長畝竟畝也【易】以豉反徐以赤反曾孫不怒農夫克敏敏疾也箋云禾治而竟畝成王則無所責怒謂此農夫能且敏也曾孫之稼

如茨如梁曾孫之庾如坻如京茨積也梁車梁也京高丘也箋云稼禾也謂有䕺者也茨屋蓋也上古之稅法近者納總遠者納粟米庾露積穀也坻水中之高地也〔茨〕徐私反〔庾〕羊主反〔坻〕直基反〔積〕如字又子賜反下皆同〔䕺〕古老反〔總〕作孔反乃求千斯倉乃求萬斯箱箋云成王見禾穀之稅委積之多於是求千倉以處之萬車以載之是言年豐收入踰前也〔委〕如字又於偽反〔收〕手又反又如字黍稷稻粱農夫之慶報以介福萬壽無疆箋云慶賜也年豐則勞賜農夫益厚既有黍稷加以稻粱報者為之求福助於八蜡之神萬壽無疆竟也〔疆〕居良反竟如字

甫田四章章十句

大田刺幽王也言矜寡不能自存焉幽王之時政煩賦重而不務農事蟲災害穀風雨不時萬民飢饉矜寡無所取活故時臣思古以刺之〔矜〕古頑反注皆同字或又作鰥

大田多稼既種既戒既備乃事 箋云大田謂地肥美可墾耕多爲稼可以授民者也將稼者必先相地之宜而擇其種季冬命民出五種計耦耕事修耒耜具田器此之謂戒是既備矣至孟春土長冒橛陳根可拔而事之 [種]章勇反此注及下注擇種並同 [墾]苦很反 [相]息亮反 [長]張丈反 [冒]莫報反 [橛]其月反

以我覃耜俶載南畝 覃利也箋云俶讀爲熾載讀爲菑栗之菑時至民以其利耜熾菑發所受之地趨農急也田一歲曰菑 [覃]以冉反徐又以廉反 [俶]尺志反 [載]衆家並如字俶尺叔反始也載事也鄭讀爲熾菑 [熾]尺志反 [菑]音緇 [栗]音列鄭注周禮云讀如裂繻之裂

播厥百穀既庭且碩曾孫是若 庭直也箋云碩大若順也民既熾菑則種其衆穀衆穀生盡條直茂大成王於是則止力役以順民事不奪其時

既方既皁既堅既好不稂不莠 實未堅孰曰皁稂童梁也莠似苗也箋云方房也謂孚甲始生而未合時也盡生房矣盡成實矣盡堅熟矣盡齊好矣而無稂莠擇種之善民力之專時氣之和所致之 [皁]才老反 [稂]音郎又音梁童梁草也說文作蓈云稂

或字也禾粟之莠生而不成者謂之童蓈也【莠】餘久反

去其螟螣及其蟊賊

無害我田穉

食心曰螟食葉曰螣食根曰蟊食節曰賊箋云此四蟲者當害我田中之穉禾故明君以正己而去之【去】起呂反注同【螟】莫庭反【螣】字亦作蟘徒得反說文作蟘【蟊】本又作蛑莫侯反【穉】音稚下同

田祖有神秉畀炎火

炎火盛陽也箋云螟螣之屬盛陽氣嬴則生之今明君爲政田祖之神不受此害持之付與炎火使自消亡【秉】如字執持也韓詩作卜卜報也【畀】必二反【炎】于沾反流于凡反【嬴】音盈

有渰萋萋興雨祁祁雨我公田遂及我私

渰雲興貌萋萋雲行貌祁祁徐也箋云古者陰陽和風雨時其來祁祁然而不暴疾其民之心先公後私今天正雨於公田因及私田爾此言民怙君德蒙其餘惠【渰】本又作弇於撿反漢書作黤【萋】七西反【興雨】如字本或作興雲非也【祁】巨移反【雨】我于付反注內主雨同一本主作注雨如字

彼有不穫穉此

有不斂穧彼有遺秉此有滯穗伊寡婦之利

秉把也箋云成王之時百穀既多種同齊熟收刈促遽力皆不足而有不獲不斂遺秉滯穗故聽矜寡取之以為利

穫戶郭反斂力檢反穧才計反又子計反穧穫也穗音遂把巴馬反矜音鰥 曾孫來止以

其婦子饁彼南畝田畯至喜 箋云喜讀為饎饎酒食也成王出觀

農事饋食耕者以勸之也司嗇至則又加之以酒食勞倦之爾饋食音嗣勞力報反 來方禋祀

以其騂黑與其黍稷以享以祀以介景福 騂牛

也黑羊豕也箋云成王之來則又禋祀四方之神祈報焉陽化用騂牲陰祀用黝牲禋音因享許兩反徐又許亮反

黝於糾反黑也

大田四章二章章八句二章章九句

瞻彼洛矣刺幽王也思古明王能爵命諸侯

賞善罰惡焉 洛水名 瞻彼洛矣維水泱泱 興也洛宗

周漑浸水也泱泱深廣貌箋云瞻視也我視彼洛水灌漑以時其澤浸潤以成嘉穀興者喻古明王恩澤加於天下爵命賞賜以成賢者也泱於良反漑古愛反浸子鴆反灌工亂反

君子至止福祿如茨 箋云君子至止者謂來受爵命者也爵命爲福賞賜爲祿茨屋蓋也如屋蓋喻多也

韎韐有奭以作六師 韎韐者茅蒐染草也一曰韎韐所以代韠也天子六軍箋云此諸侯世子也除三年之喪服士服而來未遇爵命之時時有征伐之事天子以其賢任爲軍將使代卿士將六軍而出韎韐者茅蒐染也茅蒐韎韐聲也韎韐祭服之韠合韋爲之其服爵弁服紂衣纁裳者也韎音昧又云界反韐音閤又古洽反奭許力反赤貌茅如字蒐所留反韠音畢任音壬將子匠反下同紂音緇纁許云反

瞻彼洛矣維水泱泱君子至止鞸琫有珌 鞸容刀鞸也琫上飾珌下飾也天子玉琫而珧珌諸侯璗琫而璆珌大夫鐐琫而鏐珌士珕琫而珕珌箋云此人世子之賢者也既受爵命賞賜而加賜容刀有飾顯其能制斷鞸字或作琕補頂反説文云刀室也琫字又作鞛必孔反珌字又作琿賓一反珧音遥以蜃者謂

之珧瑒徒黨反字又作瑒音同爾雅云黃金謂之瑒璆音虯又巨樛反又舊周反玉也沈舉彪反又與彪反又張疇反鐐音遼爾雅云白金謂之銀其美者謂之鐐徐向盧到反又力弔反本又作璙亦音遼又力小反說文云玉也字書力召反鏐力幽反又力幼反沈又力虯反黃金之美者郭云紫磨金珕力計反說文云蜃屬斷丁亂反

君子萬年保其家室箋云德如是則能長安其家室親家室親安之尤難安則無篡殺之禍也篡初患反殺本亦作弒同音試

瞻彼洛矣維水泱泱君子至止福祿既同箋云此人世子之能繼世位者也其爵命賞賜盡與其先君受命者同而已無所加也君子萬年保其家邦

瞻彼洛矣三章章六句

裳裳者華刺幽王也古之仕者世祿小人在位則讒諂並進棄賢者之類絕功臣之世焉

古者古昔明王時也小人斥今幽王也諂勑撿反裳裳者華其葉湑兮興也

裳裳猶堂堂也湑滑盛貌箋云興者華堂堂於上喻君也華湑然於下喻臣也明王賢臣以德相承而治道興則讒諂

遠矣滑思叙反治直吏反遠于萬反又如字我覯之子我心

寫兮是以有譽處兮箋云覯見也之子是子也謂古之明王也言我得見古之

明王則我心所憂寫而去矣我心所憂既寫是則君臣相與聲譽常處也憂憂者憂讒諂並進覯古豆反裳

裳者華芸其黃矣芸黃盛也箋云華芸然而黃興明王德之盛也不言葉微見無賢臣

也芸音云徐音運見賢遍反我覯之子維其有

章矣是以有慶矣箋云章禮文也言我得見古之明王雖無賢臣猶能使其政有礼文

法度政有禮文法度是則我有慶賜之榮也裳裳者華或黃或白箋云華或

有黃者或有白者興明王之德時有駁而不純駁邦角反我覯之子乘其四駱

乘其四駱六轡沃若言世祿也箋云我得見明王德之駁者雖無慶譽猶能免於讒諂之害守我先人之祿位乘其四駱之馬六轡沃若然駱音洛沃如字徐於縛反左之左之君子宜之右之右之君子有之左陽道朝祀之事右陰道喪戎之事箋云君子斥其先人也多才多藝有禮於朝有功於國朝直遙反下及下篇同維其有之是以似之似嗣也箋云維我先人有是二德故先王使之世祿子孫嗣之今遇讒諂並進而見棄絕

裳裳者華四章章六句

桑扈刺幽王也君臣上下動無禮文焉動無禮文舉事而不用先王禮法威儀也扈音戶

交交桑扈有鶯其羽興也鶯然有文章箋云交交猶佼佼飛往來貌桑扈竊脂也興者竊脂飛而往來有文章人觀視而愛之喻君臣以禮法威儀升降於朝廷則天下亦觀視而仰樂之鶯於耕反佼交卯反君子樂胥受天之祜胥皆

也箋云胥有才知之名也祜福也王者樂臣下有才知文章則賢人在位庶官不曠政和而民安天子之以福祿胥毛如字鄭徐患叙反怙音户知音智下同

交交桑扈有鶯其領領頸也君子樂胥萬邦之屏屏蔽也箋云王者之德樂賢知在位則能爲天下蔽捍四表患難也蔽捍之者謂蠻夷率服不侵畔屏卑郢反爲于僞反捍音汗難乃旦反下患難同

之屏之翰百辟爲憲翰幹憲法也箋云辟君也王者德外能蔽捍四表之患難內能立功立事爲之楨幹則百辟卿士莫不脩職而法象之翰戶旦反辟音璧楨音貞

不戢不難受福不那戢聚也不戢戢也不難難也那多也不多多也箋云王者位至尊天所子也然而不自斂以先王之法不自難以亡國之戒則其受福祿亦不多也戢莊立反

兕觥其觩旨酒思柔箋云兕觥罰爵也古之王者與群臣燕飲上下無失禮者其罰爵徒觩然陳設而已其飲美酒思得柔順中和與共其樂言不憮敖自淫恣也兕徐履反獸名觥古横反觩音虯本或作斛樂音洛憮火吳反敖五報反下文同

彼交匪敖

萬福來求 箋云彼彼賢者也賢者居處恭執事敬與人交必以禮則萬福之祿就而求之謂登

用爵命加以慶賜

桑扈四章章四句

鴛鴦刺幽王也思古明王交於萬物有道自奉養有節焉 交於萬物有道謂順其性取之以時不暴夭也鴛於袁反沈又音溫鴦於崗反又於良反

鴛鴦于飛畢之羅之 興也鴛鴦匹鳥太平之時交於萬物有道取之以時於其飛乃畢掩而羅之箋云匹鳥言其止則相耦飛則為雙性馴耦也此交萬物之實也而言興者廣其義也獺祭魚而後漁豺祭獸而後田此亦皆其將縱散時也掩於檢反馴音巡又音脣獺勑轄反又他末反

君子萬年福祿宜之 箋云君子謂明王也交於萬物其德如是則宜壽考受福祿也

鴛鴦在梁戢其左翼 言休息箋云梁石絕水之梁戢斂也鴛鴦休息於梁明王之時人不

鷙駭斂其左翼以右翼掩之自若無恐懼[戢]莊立反韓詩云捷也捷其噣於左也[恐]丘勇反君子萬

年宜其遐福箋云遐遠也遠猶久也乘馬在廄摧之秣之摧莝也秣粟也箋云摧今莝字也古者明王所乘之馬繫於廄無事則委之以莝有事乃予之穀言愛國用也以興於其身亦猶然齊而後三舉設盛饌恒日則減焉此之謂有節也[乘]王徐繩證反四馬也鄭如字下同[廄]音救[摧]采卧反芻也[秣]音末穀馬也[芻]楚俱反[莝]采卧反韓詩云委也委食也紆僞反[齊]側皆反君子萬年

福祿艾之艾養也箋云明王愛國用自奉養之節如此故宜久為福祿所養也[艾]魚蓋反徐音刈

乘馬在廄秣之摧之君子萬年福祿綏之箋云綏安也[綏]士果反又如字

鴛鴦四章章四句

頍弁諸公刺幽王也暴戾無親不能宴樂同

姓親睦九族孤危將亡故作是詩也戾虐也暴虐謂

其政教如雨雪也頍缺婢反說文云舉頭貌樂音洛卒章同雨于付反卒章同有頍者弁實

維伊何與也頍弁貌弁皮弁也箋云實猶是也言幽王服是皮弁之冠是維何爲乎言其宜以宴而弗

爲也禮天子諸侯朝服以宴天子之朝皮弁以日視朝朝直遥反下皆同爾酒既旨爾殽

既嘉箋云旨嘉皆美也女酒已美矣女殽已美矣何以不用與族人宴也言其知其其礼而弗爲也豈

伊異人兄弟匪他箋云此言王當所與宴者豈有異人跡遠者乎皆兄弟與王無他言

至親又刺其弗爲也蔦與女蘿施于松栢蔦寄生也女蘿兔絲松蘿也喻諸公

非自有尊託王之尊箋云託王之尊者王明則榮王衰則微刺王不親九族孤特自恃不知己之將危亡也蔦音鳥

說文音弔爾雅云寓木宛童是也蘿力多反在草曰兔絲在木曰松蘿又唐蒙施以豉反下同未見君

子憂心弈弈既見君子庶幾說懌弈弈然無所薄也箋云君

子斥幽王久不與異諸公宴諸公未得見幽王之時懼其將危亡已無所依怙故憂而心弈弈然故言我若已得見幽王諫正之則庶幾其變改意解懌也 弈音亦 說音悅 懌音亦本又作繹 怙音戶 解音蟹 有頍者弁實維何期 箋文何期猶伊何也期辭也 期本又作其音基王如字 爾酒既旨爾殽既時 時善也 豈伊異人兄弟具來 箋云具猶皆也 蔦與女蘿施于松上未見君子憂心怲怲既見君子庶幾有臧 怲怲憂盛滿也臧善也 怲兵命反 有頍者弁實維在首爾酒既旨爾殽既阜豈伊異人兄弟甥舅 箋云阜猶多也謂吾舅者吾謂之甥也 如彼雨雪先集維霰 霰暴雪也箋云將大雨雪始必微溫雪自上下遇溫氣而摶謂之霰久而寒勝則大雪矣喻幽王之不親九族亦有漸自微至甚如先霰後大雪 霰蘇薦反消雪也字亦作霓 摶徒端反 死喪無日無幾

相見樂酒今夕君子維宴箋云王政既衰我無所依怙死亡無有日數能復幾何與王相見也且今夕喜樂此酒此乃王之宴礼也刺幽王將喪亡哀之也【樂】音洛【喪】息浪反【幾】居豈反注同【復】扶又反

頍弁三章章十二句

車舝大夫刺幽王也褒姒嫉妬無道並進讒巧敗國德澤不加於民周人思得賢女以配君子故作是詩也【舝】胡瞎反車軸頭鐵也【嫉】音疾又音自【妬】丁故反【敗】必邁反又如字

間關車之舝兮思孌季女逝兮與也間關設舝也孌美貌季女謂有齊季女也箋云逝往也大夫嫉褒姒之為惡故嚴車設其舝思得孌然美好之少女有齊莊之德者往迎之以配幽王代褒姒也既幼而美又齊莊庶其當王意【孌】力兖反【齊】則皆反下同【少】詩照反本又作季

飢匪渴德音來括括會也箋云時讒巧敗國下民離散故大夫汲汲欲迎季女行道雖飢不飢雖渴不渴覬得之而來使我王更脩德教合會離散之人[括]古本又作佸音活徐古闊反[覬]音冀雖無好友式燕且喜箋云式用也我得德音而來雖無同好之賢友我猶用是燕飲相慶且喜[好]呼報反注下並同依彼平林有集維鷮辰彼碩女令德來教依茂木貌平林林木之在平地者也鷮雉也辰時也箋云平林之木茂則耿介之鳥往集焉喻王君有茂美之德則其時賢女來配之與相訓告改脩德教[鷮]音驕式燕且譽好爾無射箋云爾女女王也射厭也我於碩女來教則用是燕飲酒且稱王之聲譽我愛好王無有厭也[射]音亦注同[厭]於豔反下同雖無旨酒式飲庶幾雖無嘉殽式食庶幾雖無德與女式歌且舞箋云諸大夫覬得賢女以配王於是酒雖不美猶用之燕飲殽雖不美猶食之人皆庶幾於王之變改得輔佐之雖無其德我與女用是歌舞相樂喜之至也

【樂】音洛。陟彼高岡析其柞薪析其柞薪其葉湑

兮箋云陟登也登高岡者必析其木以為薪析其木以為薪者為其葉茂盛蔽岡之高也此喻賢女得在王后之位則必辟除嫉妬之女亦為其蔽君之明【析】星歷反【柞】子洛反【湑】思敘反【為】其于偽反下亦為同【辟】婢亦反又音壁

鮮我覯爾我心寫兮箋云鮮善覯見也善乎我得見女如是則我心中之憂除去也【鮮】息淺反徐音仙【覯】古候反【女】音汝一本作見女行如是

高山仰止景行行止四牡騑騑六轡如琴景大也箋云景明也諸大夫以為賢女既進則王亦庶幾古人有高德者則慕仰之有明行者則而行之其御群臣使之有禮如御四馬騑騑然持其教令使之調均亦如六轡緩急有和也。仰止本或作仰之【景行】下孟反注有明行同【牡】茂口反【騑】孚非反【調】音條【和】胡卧反覯

爾新昏以慰我心慰安也箋云我得見女之新昏如是則以慰除我心之憂也新昏謂季女也【慰】怨也【怨】於願反王申為怨恨之義韓詩作以慍我心慍恚也本或作慰怨安也是馬融義馬融張昭論之詳矣

車舝五章章六句

青蠅大夫刺幽王也 蠅餘仍反 營營青蠅止于樊 興也營營往來貌樊藩也箋云興者蠅之爲蟲汙白使黑使白喻佞人變亂善惡也言止于藩欲外之令遠物也 營如字說文作營云小聲也 樊音煩 藩方元反一本甫煩反 汙汙辱之汙烏路反 令力成反 遠于萬反 豈弟君子無信讒言 箋云豈弟樂易也 豈開在反 弟如字 樂音洛 易以豉反 營營青蠅止于棘讒人罔極交亂四國 箋云極猶已也 營營青蠅止于榛 榛所以爲藩也 榛士巾反又側巾反 讒人罔極構我二人 箋云構合也合猶交亂也 構古豆反韓詩構亂也

青蠅三章章四句

賓之初筵衛武公刺時也幽王荒廢媟近小

人飲酒無度天下化之君臣上下沈湎淫液

武公既入而作是詩也淫液者飲酒時情態也武公入者入爲王卿士筵音

延媟息列反近附近之近沈直林反或作耽都南反湎莫衍反飲酒齊其色曰湎徐莫顯反液音亦態他代反賓

之初筵左右秩秩秩秩然肅敬也箋云筵席也左右謂折旋揖讓也秩秩知也先王將

祭必射以擇士大射之禮賓初入門登堂即席其趨翔威儀甚審知言不失禮也射禮有三有大射有賓射有燕射

秩直乙反折之舌反知音智下同籩豆有楚殽核維旅楚列貌殽豆實也核加籩

也旅陳也箋云豆實菹醢也籩實有桃梅之屬凡非穀而食之曰殽殽戶交反核戶華反菹側居反酒既

和旨飲酒孔偕箋云和旨猶調美也孔甚也王之酒已調美衆賓之飲酒又威儀齊一言

主人敬其事而衆賓肅慎也偕音皆鍾鼓既設舉醻逸逸逸逸往來次序也箋

云鍾鼓於是言既設者將射改縣也醻市由反縣音玄大侯既抗弓矢斯張

大侯君侯也抗舉也有燕射之禮箋云舉者舉鵠而棲之於侯也周禮梓人張皮侯而棲鵠天子諸侯之射皆張三侯故君侯謂之大侯大侯張而弓矢亦張節也將祭而射謂之大射下章言烝衎烈祖其非祭與〔抗〕苦浪反張如字〔鵠〕古沃反鳴鵠也說文云即鵠也小而難中又云鵠者覺也直也射者直己志〔棲〕音西著也〔梓〕音子〔衎〕苦旦反〔與〕音餘本作乎又作也並非

射夫既同獻爾發功箋云射夫衆射者也獻猶奏也既比衆耦乃誘射射者乃登射各奏其發矢中的之功〔發〕如字徐音廢〔比〕毗志反〔中〕丁仲反

發彼有的以祈爾爵的質也祈求也箋云發發矢也射者與其耦拾發發矢之時各心競云我以此求爵女爵射爵也射之禮勝者飲不勝所以養病也故論語曰下而飲其爭也君子〔的〕本亦作勺同音的〔祈〕音其〔拾〕其劫反更也〔飲〕於鴆反下同〔爭〕爭鬭之爭

籥舞笙鼓樂既和奏烝衎烈祖以洽百禮秉籥而舞與笙鼓相應箋云籥管也殷人先求諸陽故祭祀先奏樂滌蕩其聲也烝進衎樂烈美洽合也奏樂和必進樂其先祖於是又合見天下諸侯所獻之禮〔籥〕余若反〔衎〕苦旦反〔洽〕戶

夾反【應】應對之應【滌】徒歷反【樂】音洛
下樂其湛樂喜樂下文曰樂並同
百禮既至有壬有林壬大林君也箋云壬任也謂卿大夫也諸侯所獻之禮既陳於庭有卿大夫又有國君言天下徧至得万國之歡心【徧】音遍
錫爾純嘏子孫其湛嘏大也箋云純大也嘏謂尸與主人以福也湛樂也王受神之福於尸則王之子孫皆喜樂也【錫】音析【嘏】古雅反【湛】荅南反
其湛曰樂各奏爾能賓載手仇室人入又手取也室人主人也主人請射於賓賓許諾自取其匹而射主人亦入于次又射以耦賓也箋云子孫各奏爾能者謂既湛之後各酌獻尸尸酢而卒爵也士之祭禮上嗣舉奠因而酌尸天子則有子孫獻尸之禮文王世子曰其登餕獻受爵則以上嗣是也仇讀曰𣪠室人有室中之事者謂佐食也又復也賓手挹酒室人復酌爲加爵【能】如字徐奴代反又奴來反【仇】毛音求鄭讀爲𣪠音俱【餕】子峻反【復】扶又反下皆同【挹】一入反
酌彼康爵以奏爾時酒所以安體也時中者也箋云康虛也時謂心所尊者也加爵之間賓與兄弟交錯相醻卒爵者酌之以其所尊亦交錯而已

又無次也中張仲反又一本作人賓之初筵溫溫其恭箋云此復言初筵者既祭王與族人燕之筵也王與族人燕以異姓爲賓溫溫柔和也其未醉止威儀反反曰既醉止威儀幡幡舍其坐遷屢舞僊僊反反言重慎也幡幡失威儀也遷徙屢數也僊僊然箋云此言賓初即筵之時能自勑戒以禮至於旅酬而小人之態出言王既不得君子以爲賓又不得有恒之人所以敗亂天下率如此也反如字韓詩作昄昄蒲板反善貌曰音越下是曰皆同下章放此幡孚袁反舍音捨坐如字徐才卧反屢力具反注及下同本作婁僊音仙數音朔態他代反率音類又所律反其未醉止威儀抑抑曰既醉止威儀怭怭是曰既醉不知其秩抑抑慎密也怭怭媟嫚也秩常也抑於力反怭毗必反又符筆反說文作佖平一反媟息列反嫚音漫賓既醉止載號載呶亂我籩豆屢舞僛僛是曰既醉不知其郵側

弁之俄屢舞傞傞號呶號呼讙呶也㑳㑳舞不能自正也傞傞不止也箋云郵過側傾也俄傾皃此更言賔既醉而異章者善爲無筭爵以後也〔傞〕素多反一音倉柯反〔呶〕女交反既醉而出並受其福醉而不出是謂伐德飲酒孔嘉維其令儀箋云出猶去也孔甚令善也賔醉則出與主人俱有美譽醉至若此是誅伐其德也飲酒而誠得嘉賔則於禮有善威儀武公見王之失礼故以此言箴之〔箴〕之林反凡此飲酒或醉或否既立之監或佐之史彼醉不臧不醉反恥立酒之監佐酒之史箋云凡此者凡此時天下之人也飲酒於有醉者有不醉者則立監使視之又助以史使督酒欲令皆醉也彼醉則已不善人所非惡反復取未醉者恥罰之言此者疾之也〔令〕力呈反〔惡〕烏路反〔否〕協音補美切〔史〕如字〔疾〕音習惡也式勿從謂無俾大怠匪言勿言匪由勿語箋云式讀曰慝勿猶無也俾使由從也武公見時人多說醉者之狀或以取怨致讎故爲設禁醉者有惡過女無就而謂之也當防護之無使顛仆至於怠慢也其所陳說非所當

說無爲人說之也亦無從而行之也亦無以語人也皆爲其聞之將恚怒也【式】如字又云用也鄭讀作慝他得反【怠】音太徐勑佐反【語】魚據反【爲】于僞反【顛】都田反【仆】何音赴一音蒲【恚】一瑞反

由醉之言俾出童羖羖羊不童也箋云女從行醉者之言使女出無角之羖羊脅以無然之物使戒深也羖羊之牸牝牡有角【出】如字徐尺遂反【羖】音古【脅】許業反

三爵不識矧敢多又箋云矧況又復也當言我於此醉者飲三爵之不知況能知其多復飲乎三爵者獻也酬也酢也【矧】失忍反音申

賓之初筵五章章十四句

甫田之什十篇三十九章二百九十六句

毛詩卷第十四

毛詩卷第十五

魚藻之什詁訓傳第二十二

毛詩小雅　鄭氏箋

魚藻刺幽王也言萬物失其性王居鎬京將不能以自樂故君子思古之武王焉箋云萬物失其性者王政教衰陰陽不和羣生不得其所也將不能以自樂言必自是有危亡之禍也藻音早鎬胡老反樂音洛篇內注八音之樂一字音岳餘並同

魚在在藻有頒其首頒大首皃魚似依蒲藻爲得其性箋云藻水草也魚之依水草猶人之依明王也明王之時魚何所處乎處於藻旣得其性則肥充其首頒然此時人物皆得其所正言魚者以潛逃之類信其著見頒符云反說文注同見音現王在在鎬豈樂飲酒箋云豈亦樂也天下平安萬物得其性武王何所處乎處于鎬京樂八音之樂與羣臣飲酒而已今幽王惑于

褒姒萬物失其性方有危亡之禍而亦豈樂飲酒於鎬京而無悛心故以此刺焉〔豈〕本亦作愷同苦在反樂也〔悛〕漆全反改也沈又七旬反

魚在在藻有莘其尾箋云長皃〔莘〕所巾反王在在鎬飲酒樂豈

魚在在藻依于其蒲王在在鎬有那其居那安皃天下平安王無四方之虞故其居處那然安也〔那〕乃多反

魚藻三章章四句

采菽刺幽王也侮慢諸侯諸侯來朝不能錫命以禮數徵會之而無信義君子見微而思古焉箋云幽王徵會諸侯爲合義兵征討有罪既往而無之是於義事不信也君子見其如此知其後必見攻伐將無救也〔菽〕本亦作叔〔侮〕亡甫反〔朝〕直遥反篇內皆同〔數〕色角反音朔〔會〕如字〔爲〕于僞反

采菽采菽筐之筥之興也菽所以芼太牢而待君子也羊則苦豕則薇箋云菽大豆也采之者采其葉以

爲藿三牲牛羊豕芼以藿王饗賓客有生俎乃用鉶羹故使采之筐音匡筥音舉芼亡報反薇音微藿火郭反君子君子謂諸侯也箋云

來朝何錫予之雖無予之路車乘馬賜諸侯以車馬言雖無予之尚以爲薄乘繩政反下注同又何予之玄衮及黼玄衮卷龍也白與黑謂之黼箋云及與也玄衮玄衣而畫以卷龍也黼黻謂絺衣也諸公之服自衮冕而下侯伯自鷩冕而下子男自毳冕而下王之賜維用有文章者衮古本反玄衮冕服黼音斧卷卷免反下同本又作衮黻音弗絺知里反本又作黹同豬知反鷩必滅反冕也毳尺銳反音遂

觱沸檻泉言采其芹觱沸泉出皃檻泉正出也箋云言我也芹菜也可以爲菹亦所用待君子也我使采其水中芹者尚潔清也周礼芹菹鴈醢觱音必沸音弗檻銜覽反徐下斬反爾雅云檻泉正出正出湧出也芹巨斤反菹側魚反清如字一音才性反鴈音雁如字

君子來朝言觀其旂其旂淠淠鸞聲嘒嘒載驂載駟君子所屆淠淠動也嘒嘒中節也箋云屆極也諸侯來朝王使人迎之因觀其

衣服車乘之威儀所以爲敬且省禍福也諸侯將朝于王則駼乘乘四馬而往此之服飾君子法制之極也言其尊而王入今不尊也於巨幾反淠匹弊反徐孚蓋反又芳計反嘒呼惠反駼七南反騑馬曰駼駟音四屆音界中丁仲反音衆諸侯將朝于王一本無于字皆以王字絕句一讀諸侯將朝絕句以王字下屬乘乘上音承證反下音繩往如字極紀力反

赤芾在股邪幅在下彼交匪紓天子所予諸侯

赤芾邪幅幅偪也所以自偪束也紓緩也箋云芾大古蔽膝之象也冕服謂之芾其他服謂之韠以韋爲之其制上廣一尺下廣二尺長三尺其頸五寸肩革帶博二寸脛本曰股邪幅如今行縢也偪束其脛自足至膝故曰在下彼與人交接自偪束如此則非有解怠紓緩之心天子以是故賜予之芾音弗股音古邪似嗟反注同幅音福紓音舒予音與偪彼力反六音泰韠音必廣光曠反下同長直亮反脛胡定反縢徒登反解怠古賣反心如字

樂只君子天子命之樂只君子福祿申之申重

也箋云只之言是也古者天子賜諸侯也以禮樂樂之乃後命予之也天子賜之神則以福祿申重之所謂神謀鬼

謀也刺今王不然【樂】音洛【只】音止【重】直用反下同【禮樂樂之】上音岳下音洛維柞之枝其葉蓬蓬蓬蓬盛皃箋云此興也柞之幹猶先祖也枝猶子孫也其葉蓬蓬喻賢才也正以柞爲興者柞之葉新將生故乃落於地以喻繼世以德相承者明也【柞】子洛反又音昨木名【蓬】步公反注同樂只君子殿天子之邦樂只君子萬福攸同殿鎮也【殿】多見反注同【鎮】陟慎反又音珍本作填平平左右亦是率從平平辯治也箋云率循也諸侯之有賢才之德能辯治其連屬之國使得其所則連屬之國亦循順之【平】婢延反韓詩作便便云閑雅之貌汎汎楊舟紼纚維之紼繂也纚綏也明王能維持諸侯也箋云楊木之舟浮於水上汎汎然東西無所定舟人以紼繫其綏以制行之猶諸侯之治民御之以禮法【汎】芳劍反【紼】音弗【纚】力池反韓詩云筰也筰音才各反【綏】如誰反樂只君子天子葵之樂只君子福祿膍之葵揆也膍厚也【葵】其維反【膍】頻尸反韓詩作肶注同優哉游哉亦是戾矣戾至也諸侯有盛德者亦

優游自安止於是言思不出其位箋云戾止也

采菽五章章八句

角弓父兄刺幽王也不親九族而好讒佞骨肉相怨故作是詩也好呼報反騂騂角弓翩其反矣興也騂騂調和也不善紲檠巧用則翩然而反箋云興者喻王與九族不以恩禮御待之則使之多怨也騂息營反沈又許榮反說文作弲音火全反翩匹然反紲息列反弓鞁也檠音景弓匣也說文云榜也謂輔也怨如字兄弟昏姻無胥遠矣箋云胥相也骨肉之親當相親信無相疏遠則以親親之望易以成怨弓之為物張之則內向而來弛之則外反而去有似兄弟昏姻親疏遠近之意又云騂騂角弓既翩然而反矣兄弟昏姻則豈可以相遠哉胥音息徐反爾之遠矣民胥然矣爾之教矣民胥傚矣箋云爾女女幽王也胥皆也言王女不親骨肉則天下之人皆知之見女之教令無善無

惡所尚者天下之人皆曰學之言上之化下不可不慎【效】戶教反 此令兄弟綽綽有裕

不令兄弟交相為瘉 綽綽寬也裕饒瘉病也箋云令善也【綽】處若反【裕】羊樹反【瘉】羊主反

民之無良相怨一方 箋云良善也民之意不獲當反側之於身思彼所以然者而怨之無善心之人則徙居一處怨恚之【處】昌慮反【恚】一瑞反

受爵不讓至于已斯亡 爵祿不以相讓故怨禍及之比周而黨愈少鄙爭而名愈辱求安而身愈危箋云斯此也【比】毗志反

老馬反為駒不顧其後 已老矣而孩童慢之箋云比喻幽王見老人反侮慢之遇之如幼稚不自顧念後至年老人之遇已亦將然【駒】音拘【爭】爭鬬之爭【孩】本作咳戶才反許慎云小兒笑也【稚】音稚

如食宜饇如酌孔取 饇飽也箋云王如食老者則宜令之飽如飲老者則當孔取孔取謂度其所勝多少凡器之孔其量大小不同老者氣力弱故取義焉王有族食族燕之禮【食】音嗣注同宜如字注同本作儀韓詩云儀我也【饇】於據反徐又於具反【取】如字沈又音娶【令】力呈反【飲】於鴆反【度】待洛反【勝】音升【量】音量

毋

教猱升木如塗塗附猱猿屬塗泥附著也箋云毋禁猱之性善登木若教使其爲之必也附木将也塗之性善著若以塗附其著亦必也以喻人之心皆有仁義教之則進 猱 乃刀反沈乃𢌿反 附 如字 猱 音奏字或作優 著 直略反下同 将 音孚

君子有徽猷小人與屬徽美也箋云猷道也君子有美道以得聲譽則小人亦樂與之而自連屬焉令無良之人相怨王不教之 徽 音暉 屬 音蜀注同讀者亦音樹 樂 音洛又音岳又五教反下樂善同

雨雪瀌瀌見晛曰消晛日氣也箋云雨雪之盛瀌瀌然至日將出其氣始見人則皆稱曰雪今消釋矣喻小人雖多王若欲興善政則天下聞之莫不曰小人今誅滅矣其所以然者人心皆樂善王不啓教之 雨 于付反注及下同 瀌 符嬌反徐符彪反又方苗反 見 如字下文同韓詩作曣音於見反云曣見日出也 晛 乃見反 曰 音越下同韓詩作聿劉向同 始見 賢遍反又如字

莫肯下遺式居婁驕箋云莫無也遺讀曰隨式用也婁斂也令王不以善政啓小人之心則無肯謙虛以礼相卑下先人而後已用此自居處斂其驕慢之過者 婁 王力住反數也徐云

鄭音樓爾雅云哀鳩樓聚也沈力俱反 雨雪浮浮見晛曰流 浮浮猶瀌瀌也流流而去 如蠻如髦我是用憂 蠻南蠻也髦夷髦也箋云今小人之行如夷狄也而王不能變化之我用是爲大憂也髦西夷別名武王伐紂其等有八国從焉【髦】舊音毛尋毛鄭之意當與尚書同音莫侯反【行】下孟反

角弓八章章四句

菀柳刺幽王也暴虐無親而刑罰不中諸侯皆不欲朝言王者之不可朝事也【菀】音鬱徐於阮反【中】丁仲反下注不中同【朝】直遥反篇內同

有菀者柳不尚息焉 興也菀茂木也箋云尚庶幾也有菀然枝葉茂盛之柳行路之人豈有不庶幾欲就之止息乎興者喻王有盛德則天下皆庶幾願往朝焉憂今不然 上帝甚蹈無自暱焉 蹈動暱近也箋云蹈讀曰悼上帝乎者愬之也

今幽王暴虐不可以朝事甚使我心中悼病是以不從而近之釋已所以不朝之意【蹈】音悼【暱】女栗反又女筆反徐乃吉反

俾予靖之後予極焉 靖治極至也箋云靖謀俾使極誅也假使我朝王王留我使我謀政事王信讒不察功考績後反誅放我是言王刑罰不中不可朝事也【俾】必爾反本作卑後皆同【極】毛如字鄭音棘

有菀者柳不尚愒焉 愒息也【愒】欺例反徐丘罽反

上帝甚蹈無自瘵焉 瘵病也箋云瘵接也【瘵】側界反鄭音際

俾予靖之後予邁焉 箋云邁行也行亦放也春秋傳曰予將行之

有鳥高飛亦傅于天彼人之心于何其臻 箋云傅臻皆至也彼人斥幽王也鳥之高飛極至於天耳幽王之心於何所至乎言其轉側無常人不知其所屆【傅】音附

曷予靖之居以凶矜 曷害矜危也箋云王何爲使我謀之隨而罪我居我以凶危之地謂四裔也【裔】延世反

菀柳三章章六句

都人士周人刺衣服無常也古者長民衣服不貳從容有常以齊其民則民德歸壹傷今不復見古人也　服謂冠弁衣裳也古者明王時也長民謂凡在民上倡率者也變易无常謂之貳從容謂休燕也休燕猶有常則朝夕明矣一者專也同也　長張丈反注同　貳音二　從七容反　復扶又反下注同　率色類反　朝直遥反　彼都人士狐裘黃黃其容不改出言有章　彼彼明王也箋云城郭之域曰都古明王時都人之有士行者冬則衣狐裘黃黃然取溫裕而已其動作容貌既有常吐口言語又有法度文章疾今奢淫不自責以過差　出如字　行下孟反下文行歸注操行同　衣於既反　差初賣反又如字　行歸于周萬民所望　周忠信也箋云于於也都人之士所行要歸於忠信其餘萬民寡識者咸瞻望而法傚之又疾今不然　所望如字協韻音亡　彼都人士臺笠緇撮　臺所以御暑笠所以禦雨也緇撮緇布冠也箋云臺夫須也都人之士以

臺皮爲笠緇布爲冠古明王之時儉且節也臺如字爾雅作薹臺草名笠音立緇側其反撮七活反夫音符本亦作扶

彼君子女綢直如髮密直如髮也箋云彼君子女者謂都人之家女也其情性密緻操行正直如髮之本末无隆殺也綢直留反緻直置反本亦作致隆俗作降殺所界反又所例反我不見兮我心不說箋云疾時皆奢淫我不復見今士女之然者心思之而憂也○我不見第二章作不見後三章作弗見一本十四章同作不見說音悅

彼都人士充耳琇實琇美石也箋云言以美石爲塡塡塞耳琇音秀徐音誘塡他見反彼君子女謂之尹吉尹正也箋云吉讀爲姞尹氏姞氏周室昬姻之舊姓也人見都人之家女咸謂之尹氏姞氏之女言有礼法吉毛如字鄭讀爲姞其吉反又其乙反我不見兮我心苑結箋云苑猶屈也積也苑於粉反徐音鬱又於阮反

彼都人士垂帶而厲彼君子女卷髮如蠆厲帶之垂者箋云而亦如也而厲如鞶厲也鞶必垂厲以爲飾厲字當作裂蠆

螫蟲尾末揵然似婦人髮末曲上卷然者也【帶】本亦作帶音帶【厲】毛如字鄭作裂衣音列【卷】音權注及下同【蠆】勑邁反又勑界反通俗文云長尾為蠆短尾為蠍【蠍】虛伐反【螌】薄寒反【螫】音釋本又作蠚呼莫反【揵】其言反又音虔漢書音義云舉也又渠偃反一音其蹇反【上】時掌反

我不見兮言從之邁箋云言亦我也邁行也我今不見士女此飾心思之欲從之行言已憂悶欲自殺求從古人

匪伊垂之帶則有餘匪伊卷之髮則有旟旟揚也箋云伊垂也此言士非故垂此帶也帶於礼自當有餘也女非故卷此髮也髮於礼自當有旟也旟枝旟揚起也【旟】音餘

我不見兮云何盱矣箋云盱病也思之甚云何乎我今已病也【盱】香俱反

都人士五章章六句

采綠刺怨曠也幽王之時多怨曠者也怨曠者君子行役過時之所由也而刺之者譏其不但憂思而已欲從君子於外非礼也【思】息嗣反下皆同

終朝采

緑不盈一匊 興也自旦及食時為終朝兩手曰匊箋

云緑王芻也易得之菜也終朝采之而

不滿手怨曠之深憂思不專於事 匊 弓六反注

本或一手曰匊 王芻 楚俱反草也 易 以豉反 予髮曲

局薄言歸沐 局卷也婦人夫不在則不容飾箋云言

我也礼婦人在夫家笄象笄今曲卷其

髮憂思之甚也有云君子將歸者我則沐以待 終朝采

之 局 其玉反 卷 音權下同又眷勉反沈其言反

藍不盈一襜 衣蔽前謂之襜箋云藍染草也

襜 尺占反郭璞云今之蔽膝 五日

為期六日不詹 詹至也婦人五日一御箋云婦人過

於時乃怨曠五日六日者五月之日

六月之日也期至五月而歸今

六月猶不至是以憂思 詹 音占 之子于狩言韔其弓

之子于釣言綸之繩 箋云之子是子也謂其君子也

于往也綸鈎繳也君子往狩與

我當從之為之韔弓其往釣與我當從之為之繩繳今怨

曠自恨初行時不然 狩 尺救反 韔 勑亮反破也沈治亮反

本亦作韔 釣 音弔 綸 音倫 繳 音灼亦

作繁同 與 音餘下同 為 于偽反下同 其釣維何維魴

及鱮維魴及鱮薄言觀者箋云觀多也此美其君子有技藝也釣必得魴鱮魴鱮是云其多者耳其衆雜魚乃衆多矣○魴音防鱮音敘觀古玩反韓詩作覩技其綺反

采緑四章章四句

黍苗刺幽王也不能膏潤天下卿士不能行召伯之職焉陳宣王之德召伯之功以刺幽王及其群臣廢此恩澤事業也膏古報反下同召上照反注及下同

芃芃黍苗陰雨膏之興也芃芃長大貌箋云興者喻天下之民如黍苗然宣王能以恩澤育養之亦如天之有陰雨之潤芃蒲東反一音扶雄反長張丈反悠悠南行召伯勞之悠悠行貌箋云宣王之時使召伯營謝邑以定申伯之國將徒役南行衆多悠悠然召伯則能勞來勸說以先之勞力報反注及下篇注同將徒役一本作將師旅來音賚說音悅又始銳反

我任我輦我車我牛我行既集蓋云歸哉任者

輦者車者牛者箋云集猶成也蓋猶皆也營謝轉餫之役有負任者有輓輦者有將車者有牽傍牛者其所為南行之事既成召伯則皆告之云可歸哉刺今王使民行役曾无休止時任音壬注同輦力展反沈連典反餫音運本又作運輓音晚傍蒲浪反為于偽反

我徒我御我師我旅我行既集蓋云歸處徒行者御車者師者旅者箋云步行曰徒召伯營謝邑以兵衆行其士卒有步行者有御兵車者五百人為旅五旅為師春秋傳曰諸侯之制君行師從卿行旅從卒尊忽反一本作衆從才用反下同

肅肅謝功召伯營之烈烈征師召伯成之謝邑也箋云肅肅嚴正之貌營治也烈烈威武貌征行也美召伯治謝邑則使之嚴正將師旅行則有威武治直吏反下同

原隰既平泉流既清召伯有成王心則寧土治曰平水治曰清箋云召伯營謝邑相其原隰之宜通其水泉之利此功既成宣王之心則安也又刺今王臣无成功而亦心安相息亮反

黍苗五章章四句

隰桑刺幽王也小人在位君子在野思見君子盡心以事之

隰桑有阿其葉有難 興也阿然美貌難然盛貌有以利人也箋云隰中之桑枝條阿阿然長美其葉又茂盛可以庇廕人興者喻時賢人君子不用而野處有覆養之德也正以隰桑興者反求此義則原上之桑枝葉不能然以刺時小人在位無德於民[難]乃多反[庇]必利反又彼備反[蔭]於鴆反 既見君子其樂如何 箋云思在野之君子而得見其在位喜樂無度[樂]音洛注下皆同

隰桑有阿其葉有沃 沃柔也[沃]烏酷反 既見君子云何不樂

隰桑有阿其葉有幽 幽黑色也[幽]於糾反 既見君子德音孔膠 膠固也箋云君子在位民附仰之其教令之行甚堅固也[膠]音交

心乎愛矣遐不謂矣中心藏之何日忘之

箋云遐遠謂勤藏善也我心愛此君子君子雖遠在野豈
能不勤思之乎宜思之也我心善此君子又誠不能忘也

孔子曰愛之能勿勞乎忠焉能
勿誨乎〔藏〕鄭子郎反王才郎反

隰桑四章章四句

白華周人刺幽后也幽王取申女以爲后又
得褒姒而黜申后故下國化之以妾爲妻以
孽代宗而王弗能治周人爲之作是詩也申姜

姓之國也褒姒褒人所入之女姒其字也是謂幽后孽支
庶也宗適子也王不能治己不正故也〔華〕音花〔取〕七與反

〔孽〕魚列反〔爲〕于
僞反〔適〕音的

白華菅兮白茅束兮興也白華野
菅也已漚爲

菅箋云白華於野已漚名之爲菅菅柔忍中用矣而更取
白茅收束之茅彼於白華爲脆興者喻王取於申申后禮

儀備任妃后之事而更納褒姒褒姒爲孽將至滅國〔菅〕音
姦〔漚〕烏侯反〔忍〕音刃〔脆〕七歲反又音毳〔任〕音壬一本作任

三后之子之遠俾我獨兮 箋云之子斥幽王也俾使也王之遠外我不復荅耦

我意欲使我獨也老而無子曰獨後褒姒譖申后之子宜

咎宜咎奔申 遠于願反下注遠善同又如字注及下皆同

俾必爾反 復扶又反 譖側鴆反 咎音柩 英英白雲露彼菅茅 英英白雲貌露亦白

雲言天地之氣無微不著無不覆養箋云白雲下露養彼

可以爲菅之茅使與白華之菅相亂易猶天下妖氣生褒

姒使申后見黜 英英如字韓詩作泱泱同 天步艱難之子不猶 步行猶可也箋云猶

圖也天行此艱難之妖久矣王不圖其變之所由爾昔夏

之衰有二龍之妖卜藏其漦周厲王發而觀之化爲玄黿

童女遇之當宣王時而生女懼而棄之後褒人有獄而入

之幽王幽王嬖之是謂褒姒 夏户雅反 漦士其反沫也又

户醫反爾雅云漦盝也 盝音鹿 黿音元 嬖補悌反又必計反 滮池北流浸彼稻

田 滮流貌箋云池水之澤浸潤稻田使之生殖喻王無恩

章於申后忽然之不如也豐鎬之間水北流 滮符彪反

流二反 浸子鴆反字亦作寖 殖市力反 鎬胡老反 嘯歌傷懷念彼碩人 箋云

碩大也妖大之大謂褎姒也申后見黜褎姒之所爲故憂傷而念之【㦤】本亦作歗

樵彼桑薪 卬我烘燎也煁烓竈也桑薪宜以養人者也箋云人之樵取彼桑薪宜以炊饔饎之爨以養食人桑薪薪之善者也我反以燎於烓竈用炤事物而已喻王始以禮取申后禮儀備今反黜之使爲卑賤之事亦由是【樵】徂焦反【卬】五綱反【烘】火東反徐又音洪說文巨凶甘凶二反孫炎音恭【煁】市林反【燎】音了又力弔力召二反【烓竈】烓音恚又丘弭反郭云三隅竈也說文云行竈也呂沈同音口穎反何康瑩反顧野王口井烏攜二反【炊】昌垂反【饔】於恭反【饎】尺志反【爨】七亂反【食】音嗣【炤】音照卑賤如字下文卑子並注同

卬烘于煁 維彼碩人 實勞我心

鼓鍾于宮聲聞于外 有諸宮中必形見於外箋云王失禮於內而下國聞知而化之王弗能治如鳴鼓鍾於宮中而欲外人不聞亦不可止【聞】音問【見】賢遍反

念子懆懆視我邁邁 邁邁不說也箋云此言申后之忠於王也念之懆懆然欲諫正之王反不說於其所言【懆】七感反說文七倒反云愁不申也亦作懆【邁】如字韓詩及說文並作怖【怖】孚吠反又孚葛反又匹

代反韓詩云意不說好也許云很怒也說音悅下同**有鶖在梁有鶴在林**鶖禿

鶖也箋云鶖鳥也鶴也皆以魚爲美食者也鶖之性貪惡而今在梁鶴絜白而反在林興王養褒姒而餒申后近惡而

遠善鶖音秋鶴呼各反禿吐木反絜音結餒奴罪反近附近之近**維彼碩人實勞**

我心鴛鴦在梁戢其左翼箋云戢斂也斂左翼者謂右掩左也鳥之雌雄

不可別者以翼右掩左雄左掩右雌陰陽相下之義也夫婦之道亦以禮義相下以成家道別彼列反下遐嫁反下

同**之子無良二三其德**箋云良善也王无答耦己之善意而變移其心志令

我怨曠令力成反**有扁斯石履之卑兮**扁扁乘石貌王乘車履石箋云

王后出入之禮與王同其行登車亦履石申后始時亦然今見黜而卑賤也扁邊顯反**之子之**

遠俾我疧兮疧病也箋云王之遠外我欲使我困病疧徐都礼反又祁支反

白華八章章四句

綿蠻微臣刺亂也大臣不用仁心遺忘微賤不肯飲食教載之故作是詩也微臣謂士也古者卿大夫出行士爲末介士之祿薄或困乏於資財則當賙贍之幽王之時国亂禮廢恩薄大不念小尊不恤賤故本其亂而刺之綿面延反篇内皆同蠻如字注如字飲於鴆反食音嗣介音界贍市豔反

綿蠻黃鳥止于丘阿興也綿蠻小鳥貌丘阿曲阿也鳥止於阿人止於仁箋云止謂飛行所止託也興者小鳥知止於丘之曲阿靜安之處而託息焉喻小臣擇卿大夫有仁厚之德者而依屬焉處昌慮反道之云遠我勞如何飲之食之教之誨之命彼後車謂之載之箋云在国依屬於卿大夫之仁者至於爲末介從而行道路遠矣我罷勞則卿大夫之恩宜如何乎渴則與之飲飢則與之食事未至則豫教之臨事則誨之車敗則命後車載之後車倅車也罷音皮下同倅車副車倅七對反

綿蠻黃鳥止于丘隅箋云丘隅丘角也豈敢憚行

畏不能趨箋云憚難也我罷勞車又敗豈敢難徒行乎畏不能及爾疾至也 憚 徒旦反下同 難 乃旦反下同 飲之食之教之誨之命彼後車謂之載之緜蠻黃鳥止于丘側箋云丘側丘傍也豈敢憚行畏不能極箋云極至也 極 如字飲之食之教之誨之命彼後車謂之載之

緜蠻三章章八句

瓠葉大夫刺幽王也上棄禮而不能行雖有牲牢饔餼不肯用也故思古之人不以微薄廢禮焉牛羊豕為牲繫養者曰牢熟曰饔腥曰餼生曰牽不肯用者自養厚而薄於賓客 瓠 户故反 牢 老刀反 饔 於恭反 餼 許氣反 腥 音星 幡幡瓠葉采之亨之君子有酒

酌言嘗之幡幡瓠葉貌庶人之菜也箋云亨熟也熟瓠葉者以爲飲酒之菹也此君子謂庶人之有賢行者也其農功畢乃爲酒漿以合朋友習禮講道藝也酒食成先與父兄室人亨瓠葉而飲之所以急和親親也飲酒而曰嘗者以其爲之主於賓客賓客則加之以羞易從象曰君子以朋友講習 幡孚煩反 亨普庚反注同 菹莊魚反 行下孟反 說徒外反易卦名也訓悅

有兔斯首炮之燔之君子有酒酌言獻之毛曰炮加火曰燔獻奏也箋云斯白也今俗語斯白之字作鮮齊魯之間聲近斯有兔白首者兔之小者也炮之燔之者將以爲飲酒之羞也飲酒之禮既奏酒於賓乃薦羞每酌言言者禮不下庶人庶人依士禮立賓主爲酌名 兔他故反下同 斯毛如字鄭作鮮音仙 炮亦作炰白交反 燔音煩 近附近之近 下遐嫁反

有兔斯首燔之炙之君子有酒酌言酢之炕火曰炙酢報也箋云報者賓既卒爵洗而酌主人也凡治兔之宜鮮者毛炮之柔者炙之乾者燔之 炙音隻 酢才洛反 炕苦浪反何沈苦郎反

有兔斯首燔之炮之君子有酒

酌言醻之醻道飲也箋云主人既卒酢爵又酌自飲卒爵復酌進賓猶今俗人勸酒道徒報反本亦作導同復扶又反

瓠葉四章章四句

漸漸之石下國刺幽王也戎狄叛之荆舒不至乃命將率東征役久病於外故作是詩也荆謂楚也舒舒鳩舒鄝舒庸之屬役謂士卒也漸士銜反沈時銜反亦作嶃嶄下同狄徒歷反本或作翟叛音畔將子亮反率所類反注及後篇將帥放此鄝音了本又作蓼卒尊忽反下篇士卒同

漸漸之石維其高矣山川悠遠維其勞矣漸漸山石高峻箋云山石漸漸然高高峻不可登而上喻戎狄衆彊而無禮義不可得而伐也山川者荆舒之國所處也其道里長遠邦域又勞勞廣闊言不可卒服勞如字孫毓云鄭音遼上時掌反卒寸忽反武人東征不皇朝矣

箋云武人謂將帥也皇正也將率受王命東行而征伐役人罷病心不能正荆舒使之朝於王【朝】直遥反注同【罷】音皮

漸漸之石維其卒矣山川悠遠曷其没矣

卒竟没盡也箋云卒者崔嵬也謂山巔之末也曷何也廣闊之勲何時其可盡服【卒】毛子卹反鄭在律反【崔】罪回反【嵬】五回反本作峞【處】昌慮反下同

武人東征不皇出矣

箋云不能正之令出使聘問於王【令】力呈反下注同【使】所吏反

有豕白蹢烝涉波矣

豕豬也蹢蹄也將久雨則豕進涉水波箋云烝衆也豕之性能水又唐突難禁制四蹄皆白曰駭則白蹄其先躁疾者今離其繒牧之處與衆豕涉入水之波漣矣喻荆舒之人勇捍捷敏其君猶白蹄之豕也乃率民去禮義之安而居亂亡之危賤之故比方於豕【蹢】音的【烝】之丞反將久雨一本作天將雨【能】奴代反本又作耐【駭】户楷反爾雅說豕皆作豥古哀反【躁】子到反【離】力智反【繒】在陵反爾雅豕所寢曰繒方言作橧從木音同【漣】音連一本作瀾力安反【捍】下旦反

月離于畢俾滂沱矣

畢噣也月離陰星則雨箋云將有大雨徵氣先見於天以言荆舒之叛萌

漸亦由王出也豕既涉波今又雨使之滂沱疾王甚也滂普郎反沱徒何反注同蜀直角反又音蜀本又作濁見賢遍反武人東征不皇他矣箋云不能正之令其守職不干王命

漸漸之石三章章六句

苕之華大夫閔時也幽王之時西戎東夷交侵中國師旅並起因之以饑饉君子閔周室之將亡傷已逢之故作是詩也師旅並起者諸侯或出師或出旅以助王距戎與夷也大夫將師出見戎夷之侵周而閔之今當其難自傷近危亡苕音條徐音韶華音花距音巨難乃旦反下之難同近附近之近苕之華芸其黃矣興也苕陵苕也將落則黃箋云陵苕之華紫赤而繁興者陵苕之幹喻如京師也其華猶諸夏也故或謂諸夏為諸華華衰則黃猶諸侯之師旅罷病將敗則京師孤弱芸音云沈音運夏戶雅反下同罷音皮心之憂矣維其傷矣

箋云傷者謂國日見侵削 苕之華其葉青青 華落葉青青然箋云京師以諸夏爲
障蔽今陵苕之華衰而葉見青青然喻諸侯微弱而王之邑當出見也 青子零反注同 障章亮反 見賢遍反下同
知我如此不如無生 箋云我我王也知王之爲政如此則已之生不如不生也自傷
逢今世之難憂閔之甚 牂羊墳首三星在罶 牂羊牝羊也墳大也罶曲梁也
寡婦之笱也牂羊墳首言無是道也三星在罶言不可久也箋云無是道者喻周已衰求其復興不可得也不可久
者喻周將亡如心星之光耀見於魚笱之中其去須臾也 牂子桑反 墳扶云反 罶音柳 牝頻忍反 笱音苟 復扶又反
人可以食鮮可以飽 治日少而亂日多箋云今者士卒人人於晏早皆可以食矣時
飢饉軍興乏少無可以飽之者 鮮息淺反 治直吏反 卒子忽反

苕之華三章章四句

何草不黃下國刺幽王也四夷交侵中國背

叛用兵不息視民如禽獸君子憂之故作是詩也背音佩何草不黃何日不行箋云用兵不息軍旅自歲始草生而出至歲晚矣何草而不黃乎言草皆黃也於是之間將率何日不行乎言常行勞苦之甚黃音皇行户郎反何人不將經營四方言萬民無不從役何草不玄何人不矜箋云玄赤黑色始春之時草牙孽者將生必玄於此時也兵猶復行無妻曰矜從役者皆過時不得歸故謂之矜矜古頑反注同復扶又反哀我征夫獨為匪民箋云征夫從役者也古者師出不踰時所以厚民之性也今則草玄至於黃黃至於玄此豈非民乎孽魚列反同蘖匪兕匪虎率彼曠野兕虎野獸也曠空也箋云兕虎比戰士也兕徐履反注同哀我征夫朝夕不暇有芃者狐率彼幽草有棧之車行彼周道芃小獸也棧車役車也箋云狐草行草止故以比棧車輂者芃薄紅反小獸皃沈又扶東反棧士板反輂一本作輂

車

何草不黃四章章四句

魚藻之什十四篇六十二章三百二句

毛詩卷第十五